FÉLIX LUNA

Fracturas y continuidades
EN LA HISTORIA ARGENTINA

stockcero

```
982      Luna, Félix
LUN      Fracturas y continuidades en la
         historia argentina.- 1ª.ed.–
         Buenos Aires : Stock Cero, 2002.
         372 p. ; 26x18 cm.

         ISBN 987-20506-2-7

         I. Título - 1. Historia Argentina

         Fecha de catalogación: 18-11-02
```

Diseño de tapa e interior:
Schavelzon | Ludueña. Estudio de diseño

© Félix Luna, 1992

1º edición: 2002
Félix Luna – Stockcero
ISBN Nº 987-20506-2-7
Libro de Edición Argentina.

Hecho el depósito que prevé la ley 11.723.
Printed in the United States of America.

Ninguna parte de esta publicación, incluido el diseño de la cubierta, puede ser reproducida, almacenada o transmitida en manera alguna ni por ningún medio, ya sea eléctrico, químico, mecánico, óptico, de grabación o de fotocopia, sin permiso previo del editor.

stockcero.com
Viamonte 1592 C1055ABD
Buenos Aires Argentina
54 11 4372 9322
stockcero@stockcero.com

Amigo lector:

Estoy seleccionando algunos de los trabajos que publiqué en revistas y diarios a lo largo de la década de 1980 y en los dos primeros años de la década que corre. Y esto me pone nostálgico. Asocio ciertos temas con determinadas circunstancias de mi vida y también advierto que algunas páginas podrían haber recibido un mejor tratamiento, así como otras me salieron redondas. Pero son míos, los reconozco como tales, no abjuro de ninguno porque todos forman parte de la evolución de mi pensamiento. Estos trabajos son jalones de una larga peregrinación intelectual en el campo de la historia que tuvo tropiezos y traspiés, pero también algunos logros, y que sigo transitando sin fatiga.

Quien como yo suele usar los medios masivos de comunicación para transmitir sus mensajes, debe resignarse a la fugacidad que es propia de su naturaleza. Pero esta resignación tiene sus límites y en mi libro Conflictos y armonías en la historia argentina recogí muchas notas periodísticas de mi autoría aparecidas en la década de 1970. Ahora, este volumen hace lo propio con los de la década siguiente. Debo considerarme afortunado por ser destinatario del ofrecimiento para salvar del olvido estas contribuciones al conocimiento del pasado y las reflexiones que me inspiraron algunos de sus personajes, situaciones, acontecimientos y procesos. Como es obvio, la posibilidad de otorgarles una sobrevida por medio del libro no garantiza su vigencia indefinida. "Nada envejece más que un libro de historia", decía Menéndez y Pelayo, y esta evidencia debe ser un recordatorio de humildad. Pero nunca se sabe la capacidad de una línea, un párrafo o una página para suscitar nuevos análisis, indagaciones, ampliaciones y también cuestionamientos fecundos. Esta posibilidad justifica la aparición del volumen que el lector tiene en su mano.

He dividido estos materiales en tres secciones, aunque admito que el agrupamiento es bastante arbitrario. La primera, "Crónicas e imágenes", está constituida por trabajos de divulgación histórica que exhuman temas olvidados o poco conocidos. La sección "Análisis y reflexiones" contiene piezas que, en general, se caracterizan por originarse en – o resbalar hacia – terrenos innegablemente políticos. Esto tiene su explicación: en la década de 1980 era difícil soslayar una actualidad muy marcada con el signo político y la historia podía servir como un yacimiento de respuestas a los interrogantes que a cada momento planteaba la realidad cotidiana, pues la recuperación del sistema democrático debía alimentarse con muchos nutrientes, entre ellos las sugestiones del pasado. La última sección, "Mirajes y perspectivas", incluye aproximaciones a temas en cierto modo permanentes que reclamaron, a mi juicio, una reflexión desde la base de la historia.

Todos, desde luego, tienen el sello de la década en que fueron escritos. Y debo recordar que lo que va a leerse fue elaborado en los intersticios de tiempo arrebatados a la creación de dos libros de ensayo (*Buenos Aires y el país, 1982, y Fuerzas hegemónicas y partidos políticos, 1984*), los tres volúmenes dedicados a Perón y su tiempo, que fueron apareciendo entre 1984 y 1986, y finalmente *Soy Roca*, que vio la luz en 1989. De modo que los materiales que se exponen en las páginas que siguen fueron producto de una vocación de expresarme a través de medios masivos, que siempre marchó paralelamente a mi vocación de expresarme a través del libro.

Quienes hayan tenido la paciencia de leer *Conflictos y armonías...* y ahora reiteren esa virtud con *Fracturas y continuidades...* notarán algunos cambios. En el estilo, sin duda, pero también en cierta actitud frente a temas que inevitablemente se repiten. No me avergüenzo de estas variaciones: me limito a recordar que el paso del tiempo con sus naturales mudanzas, el conocimiento más profundizado de los hechos históricos, las experiencias individuales y colectivas de estos años, no han pasado en vano. Dejan su huella y sería un estólido si no las asumiera ni sacara fruto de ellas. Espero que esos cambios me hayan enriquecido y, por lo tanto, también enriquezcan a mis lectores.

Ahora tengo que explicar este título. La obra que recopilaba mis trabajos de la década de 1970 tomó en préstamo el nombre de un libro de Sarmiento: al mencionar los *conflictos y armonías* de nuestra historia yo aludía a la recurrencia de choques y acuerdos que aparecen a lo largo de nuestra evolución. Ahora he pensado que puedo amparar los materiales que el lector se dispone a recorrer con dos palabras que se relacionan con el oficio del historiador. Pues las fracturas que han ocurrido en el pasado y seguramente ocurrirán en el futuro marcan una constante de nuestra vida como nación, pero debajo de ellas están también las continuidades que forman su tejido conjuntivo, las que dan vertebración, contextura y proyección a la comunidad y son menos visibles pero tienen solidez y permanencia. Si los conflictos y las armonías son el *yin* y el *yang* de nuestros procesos fundacionales y organizativos, las fracturas y las continuidades *configuran su equilibrio secreto, son como la clave de una arquitectura delicada y compleja que en definitiva sostiene esta "historia solidificada" – la expresión es de Otto Baur – que es nuestro país. Y el historiador debe desplegar toda su maña para marcar las continuidades, más difíciles de apreciar que las fracturas, casi siempre espectaculares y fácilmente descriptibles. Sin embargo, es el propio lector quien debe descifrar, detrás de lo que contamos, las continuidades y fracturas del pasado, tal como acaso lo hizo en su momento con los conflictos y las armonías. Porque la narrativa histórica es un juego de toma y daca, de ida y vuelta, no admite pasividad en sus destinatarios. Si fuera así, el mensaje perdería todo encanto, se esterilizaría como una botella arrojada al mar que nadie recoge...*

Termino de acomodar los materiales que pronto adquirirán su nueva apariencia de libro. Ya no hay nostalgia en mi espíritu. No puede haberla cuando estoy próximo a gozar (como otras veces, pero siempre de distinta manera) la maravillosa experiencia del nacimiento de una obra que es fruto de mis ganas de comunicarme con la gente, ayudándola a entender, mediante el conocimiento del pasado, dónde está parada y qué raíces y fundamentos la afirman en su realidad.

Es una hermosa tarea la del historiador. Influye en su comunidad contribuyendo a modelar la concepción de sus grandes procesos y sus personajes protagónicos. Suscita líneas de pensamiento sobre la actualidad a través del rescate y análisis del sustrato de hechos que constituye su basamento. Ayuda a mejorar los mecanismos de la democracia pues, aunque la historia no sea la maestra de vida que imaginaba Cicerón, es un excelente apoyo para participar mejor, optar mejor, elegir mejor.

Yo bendigo el destino que me permitió volcarme a esta tarea, que convierte a cada uno de los que me leen, me escuchan, me ven haciendo lo que hago, en compañeros de viaje por los caminos de un pasado que para mí nunca será un depósito de cosas viejas, sino un territorio vivo, rico, desafiante, lleno de estímulos e inspiraciones para nuestro propio tiempo.

F. L.

Debido al tono ensayístico de este libro, se han omitido las notas y referencias bibliográficas o documentales que completaban algunos de los trabajos cuando se publicaron originalmente.

Crónicas e imágenes

Pasajeros de Indias

Una de las dificultades más grandes para comprender procesos históricos es la que se refiere a las formas de vida y hábitos de la gente. Han cambiado tanto a través de los siglos, que intentar revivirlos es una ardua tarea. Se puede comprender, por ejemplo, un rubro político o militar, porque en último análisis la naturaleza humana no ha variado mucho a través de los siglos y la codicia de poder, la ambición de gloria o la malquerencia entre pueblos es, *mutatis mutandis*, siempre igual. Pero la comprensión se hace más trabajosa cuando se trata de reconstruir formas de vida, costumbres o maneras humanas. Piénsese, por ejemplo, en viajes. ¿Hay algo de común entre la forma como viajaba la gente hace cien años y el modo como lo hace ahora? No se trata solamente de medir la vertiginosa diferencia de tiempo que existe entre un viaje transcontinental en avión y uno que se hacía a vela; la diferencia entre ese viaje de antes y el de ahora radica en todos los aspectos.

Este tema se plantea, concretamente, cuando se trata de los viajes que se hacían entre España y América en el siglo XV. Vamos a ver, sucintamente, cómo eran, de la mano de un pequeño y fascinante libro: *Pasajeros de Indias*, de José Luis Martínez (Alianza Editorial, Madrid, 1983), que resume y explica lo que en muchos importantes y difíciles tratados se expone. De modo que lo nuestro será la síntesis de una síntesis y ello disculpará cualquier error u omisión que aparezca en este resumen.

En el siglo XV, ¿quiénes viajaban a Indias? El libro de Martínez hace abstracción de las tripulaciones de las naos, galeones o carabelas, para limitarse a hablar de los pasajeros, los que "pasaban" al otro lado del Atlántico. Eran aventureros, soldados, funcionarios reales o eclesiásticos; mujeres, y a veces mercaderes. Turistas, en el sentido moderno de la palabra, no había; el viaje era demasiado azaroso para que alguien lo hiciera por placer. De modo que al decir "pasajeros" estamos hablando de las personas que viajaban a América llevadas por obligaciones de su oficio o por el anhelo de encontrar riqueza y gloria en el mundo nuevo.

Por supuesto que dentro de este tema hay un elemento protagónico: la nave. Sobre esto existen precisiones asombrosas. Las naves que hacían "la carrera de las Indias" en el siglo posterior al Descubrimiento, tenían un porte de 100 a 200 toneladas como máximo. Eran del tipo de la "Santa María" de Colón, que tenía 100 toneladas (unos 24 metros de largo y 8 metros de ancho) y técnicamente era un galeón, no una carabela; carabelas eran la "Pinta" y la "Niña", con 52 y 60 toneladas respectivamente. Y ahora, este dato escalofriante: el transatlántico "Queen Elizabeth" tenía 83.000 toneladas... Es decir que la relación entre la descubridora "Santa María" y el moderno buque británico sería la de un ratón con un elefante... Sin embargo, aquel "ratón" descubrió América, y "ratones" similares fueron los que cruzaron el océano infinidad de veces a lo largo del siglo XV, transportando personas, mercaderías, alimentos, libros y, más importante que esto, los valores múltiples de la cultura hispana.

Ya está, pues, la nao ante nuestra observación. Tiene tres mástiles y dos castillos, uno a proa y el otro a popa. Por supuesto, está construida en madera y a los ojos de hoy no es más grande que un buque pesquero común. Supongamos que tiene unas 150 toneladas, pues ya a mediados del siglo XV había aumentado un poco su porte: entonces la manejan unos 60 tripulantes. El que manda es el capitán o maestre – casi siempre, dueño o condómino de la nao – pero en cierto modo no es el más importante, porque el que marca el rumbo es el piloto, del que se decía que "es como el ánima en el cuerpo humano". De su aptitud dependerá que la nao llegue a buen puerto o termine destrozada en algún arrecife; que aproveche los mejores vientos o sea castigada por las borrascas.

Después viene el contramaestre, que es el encargado de hacer cumplir las órdenes del capitán y del piloto, ocuparse del aparejo de las velas, guardar los estrictos horarios de a bordo y mantener el orden y buena disciplina. Hay, a veces, un alguacil y un escribano, pero en la práctica el que sigue al contramaestre es el despensero: él tiene la llave del lugar donde están las provisiones, hace encender y apagar el fuego, reparte las raciones y administra el agua potable, además de mantener en hora los cantos de los pajes que anuncian las comidas.

Y después están los carpinteros y otros especialistas.

He aquí la nao donde el pasajero va a trasladarse a América. Pero antes de pisar sus tablas hay que hacer algunas cosas de las que hablaremos, siguiendo siempre la crónica de José Luis Martínez.

No es fácil ir a las Indias

Los que crean que la burocracia es una invención moderna deberían consultar la maraña de normas que reglamentaba el pasaje a Indias en el siglo XV – también en los siguientes. Desde 1518 se expidieron cédulas y órdenes para establecer un estricto control de viajeros. Se necesitaba un permiso de la Casa de Contratación para poder embarcar; no era fácil obtenerlo, aunque a veces una oportuna dádiva facilitaba los trámites... Por empezar, no podían pasar a América los extranjeros, los moros, los judíos ni los gitanos. Tampoco los hijos y nietos de quienes hubieran sido quemados o condenados por herejes. Se prohibía viajar a las mujeres solteras y en cuanto a los religiosos, se les exigía autorización de sus superiores; no se daba permiso de pasar a Indias a aquellos frailes que no tuvieran colegas de orden instalados allí. Pero, al mismo tiempo, se subvencionaba el viaje de religiosas, y es curioso comprobar que las prolijas nóminas de viáticos son generosas para los agustinos, jesuitas y dominicos, en este orden, y muy mezquinas para los franciscanos. El autor que glosamos supone que esta diferencia se debía a que las órdenes privilegiadas solían llevar libros, mientras que los hermanitos de Asís sólo portaban sus pobrezas...

De todos modos, no hay que tomar al pie de la letra estas vedas porque las excepciones eran muchas y de una u otra manera los interesados en viajar se arreglaban para hacerlo.

Pero supongamos que nuestro pasajero ya está en Sevilla y ha conseguido su permiso. Ahora tiene que escoger la nao en que va a viajar y contratar su traslado con el capitán o el maestre. Deberá tomar noticias sobre el estado de cada navío, la aptitud de su tripulación y, desde luego, el puerto de destino. Para ello, Sevilla le ofrece un mercado infinito. Es "la puerta de las Indias" y en ella se amontonan marinos, astrónomos, pilotos, aventureros, mercaderes, financistas, funcionarios reales y una variada fauna de personajes. A Sevilla llegan viajeros de toda España para pasar a Indias; a Sevilla arriban los navíos que vienen de Indias individualmente o – desde mediados de siglo – en flotas que navegan en determinada época del año trayendo el tesoro de oro y plata que de allí envían los funcionarios del Rey, después de extraer sus propios sueldos y el dinero necesario para mantener el andamiaje del gobierno colonial.

Sevilla es, pues, un puerto atareadísimo, un *clearing* de novedades y descubrimientos, un archivo creciente de conocimientos geográficos, una escuela de tecnología y una aduana implacable para los que van o vienen. Porque el viajero, además de pagar su viaje, deberá oblar un impuesto – la *avería* – que se destina a mejorar las condiciones de seguridad de los galeones y prevenir los ataques de piratas y corsarios.

Finalmente, en Sevilla el pasajero deberá adquirir los elementos indispensables para su periplo, porque bueno es saber que su contrato con el capitán sólo lo autoriza a ser transportado y recibir agua: todo el resto – las vituallas que va a comer, su cama y demás comodidades – debe ser provisto por el interesado. En este aspecto, hay crónicas y relatos de viajeros que detallan con prolijidad el matalotaje que debe llevarse: en primer lugar, los alimentos.

¿Qué comerá el viajero? Vituallas secas y no susceptibles de corromperse: garbanzos, lentejas, arroz, carne salada. Y aceite para freír y vino para evitar beber agua, que en esas naves se hace intomable en pocos días. Tal vez pescado seco, jamón, tocino, pasas, algunos dulces y quizás higos y otras frutas, mientras duren. A veces se llevan gallinas, y hasta vacunos, para poder comer carne fresca; pero esto no es lo habitual. Por supuesto, todo este aprovisionamiento requiere ollas, sartenes y vasijas de diversa clase. Viajeros con alguna experiencia aconsejaban que lo primero que había de hacerse al subir a bordo era "coimear" al despensero para que reservara al pasajero las horas más cómodas para cocinar, porque todos debían hacerlo en el fogón común, colocado en medio de la cubierta, donde se cocía la comida de la tripulación y de los viajeros. De todos modos, a los pocos días las vituallas hartaban por su repetición o se llenaban de moho o sufrían con las visitas de los roedores que infestaban las naves; además, producían una sed permanente, que la escasa agua administrada – dos litros por persona al día – no contribuía a aliviar. Pero de esto hablaremos más adelante.

El acomodo de la persona

Además de sus provisiones, el pasajero debía llevar un colchoncito – en realidad, dos paños cosidos con un poco de lana adentro – y alguna frazada para abrigarse. Y por supuesto su equipaje, siempre escaso porque los viajeros eran un suplemento, un elemento marginal en las naos cuya misión no era transportar gente sino mercaderías, armas o provisiones para los establecimientos españoles en el nuevo continente. El viajero debía, pues, arreglarse como podía: nada estaba hecho para su comodidad y del capitán al último grumete, ninguno en la tripulación se preocupaba por su bienestar.

Sabiéndolo así, nuestro pasajero ha subido a la nao. No conoce con precisión el momento en que se va a partir: todo depende del viento y el estado de las aguas. Mientras tanto, no hay más que esperar.

Hasta que finalmente, en algún momento, todo se pone en movimiento; los marineros, con sus rojos pompones en la cabeza, trepan a las jarcias, izan las velas, gritan y repiten órdenes. ¡La nao echa a andar! Primero por el Guadalquivir, mientras se va borrando la Torre de Oro, la Giralda, los puntos familiares. Luego aparece el mar y la nao empieza a moverse. Y con el movimiento, claro, los mareos, las arcadas, los vómitos... Empieza ese infierno que será el viaje a Indias. El pasajero se ha preparado de alma y cuerpo: ha oído varias misas, se ha confesado y ha comulgado, ha hecho su testamento y arreglado sus asuntos temporales. También se ha alistado físicamente, descargándose con fuertes purgas, pues es una verdad indiscutible de la época que se soportan mejor las ordalías marítimas estando liviano de cuerpo...

Van desvaneciéndose las costas españolas y adelante se ve la inmensidad del horizonte, ¡Allá están las Indias! Y allí va el fraile misionero con su vocación evangélica, el aventurero que sueña con la gloria, el funcionario a ejercer su nuevo poder, el menestral con el tesoro de su sabiduría artesanal, el comerciante y su ansiedad de vender en diez lo que ha comprado en uno... ¡Allá las Indias! A las Antillas o a Tierra Firme, al mágico México o al argentífero Perú... ¿Qué importan las incomodidades, los sacrificios, los peligros? El Nuevo Mundo espera a todos con sus espejismos maravillosos...

Pero, ¿quiénes van a las Indias? Las admirables investigaciones de Peter Boyd–Bowman permiten precisar el pasaje de unos 56.000 españoles de España a Indias desde 1493 a 1600, registrados en buena y debida forma; el mismo investigador supone que este número representa algo menos del 20% del número total de los que emigraron en el siglo XVI. De modo que, aproximadamente, habrán sido unos 200.000 los españoles que pasaron de la península a las Indias, entre el Descubrimiento y el año 1600. Los flujos varían según las guerras que sostiene España durante esa centuria, y tienen que ver también con las crisis económicas que soporta. Las mujeres, que forman una pequeña proporción a principios de siglo, llegan a casi el 25% de los pasajeros en las últimas décadas. Y en esta corriente, que puede enflaquecer o aumentar según los años, hay, durante estos primeros años de la conquista, una constante: casi la mitad de los viajeros son andaluces. Los siguen los extremeños y luego, a mucha distancia, los oriundos de Castilla la Vieja. Casi no hay vascos ni gallegos, y de los catalanes ¡ni noticias! En los siglos siguientes esta proporción se revertirá, pero parece indudable que la conquista y primera colonización de América fue efectuada, entonces, por las poblaciones meridionales de la península, fundamentalmente andaluces y extremeños. Quede el dato para la vieja discusión lingüística y filológica que sostienen desde hace casi un siglo los eruditos a quienes preocupan las fuentes del habla americana.

¿Por dónde?

Sea como fuere y sean quienes fueren los viajeros, la nao ya está bogando por el Atlántico. ¿Por dónde? ¿Qué rumbo sigue? La respuesta es tan simple como asombrosa: para dirigirse a Indias – nos referimos fundamentalmente a Santo Domingo, Cuba o México y también a la ruta de Panamá, omitiendo los viajes al Río de la Plata – las naves del siglo XV, y también las de los dos siglos siguientes, siguen el rumbo fijado por Cristóbal Colón. Ni más ni menos. Pues el genio del Descubridor consistió, precisamente, en haber encontrado en su primer viaje la ruta óptima para dirigirse a las Indias, apenas rectificada para mejor en su segundo viaje; y la ruta óptima para regresar, también en su primer viaje. ¿Casualidad? ¿Suerte? ¿O, como tanto se ha conjeturado, conocimiento previo a la derrota que debía seguir? El caso es que desde 1492 en adelante, los navíos que iban desde España a la zona de América Central no hicieron más que repetir el itinerario de Colón. El cual – dicho sea de paso – logró en su segundo y cuarto viajes, récords de velocidad que raramente fueron superados en tres siglos.

El rumbo era el siguiente: desde Sevilla – o Cádiz o Sanlúcar – se iba en dirección Sudoeste, bordeando la costa de África. A la altura del paralelo 28 se torcía directo hacia el Oeste y, si todo iba bien, se llegaba a la isla Gomera, en las Canarias. Esta primera etapa podía durar siete u ocho días. En Gomera se reponía el agua, se avituallaba la nave, la gente descansaba un poco y todos se preparaban para el gran salto. Luego se partía de nuevo, ahora recto hacia el Oeste y descendiendo lentamente del paralelo 28 al paralelo 16; aprovechando los vientos alisios, en 25 o 30 días, si ayudaba Dios, se llegaba a alguna de las islas de las Indias occidentales. De aquí se tomaba el rumbo hacia el destino definitivo: Cartagena, La Habana, Veracruz, Santo Domingo, etc.

Dicho así, parece muy sencillo, pero en muchas ocasiones el rumbo se desviaba y la nao aparecía en los lugares más impensados: en la temible costa del Dairén, por ejemplo, o en el Yucatán. Es que los instrumentos con que contaba el piloto eran toscos e imprecisos. Desde luego existía la brújula, que se colocaba en el centro del buque, en la "caja de bitácora", cuya mágica indicación no siempre era cierta porque las agujas, de hierro dulce, solían perder pronto su virtud magnética. Astrolabios y ballestillas daban cuenta de la posición del navío en relación con las estrellas. Una sonda – cuerda de unas doscientas brazas con una plomada de siete u ocho kilos untada con pez para que, al subir, indicara el tipo de fondo existente – traía los datos de la profundidad. Mapas, escasos y fantasiosos. En realidad, sobre la grosera parafernalia tecnológica de la época estaba el instinto y la experiencia de los marinos, que olían la proximidad de la tierra "así como el asno huele el verde" – dice un cronista – y leían en la monotonía del mar el cambio de colores, el ritmo de las olas y los objetos que podía traer el agua – un madero, un tronco, algunas hojas – para saber por dónde estaban navegando. Sin embargo, no faltan viajeros que se burlan de los aspavientos y solemnidades que hacen los pilotos cuando miden la situación de la nave, en comparación con sus imprecisas conclusiones.

"La mar es para los peces..."

En fin, instalémonos con la imaginación al lado del pasajero que va a Indias. Vivamos con él ese mes y medio o dos meses que durará su viaje, desde que sale de Sevilla hasta que arriba a Santo Domingo, Veracruz o Cartagena.

Por de pronto hay que tomar conciencia de una circunstancia: el pasajero carece de un lugar fijo para establecerse. El único que dispone de una cámara es el capitán, generalmente en el castillo de proa. Los 20 o 30 pasajeros que puede llevar una nao de 150 toneladas, además de los 60 tripulantes, deben acomodarse donde puedan. Generalmente lo hacen bajo la cubierta, al lado de sus petates. Tienen que convivir juntos, en una incómoda promiscuidad. Cuando el tiempo es apacible están en cubierta, bajo el toldo que se coloca entre el castillo de proa y el palo mayor; allí tienen sombra, al menos. Pero cuando sopla demasiado el viento o hay tormenta, el toldo se recoge y entonces cada uno se arregla como puede. Arriba, es exponerse al viento, el frío y el agua que salta por las bordas y encharca la cubierta; abajo, es el mareo.

El mareo es una amarga constante en todas las crónicas de los pasajeros de Indias. No es para menos. Si los grandes buques modernos se mueven de un modo que producen el "mal de mar", piénsese lo que serían esas cascaritas de nuez... El mareo enfermaba de entrada a todos, en cuanto se salía a mar abierto. Y con la angustia y el decaimiento, los vómitos que pronto hacían de la nao una fuente de olores hediondos imposibles de eludir. A los que se sumaban los olores de la sentina, donde el agua de mar que entraba por los intersticios de las maderas se iba pudriendo: como en las cubiertas había algunas bombas para achicar este agua, no se sabía si era más inaguantable el olor a podrido que venía de las entrañas de la nave o el que bañaba la cubierta cuando funcionaban las bombas...

El mareo era una gabela normal con el mar más o menos movido; era una agonía cuando había tormenta. Porque entonces, los pasajeros eran recluidos en la bodega para no obstaculizar las maniobras de los tripulantes y allí se asfixiaban, se sentían morir.

Pero supongamos que todo anda bien y el "mal de mar" se supera o casi no existe. ¿Qué hace el pasajero durante una larga y monótona navegación? En cualquier buque moderno hay algún lugar donde los pasajeros pueden sentarse, leer o caminar. Nada semejante existía en las naos del siglo XV, donde todo espacio estaba ocupado por los elementos propios de la navegación: rollos de cuerdas, velas, toneles, petates de los marineros, animales para consumir, además de la sagrada bitácora y el no menos sagrado fogón para cocinar. Fogón que, dicho sea de paso, se apagaba todas las noches y también, por supuesto, cuando amenazaba tormenta, de modo que los días de borrasca no se comía; al menos, no se comía caliente.

El agua era un problema permanente. Todos se quejan de las escasas raciones de agua que provee la nave; un agua que solía cargarse en las Canarias pero a los pocos días estaba cortada, caliente y salobre. El vino no corría mejor suerte, sobre todo cuando el tiempo cálido aceleraba su avinagramiento. Y como los alimentos eran generalmente salados para que se conservaran mejor, su consumo producía una sed permanente, desesperada, que la tasa del líquido tornaba más angustiosa.

Por otra parte, los alimentos sufrían los ataques de un enemigo implacable e indestructible: los ratones. No había nao que se salvara de estar habitada por los roedores, y a los pocos días de viaje la mayoría de las provisiones mostraban la huella de sus dientes, cuando no de sus cagarrutas. Se peleaba permanentemente contra los ratones pero la lucha era inútil: siempre terminaban dueños y señores de la nao. Aunque ocurrió algunas veces que los ratones salvaban a los tripulantes y pasajeros, pues alguna nao que se desvió de la ruta y permaneció demasiado tiempo sobre el mar no tuvo más remedio que comerlos...

La otra plaga asociada a la navegación era la constituida por piojos, chinches y pulgas. La España del siglo XV no era muy adicta a la higiene personal y se sabe que hasta en la Corte abundaban estos parásitos. Pero en las naos, la presencia de estos insectos y también de las cucarachas era escandalosamente abundante. Si los ratones mandaban en la bodega y se apropiaban de las provisiones, las pulgas y los piojos tenían su reino en los colchones, frazadas y ropas de los pasajeros y transitaban libremente por barbas y cabellos.

Las luchas contra estas alimañas habrían de llevar, seguramente, una buena proporción del tiempo de los viajeros. Pero de todas maneras el aburrimiento se hacía sentir en seguida. Sin un lugar donde estar, pisoteados por la tripulación en sus maniobras, calcinados de calor en la cubierta, a oscuras y en medio de un olor repugnante bajo ella, ¿dónde estar, qué hacer en los interminables días de navegación?

Tres cosas pueden hacerse en la nao – solían decir los experimentados. Una era hablar, y ese deporte lo practicarían asiduamente los locuaces andaluces y extremeños. No con los tripulantes, pues éstos eran generalmente levantinos y hablaban una extraña jerga que llamaba la atención a los viajeros; muchas de sus expresiones, ha sostenido Amado Alonso, han pasado al lenguaje común de toda América, a tal punto impresionó durante tres siglos el dialecto marinero a los pasajeros.

La otra cosa que podía hacerse era jugar, y todos los relatos de la época abundan en detalles de los juegos de baraja y dados que entretenían a la gente... y solían despojarla de sus monedas. Finalmente, también se podía leer. Incómodamente y de vez en cuando, pero los religiosos con sus libros piadosos y los seglares con alguna novela de caballería, celosamente guardada y trasladada después a Indias, conseguían, mal que mal, transcurrir las interminables horas. Sin duda era la comida el centro de la actividad en los días de navegación. Los pajes de la nao anunciaban la hora de las comidas con letanías o retahílas de pintoresca factura:

"¡Tabla, tabla, señor capitán y maestre y buena campaña! Tabla puesta, vianda presta, agua usada para el señor capitán y maestre y buena compaña. ¡Viva, viva el Rey de Castilla por mar y por tierra! Quien le diera guerra, que le corten la cabeza. Quien no dijere amén, que no le den de beber. ¡Tabla en buena hora, quien no viniere no coma!"

Las cancioncillas o refranes que entonaban los pajes serían un entretenimiento por algunos días. Después se hacían monótonos. Los decían al amanecer, en las horas de comidas, al anochecer y, durante la noche, cada media hora, cuando se daban vuelta los relojes de arena que marcaban el paso del tiempo:

"Bendita la hora en que Dios nació, Santa María que lo parió, San Juan que lo bautizó. La guardia es tomada, la ampolleta muele, buen viaje haremos, si Dios quiere."

Y entonces, la guardia que estaba a proa contestaba "con un grito o gruñido" – cuenta el oidor Eugenio de Salazar, uno de los relatores más divertidos de estos trances – para mostrar que no estaban dormidos.

Vida monótona en el mejor de los casos. Sobresaltada algunas veces. Incómoda y sucia, siempre. Sin duda, tal como el mismo Salazar decía, "la tierra es para los hombres; el mar, para los peces".

De otras no menores incomodidades

Hay otras molestias e incomodidades a las que no se refieren los memoriales de la época sino de manera ocasional y distraída; sin duda se tomaban como algo natural. Hoy, en cambio, nos parecen insoportables. Evidentemente, esos pasajeros eran gente dura, recia y sin melindres, y ni se les ocurría quejarse de algunos gravámenes.

Por ejemplo el alquitrán de la cubierta, que se derretía con los solazos del trópico y hacía de esas tablas una superficie pegajosa y maloliente. La higiene personal, virtualmente desconocida, ponía en el rostro y en las manos una capa de roña y sal que sólo se desvanecía cuando se llegaba a tierra; uno de los frailes que acompañó a Fray Bartolomé de las Casas en su último viaje a América, a mediados del siglo XV, relata la felicidad de lavarse la cara cuando llegaron a Santo Domingo.

Y también está el tema que José Luis Martínez llama graciosamente "el descomer". Pues si comer era un complejo y difícil problema, evacuar el cuerpo no lo era menos. Son pocos los que se refieren a este mísero asunto, pero los que lo hacen testimonian elocuentemente lo difícil del trámite. Fray Antonio de Guevara dice que "todo pasajero que quisiere purgar el vientre (...) este forzoso ir a las letrinas de proa o arrimarse a una ballestera; y lo que sin vergüenza no se puede decir ni mucho menos hacer públicamente, le han de ver todos sentado en la necesaria como le vieron comer en la mesa". En esa época, las naves que surcaban el Mediterráneo contaban con el "jardín", una tabla agujereada colocada a popa donde se sentaban los necesitados, a la vista de todo el mundo; pero este "adelanto" no se conocía en las naos que hacían la carrera de las Indias, al menos en el siglo XVI, y había que manejarse de la manera que púdicamente cuenta Guevara. El oidor Eugenio de Salazar, con su habitual buen humor, relata este tipo de diligencia en otro tono pero testimoniando lo mismo. Dice Salazar que "es menester colgaros a la mar como castillo de grumete y hacer cedebones (reverencias) al sol y a sus doce sinos, a la luna y los demás planetas...". Y prosigue usando el dialecto gallego para las descripciones más escabrosas: "y es tal el asiento que muitas vegadas chega a merda a o ollo de o cu y de miedo de caer en la mar se retira y vuelve adentro como cabeza de tortuga, de manera que es menester sacarla arrastrando, a poder de calas y ayudas". Es de suponer que las mujeres usarían para su alivio bacinillas y se desempeñarían en la bodega, lo que no agregaría mejores olores a los de este hórrido lugar...

Pero no todo eran estas gabelas. Se sabe que a veces se improvisaban pequeñas representaciones teatrales, parodias de corridas de toros o de riñas de gallo. Y las funciones religiosas también ocupaban algún tiempo: cuando viajaban sacerdotes se cantaban oficios y cuando no, el propio contramaestre reunía a la tripulación una o dos veces por semana para rogar por el éxito del viaje. Aunque todos los viajeros coinciden en que la gente marinera era poco devota y blasfemaba a cada rato, es de suponer que en las ocasiones apuradas surgirían las oraciones, jaculatorias y promesas, como suele ocurrir...

Y así iban pasando los días. Si aparecía en el horizonte una vela, todos temblaban: podían ser piratas o corsarios y entonces el viaje podía terminar horriblemente. Si había signos de tormenta, nuevos miedos. Ambos eventos eran bastante comunes y en el siglo XVI, en que España estuvo en largas guerras con los franceses, fueron los corsarios de esta nacionalidad los que más daño hicieron a las naos españolas: en las dos últimas décadas, los Ingleses – entre ellos Hawkins y Drake – se convirtieron en aterradores peligros. En cuanto a las tempestades, pese a que muchas hacían naufragar las naos, las noticias sobre pérdidas de navíos debidas a borrascas indican que el porcentaje fue relativamente reducido.

Pero también hay que computar las calmas chichas, que podían inmovilizar la nao durante días enteros; entonces, todo parecía achicharrarse sobre un mar inmóvil y los mástiles sudaban su pestilente brea, quemaban las maderas del piso y el hastío iba en camino de convertirse en desesperación.

¡Tierra!

Por fin, la nao llega a su destino. En los días anteriores la impaciencia crece entre los viajeros. Todo lo que antes era cotidiano se convierte en insoportable. Se ansía llegar. Los marineros viejos intuyen la cercanía de las islas antillanas y los pilotos, pavoneándose como nunca, se dignan adelantar fechas y lugares de arribo. "En cuatro días más, en tres días, mañana..."

Hasta que por fin se oye en la cofa el grito que Colón escuchó el 12 de octubre de 1492 y que sigue siendo el mejor recibido por tripulantes y pasajeros durante tres siglos de viajes entre España y América: "¡Tierra!"

Generalmente es alguna de las islas de las Antillas, la Deseada, la Antigua, la Marigalante. Su belleza y verdor extasía a los viajeros, pero, a menos que se venga muy mal, no se desembarca allí y a todos contenta la sola vista de sus playas. Ahora hay apuro por arribar a puerto. Pero ya se navega en aguas conocidas y los viajeros empiezan a acicalarse: se recortan barbas, se peinan los cabellos, se mudan la ropa; no falta quien se echa encima algún perfume para sacarse la hedentina del viaje, y las mujeres – dice uno de los informantes citados por el autor del libro que estamos glosando – aparecen como si fueran nietas de las que han pasado las penurias de a bordo. Arreglan cuentas los jugadores y se rezan oraciones de acción de gracias: si hay curas en el pasaje, el *Te Deum* es de rigor. Todos se sienten ahora expertos marinos y se aprestarán a dar consejos y volear sus experiencias a los que quedan en España.

Y cuando llegan, cuando ponen pie en tierra y salen por fin del movimiento de la nao; cuando gustan las frutas que en obsequio les traen los españoles que los reciben en cualquiera de los puertos americanos; cuando ven las plantas exóticas y los animales extraños y descubren a los indígenas; cuando sienten, en fin, que están realmente en el mundo nuevo para cuyo descubrimiento y frecuentación han hecho tantos sacrificios y corrido tantos riesgos; cuando ponen su planta en la tierra americana, tal vez no se den cuenta de lo principal y más importante que les está ocurriendo, que es, ni más ni menos, lo siguiente: están empezando a ser indianos...

La primera guerra argentina

¿Cuál fue, cronológicamente hablando, la primera acción bélica emprendida por argentinos?

Nos referimos a una empresa de guerra que haya respondido a un motivo de interés nacional; que haya sido dirigida y ejecutada mayoritariamente por nativos de nuestra tierra y, finalmente, que se haya lanzado contra un enemigo exterior. En función de estos tres requisitos, no cabe duda de que la primera acción bélica protagonizada por argentinos – aunque entonces no se denominaran así – fue la toma de la Colonia del Sacramento en 1680.

En efecto, el hecho obedeció a un interés real e importante de los habitantes de las gobernaciones de Buenos Aires y el Tucumán, pertenecientes por entonces a la jurisdicción del Virreinato del Perú y que comprendían la mayor parte del actual territorio argentino. Su objetivo fue la eliminación de la cabeza de puente portuguesa establecida frente a la capital porteña. La batalla fue librada por fuerzas venidas de Córdoba, La Rioja y otras ciudades del Tucumán, sumadas a las de Buenos Aires, Santa Fe y Corrientes, criollas en su inmensa mayoría, y de las Misiones Jesuíticas, indias en su totalidad, en una convocatoria general cuyo jefe fue el santafesino Antonio de Vera y Mujida. La iniciativa de expulsar a los intrusos fue adoptada en Buenos Aires sin conocimiento de las autoridades metropolitanas. Y, finalmente, cabe agregar que el esfuerzo fue realizado de buen grado por los vecinos de las distintas ciudades, muy al contrario de otras reclutas llevadas a cabo en el curso de los siglos XVII y XVIII, que fueron resistidas o directamente desoídas por los habitantes de esta comarca.

Merece la pena, entonces, evocar este hecho de armas, que en su momento inflamó el orgullo nativo y evidenció la solidaridad de los habitantes de las ciudades dispersas entre Buenos Aires, Jujuy y Asunción. Luis L. Domínguez, autor de uno de los primeros textos de historia argentina, afirmaba ya en 1861, que la toma de la Colonia fue "la primera hazaña militar que se registra en los anales argentinos". Pero este certero recuerdo ha pasado al olvido y es justo evocarlo ahora, cumplido su tercer centenario.

Una posición privilegiada

A 250 kilómetros de la boca del río de la Plata, sobre la ribera oriental del estuario y a unos 100 kilómetros de la desembocadura del río Uruguay, irrumpen sobre las arenosas orillas una península y un grupo de islas que desde mediados del siglo XVI eran conocidas con el nombre genérico de San Gabriel, denominación que hoy sólo conserva la isla más grande, situada a unas tres millas de la actual ciudad uruguaya de Colonia. Tanto la península como las islas – Farallón, Muleques, las dos López, la de los Ingleses y las Hornos – constituyen, al igual que la más lejana de Martín García, una manifestación del escudo de Brasilia, como lo demuestra su formación rocosa. En realidad, esta zona es la única que presenta tanta abundancia de piedra en las cercanías de Buenos Aires.

La península de marras, donde hoy se admira el "barrio histórico" de Colonia, rodeada por tres lados de peñascos y arrecifes, es ligeramente elevada, dando a lo lejos la sensación de un yacaré sumergiéndose en las aguas del Plata: hace *pendant* con las que en Montevideo y Maldonado dominan la vastedad del estuario. Por su posición internada en el Plata y cercana a la desembocadura del Paraná y el Uruguay, esta lengua rocosa es un punto privilegiado, una atalaya que domina la llave de los grandes ríos del cono sur de América. Fue allí donde don Manuel Lobo, en nombre de la Corona de Portugal, sentó sus reales en enero de 1680 fundando una población a la que bautizó "Nova Colonia do Sacramento". Este paraje sería, durante el siglo siguiente, el motivo principal de las disputas entre España y Portugal.

Aunque la banda oriental del río de la Plata estaba por entonces deshabitada de blancos, es indiscutible que pertenecía a la Corona española. No sólo porque la mayor parte, si no toda, caía dentro de la demarcación adjudicada a España por el Tratado de Tordesillas, sino porque las autoridades residentes en Buenos Aires habían efectuado sobre ella diversos actos posesorios. como atribución de encomiendas y mercedes. Y fundamentalmente, porque la zona había sido descubierta por Solís en nombre de Castilla, reconocida por Gaboto, ocupada temporalmente por don Pedro de Mendoza, fortificada, también temporariamente por Ortiz de Zárate y convertida en puerto de recalada por numerosos navegantes españoles – aunque también por piratas ingleses y holandeses. Además, Hernandarias había enviado a la comarca grandes tropas de ganado proveniente de sus estancias de Santa Fe. Y los habitantes de Buenos Aires del siglo XVII atravesaban frecuentemente el río – apenas 40 kilómetros – para buscar en San Gabriel piedras para construcción y leña y madera para diversos usos, elementos totalmente inhallables en las cercanías de la ciudad fundada por Garay. Más aún: era tan incuestionable el derecho de España a la región donde Lobo fundó la Colonia del Sacramento, que en 1555 un tripulante del navío "Comuneros", construido en Asunción del Paraguay para enviar a España prisionero al adelantado Cabeza de Vaca, había solicitado y obtenido del Rey autorización para instalar ¡un mesón o posada en la isla San Gabriel! Por supuesto, el permiso para este precursor de la industria turística uruguaya – como lo llama Luis G. Burmester, quien detectó el curioso hecho – no se hizo efectivo, pero de todos modos el antecedente es válido para entender que a fines del siglo XVII no había dudas en el Río de la Plata respecto del dominio español sobre la banda oriental.

Pero las indefiniciones geográficas y políticas de la época hacían factible que Portugal instalara en el estratégico punto un establecimiento que le permitiera controlar los grandes ríos del sur americano, extendiendo hasta allí la jurisdicción del Brasil. El plan maduró entre 1669 y 1671, planteado por Sousa Freire, gobernador de Río de Janeiro, ante el príncipe Don Pedro, regente de Portugal y se concretaría en 1680 con el desembarco de Lobo. Sin embargo, como señala acertadamente Azarola Gil, la ocupación de San Gabriel significaba muy poco en una concepción geopolítica de largo aliento, si no se la completaba con similares instalaciones en lo que hoy es Maldonado y Montevideo, es decir, en la boca del río de la Plata y en la mitad de la ruta fluvial entre aquélla y la Colonia del Sacramento.

En efecto, la población fundada por Lobo estaba peligrosamente cerca de Buenos Aires y desoladoramente lejos de su base natural, Río de Janeiro. Una línea de tres puertos en la ribera norte del Plata hubiera significado la virtual anexión de su *hinterland* a la jurisdicción del Brasil: en cambio, la fundación solitaria de la Colonia, si bien trajo graves problemas y conflictos al poder español en el Río de la Plata y en el territorio de su cuenca, cargaba una vulnerabilidad que, a la larga, la tornaría indefendible.

Todo esto aparecería como de evidencia incontrastable durante el dramático proceso que culminó en agosto de 1680 con la toma de la Colonia por las fuerzas locales.

Un astuto soldado

El regente de Portugal había acertado con la designación de don Manuel Lobo para iniciar sus planes expansionistas sobre el Plata. Había servido Lobo a su patria desde la guerra de la independencia, y durante casi treinta años participó en todas las acciones bélicas emprendidas por fuerzas portuguesas. Pero Lobo no era solamente un militar apto: era además un hombre negociador y dúctil, y un fidalgo en toda la extensión de la palabra. Su nombramiento, extendido en octubre de 1678, iba acompañado de precisas instrucciones que reflejaban minuciosamente los pasos que debía dar a partir de la "fortificación y población" de San Gabriel. Se le daba autorización para llevar unos 500 soldados de infantería y caballería, sacándolos de Río de Janeiro, y se le otorgaban amplios créditos para los gastos en que incurriera.

A mediados de 1679, ya había tomado Lobo posesión de la gobernación de Río de Janeiro y preparaba activamente su expedición al Río de la Plata. Desgraciadamente para él, la gente que pudo reclutar no era la más indicada para una empresa como la que se proponía: se trataba de vagos, gente sin oficio o aventureros sin mayor vocación de sacrificio. Meses después se quejaría Lobo de que *esta gente soffre muyto mal qualquer traballo e muyto menos o da fame...*

Pero a Lobo le urgía partir. Cuando zarpó del puerto de Santos con sus dos navíos de alto bordo, dos zumacas y tres lanchones, disponía de tres compañías de infantería, un escuadrón de caballos coraza, 18 piezas de artillería y 100 barriles de pólvora, además de numerosos elementos de construcción, entre ellos buena cantidad de madera dura para tirantería. Lobo llevaba, además, 60 esclavos de su propiedad y tres sacerdotes, jesuitas dos de ellos; en cambio sólo había ocho mujeres en la expedición, lo que hace presumir que no se hacía muchas ilusiones sobre la perduración del establecimiento que fundaría.

El caso es que a fines de enero de 1680, la flotilla portuguesa ancló frente a la isla de San Gabriel y de inmediato comenzaron las tareas del desembarco y construcción de viviendas y defensas.

La reacción española

Por desoladas que fueran las riberas del Plata en esa época, era imposible que semejante movimiento pasara inadvertido a las autoridades de Buenos Aires, que no ignoraban las intenciones lusitanas y ya habían detectado en el estuario a espías e informantes, vertidos del Brasil, en años anteriores. El gobernador de Buenos Aires, D. José de Garro, sabía de la preparación de la expedición de Lobo, y había mandado patrullar el río de la Plata desde principios de diciembre del año anterior. Ninguna de las embarcaciones destacadas por Garro observó nada, pero el 21 de enero una lancha perteneciente a una fragata anclada en Buenos Aires, que había sido enviada por su propietario a San Gabriel para buscar piedras que debían servir de lastre, vio a los visitantes. El tripulante de la chalupa, Marcos Román, encontró cuatro navíos desconocidos fondeados en la isla y sin hacer caso a las amistosas señales que se le hicieron desde ellos, retornó volando a Buenos Aires y se presentó al gobernador para informarle la novedad.

Garro era un vasco que anteriormente había sido gobernador del Tucumán. Militar de carrera, era caballero del hábito de Santiago; en la emergencia demostró energía y resolución. De inmediato ordenó redoblar la vigilancia del río y envió una lancha para observar de lejos a los intrusos. La noticia más importante que trajeron estos observadores fue que el 28 de enero habían oído una docena de cañonazos, que juzgaron de brindis o regocijo: sin duda Lobo estaba fundando, con las formalidades de rigor, la nueva población.

Entonces Garro mandó la zumaca "San Joseph" con varios oficiales para que tomaran contacto con los portugueses y les intimaran el desalojo inmediato. Por supuesto, la delegación tenía además la misión de observarlo todo y relatar prolijamente las fuerzas de que disponían los recién llegados.

No puede decirse que el contacto entre españoles y portugueses no se haya efectuado con toda la cortesía que correspondía a los usos militares de la época. Llegaron los españoles a San Gabriel el 10 de febrero a la mañana, subieron a la capitana de la flotilla portuguesa y solicitaron hablar con el jefe de la expedición. Les dijeron que estaba en tierra y mientras se le mandaba aviso, hispanos y lusitanos almorzaron a bordo con buen apetito y mejor humor. Hay que recordar que España y Portugal estaban en paz y no existía, en consecuencia, ningún motivo aparente para adoptar una actitud menos amistosa... Pero mientras se desarrollaba la tenida gastronómica, el piloto de la "San Joseph" miraba ávidamente el movimiento que había en tierra, y pudo observar que muchos de los que allí estaban parecían flamencos, ingleses u holandeses; evaluó los buques y los consideró exiguos; avistó construcciones de barro y paja, consideró estacadas y defensas en plena construcción.

A las tres de la tarde salió de la península una falúa con estandarte rojo en la popa, con ocho remeros indios mamelucos y un trompeta (es Riverós Tula quien cuenta estos detalles sobre documentos del Archivo de Indias), que traía a Lobo y a un clérigo. El jefe portugués saludó con mucha cortesía a sus visitantes y después que leyó la carta de Garro por la que se intimaba su retiro, pidió un corto plazo para contestarla. Uno de los españoles declararía, a su regreso a Buenos Aires, que Lobo le pareció *"un hombre muy capaz y cortés, de treinta y seis años de edad, caballero del Hábito de Cristo según la venera que traía en el pecho de diamantes"*.

Terminado este primer contacto, los españoles se retiraron a la "San Joseph". Al día siguiente, nueva visita a la capitana portuguesa para leer formalmente el requerimiento de desalojar el lugar. Lobo les entregó entonces su contestación a Garro: una carta muy amable donde afirmaba que las tierras que estaba ocupando pertenecían a su príncipe. Seguidamente invitó a los castellanos a almorzar y allí discutieron cordialmente sobre los derechos de uno u otro país a la banda oriental del Plata. Como uno de los españoles tenía sus puntillos de geógrafo y sacara mapas y compases para demostrar los derechos hispanos, Lobo cortó la discusión manifestando que estaba allí por orden de su príncipe. Entretanto, los marineros de la nave española confraternizaban con los portugueses y bichaban el estado de los buques y sus abastecimientos, mientras asustaban a los recién llegados con formidables mentiras sobre la ferocidad de los indios y los supuestos rigores del clima de la región.

Después de lo cual, los enviados de Garro retornaron a Buenos Aires y los portugueses continuaron trabajando en la nueva población. Ambas partes sabían que el paso siguiente debía ser necesariamente violento. Pero nadie dejó traslucir sus sentimientos en este formal y gastronómico prólogo.

Entretanto, Garro no había perdido tiempo. Ya había enviado una urgente misiva al virrey del Perú anoticiándolo del suceso y pidiéndole ayuda. Pero, obviamente, hubiera sido suicida esperar la llegada de auxilios desde Lima. De modo que el activo vasco mandó una carta a su colega, el gobernador del Tucumán, D. Juan Diez de Andino, pidiendo el envío de 300 hombres de su jurisdicción. También escribió a Santa Fe solicitando 50 soldados, y 81 a Corrientes. Además se dirigió al superior de la provincia jesuítica del Paraguay, pidiendo el envío de 3.000 indios de las reducciones, con armas y bastimentos, acompañados de religiosos.

Los milicianos del litoral debían concentrarse en Santo Domingo de Soriano, en la ribera izquierda del río Uruguay, para bajar desde allí al enclave portugués; los del Tucumán se dirigirían a Buenos Aires. Era un toque a rebato, una alarma general. Nunca había ocurrido nada parecido en estas tierras; algunas veces que aparecieron piratas en las aguas del Plata los gobernadores de Buenos Aires pidieron ayuda a las ciudades de tierra adentro, pero jamás con la urgencia y la intensidad de ahora. Conviene destacar que estas directivas fueron despachadas por Garro después de reunirse con los vecinos más caracterizados de Buenos Aires en una especie de asamblea cuya conclusión fue terminante en el sentido de que no debía permitirse el asentamiento lusitano.

Diplomacia armada

A todo esto, Lobo proseguía con sus tareas fundacionales. Pero no ignoraba que la viabilidad de su asentamiento dependía en gran medida de la actitud que observaran las autoridades de Buenos Aires. Era indispensable sondear lo que aquí pasaba. Buscó, entonces, una vía indirecta para tomar contacto con la otra banda del río y el 23 de febrero envió un patache que conducía a su segundo, un par de oficiales y un jesuita de su comitiva. La delegación llevaba una almibarada carta en la que Lobo "besaba la mano" del gobernador de Buenos Aires y le suplicaba le mandara noticias de su salud, "que sumamente me alegraré sea tan perfecta como siempre le sabré desear". A continuación decía el mensaje que por estar "con algunas familias y muchas personas no acostumbradas a los mantenimientos marítimos y menos a la mandioca del Brasil", le rogaba le vendiese los artículos que detallaba en pliego adjunto. Suponía Lobo que esas mercaderías "no son los géneros que prohíben las órdenes que V.S.

tiene" y ofrecía "merecer cualquier favor, como lo demostrará la experiencia cuando quiera mandarme V.S.". El mensaje terminaba con la cortesana expresión de "Muy cautivo de V. S." y luego la firma.

En realidad, algo de cierto había en lo manifestado por Lobo: fuera de los soldados y marineros, acostumbrados a los rigores de su oficio, los pobladores de la Colonia del Sacramento estaban poco habituados a los sacrificios que imponían las inauguraciones del establecimiento. El poblado estaba aislado en la inmensidad de una comarca desconocida, donde no había de qué sustentarse. El ganado introducido por Hernandarias se había reproducido pasmosamente, pero vagaba por la zona de Maldonado y sus aledaños. En los alrededores de la Colonia sólo podían cazarse trabajosamente algunos venados y perdices. Los habitantes debían seguir sufriendo la obligada dieta de porotos y carne salada de las naves, aparte de algún bagre pescado en los pocos ratos de ocio que permitía el industrioso Lobo.

Pero desde luego, la apertura epistolar no obedecía al deseo de mejorar el régimen alimenticio de sus hombres. Y Garro comprendió perfectamente que el portugués intentaba hacerle pisar el palito... Si Lobo era zorro, a Garro no le faltaba garra – permítaseme el pobre juego de palabras.

Cuando apareció el patache portugués frente a Buenos Aires, se hizo desembarcar al oficial de mayor graduación, mientras se prohibía a los restantes pasajeros saltar a tierra. Se lo condujo a la casa del gobernador – la paupérrima fortaleza de tierra y paja, antecesora del Fuerte de San Baltazar de Austria, terminado cuarenta años más tarde – y allí, en presencia de otros funcionarios, Garro leyó la carta de Lobo, dictó la contestación, la firmó e hizo llevar al portugués en su carruaje hasta la embarcación que debía trasladarlo de vuelta a la Colonia. Por cierto, la respuesta del gobernador de Buenos Aires no era tan edulcorada como la de Lobo: la lengua vizcaína le había enredado la sintaxis en la nerviosidad del dictado, pero de todos modos se entendía claramente que Garro advertía que el jefe lusitano "me quiere hacer cómplice en su intento". Se remitía a la carta que le había enviado en la "San Joseph" y mascullaba: "Qué puedo responder a V.S. sino lo que antes, en que me afirmo, y le aseguro es muy vaga su pretensión (...) como no tiene efecto por la irregularidad que recae a la razón".

Lobo ya no podía llamarse a engaño sobre lo que le esperaba por el lado de Buenos Aires. A esta inquietud se sumaba otra que lo tenía angustiado desde su desembarco: Jorge Suárez Macedo no llegaba. A pesar de estas negativas circunstancias, no se achicó. Desembarcados los elementos que podían serle útiles, sólo restaba mandar de vuelta las naves a Río de Janeiro, comunicando lo ocurrido y pidiendo que tornasen con materiales que pudieran servir a la flamante población. Por sobre todo, su misión consistía en quedarse. Un historiador uruguayo compara la decisión de Lobo con la célebre de Hernán Cortés: el lusitano no quemó sus naves, pero las envió a Brasil y quedó aislado, a cuarenta kilómetros de sus enemigos río por medio, dispuesto a cumplir con su deber hasta el final.

Las desventuras de Suárez Macedo

El hombre cuya llegada esperaba Lobo con tanta ansiedad era un personaje muy interesante. En las instrucciones que el regente de Portugal impartió a Lobo, el nombre de Suárez Macedo – o Soares de Macedo – aparece con reiteración: da la impresión de que se quiere establecer al lado del jefe de la expedición su presencia en función de cooperación y consejo, y aun de control. En la época de nuestro relato, Suárez Macedo tenía 46 años y había sido encargado ya de importantes comisiones en el ramo de minas del Brasil y en la exploración del río de la Plata. Habíale indicado Lobo que lo siguiera con una zumaca y un lanchón con harina y materiales de construcción, y su arribo a la Colonia se preveía hacia fines de febrero. Cumpliendo estas instrucciones, Suárez Macedo partió el 12 de febrero de Santa Catalina y una semana después llegaba a lo que hoy es Punta del Este. Allí, una tempestad estrelló su embarcación contra los peligrosos arrecifes del cabo Santa María. Todo se perdió en el naufragio de la zumaca y a poco también pierden la vida sus pasajeros, pero asidos a tablones llegaron a la playa. Dos días después, desnudos y hambrientos, avistaron el lanchón que llevaba parte de la carga y providencialmente había quedado atrás, salvándose de la borrasca.

Suárez Macedo hizo que embarcaran en el lanchón algunos de sus compañeros de naufragio. Por su parte, él, acompañado por un fraile, dos oficiales, veintiún soldados y algunos indios y negros, siguieron caminando por la costa, con el propósito de llegar a la Colonia cuya fundación suponía, acertadamente, ya concretada. De modo que si hubo en 1555 un precursor de la industria turística uruguaya en la persona de aquel marinero que quiso instalar un hotel en San Gabriel, también debemos reconocer en Suárez Macedo un pionero de los turistas que con la mochila al hombro salen en verano a fatigar los caminos del país hermano...

Pues todo andaba pasablemente bien y los caminantes habían hecho más de la mitad del itinerario, cuando el 5 de marzo, en las cercanías de lo que hoy es Montevideo, toparon con una veintena de indios. Creyendo que eran charrúas se aprestaron a defenderse, cuando los oyeron hablar guaraní: eran tapés de la reducción de Yapeyú encabezados por dos jesuitas. Suárez Macedo pidió a los sacerdotes que los condujeran a la Colonia, pero los guaraníes y sus conductores estaban cumpliendo una misión de exploración encomendada por el padre Altamirano, para informar al gobernador de Buenos Aires sobre los movimientos de los portugueses. De modo que quien debía actuar como lugarteniente de Lobo fue llevado, junto con sus compañeros, a Yapeyú, después de ver sustraídas sus armas. Se los trató bien pero sus aprehensores no hicieron caso de sus protestas y finalmente se los envió a Buenos Aires, donde Garro reclamaba su presencia. Aquí, después de prestar una amplia declaración sobre sus actividades, Suárez Macedo quedó prisionero: luego de la toma de la Colonia fue enviado a Chile con algunos de sus compatriotas. Más tarde fue autorizado a pasar a Córdoba y luego a Buenos Aires, donde recién se encontraría con su antiguo jefe, cautivo y gravemente enfermo. Finalmente, ya en libertad. Suárez Macedo se dirigió a Lima donde – según Riverós Tula – profesó en la Compañía de Jesús, acaso harto de tantos trajines.

Pero volvamos a los primeros días de marzo de 1680. Inquieto Lobo por la tardanza de Suárez Macedo, se entera, al llegar el lanchón con los sobrevivientes del naufragio del cabo Santa María, que su lugarteniente había sido visto por última vez marchando a pie hacia el poniente. Mandó entonces un patache y una partida de jinetes a buscarlo. De algún modo los exploradores se enteraron de la suerte corrida por Suárez Macedo y sus acompañantes. Entonces Lobo escribe el 2 de julio una nueva carta a Garro. Esta vez, el tono es muy diferente al de la anterior. Pedía se le entregara su lugarteniente salvo y sano "para que tengamos entendido si estamos en guerra o en paz" y le advierte que sus instrucciones son las de mantener buenas relaciones con los castellanos pero también de usar todos los medios ofensivos y defensivos si éstos dan algunos motivos de queja. La carta estaba datada, con tono desafiante, en "la Ciudadela del Sacramento".

La respuesta de Garro fue tan desabrida como la anterior y, si cabe, más enrevesada: en pocas palabras decía que los intrusos eran buena presa y que él no hacía otra cosa que defenderse.

Es que el gobernador de Buenos Aires era consciente, a esta altura de los sucesos, de que ya estaba en vísperas de aniquilar a su adversario. Las fuerzas que había convocado estaban llegando a destino. Para Lobo, en cambio, había concluido el tiempo de la diplomacia y se aproximaba la hora de la verdad. Solo, sin comunicaciones con Brasil, prisionero su lugarteniente, con su gente desmoralizada por la escasez y los rigores del invierno – advertidos muchos de los pobladores de que no se establecerían pacíficamente sino que la guerra era inminente –, Lobo se aprestaba a asumir su suerte. Para completar sus desdichas, desde febrero sufría crisis intermitentes que lo hacían arder de fiebre y le desvanecían por momentos su lucidez. Encuentra fuerzas, sin embargo, para mandar a Buenos Aires, el 13 de julio, a su capellán jesuita con mensajes para el gobernador, el obispo y el Cabildo local.

Las tres cartas – que ha publicado Azarola Gil con sus respectivas contestaciones – constituyen un grito angustiado ante la inminencia del desastre. Protesta Lobo que su expedición era conocida por la Corona española, asegura que la tierra donde ha asentado la Colonia pertenece a Portugal pero que, de todos modos, el problema legal lo resolverán oportunamente los hombres doctos; él ha venido pacíficamente, no quiere derramamiento de sangre y hace responsables a los españoles que "de esta pequeña centella se ha de levantar un gran incendio".

La respuesta de Garro es fría y seca: declara terminado el intercambio epistolar "si V.S. no se resuelve a dejar ese sitio". Por su parte, el obispo aconseja a Lobo que se retire a Brasil y espere allí el dictamen de los sabios. El Cabildo de Buenos Aires se limita a adherir a lo dicho por el gobernador.

Cuando Lobo recibió estas contestaciones, ya la Colonia del Sacramento estaba bajo riguroso sitio.

Indios, criollos y españoles

Es que la movilización de las huestes de las gobernaciones de Buenos Aires, Paraguay y el Tucumán había sido una auténtica hazaña militar. Piénsese en el tiempo y las fatigas que demandaba el traslado de un contingente desde ciudades tan distantes como Córdoba, La Rioja o Corrientes al escenario de lo que sería la batalla decisiva. Quienes tomaban las armas no eran gente del común: se trataba de vecinos "feudatarios", es decir asentados, con casa y familia y generalmente a cargo de encomiendas de indios. Pero hacia fines del siglo XVII, después de las guerras calchaquíes, la mano de obra indígena estaba casi extinguida en el Tucumán, y los descendientes de los conquistadores se veían obligados a realizar por su propia mano las labores que anteriormente habían desempeñado los aborígenes encomendados. Entonces, los vecinos que venían de las ciudades de esta gobernación respondiendo al pedido de ayuda formulado por Buenos Aires debían abandonar sus sembrados, sus cosechas, sus viñedos, sus ganados, y remendar el viejo arcabuz, desenmohecer la espada, ceñir la coraza y montar a caballo para emprender un camino de doscientas y aun más leguas.

Era un paseo caro. Cada vecino feudatario marchaba sin sueldo ni viático: precisamente su carácter les imponía el honor de servir al Rey "a su costa y minción", tal como habían hecho sus antepasados. Lo único que percibirían, en el mejor de los casos, sería el magro botín de los vencidos y una certificación para agregar a los papeles que serían exhibidos para concursar algún cargo honorífico o alguna desmedrada encomienda… La marcha significaba llevar tres o cuatro caballos, un escudero por lo menos, y provisiones de boca para la larga jornada. De modo que no era solamente abandonar las labores de que se sustentaban cotidianamente, sino los gastos del camino, que pesaban sobre las escuálidas bolsas de estos caballeros de orgulloso ánimo y esclarecido linaje pero, en general, pobres como ratas. Criollos en su mayoría, porque las ciudades del Tucumán eran ya centenarias y quienes respondían al llamado del puerto eran nietos o biznietos de los españoles primigenios.

Los 300 hombres que vinieron del Tucumán sin ocasionar gastos a la Real Hacienda fueron retenidos en Buenos Aires hasta que se determinara si era necesario trasladarlos a la otra banda del río. Conducía el contingente el maestre de campo D. Francisco de Tejeda y Guzmán, descendiente del primer poeta argentino, fray Luis de Tejeda. Era su segundo D. Antonio Suárez de Cabrera, bisnieto del fundador de Córdoba. Ambos criollos y pertenecientes a las primeras familias cordobesas. De esta ciudad también vino Luis de Bracamonte como jefe de la caballería. Mandaba el tercio de La Rioja don Álvaro de Luna y Cárdenas, el joven Fiel Ejecutor de su ciudad, nieto de conquistadores, que murió en el camino dejando en la pobreza a su esposa y sus seis hijos.

Tenemos noticias de la sangría que significó a los riojanos esta marcha – circunstancia que podría ser extensible a otras ciudades del Tucumán – por una denuncia anónima enviada al Rey en 1682 desde Córdoba, en la que se atribuye al gobernador Diez de Andino una especial inquina contra La Rioja por objeciones que había formulado el Cabildo contra encomiendas concedidas ilegalmente por éste. "Aviendo pedido Don José de Garro que se hallava governando la ciudad de Buenos Aires socorro de gente que retirara al portugués que había poblado en las yslas de San Graviel ocho leguas de dicha ciudad, mandó don Juan Diez saliesen de La Rioja quarenta hombres aviados a su costa y que lo ejecutase dicho su teniente don Manuel de Villafañe y con la picasena de lo pasado a diestra y siniestra alistó dichos hombres y costó el gasto 5 o 6 mil pesos entre todos los peltrechos de guerra y cavalgaduras, y todo se malogró por la mala disposicion de aver mandado salir la gente sin tiempo, solo por vengarse de ellos y averse buelto de medio camino".

Los soldados de Buenos Aires, 120 hombres, estaban a las órdenes del capitán Francisco de la Cámara, nacido en Alcalá de Henares, los 50 de Santa Fe venían a órdenes del criollo Juan de Aguilera; los 60 correntinos eran conducidos por el sargento mayor Francisco de Villanueva. Estos contingentes se habían citado en Santo Domingo de Soriano y allí se reunieron con los 3.000 guaraníes de las Misiones, que venían arreando 9.000 cabezas de ganado para su mantenimiento. Esta hueste llegaba con la jefatura de seis caciques y una veintena de oficiales españoles y criollos, todos bajo la dirección superior del padre Altamirano, provincial de las Misiones. Los indios habían partido el 28 de marzo desde Santo Tomé, parte por tierra y parte en balsas por el río Uruguay.

Debió de ser un espectáculo épico este que ofrecía la reunión de la hueste más numerosa de la época. No cuesta imaginar la escena: la polvareda de esos millares de vacunos flanqueados por arrieros de agudas voces; la acompasada marcha de esos 3.000 indios obedientes a los sacerdotes, la gárrula parla de los criollos, ya mechada de tonadas lugareñas que la distinguirían de la castiza lengua hablada por sus padres o sus abuelos. El trajín del campamento, la tensión de la aventura en todos los rostros y presidiendo ese hermoso caos de caballadas, vacas y guerreros, el maestre de campo Vera y Mujica, el santafesino ilustre.

No era Vera y Mujica de la cepa de los Vera y Aragón, como se ha dicho alguna vez. Era hijo de un caballero canario avecindado en Santa Fe y de una dama Esquivel, de la sangre de los primeros conquistadores. Nació en 1620, fue alcalde de su ciudad natal, guerreó contra los indios del Chaco – cuyos idiomas llegó a conocer bien – y después de su victoria sobre Lobo fue nombrado gobernador del Tucumán y más tarde del Paraguay. Vera y Mujica es una de esas figuras interesantísimas de nuestra época colonial, olvidada por la ligereza con que suele pasarse esta etapa de nuestra historia. Fue un gobernante progresista y sensible a los problemas de sus administrados, propulsor de la plantación de yerba mate – que antes se recogía de plantas silvestres – y adversario de la separación del Paraguay de la gobernación de Buenos Aires. Ahora, en el invierno de 1680, la jefatura de las fuerzas reunidas para expulsar a los portugueses le daba una espléndida oportunidad para lucir sus cualidades de mando.

Concretada la cita de Santo Domingo Soriano, guaraníes, santafesinos y correntinos se aproximaron a la Colonia descendiendo por la margen izquierda del río Uruguay. Aunque no se sabe con certeza, es de suponer que la mayor parte del contingente porteño se reunió con el grueso de la hueste cuando ésta arribó a las proximidades del establecimiento portugués. En cuanto a los que vinieron de las ciudades tucumanas, ya se ha dicho que fueron retenidos en Buenos Aires en calidad de reserva.

El 6 de julio de 1680, la Colonia del Sacramento se encontraba ya asediada. Vera y Mujica había instalado el campamento de los sitiadores en el extremo oeste de la gran ensenada que se abre detrás de la península, en un paraje que desde entonces se denomina Real de Vera, muy cerca del Real de San Carlos, así bautizado un siglo después, cuando Cevallos instaló allí sus fuerzas para atacar por última vez el enclave lusitano en el Plata.

Debió de estremecerse el ánimo de los portugueses al ver semejante aparato de guerra. Desde las fortificaciones del alto, en la península, se veía perfectamente el ganado y el movimiento de los sitiadores. No es de extrañar que unos días más tarde empezaran las deserciones desde el campo asediado. Once soldados, un alférez y un cabo, 23 indios tupíes y un par de negros fueron abandonando subrepticiamente la Colonia a lo largo de las jornadas siguientes. Hay que decir que no en todos los casos se trataba de cobardes o traidores: tres de los portugueses declararon que no se unirían a los castellanos y sólo pedían salvoconducto para regresar a Brasil, porque habían venido con el propósito de poblar tierras lusitanas y no de españoles, pero que "no tomarían armas contra su Príncipe". Señala Riverós Tula que la única excepción a esta actitud fue la del alférez Sebastiao de Peralta, que se pasó a los sitiadores, les sirvió de baquiano y más tarde se radicó en Buenos Aires.

Inconvenientes de un sitio

A pesar de su superioridad numérica, el ejército sitiador tenía un punto débil: la indiada guaraní. Por muy controlados que estuvieran por sus misioneros, los naturales de las provincias jesuíticas marchaban a la lucha sin los ideales ni el sentido del honor militar que animaban a los milicianos criollos y españoles. No participamos de la despectiva opinión que de ellos expresa el historiador Raúl de Labougle, quien en su Historia de Corrientes los califica reiteradamente de "afeminados y cobardes". No lo eran, como lo habían demostrado medio siglo atrás en la batalla de Mbororé, aplastando a los "bandeirantes" que los venían hostigando. Pero en esta expedición a la Colonia, los guaraníes no estaban defendiendo su terruño. Y además, los rigores del invierno platense, tan diferentes a la dulzura de su clima, los amohinaban y llenaban de desgano.

Las consecuencias de la baja moral de los guaraníes se advirtieron bien pronto. A los pocos días de establecido el cerco se comprobó que algunos tapés comerciaban descaradamente con los sitiados. Les llevaban caballos y carne vacuna y recibían bayetas y chucherías. Charlaban hasta con el propio Lobo, pasándole toda clase de información. Se investigó rápidamente: al principio, los comprometidos en estos tratos parecieron ascender a unos cien. Luego se supo que eran doscientos y al día siguiente ya eran trescientos... Vera y Mujica se alarmó. Castigar con la severidad que merecían los traidores podía acarrear una sublevación entre los tapés o, en el mejor de los casos, una deserción incontenible. Y silenciar el asunto prometía fomentar contactos similares o más graves.

Después de conferenciar con los jesuitas y los oficiales que encuadraban el contingente guaraní, Vera y Mujica decidió retirar a la mayor parte de éstos al río San Juan, unos 15 kilómetros hacia el Norte, sobre la costa, castigando a dos o tres de los más culpables con algunos azotes. Los caciques, avergonzados por la conducta de su gente, pidieron que se atacara la plaza sin pérdida de tiempo, porque entre ellos cundía la impaciencia y había muchos enfermos.

Aquellos hechos y estas opiniones decidieron al jefe santafesino a activar su estrategia. No podía demorarse por más tiempo el ataque. Expugnar a la Colonia por hambre era un lujo que ya no podía permitirse. El 21 de julio, Vera y Mujica intimó la rendición. Lobo, por supuesto, no perdió su clase. Respondió que "V.S. puede hacer lo que fuera servicio, que para todo me hallará prontísimo para servirle con particular gusto".

En una reunión de jefes realizada el 26 se decidió emprender el ataque tres días después. Pero Vera y Mujica resolvió postergar la acción hasta que llegara un refuerzo que debían enviar desde Buenos Aires. No se trataba de un refuerzo meramente militar: el santafesino vacilaba en romper el fuego contra los portugueses. Ya se ha destacado que en ese momento no había guerra entre España y Portugal y que el incidente en las lejanas comarcas del Plata podía desencadenar un problema de proporciones entre las dos Coronas peninsulares. Y también conviene recordar que la España de 1680 no era, ciertamente, la del cesáreo Carlos V sino la del infeliz Carlos II... La "pequeña centella" podía levantar "un gran incendio". Necesitaba Vera y Mujica una orden concreta y responsable para romper el fuego. Y el gobernador de Buenos Aires, a su vez, que no tenía ninguna duda sobre la necesidad y urgencia de expulsar a los intrusos, deseaba estar respaldado por la opinión de otras personalidades.

Así es como el 28 de julio celebró Garro en la casa del obispo de Buenos Aires un consejo al que asistieron unos treinta funcionarios, cabildantes, sacerdotes, vecinos caracterizados y oficiales; entre éstos, los que habían llegado del Tucumán. El gobernador informó de la situación, detalló el precario estado de los sitiados, hizo saber los problemas que preocupaban a los sitiadores y ponderó el gasto que sufría la Real Hacienda con el mantenimiento de las tropas en campaña, para terminar requiriendo el dictamen de la concurrencia. Los cordobeses fueron los primeros en pronunciarse por el ataque inmediato: el resto de los asistentes se fue sumando, con mayor o menor entusiasmo, a esta posición. Ante la unanimidad de pareceres, Garro dictó al escribano la orden de ataque, que debía remitirse a Vera y Mujica con la servicial "San Joseph", que también transportaría 50 hombres para robustecer el ataque. Una fuerte borrasca retrasó la partida de la nave hasta el 2 de agosto. El día 3 llegaba el navío a la Barra de San Juan y su capitán entregaba el mensaje del gobernador a Vera y Mujica.

Al día siguiente, el jefe de las fuerzas convocó a los jefes españoles, criollos y guaraníes, y les impartió la orden de llevar de inmediato un ataque fulminante contra la Colonia, sin preparación de artillería. Los atacantes marcharían durante la noche divididos en tres columnas, para lanzarse sobre los portugueses a través de los tres flancos de las fortificaciones que daban sobre tierra. El asalto debía llevarse a cabo antes del amanecer.

En ese momento, la hueste de Vera y Mujica se componía de unos 300 criollos y españoles y poco más de 3.000 indios. Por su parte, los defensores de la plaza sumarían unos 300, excluyendo a quienes no tomaban las armas por ser labradores, artesanos o simplemente inservibles. El baluarte lusitano, diseñado por Correia Pinto, un apto ingeniero militar, estaba situado en el filo de la loma que corre a lo largo de la península, más o menos sobre lo que hoy es la Avenida General Flores. Aunque inconclusa por el flanco oeste, el que miraba a la ensenada, la obra presentaba dos macizos hacia el Este unidos por una estacada de palos de madera de Brasil sobre tierra apisonada, asegurada por un foso que tenía la altura de un hombre, con una sola entrada por un puente levadizo que miraba hacia el Norte. No eran estas fortificaciones las muy bellas y sólidas de piedra que levantarían los portugueses en años posteriores y cuyos restos todavía existen. Pero constituían una defensa cuya expugnación no se presentaba como fácil.

El 6 de agosto por la noche las fuerzas sitiadoras abandonaron el Real y empezaron a caminar en el mayor silencio. La crónica conserva el nombre de los tres jefes indios a cargo de cada una de las columnas: el sargento mayor Ignacio Amandaú, el maestre de campo Cristóbal Cupiy y el de igual grado Francisco Curitú. Los contingentes criollos y españoles estaban repartidos entre las columnas, cada uno con sus jefes.

Apenas estaba empezando a clarear sobre el naciente, cuando las primeras filas de los atacantes, cuerpo a tierra, estaban al pie de las empalizadas.

Ataque y masacre

La Nova Colonia do Sacramento velaba las armas sin suponer la inminencia del ataque. Manuel Lobo, nuevamente atacado de fiebre yacía en su catre y había delegado el mando en el capitán Manoel Galvao. De pronto truena un arcabuz en el sector sur del baluarte: los guaraníes han degollado a un centinela adormilado, pero su compañero ha dado la alarma con ese disparo.

En un instante, la calma de la madrugada se ha convertido en un tumulto de gritos, tiros y corridas. Mientras Curitú y el capitán Alejandro de Aguirre trepaban al baluarte sur, el capitán correntino Gabriel de Toledo y Amandaú asaltaban victoriosamente el sector norte. Pero los portugueses se defendían con desesperación: Galvao logró rechazar por un momento el asalto del Sur. Había montado a caballo y se lanzaba a uno y otro lado sableando al enemigo y animando a los suyos, algunos de los cuales lograron disparar sus pedreros contra los atacantes.

Una nueva oleada de atacantes contra el baluarte sur – casi todos santafesinos – logró detener a los que empezaban a desbandarse y rebasó la defensa, llegando hasta el depósito de pólvora. Galvao, peleando como un demonio, mató a cinco españoles hasta que un mosquetazo le voló la cabeza. Sólo quedaba un grupo de portugueses resistiendo en la parte norte: abrumados por la superioridad numérica de los enemigos, que se derramaban incontenibleniente sobre el recinto, los desdichados trataron de echar al agua una lancha varada en la playa, pero fueron exterminados antes de subir.

Ahora la lucha se había convertido en una masacre. La mujer de Galvao tomó la espada que todavía aferraban las manos yertas de su marido, y trató de mantener a raya a los indios que la acosaban. Fue muerta. Correia Pinto, el ingeniero, fue muerto y, con él, casi todos los oficiales. Descontrolados, liberado su salvajismo ancestral, los indios asesinaban sin compasión y el mayor trabajo de sus jefes y oficiales era contenerlos. Un puñado de portugueses, entre ellos Francisco Naper de Alencastre (que años más tarde sería gobernador de la Colonia del Sacramento y jamás olvidaría esta terrible experiencia ni extinguiría el odio que profesaba a los españoles) consiguió abrirse paso, a fuerza de mandobles, hasta la precaria iglesia. Allí consiguieron hacerse fuertes hasta que se les garantizó la vida.

¿Y don Manuel Lobo? Delirando por momentos, extenuado por la fiebre, se había hecho ceñir sus armas por los esclavos de su servicio y salió de su habitación, escuálido y quijotesco, dispuesto a vender cara su vida. Una multitud de tapés se lanzó sobre él y cuando estaba a punto de ser ultimado, apareció providencialmente Vera y Mujica, quien lo protegió con su cuerpo y logró salvarlo convenciendo a los guaraníes, a los alaridos, de que la vida y las pertenencias de Lobo le correspondían a él como jefe.

La lucha no duró más de una hora. Pero fue terrible. Los atacantes tuvieron 36 muertos y más de 100 heridos; los sitiados perdieron 112 hombres ultimados en el ataque o asesinados en las momentos que siguieron a la victoria... ¡Cómo habrá sido la furia demencial de los guaraníes, que sólo pudo identificarse a cuatro oficiales portugueses, "según estaban de horrorosos" los otros cadáveres, conforme a lo que declaró después un testigo!

En una carta que Lobo envió a su Rey meses más tarde, se quejaba amargamente de que los "más crueles fueron los padres de la Compañía que capitaneaban a los indios en los sucesos de San Gabriel (...) que antes y en dicha ocasión dieron repetidas órdenes a los indios para que ninguno de nosotros quedara vivo, diciéndoles en altas voces AYUCA CA RAIBA, que en su lengua quiere decir MATAD A LOS BLANCOS". Sin embargo, Vera y Mujica declaró que al terminar la lucha departió unos momentos con Lobo, a quien encontró "vuelto en sí aunque en el mismo estado, moribundo", lo que torna dudoso el testimonio del infortunado jefe portugués.

Sea como fuere, al alzarse el sol la batalla había terminado. A la tarde del mismo día 7 se enterraron los muertos. El 8 de agosto llegaba a Buenos Aires la noticia del triunfo. Todavía se estaba celebrando cuando arribaba una zumaca conduciendo a Lobo, física y moralmente derrumbado, con los oficiales sobrevivientes y dos sacerdotes de su comitiva. El resto de la población fue evacuada el día 21 y repartida en diversos puntos de la gobernación.

Cuando Antonio de Vera y Mujica echó una última mirada desde la embarcación que lo llevaba a Buenos Aires al desmantelado establecimiento portugués, habrá pensado que allí terminaba la aventura lusitana en el Río de la Plata.

En realidad, recién empezaba...

EPÍLOGO

En toda la América española, el triunfo de San Gabriel – como se lo llamó entonces – fue celebrado jubilosamente. La toma de la Colonia vigorizó el sentimiento patriótico de sus habitantes y la adhesión a la Corona. ¡Al fin se había puesto una valla al incesante avance portugués!

Increíblemente, donde la victoria produjo nerviosidad y aun pesadumbre, fue en la Corte de Madrid. Don Pedro II – que había abandonado su título de regente de Portugal para asumir la Corona real de su país – sufrió una crisis de cólera cuando se enteró, recién en marzo de 1681, que el establecimiento cuya fundación preparara con tanto celo había sido arrasado. Se negó a recibir las explicaciones del embajador español, hizo concentrar tropas en la frontera extremeña y estuvo a un tris de llevar adelante la guerra contra su vecina. Finalmente, a instancias del embajador inglés, condescendió a dar un plazo para que se le ofrecieran satisfacciones completas por la "agresión" española, devolviendo la plaza y castigando a Garro. El 7 de mayo de 1681 se firmó el "Tratado Provisional" por el cual España se allanaba a todas las exigencias lusitanas, salvo el aspecto jurídico de fondo, cuya dilucidación se confiaba a una comisión mixta de geógrafos que se reunió hacia fines de ese año en Badajoz y, obviamente, no llegó a ningún acuerdo.

En febrero de 1683, el nuevo gobernador de Río de Janeiro tomaba posesión de la Colonia del Sacramento en nombre de su rey. Lo que habían ganado con su espada los españoles americanos, lo perdían en los parlamentos diplomáticos los españoles peninsulares... ¡La desdichada España de los finales de la dinastía Austria no se ahorraba a sí misma ninguna humillación!

Ni las ahorraba a sus mejores servidores. Tres semanas después de firmado el "Tratado Provisional" y siempre en tren de apaciguar al monarca portugués, se ordenó a Garro abandonar la gobernación de Buenos Aires y retirarse a Córdoba hasta nueva orden. Después de una humillante espera de varios meses, el rey de España designó a Garro presidente de Chile. Pero lo hizo casi clandestinamente, sin conocimiento del Consejo de Indias como correspondía, y aun esta parcial reparación al valiente vasco fue posible porque el propio monarca portugués, caballerescamente, pidió a Madrid que no se insistiera con ese castigo.

Quien fuera su adversario también terminó desastrosamente este lance. Lobo estuvo prisionero en Buenos Aires, en condiciones excesivamente rigurosas durante varios meses. Vio malvendidos sus esclavos y bienes, cuyo producto pasó a la Real Hacienda conforme a los usos de la época, aunque Lobo se quejó de que la mayor parte del dinero terminó en los bolsillos de Garro. Se lo trasladó después a Córdoba, donde encontró mejor trato, y a fines de 1682, ya en libertad por virtud del "Tratado Provisional", regresó a Buenos Aires para morir en enero del año siguiente, después de escribir a Don Pedro II una larga y patética carta que no alcanzó a firmar. Si su vida se hubiera prolongado por un mes más, hubiera asistido a la resurrección de la Colonia del Sacramento...

En relación con ésta, el argumento que hemos relatado en los párrafos anteriores fue repetido monótonamente durante el siglo siguiente: expugnación militar de la plaza por los españoles, devolución diplomática a los portugueses. En 1705, rotas las hostilidades entre España y Portugal con motivo de la Guerra de Sucesión, el establecimiento portugués fue ocupado por los españoles. Once años más tarde, el Tratado de Utrecht impone la devolución de la plaza. Desde entonces hasta 1762 los lusitanos son dueños de la Colonia. La fortifican, la rodean de un cinturón de huertas, construyen edificios civiles, militares y religiosos y, por sobre todo, la convierten en el gran emporio del contrabando de mercaderías inglesas en el Virreinato del Perú a través de la ancha boca del río de la Plata. Los españoles fracasan en el sitio que le imponen en 1735, y quince años más tarde no consiguen que se haga efectiva su devolución, tal como estaba dispuesto por el Tratado de la Permuta. Recién en 1762 don Pedro de Cevallos logrará tomar el enclave, pero antes de un año "el Gibraltar del río de la Plata" tornará a manos de Portugal por el Tratado de París. Al fin, en 1777, el mismo Cevallos la toma definitivamente y harto de estas idas y venidas destruye la mayor parte de sus fortificaciones y desmantela buena parte de sus casas.

En estos intentos militares participaron, en mayor o menor proporción, soldados criollos e indios guaraníes. Pero ninguna de estas empresas fue más criolla que aquella de 1680 que hemos evocado en estas líneas. Puede decirse que esa ciudad, cuyos vestigios coloniales todavía hoy pueden admirarse como un testimonio de la tenacidad y la habilidad lusitanas, fue el escenario de la primera expresión armada de un sentimiento patriótico rioplatense.

CRONOLOGÍA DE LA COLONIA DEL SACRAMENTO
1680–1777

1680, enero 26.– Fundación de la Nova Colonia do Sacramento por D. Manuel Lobo en nombre de Portugal.

1680, agosto 7.– Toma de la población por las fuerzas de indios, criollos y españoles el mando de Antonio de Vera y Mujica por orden del gobernador de Buenos Aires, D. José de Garro.

1681, mayo 7.– "Tratado Provisional" por el que España devuelve la Colonia a Portugal sin que ello implique decidir el aspecto jurídico del dominio.

1681, noviembre 10 a diciembre 31.– Reunión de diplomáticos y geógrafos españoles y portugueses en Badajoz, para determinar si la Colonia cae dentro de la demarcación hispana o lusitana. No se llega a ningún acuerdo.

1683, febrero 12.– El gobernador de Buenos Aires D. José de Herreras y Sotomayor, devuelve la Colonia a los portugueses en cumplimiento del "Tratado Provisional". En años posteriores la población empieza a crecer: alcanza a tener 1.000 vecinos, casas de teja, fortificaciones de piedra y huertas extramuros.

1701, junio 18.– Tratado de Alianza entre España y Portugal, por cuyo artículo 14 aquélla cede a ésta el "dominio y uso del campo" de la Colonia, entendiéndose por tal el terreno situado a un tiro de cañón del poblado.

1704.– Con motivo de la Guerra de Sucesión, al hostilizar Portugal a Felipe V, rey de España, éste ordena tomar la Colonia.

1705, abril 23.– Las fuerzas españolas, mandadas por D. Baltazar García Ros en nombre del gobernador de Buenos Aires, D. Alonso Valdez Inclán, toman Colonia después del retiro de los portugueses, privados de auxilios. Bajo el dominio español y habiendo dejado de ser el centro del contrabando en la región, la Colonia decae y se despuebla.

1715, febrero 6.– Terminada la Guerra de Sucesión, se firma el Tratado de Utrecht por cuyo artículo 6 España vuelve a ceder a Portugal el dominio de la Colonia. García Ros, gobernador de Buenos Aires, formula graves objeciones a esta decisión, que no son atendidas por la Corona española.

1716, noviembre 16.– "Manoel Gomes Barbosa, en nombre del

rey de Portugal, toma posesión de la Colonia. Hace construir cuatro baluartes, la nueva iglesia y diversos edificios. Una nueva época de prosperidad se abre a la población. Durante el gobierno de Antonio Pedro de Vasconcellos, la Colonia se adorna con el palacio del gobierno, el parque de artillería, el hospicio, un colegio de la Compañía de Jesús, varios cuarteles y tres capillas. Tiene ya 3.000 vecinos y sus carnavales se hacen famosos en el Río de la Plata. Su puerto llega a albergar a 50 navíos de diversas banderas, ostensiblemente dedicados a introducir ilícitamente mercaderías en el Virreinato del Perú. Inglaterra tenía a Gibraltar en el costado de España desde 1704; desde 1716 tendrá un nuevo Gibraltar en la Colonia del Sacramento, al flanco de las colonias españolas de Sud América, en el río que es boca y salida de la plata del Potosí." (Riverós Tula).

1735, julio.– Debido a la nueva guerra entre España y Portugal, D. Miguel de Salcedo, al frente de 5.000 hombres, de los cuales 4.000 son indios misioneros, pone sitio a la Colonia durante 22 meses.

1736, marzo 16.– Llega la noticia de haberse firmado el Armisticio de París entre España y Portugal, por lo que Salcedo levanta el sitio.

1760, enero 13.– Tratado de Madrid (o de la Permuta), por el cual España cede a Portugal una extensa región en la zona de las Misiones Jesuíticas, a cambio de la restitución de la Colonia. El compromiso no podrá concretarse a causa, entre otras cosas, de la resistencia de los indios misioneros. La Colonia, entretanto, prosigue su desarrollo: ya se ha completado la construcción de la ciudadela, que protege todo el sector de la península que mira a tierra, edificada en piedra con diversos baluartes y baterías que dan sobre el río.

1761, febrero 12.– Tratado de El Pardo por el cual, vista la imposibilidad de hacer efectiva la Permuta, se vuelve al anterior estado de cosas.

1762, octubre 19.– Don Pedro de Cevallos pone sitio a la Colonia y establece un riguroso bloqueo sobre la plaza.

1762, octubre 20.– Ante la imposibilidad de sostenerse, la guarnición portuguesa de la Colonia evacua la plaza, siéndole rendidos honores por Cevallos y sus fuerzas. Días después, buques británicos bombardean la plaza, siendo rechazado el ataque y hundida la fragata "Lord Clive".

1763, enero 10.– Tratado de París entre España y Portugal, por el cual aquélla devuelve a ésta la Colonia.

1763, diciembre 23.– Pedro Soares de Figueroa toma posesión de la Colonia en nombre del rey de Portugal. Empieza la última etapa portuguesa de la población.

1776, agosto 10.– Guerra entre España y Portugal. Carlos III designa a Cevallos primer virrey del Río de la Plata y le ordena tomar la Colonia, a cuyo efecto se arma una flota nunca vista en esta parte de América.

1777, mayo 27.– Cevallos pone sitio y bloqueo a la Colonia.

1777, junio 3.– Francisco José da Rocha, gobernador de Colonia, rinde la plaza a Cevallos sin lucha, obedeciendo, al parecer, instrucciones secretas del marqués de Pombal. La mayor parte de la población lusitana evacua la ciudad y regresa a Brasil. Cevallos destruye parte de las defensas y desmantela los edificios. El "Gibraltar del río de la Plata" queda incorporado definitivamente al dominio español y dependerá militar y administrativamente del virrey, en forma directa, y no del gobernador de Montevideo. Entre 1680 y 1777, la Colonia del Sacramento había permanecido en poder de los portugueses durante 81 años.

BIBLIOGRAFÍA

Antonio Bermejo de la Rica: *La Colonia del Sacramento/ Su origen, desenvolvimiento y vicisitudes de su historia*, Biblioteca de Historia Hispanoamericana Toledo, Imp. de la Ed. Católica Toledana, 1920.

Luis Enrique Azarola Gil: *Historia de la Colonia del Sacramento*, 1680–1828. Casa de A. Barreiro y Ramos S.A., Montevideo, 1940.

Luis Enrique Azarola Gil: *La epopeya de Manuel Lobo*. Ed. Íbero Americana, de Publicaciones S.A., Madrid, 1931.

Aníbal M. Riverós Tula: "Historia de la Colonia del Sacramento 1680–1830", en *Revista del Instituto Histórico y Geográfico del Uruguay*, tomo XXII (hay publ. separata), Montevideo, 1959.

Ricardo Cecilio Gallardo: "Del Histórico Partido de las Víboras", Intendencias de Colonia, Comité Patriótico Departamental, Colonia, 1978 (dos vol.).

Fernando Capurro: *La Colonia del Sacramento*, Montevideo, 1928.

Luis Germán Burmester: *Alonso Cantero y el primer mesón del Río de la Plata*, Buenos Aires, 1940.

Raúl de Labougle: *Historia de San Juan de Vera de las Siete Corrientes*, 1588–1814, Buenos Aires, 1978.

Félix Luna, "Una Denuncia Anónima en La Rioja del siglo XVII", en *Revista de Jurisprudencia e Historia de La Rioja*, N° 3, La Rioja, 1974.

Operativo Expulsión

En la época colonial, la burocracia española fue un dechado de pesadez y lentitud. Los archivos de la península y de América rebosan (para felicidad de historiadores) de expedientes prolongadísimos, atiborrados de informes, dictámenes, pases y resoluciones que los alargaban interminablemente. Es claro que nuestro sentido del tiempo es muy distinto que en los siglos XVII o XVIII, pero de todas maneras no podemos decir que nuestra propia burocracia no tenga respetables antecedentes en su progenitora hispana. Pero hubo una excepción a mediados del siglo XVIII: un caso en que los burócratas de España y de América actuaron con rapidez, eficiencia y decisión admirables. Lograron conservar el secreto de una medida que debía aplicarse, casi el mismo día, a lo largo y ancho de todas las posesiones españolas en el mundo. Consiguieron que no se filtrara el secreto y que la orden real se cumpliera instantánea y resueltamente. En el Río de la Plata, sobre todo, fue un ejemplo de eficacia. Lástima que ese esfuerzo se dedicó a una triste causa: la expulsión de la Compañia de Jesús.

Malos vientos soplaban hacia el lado de los jesuitas a mediados de la década de 1760. Se los había expulsado de Portugal en 1759 y de Francia en 1764. En la corte española ya no existía el ambiente favorable que había facilitado la labor de los hijos de Loyola desde la fundación de la Orden. Ministros que compartían las ideas de los *philosophes* trabajaban el ánimo de Carlos III para adoptar una medida similar en sus dominios. Una sorda hostilidad campeaba allí donde antes todo había sido simpatía.

En el Río de la Plata, donde los jesuitas tenían sus más sólidas creaciones, esta incómoda atmósfera también se percibía. A mediados de 1766 había cesado el gobierno del ínclito don Pedro de Cevallos, consecuente amigo de los jesuitas, y en su lugar llegaba Francisco de Paula Bucarelli, que les tenía un notorio desapego. El gobernador de Tucumán, Campero, otrora partidario de la Orden, se había dejado ganar por el obispo tucumano, un acérrimo enemigo, lo mismo que el obispo de Buenos Aires. Es decir que las dos autoridades, civiles y eclesiásticas, de Buenos Aires y el Tucumán miraban con escasa simpatía a los jesuitas: mala cosa en momentos en que crecía en España la ola de hostilidades contra ellos. Es cierto que el gobernador del Paraguay, jurisdicción donde se encontraba la mayor parte de las Misiones, era amigo; pero las cosas importantes no se decidían en Asunción. También era cierto que el nuevo presidente de la Audiencia de Charcas era un favorecedor de la Orden y que el mismo Cevallos había sido designado ministro de Indias en Madrid.

Pero estas influencias no alcanzaban a insuflar optimismo a los jesuitas rioplatenses. Olían, intuían que algo feo se estaba preparando contra ellos.

"En mi real ánimo..."

¿A qué se debía este ambiente, cada vez más pesado, contra la Compañía de Jesús? Sin profundizar el tema podemos señalar algunos factores ajenos a la Orden: el cerrado regalismo de los Borbones, que no admitían ninguna fuerza ni estamento ajeno al Estado que regían; la desconfianza ante el poder y las riquezas de los jesuitas, menos opulentos de lo que imaginaba el vulgo pero así y todo importantes; la existencia de las Misiones Guaraníticas, un enclave donde no se hablaba español, no entraba el dinero corriente y donde los indios sólo obedecían a sus padres.

Pero también existían causas internas, imputables a los jesuitas y sus particulares modalidades. Por ejemplo, su propensión a mover influencias para favorecer a sus amigos en la estructura del Estado, lo que no dejaba de marcarlos como intrigantes y politiqueros; el hábito del secreto y la disciplina, que daba lugar a muchas leyendas. Además, a mediados del siglo XVIII se advierten algunas fallas en la línea general de la Orden: no maneja con claridad el asunto de la Permuta, lo que pareció dar la razón a quienes los acusaban de poco leales a la Corona. En Europa habían estallado algunos escándalos financieros que se vinculaban a su acción especuladora. Pero en realidad, la reacción antijesuita era un aspecto más de la tendencia antirreligiosa del siglo, cada vez más abierta en los sectores dirigentes europeos.

Demasiado exitosos en el pasado, cuando surgieron como la gran fuerza vertebradora de la Contrarreforma, estos formidables evangelizadores, maestros y administradores parecían haber perdido ahora algún resorte íntimo.

Estas circunstancias no justifican la brutal orden de Carlos III, pero pueden explicarla en parte. Como también la explica la figura del conde de Aranda, un *philosophe* aragonés tozudo y absolutista, que en su cargo de presidente del Consejo de Castilla tenía una influencia decisiva en el espíritu del monarca. Para Aranda, los jesuitas constituían la oposición más activa a sus propósitos de reforma: eran los únicos que podían ofrecer resistencia a su política de subordinarlo todo al Estado. El tema propone largas disquisiciones que no haremos; nos limitaremos en estas páginas a evocar la forma como se cumplió el decreto de expulsión (o "extrañamiento") de los jesuitas.

Pues lo cierto y concreto es que el 27 de febrero de 1767, Carlos III firmó un real decreto en el palacio del Pardo, dirigido al conde de Aranda, por el que se mandaba "se extrañe de mis dominios de España, Indias, Islas Filipinas y demás adyacentes, a los religiosos de la Compañía". Incluía la orden a los sacerdotes, coadjutores, legos y novicios que quisieran seguirles. Al mismo tiempo se disponía la confiscación de "todas las temporalidades", es decir de los bienes muebles e inmuebles que poseyera la Compañía de Jesús.

¿Fundamentos? Las "gravísimas causas relativas a la obligación en que me hallo... de mantener en subordinación tranquilidad y justicia en mis pueblos, y otras urgentes, justas y necesarias que reservo en mi real ánimo...". No se explicitaba nada más, y esta última expresión – "que reservo en mi real ánimo" – ha hecho correr ríos de tinta sobre su misterioso significado.

El decreto se completaba con una suerte de reglamento destinado a implementar la disposición real, así como un pliego reservado con las normas que debían observarse el día 31 de marzo en Madrid y en la noche del 2 al 3 de abril de 1767 en el resto de la península, fechas en que debía procederse a la expulsión de los jesuitas.

Cautelas y sigilos

El 1° de mayo de 1767 se firmaron los documentos que debían remitirse a las Indias.

No era fácil el cumplimiento de la orden real. Había que tomar la medida al mismo tiempo y sin que ningún establecimiento de la

Orden se enterara del destino que le aguardaba. Debía prevenirse la eventual resistencia de los religiosos y sus seguidores. Inventariar y guardar a buen recaudo los bienes incautados. Concentrar a los sacerdotes y mandarlos después a Europa... Era un operativo delicado y complejo. Y aquí fue cuando la burocracia borbónica mostró un admirable talento.

Los amanuenses que copiaban estos documentos no debían separarse de sus jefes y el cumplimiento de la orden no podía retardarse por ningún motivo. Toda clase de recaudos se adoptaron para que no se filtrara la noticia.

Una sucesión de documentos se redactaron, copiaron y enviaron, hasta culminar con una cédula firmada en El Escorial que prescribía la pena de muerte a los legos que regresaran a los dominios españoles después de la expulsión, y la prisión perpetua a los sacerdotes que incurrieran en ese delito.

Los términos de estas directivas dan una idea de la prolijidad con que se planteaba el operativo. Que en el Río de la Plata no era fácil: los jesuitas eran unos 500, repartidos en 18 colegios, más de 50 estancias y obrajes, 33 pueblos guaraníes con unos 100.000 pobladores y 12 reducciones de indios semisalvajes. La mención de esta estructura, formulada por el gobernador Bucarelli, es el mejor testimonio de la laboriosidad de los jesuitas, aunque el mandatario lo hacía para ponderar la complejidad de su cometido.

Bucarelli recibió la orden de expulsión el 7 de junio de 1767 y de inmediato acusó recibo prometiendo dar inmediato cumplimiento "aunque sea forzoso perder la vida". Se trataba – decía el gobernador "de libertar a la monarquía de una Compañía tan perjudicial, particularmente en estas provincias de mi mando, donde las condescendencias a favor de sus individuos les hicieron dueños absolutos de ellas". Sabiendo que Bucarelli era enemigo de la Orden, Aranda le había encomendado la responsabilidad de cumplir la expulsión en el territorio que comprendían las gobernaciones de Buenos Aires, Tucumán, Paraguay, la Audiencia de Charcas, la Banda Oriental y Chile: es decir, el territorio que (salvo Chile) formaría una década más tarde el Virreinato del Río de la Plata. Bucarelli crecía con esta comisión, que llevaba su autoridad, en este campo específico, mucho más allá de los límites de su gobernación.

Con todo celo, entonces, se aprestó a no defraudar la confianza depositada en su persona. El 12 de junio mandó un oficial con rumbo a Charcas para llevar los pliegos al presidente de la Audiencia, que debía cumplir la orden en el colegio de Tarija y las misiones de Mojos y Chiquitos. El mismo día salió otro oficial con destino a Chile, misión difícil por lo adelantado de la estación; después de tres intentos fallidos, el mensajero logró cruzar al otro lado de los Andes. Días más tarde, para que estos enviados tuvieran tiempo de llegar a destino, se mandaron otros a Salta y a Asunción. El primero, para entenderse con el obispo, pues Bucarelli desconfiaba de su colega Campero y en cambio sabía que el prelado detestaba a los jesuitas. El que se dirigía al Paraguay debía pedir al gobernador Morphy que abriera los documentos en presencia del escribano público y dos vecinos caracterizados, después de hacerles prestar juramento de guardar secreto; inmediatamente después Morphy debía proceder a ejecutar la orden. La preocupación sobre el gobernador del Paraguay se debía a que, según Bucarelli, era "hechura de los jesuitas". En las misiones guaraníticas se postergaría la operación, si ello fuera inevitable, dada la distancia a que estaban los pueblos y la necesidad de reemplazar a la crecida cantidad de jesuitas que los administraban por otros sacerdotes.

En cuanto al Colegio Máximo de Córdoba, "reputado generalmente por cabeza del poderoso Imperio de la Compañía" – decía Bucarelli en su informe a Aranda – se enviaba una fuerza especial. En cambio, no preocupaba mayormente al gobernador el Colegio de Santa Fe ni las residencias de Corrientes y Montevideo, donde el operativo estaría a cargo de las autoridades ordinarias.

Dice Cayetano Bruno en su *Historia de la Iglesia en la Argentina*, de la que hemos extraído la mayor parte de estos datos, que "Bucarelli había señalado el 21 de julio para la ocupación de ambos colegios de San Ignacio y Belén, en la ciudad de Buenos Aires". Pero el 2 de este mes, por la noche, tuvo noticias de dos buques españoles que habían llegado, uno a Montevideo y otro a los bancos del estuario, donde estaba encallado: ambos enviaban a Buenos Aires diversos papeles, entre ellos la noticia de que el 31 del marzo se había procedido a detener a los jesuitas en España. Era evidente que la novedad correría inmediatamente en la ciudad porteña. Entonces Bucarelli decidió adelantar el procedimiento.

Esa misma noche ordenó a una parte de las tropas que se concentraran en el Fuerte. Una gran tormenta de agua y granizo azotaba la ciudad, lo que ayudó a que ningún vecino observara el insólito movimiento nocturno. Como a las tres de la madrugada, Juan de Berlanga – oficial de confianza del gobernador –, acompañado por uno de los alcaldes, varios testigos y unos pocos soldados, golpearon la puerta del Colegio de San Ignacio, en el solar donde hoy se levanta el Colegio Nacional Buenos Aires. Hicieron levantar a los religiosos de sus lechos, los reunieron en la sala capitular y se les leyó la orden de extrañamiento. Sin permitirles volver a sus celdas, los dejaron concentrados allí.

A las nueve de la mañana la ciudad, asombrada, se enteró de la medida y de la prohibición absoluta de comunicarse con los "expulsos". Se amenazaba con la pena de muerte a quien intentara hacerlo. A la misma hora, Bucarelli enviaba comunicaciones al obispo y a las restantes órdenes religiosas, haciéndoles saber la medida y tranquilizándolos sobre la limitación de la misma. A las 11 de la mañana, flanqueados por los soldados, los padres fueron saliendo del Colegio rumbo a la iglesia de Belén, situada en la actual calle Humberto I. Eran casi 50, a los que se unieron 8 del otro colegio: todos fueron recluidos en el edificio que hasta hace poco tiempo funcionó como Cárcel de mujeres.

La consternación de los porteños fue enorme. Los comercios cerraron, como aturdidos, y fue necesario que Bucarelli intimara su reapertura para que días después se normalizara el movimiento de la ciudad. Bucarelli desterró a ocho respetables vecinos y días más tarde a otros cinco, por comentarios adversos, y a un comerciante que decía deber dinero a los jesuitas lo metió preso y le hizo anunciar que sería fusilado horas después. Las gestiones de diversas personalidades lograron que se lo pusiera en libertad y años más tarde la Corona reprochó severamente a Bucarelli estas arbitrariedades.

En el interior

Ahora había que cumplir el decreto en otras regiones. Dos o tres días después del operativo porteño, se ocupó la estancia de San Antonio de Areco: una cómoda residencia con ocho habitaciones, bonita capilla, huerta, oficinas, hornos y 135 esclavos de servidumbre. Los tres jesuitas que regenteaban el establecimiento fueron apresuradamente llevados a Buenos Aires para evitar una sublevación de los negros. El encargado de la diligencia no exageraba sus temores, porque un par de meses después los esclavos se rebelaron gritando que ellos "no eran esclavos del Rey, sino de los padres", y que no querían servir a los oficiales reales porque habían venido a destruir su trabajo. Hubo amenazas, atropelladas de los negros y una estampida general de los sirvientes, quedando en la estancia menos de una docena. Fue éste, en realidad, el único episodio violento relacionado con la expulsión en el Río de la Plata: en México, en cambio, hubo resistencias armadas por parte de los esclavos de los jesuitas y se decretó la muerte por mano de verdugo de algunos de ellos, como relata J. Lafaye en *Quetzalcóatl y Guadalupe*.

El 13 de julio se concretó el operativo en Santa Fe. Fue su ejecutor un personaje de turbios antecedentes, Joaquín Maciel, que se había casado con la hermana de dos jesuitas y después la abandonó para vivir con otra mujer. Algunas gestiones de los jesuitas para que Maciel retornara a su hogar habían resultado infructuosas pero lo molestaron bastante como para acariciar una especial inquina contra la Orden. Fundado en su vida irregular tanto como en sus antecedentes de jugador, el gobernador Cevallos lo había obligado a expatriarse de Santa Fe pero su sucesor, Bucarelli, lo designó teniente en esta ciudad. El 12 de julio Maciel recibió las órdenes del gobernador y se aprestó a cumplirlas, sin duda con íntimo goce. Dispuso partidas de soldados en los alrededores del Colegio y antes del alba se apostó en la puerta. Golpeó y, cuando le abrieron, tomó la llave del portero, se constituyó en la habitación del padre rector, que estaba enfermo, y ordenó que acudiera la comunidad.

Allí les leyó las órdenes de extrañamiento y conminó a los religiosos a dejar sus libros y papeles; al procurador se le hizo entregar las llaves de los almacenes. Llovía copiosamente, pero no obstante el mal tiempo, Maciel dispuso que se aprontaran varias carretas para remitir a Buenos Aires a los expulsos, en cuanto lo permitiera la tormenta. Por de pronto, ese mismo día los alejó de la ciudad, para evitar los extremos de la población, que se había reunido en la plaza sumida – según Paucke – en amargo llanto. De la estancia San Miguel, a unos 100 kilómetros de Santa Fe, fueron traídos tres jesuitas. En San Javier, San Pedro y San Jerónimo del Rey se notificó a los padres de la expulsión; pero la resistencia vino por parte de los indios que vivían en estas reducciones. No querían ser regidos por los clérigos que se mandaron. Persuasiones, amenazas y promesas tuvieron que derramarse sobre los indios para que aceptaran a sus nuevos doctrineros. A regañadientes y malhumorados los indios accedieron finalmente, pero muchos acompañaron a los jesuitas durante un largo trecho, hasta que a la altura de Rosario fueron persuadidos de regresar. Los jesuitas de Santa Fe llegaron a Buenos Aires a principios de octubre.

"Quisiera no haber nacido..."

Juan Manuel de Lavardén, teniente de gobernador en Corrientes, recibió la orden el 21 de julio por la mañana. A las diez de la noche llamó a un par de amigos y les pidió que reunieran gente armada para servicio del Rey. Se juntaron unos 80 hombres, a quienes Lavardén arengó para que cumplieran su misión con moderación y juicio. Luego se encaminaron al Colegio. Un negro salía en ese momento del edificio; se lo detuvo y en seguida Lavardén entró y pasó a la habitación del rector para proceder a la lectura de la orden real.

Horas más tarde, pasado el impacto que la noticia causó en el vecindario – según uno de los ayudantes de Lavardén, la gente se escondía y nadie andaba por la calle –, la suerte de los expulsos se alivió un tanto: se les permitió llevar ropa, utensilios, breviarios y algunas imágenes. Pero no se pudo concretar el operativo en la reducción de San Fernando del Río Negro (actual Resistencia) por no disponerse de sacerdotes que sustituyeran a los jesuitas; recién en agosto pudo efectivizarse el traslado de los doctrineros.

Al informar a Bucarelli del cumplimiento de su misión, decía Lavardén: "reflexionando estas cosas, quisiera no haber nacido". Sin abrir tanto su corazón, Agustín de la Rosa, gobernador de Montevideo, expresaba algo parecido cuando informaba a Bucarelli que "en todo y por todo se les ha tratado (a los jesuitas) con la mayor benevolencia y atención". Aquí se permitió a los expulsos llevar su ropa, cajas, pañuelos, tabacos, chocolates y breviarios. Eran pocos los de Montevideo: el Superior, otro sacerdote y dos legos, uno de los cuales estaba a cargo de una estancia. La orden llegó a las ocho de la mañana del día 5 de julio y se cumplió ese mismo día a las ocho de la noche.

En Asunción del Paraguay el real decreto se concretó en circunstancias especiales, porque el gobernador apreciaba mucho a los jesuitas y los visitaba casi diariamente. Pero cuando Morphy recibió los pliegos de Bucarelli, el 26 de julio, no vaciló en cumplir con su deber de funcionario. Cuatro días más tarde, el 30 a las cuatro de la mañana, después de hacer rodear la manzana del Colegio con 100 hombres, Morphy llamó a la puerta y penetró en compañía de otras autoridades. Convocada la comunidad, fue notificada la disposición real pero Morphy les dio tiempo suficiente para que los religiosos buscaran en sus celdas los objetos que habrían de necesitar en el largo viaje que les aguardaba. Después los acompañó a tomar el desayuno y permaneció un rato hablando a solas con el rector: aquí acabó su entereza y soltó el llanto amargamente.

Casi un mes estuvieron detenidos los jesuitas esperando la embarcación que habría de transportarlos a Buenos Aires. Durante este angustioso lapso fueron bien tratados y pudieron recibir manifestaciones de aprecio de la sociedad asunceña y de las otras órdenes religiosas, circunstancia excepcional en esos tiempos, cuando el miedo a incurrir en la ira de las autoridades vedaba a particulares y colectividades toda expresión que pudiera interpretarse como una crítica a la orden de expulsión. Cuando se embarcaron, se autorizó a los expulsos a llevar 8 esclavos y bastantes pertenencias, incluso remedios que necesitaban tres septuagenarios. Pero al llegar a la Bajada (actual Paraná) los expulsos fueron entregados a los emisarios de Bucarelli y aquí cambió el trato: se los despojó de sus libros y papeles, los esclavos pasaron a otras manos y fueron conducidos a la ciudad porteña como reos comunes.

Bucarelli no dejó de reprochar a Morphy las atenciones que había tenido con los expulsos y el entredicho terminó en un largo proceso que no alcanzó a concluirse por fallecimiento del gobernador del Paraguay, de quien dice Cayetano Bruno que "la historia recordará con gratitud" por no haber economizado diligencias que suavizaran las amarguras de sus ilustres víctimas. Idénticas consideraciones había guardado Morphy con los jesuitas que estaban al frente de los pueblos de las Misiones. Mandó enviados para dar aviso de la inminente separación y logró suavizar la resistencia de los indígenas, pero el proceso final en las Misiones quedaba en manos de Bucarelli, que todavía demoró varios meses en el complejo mecanismo de sustituir a los sacerdotes que se expulsaban.

"La cabeza del poderoso Imperio"

Pero el hueso duro estaba, aparentemente, en Córdoba. ¿No decía Bucarelli que aquí residía "la cabeza del poderoso imperio de la Compañía"? No bastaba, entonces, mandar pliegos a las autoridades: era necesario enviar una fuerza armada.

El 11 de julio arriban a la Docta ochenta dragones que permanecieron en los alrededores sin entrar en la ciudad para evitar inquietudes en el vecindario. Dos soldados exploraron el terreno y después de caer la noche la tropa entró en la ciudad. La mandaba el capitán Fernando Fabro, un tipo bruto, prepotente y codicioso, que veía abierta la oportunidad de su vida. Como si se tratara de una operación de "comandos", distribuyó a sus soldados con la bayoneta calada y orden de hacer fuego a la menor resistencia, en los alrededores del Colegio Máximo y la ranchería adyacente. Luego se colocó en la portería, amparado en las sombras de la noche. A las tres de la mañana llamó a la puerta como si pidiera auxilio para un enfermo. Salió el portero: púsole Fabro su pistola al pecho, hizo cerrar el portón por dentro y se dirigió al cuarto del padre rector.

Momentos después se repetía el mismo espectáculo de otros lados: sacerdotes, legos y novicios, medio dormidos todavía, en número de 112, apiñados en el refectorio, escuchaban estupefactos pero obedientes la orden de expulsión. Enseguida, pase de lista y orden de permanecer allí, sin atender al pedido del rector de que por ser domingo se permitiera decir misa. Momentos más tarde, otros padres llegaban al refectorio: eran los del convictorio de Monserrat.

Amanecía sobre una Córdoba lluviosa. Los vecinos escucharon a las nueve el bando dictado por Fabro, que imponía pena de muerte a quien se opusiese a las disposiciones reales o "mostrase disgusto alguno"... Entretanto, seguían llegando los jesuitas que habían sido detenidos en las estancias de Alta Gracia, Jesús María, Santa Catalina y otras. Ya eran 137 personas, a quienes el torpe Fabro mantenía encerradas en el refectorio.

Once días duró este estado de cosas. Se los hacía comer, dormir y evacuar sus necesidades en ese espacio. Apenas podían estar de pie y la hediondez era tan insoportable que algunos de los prisioneros sufrieron ataques de desesperación. En ningún punto del Río de la Plata se trató a los jesuitas con tanta brutalidad. Entretanto, Fabro se decepcionaba al encontrar muy poco dinero en los establecimientos ocupados: como dice Vicente Sierra, la Compañía de Jesús era rica en establecimientos, pero éstos sólo producían cuando trabajaban. No había tesoros acumulados ni onzas de oro embolsadas...

Finalmente se separó a los novicios para plantearles la opción de seguir o no a sus maestros. Todos eligieron correr la suerte de los sacerdotes, compartiendo los azares de un viaje con destino desconocido y la separación de su patria. Dice Ricardo Rojas, en su *Historia de la literatura argentina*, que era "un espectáculo conmovedor el de los novicios argentinos que, autorizados por el decreto a quedarse en el azaroso viaje, salváronse a su vocación y su ideal". Clemente Baigorrí, cordobés, fue uno de estos valientes jóvenes, que murió un año más tarde en Europa, después de haber despreciado varias oportunidades de abandonar a sus maestros.

Por fin, el 23 de julio a la madrugada, en 44 carretas los expulsos empezaron su largo y penoso viaje a Buenos Aires. Iban 37 sacerdotes, 51 estudiantes, 30 coadjutores y 11 novicios. El 19 de agosto fueron embarcados en varias naves con rumbo a Europa.

En cuanto a Fabro, él y su gente se hicieron bien pronto insoportables para los cordobeses. Ya en los días del traslado habían recibido los dragones pedradas e insultos. Las quejas del Cabildo menudearon bien pronto contra esta gentezuela torpe y atrevida. Tiempo después, el gobernador de Buenos Aires, Vértiz, hizo que Fabro desalojara el Colegio Máximo donde estaba instalado; luego se lo arrestó y se ordenó el embargo de sus bienes para responder a los hurtos que había cometido en el desempeño de su misión. También el gobernador del Tucumán, Matorras, se quejó de la conducta de Fabro, aunque la especial situación legal de éste (que actuaba en jurisdicción tucumana pero dependía de las autoridades de Buenos Aires) le permitió chicanear su proceso hasta su definitiva transferencia a España.

En otros puntos

Con menos brutalidad pero idéntica eficiencia se fue cumpliendo el decreto en otros puntos del actual territorio argentino. El 8 de agosto se concretó la detención de los jesuitas del Colegio de Santiago del Estero y de la estancia de San Ignacio, vecina a la ciudad: el mismo día se inició el viaje a Buenos Aires.

En Salta el gobernador Campero se ocupó personalmente del asunto, tal vez para borrar su antigua nota de projesuita. El 3 de agosto a la madrugada reunió a los padres y les notificó la orden. Luego les permitió volver a sus aposentos para aprontarse al viaje y a media mañana se los llevó a caballo a unas diez leguas de la ciudad, donde quedaron diez días; después se los envió a Buenos Aires. Aquí también tuvo el operativo derivaciones escandalosas: el obispo reclamó los bienes de los jesuitas y se acusó a Campero de haberse robado "hasta la cadena y llave de oro del sagrario" de la iglesia de la Compañía. Esto, sumado a sospechas anteriores sobre la honradez de Campero y a enemistades que había levantado a lo largo de su gestión, culminó con su virtual deposición en Jujuy por un amotinamiento popular que por poco le cuesta la vida. Más tarde fue repuesto por orden de la Audiencia de Charcas, pero siguió un proceso de diez años que concluyó en Madrid con su absolución y, al mismo tiempo, la prohibición de nombrárselo en cargo alguno "en el Tucumán ni en sus inmediaciones".

Todas estas alternativas, sin embargo, eran poca cosa frente a la ingente tarea de expulsar y, sobre todo, sustituir a los jesuitas en las reducciones que mantenían en los actuales territorios de Bolivia, Paraguay y provincias del noreste argentino. En la región de Mojos había 17 reducciones y 10 en Chiquitos, ambas en la actual Bolivia. Además de las reducciones del Chaco y de 3 en el norte del Paraguay, quedaban todavía 30 reducciones o doctrinas en el actual territorio de la provincia de Misiones. El propio Bucarelli se encargó de esta misión, personalmente o con oficiales de su confianza. Previamente hizo enviar unos 100 indígenas a Buenos Aires para convencerlos, en medio de banquetes y agasajos, de que la medida adoptada por el Rey era la más conveniente. Luego de este ablandamiento, al que los aborígenes respondieron con muchas reticencias, empezó la tarea de enviar nuevos religiosos a las Misiones.

En todos lados hubo repugnancias al admitir a los flamantes doctrineros, sacerdotes seculares o de otras órdenes, que llegaban a estos pueblos que les eran extraños con una vaga mala conciencia y una clara idea de la enorme tarea que les aguardaba. Ignoraban el idioma guaraní, no conocían las costumbres y modalidades de sus administrados, eran ajenos a las tradiciones de sus antecesores. Hubo algunos que auténticamente tenían una vocación misional, pero la mayoría llegaba para cumplir una tarea para la que no estaban preparados.

La concentración de los expulsos de las Misiones se había concretado en la Candelaria (cercanías de la actual Posadas) y a medida que iban llegando se los remitía a Buenos Aires en embarcaciones custodiadas. El 22 de agosto se despacharon los últimos: eran 78 sacerdotes, que llevaban en su memoria un inmenso caudal de conocimientos y una experiencia invalorable. Bucarelli tardaría casi un año en reemplazarlos. Lo que no impedía escribirle a Aranda que "el Rey, con su santa determinación, ha conquistado estos 30 pueblos para Dios y Su Majestad, con más de cien mil vasallos".

La cosecha perdida

Tras largas y penosas travesías, en las que algunos expulsos murieron y otros enfermaron gravemente, los contingentes fueron desembarcados en Europa, casi todos en Italia. A fines de diciembre de 1767 ya estaban casi todos en tierra extraña: el Operativo Expulsión había funcionado perfectamente y – para la época – en tiempo récord.

En el viejo continente, los jesuitas sufrirían un nuevo golpe en 1773: la orden de extinción de la Compañía de Jesús dictada por el papa Clemente XIV. Desperdigados por toda Europa, rota su cohesión, cada ex jesuita sobrevivió como pudo. Algunos en pequeñas cortes italianas, otros en Austria, Polonia o Rusia. Empobrecidos, nostálgicos de América, mirados por el público como curiosidades o como conspiradores. Fueron envejeciendo y muriendo. No faltaron quienes escribieron desde su exilio los recuerdos que atesoraban de América y sus libros han enriquecido el conocimiento de los pueblos aborígenes, la fauna y la flora de las regiones donde la orden esparció su semilla. Algunos alcanzaron a ver el restablecimiento de la Compañía de Jesús en 1814 por disposición del papa Pío VII. Y no pocos contribuyeron a la emancipación americana con sus escritos.

Pero el Operativo Expulsión, modelo de eficiencia, fue una fuente de males y frustraciones. En casi todas las residencias secuestradas hubo verdaderos saqueos. Las ricas bibliotecas de Córdoba se perdieron en gran parte: hubo denuncias de que los libros de los expulsos se vendían en los almacenes como papel para liar cigarrillos... Las estancias fueron vaciadas de ganado. Algunas de las fortunas de ciertas familias tradicionales del interior se hicieron sobre la base de las exacciones a las temporalidades: basta mirar los gruesos expedientes existentes en el Archivo General de la Nación sobre la administración de los bienes de los expulsos, para comprobar hasta qué grado llegó el saqueo.

Los pueblos guaraníes, que Bucarelli encarecía como recuperados para el rey de España, en diez años retrocedieron a la barbarie. Ramón Tissera ha escrito un libro titulado *De la civilización a la barbarie*, que muestra el retroceso que se vivió en este sentido. Después, los portugueses hicieron lo que faltaba: incendiaron, robaron, mataron y ahuyentaron a sus habitantes, ¡aquellos indios que habían constituido el antemural de las invasiones paulistas...! Los nuevos sacerdotes fracasaron en sus gestiones: son abrumadores los testimonios de la rápida ruina de las antiguas Misiones. Cualesquiera que hayan sido los errores de los jesuitas en el manejo de los indios (y fueron muchos, sin duda, principalmente en el terreno de la formación de líderes aborígenes), todo lo que se hizo después resulta, por impresión contraria, un canto a la sabiduría, paciencia y eficacia de los hijos de Loyola en esta comarca.

Pero fue en el plano de la cultura donde la expulsión de los jesuitas adquirió en el Río de la Plata el carácter de una verdadera catástrofe. Puede decirse que la orden de Carlos III separó de esta región de América a la flor de la *intelligentzia* colonial, al dispersar a astrónomos, etnógrafos, botánicos, lingüistas, geógrafos, geólogos, cartógrafos, músicos, arquitectos, matemáticos y toda suerte de especialistas, amén de filósofos, teólogos y humanistas, sin contar con "administradores de empresa" y gerentes de admirable capacidad organizativa. El Colegio de Buenos Aires y la Universidad de Córdoba quedaron descabezados de sus maestros y se frustró la dirección de estudios que permitían una apertura intelectual hacia las ciencias puras y aplicadas con una amplia libertad científica. Nada quedó de la siembra de la Compañía de Jesús. El oportunismo y la obsecuencia propios de la época borbónica hicieron lo posible para borrar hasta el recuerdo de la labor desarrollada por los jesuitas.

Sin embargo, basta recordar algunos pocos nombres entre centenares, para atestiguar lo que hicieron estos hombres en las regiones del Plata: Falkner, Cardiel, Sánchez Labrador, Dobrizhoffer, Paucke, Caamaño, Barzaña, Strobel, Lozano, Guevara, Frías, Juárez, Sepp, Kraus, Blanqui, Prímoli: nombres que están vinculados para siempre a nuestra cultura profunda.

Los mejores testimonios de la gesta ignaciana en esta parte de América son imborrables porque perviven en los viejos pueblos de Misiones, aun roídos por el tiempo y la selva, en los admirables templos jesuitas de Santa Fe y Córdoba, en las tallas, frisos, piedras sembradas aquí y allí, con su inconfundible sello, en todo el país. Frente a esta eternidad, nada es el Operativo Expulsión; todo lo más, una demostración de eficiencia burocrática que frustró una obra de amor que le sobrevive.

Riojanos volvedores

Creo que fue Adán Quiroga el que recogió un cuento popular que puede servir de introducción a este trabajo.

Parece que una vez San Pedro llevó al Paraíso un lote de nuevos bienaventurados. Cuando se los presentó al Señor, éste advirtió que los traía cuidadosamente engrillados. Asombrado, preguntó a San Pedro el motivo del acollaramiento.

– Señor, es para que no se vayan – contestó el Portero del Cielo.

– Pero, ¿quién puede querer irse del Paraíso? – volvió a preguntar el Señor, más asombrado todavía.

– Es que son riojanos. Y ya se sabe que los riojanos son muy volvedores...

Efectivamente, el riojano siempre regresa a su tierra, por lejos que esté. Históricamente siempre se resistió a dejarla; cuando debió irse, lo hizo compulsado por fuerzas o necesidades irresistibles. Y de todos modos trató de regresar, así estuviera en el Paraíso... Esta característica explica, en buena parte, los episodios que relataremos a continuación, porque en último análisis ésta es una historia de gente volvedora. Pero también es la clave para entender actitudes que son constantes del hombre riojano a través de los siglos.

Y para entender esta historia, veamos la situación en que se encontraba La Rioja a mediados del siglo XVIII.

Decadencia

Durante los últimos años del siglo XVII y los primeros del XVIII, la ciudad de La Rioja y su jurisdicción transitan una crisis provocada por varias causas.

Las guerras calchaquíes le habían arrebatado buena parte de la mano de obra barata que constituían los indígenas; la clase dirigente riojana debía de tener muy fresca la memoria de aquella catástrofe, porque es común, todavía hacia 1730, su mención en diversos memoriales y documentos. A consecuencia de la desaparición o el desplazamiento de una buena cantidad de aborígenes, los españoles y los criollos descendientes de conquistadores debían trabajar la tierra y efectuar las labores que anteriormente desempeñaban los indios.

En otro trabajo he hablado de la "ruralización" de la vida riojana en esta época. Además, La Rioja había descubierto en el último tercio del siglo XVII su condición marginal con respecto a las rutas que iban desde Buenos Aires a Potosí y esta conciencia daba a sus habitantes una especial idiosincrasia de aislamiento y hasta de resentimiento frente a la creciente prosperidad de ciudades como Córdoba o Salta. Por otra parte, la fundación de Catamarca le había sacado muchos vecinos, debilitándola, y tierras que antes consideraba de su jurisdicción. Esta última circunstancia agravaba la escasez de buenas tierras, repartidas por los fundadores o sus descendientes, que virtualmente las monopolizaban. Agreguemos que había quedado de manifiesto, más o menos por la misma época, la inconsistencia de los sueños de oro y plata que sostenían las esperanzas de los riojanos desde la fundación. Finalmente, cabe destacar las dificultades que trababan la exportación de sus frutos: desde la lejanía de los mercados hasta los tributos que en ajena jurisdicción debían oblar las arrias de vino, aguardiente y pasas que constituían los productos más importantes de la ciudad del Velasco.

Toda esta problemática confluía en una serie de conflictos y rivalidades por los cargos capitulares, pleitos por problemas de aguas, pujas por obtener la condición de feudatario o alguna corta encomienda; en suma, las secuelas del empobrecimiento general y la degradación de la vida urbana. No obstante lo cual, el puñado de familias que representaba la continuidad de la tradición y la cultura ancestrales seguía aferrado al solar natal, tratando de remontar las fatalidades geográficas y climáticas que pesaban sobre su heredad y manteniendo una altiva conciencia de su responsabilidad comunitaria. Admirable actitud, que tenía que enfrentarse a condiciones adversas de la naturaleza, pero también a medidas arbitrarias o irrealistas de sus gobernantes.

Entre éstas, había una que fastidiaba sobremanera a los riojanos: los servicios militares obligatorios. Nos referimos a las convocatorias que hacían con frecuencia los gobernadores tucumanos, para acudir a lugares donde existía peligro de indios – aunque también las hubo para enfrentar a piratas y portugueses en Buenos Aires. Eran pedidos de auxilio, al principio esporádicos, luego cada vez más frecuentes, que iban fraguando la débil solidaridad de las ciudades españolas; pero también eran en ocasiones innecesarios o efectuados para lucimiento de los convocantes. Y, además, siempre costosos. El Cabildo catamarqueño afirmaba en 1692 que los riojanos habían sido "los más prontos para todas las facciones que se ofrecían, así de entradas generales como de corredurías y malocas, sin que la continuación de este ejercicio diera treguas para formar edificios ni disponer labranzas... causando considerables pérdidas de vida, tiempo y hacienda".

Era verdad. La convocatoria del gobernador Peredo para combatir a los indios del Chaco, en 1670, costó a La Rioja de 12.000 a 14.000 pesos. La del gobernador Diez de Andino, en 1678, importó no menos de 12.000 pesos. En 1680 Buenos Aires pidió auxilio para expulsar a los lusitanos de la Colonia del Sacramento; en este emprendimiento, que he calificado de "primera guerra nacional argentina", los riojanos gastaron 6.000 pesos, con el agravante de que la orden del gobernador Diez de Andino estuvo, aparentemente, motivada por resentimientos con el Cabildo local "y todo se malogró por la mala disposición de aver mandado salir la gente sin tiempo, sólo por vengarse dellos". A su vez, los gobernadores Mate de Luna, Argandona y Jáuregui formularon sus propias convocatorias, algunas muy improvisadas e inútiles: esta última, en 1691, costó a La Rioja unos 5.000 pesos.

Es comprensible que tales gabelas encontraran resistencias. Al principio fueron resistencias en el terreno legal. En 1666, una provisión de la Audiencia de Buenos Aires ordenó al gobernador del Tucumán que suspendiera una entrada al Chaco en la que debían participar los milicianos de La Rioja; en 1704, el teniente de gobernador Juan Gregorio Bazán de Pedraza hizo suyo el pedido del Cabildo local y suspendió la partida de dieciséis soldados que debían participar en el auxilio a Esteco. Pero en general, la obligación de acudir al servicio del Rey cuando un gobernador lo ordenaba, se cumplía, aunque a desgano.

Mucho gasto, poco botín

No era para menos. Concurrir a esas funciones implicaba abandonar familia, sembrados y hacienda, para dirigirse a un teatro lejanísimo en el que no había botín para recoger ni gloria con que ungirse. Los riojanos habían sido "los más prontos" en el siglo anterior; en la decimoctava centuria, sus propios problemas y la convicción de su nulo interés y ventajas en la guerra contra los indios del Chaco los desanimaban.

Si concurría el vecino personalmente, debía llevar sus armas y cabalgaduras, así como un acompañante por lo menos, al que se le pagaban quince pesos mensuales, un indio de servicio que cobraba seis pesos y una provisión de charqui, harina, yerba y tabaco, además de seis mulas y dos caballos, sin contar la correspondiente escopeta con pólvora, balas y cuerdas, todo lo cual se calculaba en cuatrocientos pesos por seis meses de campaña.

Algunos morían en el viaje: tal fue el caso de don Alvaro de Luna y Cárdenas, fiel ejecutor de la ciudad, que falleció conduciendo el tercio riojano en auxilio de Buenos Aires en 1680, dejando en la pobreza a su mujer y sus seis hijos. En otras ocasiones, los bienes del ausente eran botín de los funcionarios que quedaban en la ciudad.

No obstante estos inconvenientes y las reiteradas quejas del cuerpo capitular riojano (y también del catamarqueño), la obligación de la ciudad del Velasco persistía. "...mis antecesores pensionaron las ciudades de Catamarca y Rioja a que socorriesen con soldados al Presidio que llamaron de Esteco por el tiempo de las lluvias, para cuyo avío contribuían todos los encomenderos de dichas ciudades conforme al número de indios de cada una, cuya providencia he continuado yo con mayor precisión", decía el gobernador Urizar y Arespacochaga en 1719. Y a continuación el enérgico vasco confesaba al monarca que había instituido muchas nuevas encomiendas, muy escasas en indios, para imponer a los beneficiarios la obligación de concurrir a las convocatorias, porque "tienen la obligación los encomenderos por razón de feudatarios, de acudir a todos los llamamientos de guerra con sus armas y caballos, aviados a su costa como soldados pagados de la guardia".

Esta obligación de los encomenderos se había mantenido de buen grado a lo largo del siglo XVII, cuando había que sofocar las rebeliones calchaquíes y se sabía que la supervivencia de la estructura poblacional hispana dependía del ánimo con que se acudiera a la guerra. Pero decaía la voluntad cuando se trataba de marchar al Chaco. No sólo por su distancia; para Buenos Aires, Córdoba, Santiago del Estero, Tucumán y Salta, mantener expedita la ruta a Potosí era una necesidad vital; a La Rioja, en cambio, ni le iba ni le venía... Así lo afirmaba el Cabildo riojano en 1726, en un memorial dirigido al teniente del gobernador en Córdoba: "No sólo no favorece dicho comercio esta ciudad sino que le ocasiona su mayor ruina por transportarse por él a los Reynos del Perú toda la mercancía que su Magestad concede a estas Provincias en los navíos de permiso, y esta ciudad, por tan retirada de dicho camino, se queda sin alcanzar vara de ropa ni otra de las muchas cosas necesarias que vienen de España..."

La queja riojana se motivaba, en esta oportunidad, en la orden del gobernador según la cual debían marchar cincuenta soldados de esta jurisdicción al presidio de Balbuena. Frente a semejante obligación, el tono del Cabildo es casi de desesperación. Hace una descripción del proceso de empobrecimiento que viene sufriendo la ciudad y lo atribuye, en parte, al "no poder tolerar el yugo tan pesado de sustentar guerras tan continuas y en tanta distancia de sus propios caudales". Y prorrumpe: "¿Cómo podrá aviar dichos cincuenta soldados para distancia de más de doscientas leguas? ¿De dónde se sacarán más de quinientas mulas, que son necesarias, donde no hay cría de yeguas en toda su jurisdicción?... ¿De dónde sacarán el trigo en tiempo tan escaso que apenas se halla un real en pan en la plaza, que cuando menos son necesarios siquiera dos quintales de bizcocho para cada soldado y una carga de charque para viage tan largo? y ¿de dónde se hallarán las vacas en toda la jurisdicción?".

El documento hacía mención de diversas leyes y aludía a "las ordenanzas municipales de esta ciudad que son del buen Gobierno de ella con que se ha mantenido y gobernado desde su fundación, y por la Octava prohíbe el que se puedan sacar a los vecinos de esta ciudad al socorro de la ciudad más inmediata que estuviera cercada del enemigo".

No sabemos que hayan existido las tales ordenanzas, lo que plantea un problema historiográfico que alguna vez habrá que dilucidar. Pero con ellas o sin ellas, lo cierto es que los riojanos, al igual que sus vecinos del Valle, estaban hartos de las excursiones al Chaco, caras, improductivas y generalmente inútiles.

Y a medida que avanzaba el siglo XVIII este sentimiento se iba haciendo cada vez más acendrado.

La vuelta de los riojanos

Este proceso culminó en 1751. Quien desee leer un preciso resumen puede hacerlo en la *Historia de La Rioja*, de Armando Raúl Bazán. En las páginas que siguen sólo agregaremos unas consideraciones que nos parecen útiles para entender el significado de la vuelta de los riojanos del Chaco en aquel año.

El suceso es interesante porque tiene, en la módica medida de su tiempo y su escenario, toda la tensión de un drama del Siglo de Oro: la presencia de un pueblo desacatado de sus malos gobernantes, funcionarios malvados y también buenos, representantes de los fueros de la comunidad... Una "Fuenteovejuna" menor, sin colgamientos de tiranos ni presencia de monarcas. Pero, en la dimensión aldeana de una Rioja dieciochesca, un drama representativo de los valores de buen gobierno que presidían, al menos en teoría, el sistema de la dominación hispana.

Los hechos sucedieron así. En 1751 el gobernador Martínez de Tinco ordena que salga de La Rioja un contingente de más de doscientos soldados, para hacer entrada contra los indios en las fronteras chaqueñas de Salta y Jujuy. Fácil es suponer los trastornos que debe de haber causado en la jurisdicción la salida de más de dos centenares de vecinos. No obstante, los milicianos se aviaron como pudieron y caminaron los mil quinientos kilómetros que separaban sus pagos del lugar de reunión. Un año después, el procurador de estos milicianos afirmaba que la tropa "fue ocupada por los Jefes de aquella frontera con diversos ministerios, y agenos del pretexto de guerra con que fueron sacados, pues redugeron sus personas a hacer cierto fuerte, cargando ellos propios las piedras con insoportables trabajos". Más tarde, otro escrito daría otros detalles: "Lo que más hostigó a la gente en esta ocasión fue la disposición del señor Gobernador que trabajásemos los fuertes haciendo adobes, acarreando piedras y barros, sin distinguir personas, sin más sueldo que la corta ración de carne aun más escasa que la que se da a los indios conchabados".

En suma, trabajos viles: nada de guerra contra los enemigos de Su Majestad, sino labores de acarreo y construcción sin ninguna perspectiva de honores o provechos. Amohinados andarían los riojanos, hasta que un hecho fortuito desbordó su paciencia: "les sobrevino un incendio que las abrasó (las carretas en las que transportaban sus avíos) y aniquiló no sólo mantenimientos cortos que llevaban, sino también las armas y ropa de vestir". Habían pasado dos o tres meses soportando los trabajos que les imponían cuando ocurrió el incendio, no obstante lo cual, "sin compadecerse de estas hostilidades, determinaron (los jefes) que pasásemos a la labor de otro fuerte".

¿En qué punto de la frontera ocurrió esto? Los documentos no lo especifican: tal vez en algún lugar de Salta vecino al monte. Lo cierto es que, después de estas desgracias, los riojanos "tomamos la derrota descarriados para nuestra patria".

Riojanos volvedores, ¿qué otra cosa podían hacer que desertar? Iban "hostigados de la necesidad, del mal trato y del trabajo". Y si bien desertaban, lo hicieron – como afirma otro documento – con el ánimo de realizar una presentación sobre las causas que los habían llevado a adoptar esta decisión. Salvo este detalle, la breve crónica no es más que la prefiguración del argumento del *Martín Fierro*. Paisanos movilizados por la autoridad para luchar contra los indios, que al llegar a la frontera son utilizados en otros menesteres: "Yo también hice un corral / hice un quincho, corté paja / ¡la pucha que se trabaja / sin recibir ni un rial!".

Estos son los hechos sucintos. Siguió un largo proceso que duró siete años. Pues cuando los milicianos se encontraron de nuevo en La Rioja se apresuraron a justificarse de la grave falta cometida. Y aquí empieza un tejido de hechos complicado y atravesado de malas pasiones.

El nuevo gobernador del Tucumán, Pestaña y Chumacero, destinatario directo del desacato, ocurrió a la Audiencia de Charcas pidiendo el castigo de los desertores. El alto cuerpo ordena al gobernador que atienda "a la parte de dichas Milicias, oyéndoles en justicia cuanto dedujesen en orden a sus privilegios". Al mismo tiempo amonesta al Cabildo riojano por su falta de celo en recoger los agravios de los milicianos porque, cuando habían pretendido hacerlo, los cabildantes, por no enfrentar al gobernador, se abstuvieron de tomar ninguna actitud. Lo más que hizo el Cabildo fue nombrar procurador de los milicianos a don Baltazar de Villafañe, quien no tomó la menor iniciativa, y cuando sus defendidos lo urgieron a que preparase la justificación se limitó a pedirles cuatro mil pesos para trasladarse a Salta. Era una suma imposible de reunir y los milicianos quedaron sumidos en el temor del castigo que podía imponérseles. Sin embargo, este temor no les impidió oponerse a que dos de ellos fueran enviados detenidos a Salta, como cabezas del motín. Los milicianos no quisieron que sus compañeros fueran cargados con "el delito de todos (si se puede llamar delito el defender sus propios fueros pues no han sido otros nuestros deseos sino defender nuestro fuero, hostigados de las tiranías que hemos padecido de nuestros jefes que siempre han sido nuestros piratas)".

Tiempo después el gobernador Pestaña visita La Rioja y se plantea el tema de la deserción. En ese momento asume, a puro corazón, la defensa de sus paisanos un interesante personaje, Andrés Ortiz de Ocampo Ysfrán, de quien ya hablaremos. Sin duda, Ocampo habrá representado al gobernador la insoportable carga que suponía la convocación periódica de entradas al Chaco. Entonces Pestaña propone que La Rioja provea "cien hombres cada año a la frontera de Balbuena, o quince cada dos meses a la del Thío, en Córdoba". Ocampo le responde que ellos, como súbditos, no pueden elegir sino obedecer "en tanto que haciendo nuestro recurso lográsemos el alivio que siempre esperábamos de la observancia del cabildo provincial y de las Ordenanzas". Pestaña interpretó esta cauta respuesta como un nuevo desacato y seguramente se prometió castigar cumplidamente tanto a los milicianos desertores como a su oficioso defensor.

El juicio a Ortiz de Ocampo Ysfrán

En febrero de 1754 Ocampo se presenta por apoderado ante la Audiencia de Charcas exponiendo los antecedentes del caso y pidiendo se lo reconozca como procurador de las milicias. El cuerpo resuelve afirmativamente y el 23 de abril de ese año Ocampo notifica al Cabildo riojano su nueva condición de defensor. Era, en realidad, un desaire al Cabildo, puesto que la función de representar a los vecinos correspondía al Cuerpo capitular. Sin duda, a partir de ese momento aumentaron las tensiones que rodeaban el proceso.

Lo curioso es que de parte de las autoridades superiores del virreinato existía una buena disposición para resolver el problema de los desertores. El virrey del Perú, conde de Superonda, escribía al gobernador Pestaña dejando a su arbitrio el número de hombres de armas que hicieron salidas desde La Rioja, "en que es justo sea atendida su miseria y pobreza", y ya hemos visto que la Audiencia había ordenado al Cabildo que escuchara a los milicianos y lo había amonestado por su falta de celo, admitiendo que se designara un defensor ajeno al cuerpo. Hasta ahora, pues, lo que va ocurriendo no parece muy desfavorable a los milicianos. Pero de pronto, en septiembre de 1757, la Audiencia cita a Ocampo para que "sin réplica ni escusa alguna" se presente en Salta ante el gobernador Espinosa y Dávalos, a deducir sus defensas, y que lo mismo haga el Cabildo riojano.

¿Qué ha ocurrido? Que Pestaña ha sido elevado al cargo de presidente de la Audiencia de Charcas y desde allí instrumenta su venganza contra Ocampo. Por su parte, Espinosa, recién llegado al gobierno del Tucumán, ordena el cumplimiento de la orden de la Audiencia.

Aquí ya aparecen presentadas las *dramatis personae*. Por un lado Pestaña, gobernante frío, autoritario, celoso de sus prerrogativas, memorioso para la venganza y atenido exclusivamente al rigor de la ley. Por otra parte, Espinosa, un hombre que debe manejarse con prudencia para no chocar con la Audiencia, pero que sabe aplicar la ley con un temperamento humano y realista. Enfrente, Ocampo, que será calificado de "inquieto, alborotador y sedicioso": en realidad, es un auténtico líder que usará la astucia y la constancia en la defensa de su causa. Y finalmente, el Cabildo de La Rioja y los milicianos de su jurisdicción: aquél, timorato y elusivo; éstos, temerosos del castigo que puedan merecer por su deserción, pero decididos a hacer uso de sus derechos hasta las últimas consecuencias.

Estos últimos personajes colectivos – el Cabildo y las milicias – merecen una digresión. Disponemos de los nombres de algunos de los integrantes de uno y otro conjunto. Figuran como miembros del cuerpo capitular, por esos años, don Francisco Sánchez de Loria, don Luis Villafañe y Tejeda, don Juan de Herrera y Paz, don Francisco Javier de Herrera, don José de Luna y Bazán, don Nicolás Dávila. Como se advierte, se trata de representantes de las primeras familias de La Rioja, los linajes que se beneficiaron desde la fundación con las encomiendas de indios y mercedes de tierras, que se han transmitido los cargos concejiles de generación en generación y manejan el destino de la comunidad local.

Los nombres de los milicianos son también sugestivos. De los Llanos se registra a Matías y Juan de Alanís, Domingo Argañaraz, Domingo Bustos, Juan Antonio, Enrique y Marcos Zárate, Juan Bazán y Santos Brizuela. Los de Famatina son Francisco Nieva, Pablo de Luna, Mariano Luna, Bartolomé Robledo, Francisco Díaz, Francisco y Basilio Castro. En la zona de Arauco están Nicolás de Bega, Joseph de Vega, Juan de Cabrera, José de Nieto, Blas y Nicolás Reynoso y Matías Ocampo. De la ciudad de La Rioja, Santiago de Torres, Joseph Mercado, Fernando Mercado Agüero, Ignacio Salazar, Juan de Ávila, don Juan de Carmona, don José María Dávila, don Anselmo de Ávila, Nicolás Vega, don Marcelo de Ávila, Diego de Barrios, Pedro Torres, Joseph Gallardo, Santos Pabón, Nolasco Brizuela, Simón Luna, Melchor Ortiz, Juan de Ynsaurralde, Juan de Rivera, Tomás Bazán, Vicente Cabrera, Baltazar Torres, Antonio Pozos, Gabriel Molina, José Suárez, Lucas Bazán y Joseph Bergara. De este conjunto, solamente cuatro personas anteponen el "don" a su firma. Los apellidos son, casi todos ellos, singulares y en general se trata de gentilicios criollos que no tienen remisión familiar a las cepas fundadoras. Es evidente que los milicianos son pobladores que no participan del cerrado sector social que domina la vida pública y los gajes de la economía riojana, representado por los integrantes del Cabildo.

Cabildo y milicias son, en consecuencia, dos entidades cuyos intereses no coinciden y más bien deben enfrentarse. Al Cabildo no le interesa defender a los milicianos y éstos se sienten desasistidos del amparo del cuerpo capitular.

Ya hemos señalado la problemática que afectaba a La Rioja por aquella época: ruralización, marginamiento de los circuitos comerciales, escasez de indios, carestía de tierras de pan llevar. Las familias tradicionales, detentadoras del poder, defienden sus privilegios; los nuevos pobladores, en los Llanos, en Famatina, en Arauco y en la ciudad, deben contentarse con las sobras: tierras de ganadería en los Llanos o las muy cortas que riegan los lloraderos del Famatina y el Velasco. Se han agotado las tierras buenas porque las viejas familias, con su multiplicada descendencia, las ocupan y dividen; los que se van incorporando a la comunidad riojana, segundones o gente que viene de afuera o hijos naturales de las casas tradicionales, no tienen cabida en los predios mejores. No es casualidad, seguramente, que el defensor de los milicianos sea un bastardo – que por otra parte tomó con bastante humor su condición ilegítima. Los milicianos constituyen la futura clase pastoril cuya realidad, en vísperas de 1810, ha sido agudamente estudiada por Marcelo Bazán Lazcano.

Pero retomemos el hilo. Conminado por el gobernador, Ocampo se traslada a Salta y el 7 de febrero de 1758 Espinosa ordena su prisión. Más tarde confesará que lo hizo obedeciendo una orden secreta de Pestaña, omnipotente desde su posición de presidente de la Audiencia. Pero el gobernador, aún nuevo en el cargo, malicia que la orden deriva de una venganza y que Pestaña quiere complicarle su gestión gubernativa. No sería descabellado suponer que facilitó la fuga de Ocampo. Pues sucedió que, cuando conducían al riojano al calabozo de la cárcel, "soltando la capa" Ocampo escapa de los alguaciles y se refugia en la iglesia de la Compañía de Jesús.

El gobernador exhorta al cura rector para que lo entregue, calificando a Ocampo de "inquietador y sedicioso en dicha ciudad de La Rioja, que la trae bastantes años con la inobediencia de sus milicias a este Gobierno" y previene que "de lo contrario, a su ejemplo muchos otros se insolentarán".

Sigue un largo trámite curialesco entre el gobernador y el cura rector, aquél insistiendo en que se levante la protección del sagrado que ampara a Ocampo, éste, terco en mantenerla. En abril (1758) la Audiencia impone a Ocampo la pena de destierro por cuatro años de la provincia de Tucumán. Pero ahora Espinosa está pisando más fuerte y suspende la aplicación de la pena, por cuanto – alega – está próxima la presentación del Cabildo de La Rioja y del representante de las milicias ante su propia autoridad.

Las defensas del Cabildo y de los milicianos son altamente significativas. Con el mismo objetivo – evitar en el futuro que La Rioja sea gravada con las obligaciones de participar en las entradas al Chaco – cada entidad obedece a sus propias motivaciones y, en consecuencia, formula su alegación en diferente tono.

El cuerpo capitular, representado por don Nicolás Dávila, reseña los antecedentes legales que existen sobre la obligación de mandar fuerzas al Chaco y reitera los argumentos que viene esgrimiendo la comunidad riojana (y también la catamarqueña) desde décadas atrás contra esta pesada gabela.

El escrito de los milicianos, firmado por don Fernando de Agüero y Joseph de Vargas, "soldados rasos", es mucho más fuerte. Destaca la desconfianza de los milicianos en el Cabildo, que no los defendió cuando se lo pidieron ni tampoco cuando el gobernador Pestaña visitó la ciudad, lo que ha provocado el "justo recelo" de los soldados. Claman "nuestra ruina y miseria y las calamidades que padecemos en las repetidas entradas que se hacen contra el enemigo, el desamparo en que quedaban nuestras mugeres e hijos y los rigores que padecemos de Jefes o cabos que más tiran a desgobernar nuestras haciendas que a gobernarnos".

Pero no se trata de acusaciones generales. Concretamente acusan a Juan Bazán de Cabrera, teniente de gobernador, que impone pesadas contribuciones "para saciar su codicia" a quienes no pueden acudir a las entradas por estar enfermos o por otro motivo. Sostienen que las guerras contra los indios del Chaco no interesan a La Rioja y que el hecho de que otras ciudades no se quejen de la obligación de concurrir a ellas no impone por sí esta obligación a los vecinos de esa ciudad, demasiado remota con respecto al teatro de operaciones.

Agüero y Vargas habían sido designados procuradores de los milicianos habida cuenta de la prisión que virtualmente sufría Ocampo, encerrado todavía bajo el amparo de los jesuitas en Salta. Pero el espíritu combativo del ilustre bastardo está presente en el escrito y no sería aventurado suponer que el propio Ocampo redactó o inspiró el alegato de sus compañeros de causa.

En septiembre (1758) el fiscal designado por el gobernador Espinosa se expide en un tono duro y legalista. Enfatiza la necesidad de obediencia de los súbditos, la obligación que tienen las ciudades de acudir en defensa de otras y destaca la gravedad de la falta que han cometido los riojanos al desertar. Sin embargo, la parte final del largo memorial ofrece un sorprendente cambio de registro, pues a pesar de este exordio de mal agüero, termina dejando al arbitrio del gobernador la resolución del caso. ¿Habrá influido Espinosa? ¿Sería imaginar demasiado la suposición de que el gobernador, dueño ya de todos los elementos de juicio y enterado de la dureza con que se va expidiendo el fiscal, lo haya "ablandado" a último momento?

No lo sabemos, pero lo cierto es que el 13 de noviembre de 1758 el gobernador Espinosa sentencia. A pesar de algunas frases de circunstancia para mantener el principio de autoridad, su decisión da la razón a los milicianos. En adelante, la obligación de La Rioja en materia militar se limitará a brindar custodia a los fuertes en relevo de soldados que estuvieran en campaña. No serán obligados los riojanos a internarse en tierra de indios. No podrán ser ocupados en oficios distintos de los militares y su avío y municionamiento correrá por cuenta del Rey. No podrán salir sino cien hombres por vez, de los quinientos soldados que figuran empadronados, lo que hace presumir que la carga pesará sobre cada miliciano una vez cada quince años. Y, sobre todo, no hay castigo para los riojanos volvedores. Por supuesto, el prudente magistrado mantiene el principio de que el tema de los indios del Chaco afecta a todas las ciudades del Tucumán y, en consecuencia, La Rioja no podría ser totalmente ajena a las obligaciones derivadas.

A tal punto es favorable a los intereses riojanos la sentencia de Espinosa, que al día siguiente los tres procuradores (el que representa al Cabildo y los dos que procuran por las milicias) le agradecen la "piedad y equidad" con que se ha pronunciado.

Y hay más todavía: antes de solucionar la cuestión de fondo, Espinosa produjo otro acto conciliatorio, dejando sin efecto la pena de destierro que pesaba sobre Ocampo.

En una palabra, la tranquilidad ha vuelto a La Rioja.

La Rioja y el Chaco

Hemos reseñado muy sucintamente un largo proceso, lleno de asuntos marginales que debemos omitir para arribar a algunas conclusiones. Pues el lejano Chaco fue, para La Rioja, un precipitante de situaciones que venían arrastrándose de tiempo atrás.

Por empezar, el proceso político que arranca con la deserción de las milicias había demostrado la incapacidad del Cabildo – es decir, del grupo de las familias tradicionales – para representar a la comunidad riojana en su integridad. O, para decirlo desde otro punto de vista, este proceso patentizó que la comunidad se había diferenciado lo suficiente como para que ya no existiera un cuerpo que representara la totalidad de sus intereses y expectativas. Si esta evidencia no derivó en otras secuelas, ello ocurrió por el estancamiento de la vida política que caracterizó esta etapa del período de la dominación hispánica, presidida por los criterios autoritarios, ordenancistas y fiscalistas de la burocracia borbónica, que hacían imposible un cambio como el que reclamaba la situación planteada.

Además, quedó reconocida, institucionalizada, la peculiar situación de La Rioja en el contexto tucumano. Era una gabela insoportable la obligación de concurrir al lejanísimo teatro de la guerra del Chaco, en la que los riojanos no tenían el menor interés, y este reconocimiento prefiguraba la futura regionalización que se establecería con el régimen de gobernaciones–intendencias y reconocía la necesidad de distribuir con cierta equidad las cargas comunes de la gobernación. La victoria que significó para La Rioja la sentencia del gobernador Espinosa fue, entonces, un triunfo del buen sentido del funcionario, pero también una consagración de aquellas normas de buen gobierno que fueron tradicionales en el sistema indiano. Tal vez la sentencia de Espinosa fue uno de los últimos actos jurídicos propios de la etapa primigenia del régimen indiano – uno de los últimos actos con sabor a Austria, aunque se haya producido en la órbita ideológica de otra dinastía.

Además, cabe destacar que estos hechos permitieron la aparición de un notable personaje como fue don Andrés Ortiz de Ocampo Ysfrán, "hombre de ilustración e integridad – dice Armando Raúl Bazán –, dotado de talento literario pero sobre todo de magnetismo personal" y "la más relevante personalidad riojana que actúa en el siglo XVIII".

Había nacido Ocampo en Asunción del Paraguay en 1725, hijo bastardo de don Andrés Ortiz de Ocampo, caballero sevillano que fue el fundador de esta prolífica y distinguida familia, cuyo casamiento con una hija del gobernador Bazán de Pedraza lo vinculó al solar riojano. La madre del ilustre bastardo debe de haber sido paraguaya, dado el apellido que cargó a continuación del de su progenitor. A los veinticinco años, Ocampo se radicó en La Rioja, donde residían sus hermanastros, y al poco tiempo protagonizó los sucesos que hemos reseñado. En 1755 casó con doña Margarita Mercado y tuvo cuatro hijos. Posteriormente fue alcalde en 1786 y 1791, lo que evidencia que el prestigio que había ganado superó los prejuicios de la época relacionados con su origen ilegítimo. En 1781, con motivo de las revueltas de las milicias riojanas, apaciguó a los descontentos: un enemigo suyo decía por entonces que "defiende y protege demasiadamente y con tesón a los suyos; quienes, oyéndole como a oráculo, están expuestos a algún error perjudicial a la república". No se podría haber definido mejor la imagen de caudillo que sin duda tenía Ocampo, cuya muerte se produjo después de 1801.

Una última conclusión sobre los episodios que se han visto. Un siglo después de estos hechos, gente humilde de La Rioja fue reclutada compulsivamente para ser expedida a un teatro bélico no lejos de aquel Chaco del que habían desertado sus antepasados.

Como ocurriera cien años atrás, también ahora los riojanos se resistieron a abandonar el pago natal: huyeron del enganche, se amotinaron, trataron de desertar. Historiadores de ideología esquemática han postulado que esa resistencia se debió a un rechazo popular frente a la Guerra de la Triple Alianza. La verdad histórica es, creemos, mucho más simple, y debe buscarse en la tradicional repugnancia de esos pueblos a pelear en guerras lejanas. Así lo explicaron en su momento Joaquín V. González en *Mis montañas* y Ramón J. Cárcano en su *Historia de la Guerra del Paraguay*. Así también surge de esta crónica de los riojanos volvedores que a mediados del siglo XVIII corrieron el riesgo de ser clasificados como rebeldes, antes que renunciar a su derecho de regresar al terruño.

Los indianos

En el teatro español del Siglo de Oro suele aparecer con cierta recurrencia el indiano, personaje invariablemente rico, presa fácil de engaños y trampas. Esta imagen ridícula debió de ser el desquite de una sociedad cada vez más pobre frente a los que habían pasado a América y regresaban después en la opulencia. No debieron de ser muchos, porque su éxito estaba condicionado a su radicación en ultramar; sin embargo, bastaron esos pocos indianos retornados para que los dramaturgos recortaran sus siluetas, las caricaturizaran y las fijaran para siempre en el teatro.

Pero cuando hablamos de indianos en estas líneas, nos referimos a otro tipo humano: a los componentes de las generaciones que se originaron en los conquistadores y primeros pobladores del antiguo Tucumán, jurisdicción que comprendía virtualmente todo el actual interior de nuestro país. Ellos formaron una categoría que nada tuvo que ver con los mestizos, porque se preciaban de llevar sangre sin mezcla, de orígenes claramente hispánicos. Tampoco pueden confundirse con los genéricamente llamados criollos, porque éstos recién se definieron en la segunda mitad del siglo XVIII; muchos eran hijos de extranjeros – como Castelli o Belgrano – y generalmente se trataba de americanos de primera generación, al menos en las clases altas. Los indianos fueron esos protoargentinos que vivieron y tuvieron identidad como casta entre la segunda mitad del siglo XVI y los primeros años del siglo XIX. Se consideraban "la parte más sana y principal", se sentían orgullosos de linajes cuyos blasones habitualmente exageraban, eran los titulares de los cargos capitulares y las encomiendas y se los tenía como "los padres conscriptos de esta república", como reza en lenguaje de reminiscencias romanas una certificación del Cabildo riojano de principios del siglo XIX.

En el Norte y Noroeste argentinos, este sector presenta un inequívoco perfil hasta fines del siglo XVIII, cuando ya agotada su sangre, empobrecidos, sin indios encomendados, sus integrantes debieron condescender a entroncar con advenedizos o se vieron obligados a ganarse la vida en trabajos que sus antepasados hubieran considerado desdorosos. Algunas líneas familiares conservaron, sin embargo, la heredada vocación de seguir influyendo en el destino común y alcanzaron a engendrar a un Sarmiento (Albarracín por la madre), un Alberdi (Aráoz por la madre) y más tarde un Joaquín V. González (Dávila por la madre), así como innumerables figuras no tan conspicuas pero de todos modos muy significativas en nuestros procesos formativos como nación. Estos indianos que decimos, nietos, bisnietos y tataranietos de los primeros pobladores tucumaneses, fueron el sólido material con que se fue fraguando la sociedad vernácula de los primeros siglos, y ya bastante antes de la Revolución de Mayo manejaban casi todos los Cabildos de la región. Es revelador el incidente protagonizado en 1789 por el santiagueño José Bravo de Rueda, que increpó al Cabildo de su ciudad por incluir en su nómina a varios españoles y, llamado al orden por el alcalde, osó mandarlo olímpicamente a un lugar escatológico con una palabra cuyas seis rotundas letras registra dócilmente el acta...

Nuestros indianos eran una casta afirmada en su arraigo y en las glorias de sus antecesores, con un sentimiento que al principio tuvo motivaciones prosaicas, puesto que para obtener cargos, tierras o encomiendas debían alegar los "méritos y servicios" de sus abuelos. Su condición de "vecinos feudatarios" los obligaba a servir sin sueldo, "a su costa y minción", en los emprendimientos militares. El aislamiento los fue tornando localistas: si los tercios de Córdoba, Tucumán y La Rioja acudieron de buen grado en 1680 al socorro de Buenos Aires para expulsar a los portugueses de Colonia del Sacramento, medio siglo después los riojanos y catamarqueños se resistían a concurrir a las guerras contra los indios del Chaco: indudablemente, ya tenían conciencia de sus intereses específicos.

Pero en estos localismos crecía el germen de un compromiso vital con su circunstancia cercana. A fines del siglo XVII, un vecino de La Rioja que no se animaba a firmar por temor a represalias, pero se decía descendiente de la Casa de Alba (un Toledo Pimentel, sin duda), se dirigía al rey denunciando al gobernador, al obispo y a los jesuitas; al finalizar la relación de los abusos, reales o supuestos, que soportaba su ciudad, decía que "entretanto, mi Patria perece". Ya se sabe que "patria" y "república" eran palabras usadas con cierta frecuencia en aquella época; pero en la voz de este poblador que alega la nobleza de su estirpe y es lo suficientemente audaz como para hacer cargos a los poderosos, late un amor por sus pagos y una valorización de sus raíces que no puede menos que conmover. Y este patriotismo local es el que habrá de nutrir el sentimiento autonómico que se manifestará después de la Revolución de Mayo, cuando se desplome la estructura colonial y aparezcan caudillos que lo traduzcan tumultuosamente. Ese "genio federal", como lo llamó Mitre, originado en el prolongado arraigo de los indianos en sus propias comarcas, habrá de ser una de las líneas ideológicas y políticas que se tensarán a lo largo de la organización nacional.

Lo que se sabe de ellos los acredita como un núcleo muy apegado a las ceremonias y formalidades de la vida comunitaria. Tal vez la práctica de estos ritos (actos posesorios, disposiciones de última voluntad, celebraciones por el advenimiento de un nuevo monarca, renovación del Cabildo, fiestas patronales, etc.) era una tabla de salvación a la que debían aferrarse para no ser devorados por el medio autóctono. No podían sentirse totalmente españoles, no sólo por la lejanía de la patria original, sino porque los matices diferenciadores se iban agregando inexorablemente a sus vidas: en algún momento tuvieron que decirle *locro* al guiso, *poncho* a la capa, *chacra* a la huerta o *pampa* a la pradera; alguna vez habrán prorrumpido ¡achalay! por ¡ojalá! e inevitablemente se les pegó el dejo fonético que escuchaban a los peones indios o a las mujeres del servicio doméstico – y estas tonadas marcaron los límites de las jurisdicciones que habitaban, con más fuerza que las demarcadas por virreyes o gobernadores. Incorporaron costumbres, indumentarias, comidas que les ofrecía su paisaje, y estas contaminaciones modificaron lo castizo primitivo. Tales cambios se daban en sus espíritus entre una inconmovible fidelidad a España y una querencia cada vez más honda por las circunstancias humanas y geográficas de las que eran partícipes.

Los testamentos que de ellos se conservan demuestran la profunda fe que los asistía, la minuciosidad con que disponían de sus bienes y la escasez de éstos, salvo cuando se trata de tierras. Pequeñas joyas, imágenes sagradas, alguna ropa un poco más suntuosa que la cotidiana, son mencionadas al testar. Son frecuentes las mandas y recomendaciones en favor de bastardos, antiguas concubinas o servidores indígenas. También llama la atención en estos documentos el propósito de algunos en el sentido de fundar mayorazgos, justamente cuando la Corona se oponía a autorizar vinculaciones de bienes en cabeza del hijo mayor para evitar la inmovilización de la propiedad inmobiliaria.

Cuidaban mucho sus casamientos, porque cada enlace podía

aparejar cambios en la fortuna o la posición social: las riñas entre Villafañes y Bazanes en La Rioja del siglo XVII, que según el P. Lozano llevaron la ciudad a la ruina, se fueron pacificando con oportunos enlaces entre las casas enfrentadas. En el siglo anterior, las viudas indianas eran codiciadas, porque habitualmente heredaban las encomiendas de sus maridos y entonces el nuevo casamiento se reforzaba. Pero el exclusivismo de los enlaces matrimoniales debió de haber tenido un costo terrible: en la sociedad salteña, la más cerrada del antiguo Tucumán, hasta hace no muchas décadas era infaltable en las familias más linajudas la existencia de un "opa", desdichado subproducto de cruces genéticos cerrados.

Su fe religiosa los llevaba a erigir iglesias, capillas y conventos: el monasterio de las Teresas de Córdoba se origina en una piadosa función de los Tejeda. A veces caían en groseras supersticiones: uno de los pocos casos de hechicería, castigado con la hoguera, fue promovido por don Francisco de Luna y Cárdenas, vecino de la ciudad de Tucumán a principios del siglo XVIII, que se empeñó en hacer condenar a una de sus ayas indígenas como la bruja que había llevado a la muerte a su esposa mediante conjuros.

El orgullo que los robustecía y la noción de ser el sostén de la estructura poblacional hispana en el Tucumán les daban un gesto rebelde, protestón y atrevido frente a las autoridades reales. A diferencia de otras partes de América, en el antiguo Tucumán sólo se registra un movimiento comunero, el de Traslasierra, en Córdoba, en el último cuarto del siglo XVIII. Pero son, en cambio, numerosos los desacatos de los Cabildos a los gobernadores y la resistencia de los vecinos a contribuir en causas que no sentían como propias. Y los reclamos por el "mal gobierno" fueron innumerables, netos antecedentes de esas quejas del interior argentino contra las autoridades centrales que marcan la extensión entera de nuestra vida independiente hasta la actualidad.

Es que aquellos indianos se percibían como custodios de los intereses de sus paisanos, en una ambigua actitud que mezclaba el paternalismo feudal que había sido el sello de sus antepasados, con la obsesión de no perder el poder político y, consecuentemente, el disfrute de bienes que les permitían jugar un rol significativo en sus comunidades. En tiempos en que la concepción preponderante de la vida colectiva era el bien común, ellos identificaban sus propios intereses con los del conjunto que regían; tal vez en ese momento no se equivocaban demasiado, porque las viejas familias eran la única referencia importante de las jurisdicciones que habitaban.

A lo largo de la época colonial, el papel de Buenos Aires, con su vocación igualitaria, su asombrosa capacidad convocante, su aptitud para el comercio, su apego a las novedades de Europa, fue insustituible y, más aun, movilizador de los cambios que fueron esbozando el perfil de lo que sería la Argentina.

Pero las ciudades indianas también cumplieron un rol importante en el fecundo contrapunto dialéctico que se estableció con la ciudad porteña desde mediados del siglo XVIII y más acentuadamente cuando se creó el Virreinato del Río de la Plata. Los clanes que allí se avecindaban, esas familias cuya memoria se remontaba a la conquista y que se sentían hondamente vinculadas a su terruño, tenían un sentido de pertenencia más fuerte que Buenos Aires, porque lo venían reiterando de siglos atrás. Su actitud mental era más americanista, puesto que sus trajines comerciales los llevaban al Alto Perú, a Chile y a Lima más que al puerto. Eran menos innovadores y se sentían apegados a las antiguas tradiciones, como transmisores de las continuidades culturales que venían de los primeros asentamientos en la región. Sabían convivir pacíficamente con los descendientes de los indígenas, a diferencia de los porteños, que mantenían con los pampas una guerra casi permanente. Habían elaborado un estilo hegemónico sobre sus comunidades, que les brindó cierta representatividad, parcialmente continuada después de la Revolución de Mayo. Tramitaban un secular ejercicio político en los Cabildos y en sus relaciones (a veces conflictivas) con los mandatarios reales y estas experiencias los habilitaban para reclamar gobiernos locales autónomos cuando llegó el momento de pensar una organización institucional para la nueva Nación.

Buenos Aires y su población relativamente nueva y mezclada, el interior y sus indianos, formaban ambos, a fines del siglo XVIII, la sístole y la diástole del movimiento dinamizador de esta parte de América. Por eso, la convocatoria porteña de 1810 para construir una patria encontró a los pueblos del interior prontos y preparados, aunque sus clanes dominantes tradicionales se vieran empobrecidos y con menos poder que en los siglos anteriores. Nuestros indianos, tan distintos de los que ridiculizara el teatro clásico español, ya habían cumplido su misión histórica: crear silenciosamente las bases fundacionales de la política y la ética de la Argentina durante la mayor parte del siglo XIX, la etapa decisiva de modelación de nuestro país. Este mérito debería acercarles una comprensión más afectuosa que la que hasta ahora les han dedicado los historiadores.

Mayo de 1810

Imaginemos a un buen vecino de Buenos Aires, a principios del siglo pasado. Un español, vascongado o catalán, que llegó al Río de la Plata siendo un chico. Trabajó como un burro, honradamente y sin pausa, ahorró todo lo que pudo, aprendió el arte de comprar barato y vender caro, se benefició moderadamente con el contrabando. En los tratos y contratos del comercio pulió sus modos, mejoró su aspecto y se fue convirtiendo en un personaje. A su debido tiempo se casó con la hija de su principal y finalmente se hizo dueño del negocio. Vio crecer a sus hijos, destinó al más despierto a la universidad ("la de Chuquisaca, sépalo Su Merced, porque la de Córdoba, después que expulsaron a los jesuitas... "). Recibió con falsa modestia un cargo en el Cabildo. Echó panza, peinó canas y mientras caminaba apaciblemente hacia la vejez, su España natal se le desvanecía en la memoria.

Este buen vecino podría haberse apellidado Anchorena, Álzaga, Escalada, Lezica, Martínez de Hoz, Riglos o de cualquier otra manera. Hubo docenas de esos sólidos hispanos que vinieron a fines del siglo XVIII atraídos por el *boom* económico que vivía Buenos Aires, al amparo del moderado reformismo borbónico.

Y ahora imaginemos a su hijo, el joven abogado. Ha aprendido sus cánones y sus institutas, pero también ha leído – a escondidas, claro – a Rousseau y Montesquieu. Es y se siente criollo. Su respetabilidad doctoral no le impide alternar a veces con los gauchos de la campaña que vivaquean al lado de sus carretas en la Plaza Mayor o en la de Miserere. Quiere a su padre, naturalmente, pero se ríe un poco de sus alargadas zetas, sus jotas restallantes, y lo encuentra, ¿cómo decirlo?, demasiado convencional, demasiado formal, excesivamente apegado al orden, la autoridad, la jerarquía establecida, los respetos debidos y todo eso. Le parece estrecho y asfixiante su universo, limitado al mostrador y al libro mayor, a la reunión capitular y las fiestas de guardar. Respeta sus ideas, repetidas noche a noche en la gran mesa familiar o en las reuniones donde juega tresillo con sus compatriotas y coetáneos. Pero nuestro joven doctor criollo huele, intuye, presagia, que el depósito de frases hechas y lugares comunes en el que bebe su progenitor, oculta una realidad que hace agua por todos lados.

Los dos, eso sí, coinciden en que gran parte del mundo que les es familiar se está derrumbando.

Mayo de 1810. Mucho movimiento en el Rincón de López. Época de capar y marcar. La hacienda, magra y guampuda, recula frente al corral de palo a pique. Aquí mismo cayó don Clemente López Osornio, muerto por los indios en 1783. La mañana de otoño es una sinfonía bárbara de gritos y mugidos. Una niebla de bosta seca y polvo pinta de amarillo a hombres y bestias. Aquel novillo barroso está jodiendo hace rato. El niño Juan Manuel revolea el lazo y lo larga exacto, impecable, como un alargado signo de interrogación. Se tira al suelo, saca su cuchillo, se acerca al animal, le corta los testigos de un tajo y con un ancho voleo los tira al rescoldo para comerlos más tarde. Los ojos del paisanaje transmiten algo parecido a la alegría: ¡es lindo que el patroncito sea tan toro! Y tiene solamente diecisiete años...

No es una exageración decir que en esa época el mundo estaba patas arriba. El Papa, arrestado como si fuera un delincuente, había sido paseado por toda Italia y ahora estaba recluido en Savona, a disposición de Napoleón. El reino más antiguo de Europa, en poder de un usurpador que repartía coronas entre su parentela. España, despojada de su legítimo monarca, peleando contra el francés con uñas y dientes.

Cualquier espíritu se sentiría tambalear frente a este desbarajuste. Nuestro buen vecino español había llorado por su amado soberano don Fernando, cuyo paradero no se conocía. Unos decían que Napoleón lo había hecho asesinar como al duque de Enghien. Otros aseguraban que aún vivía, pero encerrado en un calabozo secreto en una remota comarca de Francia. Su hijo el doctor contemplaba el panorama con más objetividad y advertía que el tablado de la política europea estaba definiendo un juego al que pronto no sería ajena la América española. ¿Acaso la Corte portuguesa no había debido abandonar Lisboa para instalarse en Río de Janeiro? Que una villa americana se hubiera convertido de golpe en Corte era una premonición de lo que podía ocurrir. Todavía resistían en España las fuerzas de Cataluña y Andalucía. Pero, ¿qué ocurriría si toda la península caía en poder de José Bonaparte?

Mayo de 1810. El teniente coronel don José de San Martín, capitán del Regimiento de Caballería de Borbón, de 32 años, está en Sevilla, enfermo. Arde por volver a la lucha. Ha recibido una invitación del general Coupigny para incorporarse a su ejército, que opera en Cataluña contra los franceses, y solicita se le provea de un caballo para trasladarse a su nuevo destino. Aclara que pagará de su peculio. Pero Sevilla es un caos: se le deniega el pedido. Más tarde la Tesorería lo auxiliará con una pequeña suma para facilitar el viaje.

Nuestro joven abogado es curioso, inquieto, ávido de noticias. Lee todo lo que viene de Europa y está al tanto de modas y novedades. Sabe, por ejemplo, que usar el pelo corto es símbolo de rebeldía en los jóvenes y que las largas cabelleras han quedado para los viejos recalcitrantes – como su padre. Sabe que la sencillez en las maneras y la indumentaria es la última palabra del refinamiento y por eso no usa calzón corto – como su progenitor – sino pantalón, un invento de los marineros británicos que ahora se va extendiendo en todas partes. Nuestro doctor criollo ya no se inclina cuando saluda: ofrece la mano, gesto que provoca el repudio de los ancianos – como el autor de sus días.

Pero aunque esté *à la page*, nuestro doctor criollo no puede saber que por esos días Wolfgang Goethe ha publicado *Las afinidades electivas*, acaso la más moderna y atrevida de sus novelas. Pisando los sesenta años, hermoso e imponente, Goethe sigue trabajando en su *Fausto*. Pero el nombre del polígrafo de Weimar no significaba nada en el Río de la Plata. Ni siquiera un inquieto *amateur* como nuestro doctorcito podía conocer su obra.

Como tampoco podía saber de los alardes creativos de un joven de diecisiete años llamado Gioacchino Rossini, que deslumbraba a los melómanos de Italia con las travesuras de sus composiciones. Una cantata y dos óperas habían surgido de su fecunda imaginación, proponiendo un estilo muy diferente del que Beethoven imprimía a sus creaciones. En Buenos Aires había gusto por la música. Pero la cosa no pasaba de los pianofortes, en algunas casas ricas, acompañando las danzas de las muchachas casaderas.

Mayo de 1810. El Palacio de las Tullerías es, noche a noche, un estallido de luces. El emperador presentaba a la Corte a su flamante esposa, *María Luisa de Austria, convertida en emperatriz de los franceses desde el mes anterior. La ex esposa de Napoleón se consuela de su triste destino de repudiada disfrutando en la Malmaison de la suculenta renta que le ha asignado Su Majestad Imperial. Y el pueblo francés mide las caderas de la opulenta austríaca, calculando el tiempo que demorará en dar un heredero que continúe la intrusa dinastía de los Bonaparte.*

Muchas cosas molestaban al honrado comerciante español en los últimos tiempos. Una de las más irritantes era la avalancha de mercaderías procedentes de Inglaterra, que saturaban el mercado de Buenos Aires y desde aquí se encaminaban al Interior. Un decreto del virrey Cisneros había autorizado, en noviembre del año anterior, la introducción de artículos extranjeros, en forma temporaria y previo pago de tarifas aduaneras. Era una solución desesperada para ingresar a las arcas fiscales los dineros que hacían falta urgentemente. Pero al amparo de esta decisión, docenas de comerciantes ingleses desembarcaron centenares de fardos de géneros bonitos y baratos, artículos del hogar, manufacturas de toda clase. Nuestro amigo, que de tiempo atrás tenía dificultades para importar los artículos que le consignaban sus corresponsales de Cádiz – la guerra ya llegaba a Andalucía –, ahora tenía que asistir, con impotente cólera, al espectáculo que ofrecían esos rubicundos herejes vendiendo sus mercaderías a rabiar, mientras su almacén permanecía dolorosamente desabastecido.

Mayo de 1810. Manuel Dorrego está en Santiago de Chile, cursando los estudios preparatorios de la Cátedra de Jurisprudencia de la Universidad de San Felipe. Digámoslo de una vez: en realidad, Manuel Dorrego no estudia nada. Anda de parranda y conspira con sus amigos chilenos. No sabe muy bien contra quién, pero conspira. Alguna experiencia tiene en tales trajines, porque su alejamiento de Buenos Aires se debe a haber ayudado a un pariente a escapar a Montevideo, complicado como estuvo en la asonada del año anterior contra Liniers. Los libros de derecho se aburren en la mesa de Manuel Dorrego – veintisiete años – mientras discute interminablemente con sus compinches. ¿Qué vamos a hacer si se pierde España? ¿Nos resignaremos a correr su suerte? ¿Seremos súbditos de un Bonaparte? Los porteños, los cuyanos, los chilenos, ¿vamos a quedarnos quietos? Sigue perorando Manuel Dorrego mientras Accursio y Triboniano bostezan en encuadernación de pasta.

El flamante abogado porteño sabe que todo este revoltijo en que está el mundo tiene un origen principal: la Revolución Francesa. Aquí, en las apacibles orillas del Plata, sus ecos han llegado tardíamente y lo único que se conoce de aquel terremoto político es la ejecución de Luis XVI y María Antonieta, ese regicidio que ha estremecido a los vasallos del monarca español, un Borbón, después de todo. Pero nuestro egresado de Chuquisaca ha aprendido a distinguir las cosas y no ignora que, además de esos hechos espantosos, además de la guillotina y el terror, la Revolución Francesa ha producido ideas que se han filtrado en todo el mundo civilizado. Ideas de libertad, de igualdad, de fraternidad, que intentan sustituir el viejo orden. Ideas y palabras que hombres jóvenes debaten apasionadamente en toda América y también en Buenos Aires. Ideas, palabras y proyectos que nuestro doctorcito porteño también discute con sus amigos. Criollos como él y, como él, a la espera de que algo ocurra en estas tierras, donde no ha pasado nada durante tres siglos.

Mayo de 1810. Lord Byron cumple una verdadera hazaña deportiva (aunque la palabra "deporte" no figura todavía en ningún diccionario) al cruzar a nado el estrecho de los Dardanelos. Lord Byron ya es conocido en toda Europa por sus escándalos, sus dispendios y – un poco menos – sus poesías. El récord del noble inglés remite a la mitología clásica: el joven Leandro pasaba nadando el Helosponto todas las noches para ver a su amada Hero, sacerdotisa de Afrodita. Lord Byron lo emuló en impecable estilo over, *tardando una hora y diez minutos en llegar a la costa asiática. Su empresa no fue deslucida por el hecho de que una chalupa lo siguiera a pocos metros, en previsión de fatigas o calambres.*

El honrado gachupín ha olvidado acaso su tierra natal, pero sigue siendo un buen español. Su patriotismo ha sufrido con el desastre de Trafalgar, ha sangrado con aquello de Godoy y la reina, ha bramado con la farsa de Bayona. Pero más que todo, nuestro buen comerciante aborrece a ese franchute que gobernó tres años en el Río de la Plata. ¿No habrá, ¡coño!, un español de riñones para mandar aquí? Cierto que venció a los ingleses, pero el amigo Álzaga hizo lo mismo o más que él. Cierto que el pueblo lo adora, pero esos holgazanes adoran a cualquiera que les dé unos reales. El tal Liniers nos ha fundido con los sueldos que hay que pagar a los nuevos regimientos y todos sus allegados han metido la mano en las arcas reales. Y además, la Perrichona, esa mujerzuela, esa aventurera que le ha sorbido los sesos... ¡qué bochorno! Y cuidado que estuvo a punto de vendernos a Napoleón! Menos mal que don Baltazar Hidalgo de Cisneros, intachable marino, ha venido a poner las cosas en su sitio. Tuvo que abrir el puerto a los ingleses y esto nos tiene fregados. Pero es un vasallo leal, ¡puñetas! Mientras esté al frente del Virreinato, nada grave pasará en el Río de la Plata.

Mayo de 1810. Juan Facundo Quiroga – veintidós años – se sacó el ancho sombrero y se hincó en el suelo. Don Prudencio ya le había explicado a quién debía entregar las pasas y las aceitunas, adónde engordaría las mulas antes de venderlas, con quién debía tomar lenguas de las novedades de abajo. Habíale entregado las cartas y la larga lista de encargos. Y prohibido que se acercara siquiera a una mesa de juego. Ahora trazó una ancha cruz sobre la hirsuta cabeza de su hijo. En la paz del amanecer, el filo de la Sierra de los Llanos insinuaba un rosado indeciso. La iglesia de San Antonio dejó caer la voz de su campanita rural, como una gota de agua sobre el cántaro lleno. Juan Facundo Quiroga se levantó, hizo un gesto a los arrieros y montó una malacara cuyas alforjas y sobrepuestos rompían en colorinches la penumbra gris del alba. Adelante, la travesía riojana.

Nuestro flamante abogado suele andar por las fondas para conversar, en un inglés chapurreado, con los marinos que arriban a Buenos Aires. Hay muchos americanos del Norte: tipos flacos, duros, eximios negociantes, expeditivos y sin la menor preocupación por las buenas maneras. A nuestro jurisperito le gusta esa gente. Los hace hablar de su país y ellos dicen nombres como Salem, Nantucket, Boston, Baltimore, que le traen un vago aroma a pinos y nieve. Le cuentan que allí, nada de reyes ni aristócratas: tanto tienes, tanto vales. Cada cuatro años, entre la época de la cosecha y el tiempo de la siembra, todos eligen a un presidente que gobierna con los representantes de los estados, reunidos en Congreso. Los americanos están orgullosos de su país. Hace poco más de un cuarto de siglo eran una colonia. Se cansaron de ser mandados por ingleses: los echaron y eligieron presidente a Washington. *"Do you know, lawyer, who was mister Washington?"* Sí, nuestro doctor sabe que fue primero en la paz, primero en la guerra, primero en el corazón de sus conciudadanos.

Bueno, ahora el presidente es *mister* Madison, un caballero menudo y enfermizo que está agregando vorazmente nuevos territorios a la Unión: Ohio, Kentucky, Tennessee; y estos nuevos nombres ofrecen a nuestro criollo un pantallazo de praderas y vastos ríos. Pero el capitán aclara que no le interesa la política: sólo quiere vender la harina que trajo y cargar los cueros que ha comprado, para regresar en seguida. *"Wanna come with us, lawyer?"* No, nuestro joven amigo no quiere irse. Al revés del capitán, está hambriento de política. Quiere quedarse en esta comarca sin pinos, nieves ni presidentes, pero que también tiene praderas y anchos ríos y una gente con la que se puede entender. Quiere quedarse, para hacer algo que acaso se parezca a lo que han hecho los americanos del hemisferio de arriba.

Mayo de 1810. Todo Londres discute apasionadamente las ideas que acaba de lanzar el reverendo Thomas Robert Malthus en su último best-seller. Malthus sostiene que el crecimiento de la población es, si bien se analiza, una maldición, pues a la larga los alimentos no alcanzarán a abastecer a la humanidad. Afirma que sólo los ricos egoístas pueden desear un aumento demográfico, para disponer de mano de obra barata. Sostiene que la solución de la humanidad consiste en controlar racionalmente los nacimientos. De lo contrario, terminaremos devorándonos los unos a los otros. Los ingleses ya se dividen en "malthusianos" y "antimalthusianos", pero alguien ha dicho que el debate es inútil: lo que postula el reverendo, la reducción de la población, ya lo está haciendo Napoleón, cuyas marchas triunfales dejan un inmenso cortejo de cadáveres...

Nuestro peninsular está enfurruñado y de malhumor en estos días. Sospecha que va a ocurrir algo que no puede definir, pero que habrá de molestarlo. Las noticias de España son cada vez peores, pero su preocupación tiene motivos más cercanos. El conspicuo vecino siente – aunque no quiera confesarlo – que España está muy lejos. Su paisaje, su mundo, es el que le ofrece esta ciudad desde que llegó, ¡hace tantos años! Porque después de todo. ¡canastos!, ésta es su tierruca. Aquí se hizo hombre respetable, aquí se casó, aquí nacieron sus hijos. Aquí tiene su casa, su negocio, su quinta en San Isidro, su estancia en Capilla del Señor. Aquí quedará su cuerpo cuando Dios lo llame a su seno. Entonces, lo que molesta a nuestro respetable vecino es la posibilidad de que las cosas cambien aquí. Y a nuestro probo comerciante no le gustan los cambios: obligan a pensar todo de nuevo y obrar de manera distinta a la cómoda, probada y rutinaria forma de siempre. Pero si todo el mundo está cambiando, ¡recórcholis!, ¿quién nos asegura que no va a cambiar también en el pacífico Virreinato del Río de la Plata?

Mayo de 1810. El doctor Manuel Belgrano apagó su lámpara. Una luz lechosa entró por la ventana. Mira los anaqueles de su biblioteca. ¡Cuánto trabajo inútil! Como secretario del consulado trató de alertar a sus paisanos sobre las riquezas inexplotadas de esta comarca. Manejó estadísticas, recomendó nuevos sistemas de labranza, sugirió tecnificar las labores agrícolas, pidió que se adjudicaran tierras a quienes pudieran trabajarlas. Todo inútil. Como director del Correo de Comercio *intentó educar al público en el mejor conocimiento de la realidad rioplatense y a nadie le importó. Tomó el fusil para defender a la patria de los ingleses, pero cuando se trató de elegir el jefe de Patricios fue desplazado. Buscó por el lado de la Infanta Carlota una apertura que diera más espacio al indefenso conjunto del Virreinato y todo resultó una innoble intriga. El doctor Belgrano se siente derrotado. Ha soñado un sueño cuya trama ni siquiera recuerda. Mira sus libros y siente que su vida está vinculada para siempre al mundo de las ideas y las abstracciones. Solterón, ajeno a las artes ecuestres y venatorias, sobrio y apacible, piensa que el consuelo de su próxima vejez será el que le ofrecen esos tomos, la suma de la razón humana: Adam Smith, Campomanes, Jovellanos, Filangieri, Genovesi. El doctor Belgrano llama a su criado y le ordena preparar sus cosas para irse al campo.*

El doctorcito que sabemos no puede dejar de recordar que en una semana más se cumplirá un año redondo del levantamiento del Alto Perú. En Chuquisaca, varios de sus compañeros de universidad se unieron al movimiento, su amigo Monteagudo entre ellos. Proclamaban la independencia de estas tierras, decían que toda América debía ser libre. Fueron aplastados. ¡Cómo lloran, bañadas en sangre, Potosí, Cochabamba y La Paz! Nuestro abogado no puede decidir si fueron unos locos o unos héroes. Pero los envidia oscuramente. Le han contado que Murillo, enfrentando con sus ocho compañeros al piquete de fusilamiento, gritó con voz entera: "¡La tea que yo encendí, nadie podrá apagarla!". Nuestro porteñito piensa en sus lejanos amigos. Mira sus manos. ¿Podrán sostener alguna tea?

Mayo de 1810. Don Fernando VII, llamado por su pueblo "el Deseado", miró la labor de punto que estaba tejiendo y apreció que era mucho mejor que la de su hermano. Bostezó. Basta de labores por hoy. Los ventanales ofrecían el esplendor del parque de Valençay, en la gozosa primavera del valle del Loire. Podría estirar las piernas por los arriates y las glorietas. O andar un poco a caballo. No: el Deseado no deseaba estirar las piernas ni andar a caballo. Pensó en la cena. Había ordenado perdices. Le prometieron que si no se conseguían, habría una pierna de cordero. Salió de los ensueños gastronómicos al recordar que tenía que escribir a Napoleón para felicitarlo por sus victorias sobre los españoles. Pero no tenía ganas de escribir. Quedaría para mañana. Tomó el libro que estaba sobre la mesa. ¡Santo Dios! Por qué le daban libros sin ilustraciones? Lo dejó. Se preguntó dónde dormiría la criada que encontró ayer frente a las caballerizas. Debajo de las espesas capas de la abulia, un levísimo deseo empezó a emerger de su húmeda cabeza. Bostezó de nuevo.

Todo está tranquilo en Buenos Aires. Ya no circulan anónimos ni se fijan pasquines por la noche. Hace semanas que no llegan noticias de España. La gente merca, habla, ama, nace, muere. La vida sigue normalmente.

Mayo de 1810. Padre e hijo atisban el día desde el zaguán. El honrado comerciante comprueba que está ventoso y destemplado. No irá, entonces. Maldita la gana que tiene de escuchar en esos escaños durísimos, batidos por las corrientes de aire. Total, lo que hubiera dicho es muy simple: dejar las cosas como están. Que vaya el joven doctor. Sí, el joven doctor irá. Escuchará lo que se hable y quién sabe, acaso diga algo de lo que piensa. El joven doctor se envuelve en su capa y sale. Desde la calle dice a su padre:

"No se le ocurra salir... Toda la semana será como hoy. Fría y lluviosa..."

La misión Gutiérrez de la Fuente

El 22 de mayo de 1822, un joven militar peruano se embarcaba en el Callao con rumbo a Valparaíso. Tenía 23 años, se había casado pocos meses antes, padecía de úlceras y hemorroides, insomnio y cierta propensión a caerse del caballo. Pero suplía estas deficiencias con un férreo sentido del deber y una inquebrantable adhesión a su jefe. Que era nada menos que el Protector del Perú, general José de San Martín.

Era éste quien le había ordenado que se trasladara al Río de la Plata con una misión de la más alta importancia. Entonces, olvidando sus achaques, su próxima paternidad y su desconocimiento de los usos diplomáticos, el comandante Antonio Gutiérrez de la Fuente se dirigía a Chile para pasar los Andes, recorrer las provincias argentinas y convencer a sus dirigentes para que prestaran una cooperación activa a San Martín, en la última etapa de su lucha.

Hacia mayo de 1822, la posición de San Martín en el Perú era, aparentemente, sólida. En julio del año anterior había proclamado en Lima la independencia del antiguo Virreinato, después de una serie de maniobras que le habían permitido tomar la Ciudad de los Reyes sin derramar una gota de sangre. Meses más tarde obligó a rendirse a la formidable fortaleza del Callao, también sin lucha, mediante el genial expediente de ir embretando hacia allá a la fuerza realista que iba a rescatar a sus defensores, con lo que el sitiado fuerte se encontró colmado de tropas pero carente de víveres. Había logrado alejar a las fuerzas españolas de la costa, aislándolas de toda ayuda de la metrópoli. Jugaba hábilmente a la alternancia de ofensivas y propuestas de paz y fomentaba la deserción en las filas enemigas. Su autoridad y prestigio eran incontestables, y la campaña que lo había llevado desde Mendoza hasta el centro del poder virreinal sudamericano en cuatro años lo colocaba entre las grandes figuras contemporáneas.

Pero la realidad de los hechos estaba marcando un peligroso deterioro en su poder. El envío del general Domingo Tristán con una fuerza que debía hostilizar a los realistas de la zona central del Perú terminó en Ica con un desastre; Mitre califica duramente esta empresa, cuya improvisación no condijo con la prolijidad con que San Martín preparaba sus campañas. Lord Cochrane, alma de pirata pero marino eficaz y valiente, se había alejado de las filas patriotas; también se había ido Las Heras, acaso el más serio y responsable oficial del Libertador. Por otra parte, los realistas contaban con no menos de 18.000 hombres ubicados en las zonas serranas del Perú y en el Alto Perú; una tropa con temible capacidad ofensiva, que podía subsistir indefinidamente en el rico terreno que poseía.

El desgaste de San Martín crecía también en el terreno político. Su figura era indiscutible, pero no lo eran las de algunos de sus colaboradores inmediatos, especialmente Monteagudo. El hecho de que el gobierno estuviera manejado por americanos extraños al Perú hería la susceptibilidad de los nativos, particularmente de aquellos que se sentían llamados a ocupar los cargos más expectables. Finalmente, la presencia triunfante de Bolívar en el Norte planteaba un enigma cuyo primer interrogante sería el destino político de Guayaquil, sublevada contra los españoles, que debía optar entre incorporarse a la Gran Colombia o permanecer en jurisdicción peruana.

En realidad, todos los problemas que enfrentaba San Martín se debían a un único motivo: su impotencia para terminar rápidamente la guerra, teniendo en cuenta la escasez de sus efectivos. Desvinculado de toda ayuda exterior – Chile, exhausta, no podía auxiliarlo –, San Martín encontraba que el virtual empate que enfrentaba lo deterioraba rápidamente.

Terminar de una vez...

San Martín no ignoraba la vulnerabilidad de su posición. Insensible a los halagos del poder, consciente de la misión que debía cumplir, quería concluir de una vez con el objetivo que lo había llevado a la tierra de los Incas. Anhelaba terminar con la resistencia realista para retirarse honorablemente a la vida privada.

Pero, ¿cómo concluir con ese núcleo obstinado y temible? Los realistas ocupaban la zona del Cuzco y todo el Alto Perú. Entonces, el plan de San Martín era trasladar una buena columna a los puertos llamados intermedios en el Sur, y hacerla avanzar hacia el interior levantando las poblaciones a medida que se internara, para presentar batalla solamente en caso de que la victoria fuera segura.

Este plan exigía un doble complemento: que se hicieran movimientos similares desde el Norte y el Sur, implementando unas pinzas sobre el reducto realista. Así, la resistencia tendría fatalmente que derrumbarse. La fuerza que debía bajar desde el valle de Jauja, a la altura de Lima pero del otro lado de la sierra, formaría parte de las tropas del Libertador, con un ocasional aporte bolivariano. En cuanto a la columna que debía avanzar desde el Sur, no se necesitaba un gran ejército: hacían falta 1.500 hombres bien armados y bien montados, que subieran hacia el Alto Perú amagando el enclave realista, distrayéndoles fuerzas y alentando el espíritu patriótico, nunca extinguido allí. Si se conseguía poner en pie estas dos fuerzas de complemento, los veteranos regimientos que habían cruzado los Andes y vencido en Chacabuco y Maipú desarticularían a los españoles del interior peruano y del Alto Perú.

Pero, ¿cómo formar el ejército auxiliar del Sur? Las Provincias Unidas del Río de la Plata ¿estaban en condiciones de hacer este esfuerzo? ¿Quién lo mandaría, quién lo encabezaría? Éstas eran las preguntas cuya respuesta maduraba Gutiérrez de la Fuente, mareado y maltrecho entre las borrascas que jugaban con el buque que lo llevaba a Valparaíso. Si tenía éxito, antes de finalizar el año o en los primeros meses de 1823 a lo sumo, la independencia americana sería un hecho consumado.

Pues el enviado viajaba siguiendo instrucciones del Protector del Perú, con cartas, oficios y dinero (no mucho, unos mil pesos oro) para movilizar la opinión pública argentina a fin de que se pusieran en pie de guerra esos indispensables 1.500 hombres que debían cooperar para la rápida finalización de la guerra.

La antigua unión

No era el mejor momento para lograr semejante objetivo.

Dos años atrás habíase derrumbado el poder directorial en Buenos Aires. No existía desde entonces nada parecido a un gobierno nacional. Cada provincia se arreglaba como podía y en casi todas dominaba un caudillo cuya presencia era, por lo menos, una cierta garantía de orden: López en Santa Fe, Bustos en Córdoba, Aráoz en Tucumán, Güemes en Salta, Quiroga en La Rioja, Ibarra en Santiago. Gobiernos misérrimos, con escasísimos recursos, que se consideraban felices si podían mantenerse durante un período razonable... La Guerra de la Independencia había esquilmado el interior argentino y la pérdida del Alto Perú, integrante hasta 1810 del antiguo Virreinato, fracturaba el equilibrio geopolítico de la región. El interior argentino vegetaba en una trabajosa y lentísima reconstrucción de su economía, sus instituciones y su sociabilidad.

Distinto era el caso de Buenos Aires. La batalla de Cepeda, si barrió el gobierno nacional que tenía su sede en la ciudad porteña, también había abierto paso a su autonomía provincial. Desde entonces, la provincia de Buenos Aires, pasado el turbulento año 20, se había estabilizado, hacia su "feliz experiencia". Martín Rodríguez en la gobernación, Bernardino Rivadavia en el Ministerio de Gobierno y Relaciones Exteriores, llevaban adelante una política de orgulloso aislamiento. Cepeda había liberado a Buenos Aires de su carga nacional; ahora las rentas aduaneras se volcaban a iniciativas de progreso local: iluminación, empedrados, reformas eclesiástica, militar, administrativa. Los porteños descubrían su nueva condición de ciudadanos: leían una enorme cantidad de diarios y asistían a los debates de la Legislatura. Las provincias de "la antigua unión" – como solía decirse – eran hermanas pobres y olvidadas. O ni siquiera hermanas: tal el caso de la Banda Oriental, ocupada por los portugueses desde 1816.

¿Y San Martín? Para los "ministeriales", los estancieros y comerciantes porteños que mediaban con el régimen de orden y progreso de Buenos Aires, la gesta sanmartiniana era una anécdota lejana. No dejaban de guardar un escondido rencor ante el Libertador: ¿no se había negado a apoyar al Directorio, desobedeciendo la orden de repasar los Andes con su ejército para aplastar a los caudillos litorales? San Martín, para esos orondos burgueses de la Buenos Aires rivadaviana, era un "condotiero" ambicioso que había abandonado a sus amigos al furor de las montoneras.

Buenos Aires había olvidado que fue la cuna de la revolución de Mayo, la ciudad invicta de la cual habían salido hombres, palabras y medios para continentalizar el movimiento emancipador. Ahora se complacía en su bienestar doméstico. No quería saber nada de guerras. En Buenos Aires sólo se hablaba de estancias y bancos, de empréstitos y compañías. Un diplomático ecuatoriano, de paso por Buenos Aires, escribía al director O'Higgins que "En todo se ve un espíritu de aislamiento, un egoísmo por decirlo así, que ha de ser muy perjudicial a los intereses del país. Parece que estos señores no ven en todo el mundo más que a Buenos Aires y quieren que nadie consagre su existencia sino al engrandecimiento del gran pueblo y nadie viva sino según la regla que les prescribe su soberana voluntad". San Martín y su puñado de fieles sólo eran un lejano recuerdo para los dirigentes porteños, aunque el pueblo lo recordaba con admiración y comentaba las escasas noticias que traía la prensa sobre sus hazañas.

Tal era el cuadro de las provincias a las que el agente de San Martín debía acudir.

El viaje

Entre otras cualidades ponderables, el enviado de San Martín tenía una que deben agradecerle los historiadores: era prolijo y minucioso. Anotaba todos sus gastos y al llegar a fin de mes los sumaba. Y ¡oh maravilla! llevaba un *Diario*. Este documento fue utilizado hace más de un siglo por Mariano Paz Soldán para su *Historia del Perú independiente*, un libro poco difundido en nuestro país. Ahora se ha publicado por la Academia Nacional de la Historia, con un estudio preliminar del fallecido profesor Julio César González completado por el doctor Carlos S. A. Segreti. La edición es aun más valiosa porque González compiló todos los documentos que pudo hallar con referencia a la misión Gutiérrez de la Fuente en los archivos argentinos y extranjeros, y en diversas publicaciones.

Así pues, hoy disponemos de una ingente documentación édita sobre el viaje del agente de San Martín y en ella nos basaremos para reconstruir esta gestión, que comienza, como se ha dicho, el 20 de mayo de 1822 en el puerto del Callao.

Veintitrés días duró la travesía. Cuando las borrascas se lo permitían, Gutiérrez de la Fuente estudiaba los papeles que se le habían dado aunque, ciertamente, la mala suerte en materia de tiempo persiguió a la nave desde el principio. "Creímos perecer... y fue grande nuestra aflicción", anota el 2 de junio nuestro personaje. "Me ocupé en escribir un rato, por estar bien indispuesto del estómago", dice otro día, "...yo continué enfermo", escribe más tarde.

Pero en los ratos que el mar lo permitía, el peruano habrá leído una y otra vez las instrucciones impartidas por el Protector. Eran muy concretas, apresuradamente escritas, con la marca innegable de la urgencia. Debía quedarse en Santiago de Chile solamente dos días y otros tantos en Mendoza; luego se trasladaría a San Juan y de allí a Córdoba, enviando comunicaciones a Buenos Aires y a las demás provincias. Finalmente tenía que seguir a Santiago del Estero, Tucumán y Salta, donde debería dar por concluida su misión, en el entendimiento de que en esta provincia estaría ya reunida o a punto de reunirse la columna cuya formación se encarecía.

San Martín encomendaba a su enviado que ofreciera la jefatura de la expedición a Juan Bautista Bustos, gobernador de Córdoba, y la subjefatura a Antonio Pérez de Urdininea, gobernador de San Juan. Curiosamente, lo sustancial de estas instrucciones figuraba al final. El enviado, se decía, "no perdonará medio alguno para promover en los Pueblos el interés sobre esta Expedición, procurando reconciliarlos en sus disputas, manifestándoles los bienes que de ella van a resultar y que, olvidando toda la rivalidad territorial y personal, van a dar el último golpe a los restos de la tiranía española".

El Protector señalaba que no estaba "impuesto en las personalidades ni desavenencias que puedan estar pendientes entre los jefes de los pueblos", pero de todos modos daba algunas directivas sobre personas de su especial confianza, como José Ignacio de Gorriti, Bustos y Pérez de Urdininea. Se lo facultaba para comprometer con su firma los gastos que originara la expedición, en la seguridad de que a los dos años, el gobierno del Perú Alto y Bajo (sic) los reintegrarían. Ignoraba San Martín quiénes estaban al mando de Santiago del Estero y Tucumán, "pero el comisionado puede partir de un principio a saber, que en todos los pueblos de las Provincias Unidas el patriotismo es uniforme y que sin duda alguna concurrirán a objeto tan sagrado".

Otro documento importante que portaba Gutiérrez de la Fuente era la nota–circular del Protector a los diversos gobiernos de las provincias. Después de aludir a los males que causaba la continuación de la guerra, anunciaba San Martín que el 10 de junio zarparía para Arica una fuerza de 4.000 hombres al mando del general Rudecindo Alvarado que debía avanzar hacia el interior del Perú. Su marcha debía combinarse con la que realizaría la expedición cuya formación solicitaba, a la que cada provincia debía contribuir con 300 hombres, y la de Buenos Aires con medios pecuniarios. Al igual que las instrucciones, la nota–circular de San Martín estaba firmada en Lima el 16 de mayo de 1822. De distinto tenor era la nota dirigida al gobernador de Buenos Aires; aquí se hacía un *racconto* de los logros militares obtenidos hasta entonces y se anunciaba la salida próxima de la expedición de Alvarado, solicitando al gobierno porteño "la última mano a la obra que le ha sido tan cara tomando sobre sí proporcionar la suma suficiente para los gastos de marcha de la fuerza y para su caja militar". Todo le sería reintegrado puntualmente por el gobierno del Perú.

Con estos papeles, y algunas cartas particulares con su entusiasmo y su mala salud, Antonio Gutiérrez de la Fuente desembarca en Valparaíso el 13 de junio y de inmediato sigue viaje a Santiago de Chile. ¡Ese día cumplía 24 años!

Los primeros éxitos

A las ocho de la noche del día siguiente llegaba a Santiago. La primera casa adonde se dirigió fue a la de O'Higgins; el enviado de San Martín no quería perder un minuto. No lo encontró y debió regresar más tarde. O'Higgins, el consecuente amigo del Libertador, lo recibió con afecto y prometió facilitarle su viaje en toda forma. Tres días pasaron en preparativos para cruzar la cordillera y en visita a diversas personas. Pero además, buena parte de su actividad en Santiago debió dedicarla a contrarrestar la campaña de descrédito que lord Cochrane estaba llevando a cabo contra San Martín.

Finalmente, el miércoles 19 de junio parte Gutiérrez de la Fuente hacia la cordillera, acompañado de su asistente Gundin. Pasar los Andes en junio no era broma en aquellos tiempos – ni lo es ahora –, de modo que nuestro personaje se proveyó prolijamente de todo lo que le hacía falta: un arriero, seis peones y un montón de ropa. El peruano estaba "entamangado" con "un par de escarpines de bayeta, dos pares de medias de lana, otros escarpines de jerga" y además un cuero de carnero hasta media pierna; encima de todo, ojotas de cuero de vaca. Había tormenta sobre las montañas y la partida desde Aconcagua hubo de postergarse varias veces pero finalmente arrancaron, a ratos andando en mula y a veces caminando. "El asistente me dio mucho trabajo porque hubo de helarse a la mitad del camino, con el demasiado viento." Le molestaba la puna, pero se aliviaba con el viejo y repugnante remedio de comer cebolla cruda; tragos de vino daban fuerzas a todos en los tramos más álgidos.

Después de dos difíciles jornadas llegaron a Las Cuevas. "Allí dormimos, yo más muerto que vivo de cansado, pues en mi vida había pisado nieve ni andado a pie tanto y por tan indignos caminos, haciendo solemnes juramentos de que no me vería en otra." Pero el mal tiempo – nieve, granizo, y sobre todo un viento helado – siguió acompañándolos, como prefiguración de la mala suerte que en materia de clima seguiría al agente de San Martín durante toda su gestión. Sin embargo, lo peor había quedado atrás: Uspallata y Villavicencio prefiguraban la cercanía de Mendoza y a la ciudad cuyana llegó el 2 de julio, después de ocho días de trajín.

A las once de la mañana arribaba el viajero a Mendoza y "fui en derechura" a la casa del gobernador Molina. Se le proporcionó un alojamiento bastante incómodo y de inmediato empezó a llegar gente a saludarlo; el recuerdo del Libertador estaba fresco allí y todos querían saber noticias del ex gobernador de Cuyo, pues tenían como cosa propia su gesta en Chile y Perú.

Al día siguiente, por la noche, se reunió la Junta de Representantes para tratar el pedido contenido en la circular de San Martín. Gutiérrez de la Fuente fue invitado a la sesión y allí nuestro peruano tuvo que improvisarse orador para sostener su causa. Pero no era necesario esforzarse mucho: Cuyo seguía siendo sanmartiniana... Los diputados resolvieron que la provincia pondría en pie de guerra un cuerpo de cien hombres, costeándolo hasta el punto en que debía reunirse con los cuerpos que levantaran las otras provincias; pero también surgió en el debate el problema de los fondos y se preguntó al enviado cuál sería la contribución de Buenos Aires. La reunión duró toda la noche y a las ocho de la mañana salía Gutiérrez de la Fuente, desvelado y feliz, a escribir notas a Buenos Aires, San Luis y Santa Fe y por supuesto a su mandante anunciando la decisión mendocina. "Conozco la pobreza de este país y el sacrificio que hace" – anota en su Diario.

Entretanto, las visitas continuaban y no dejaban de robarle tiempo a la intensa tarea epistolar que debía desarrollar. Estuvo con la esposa del coronel Mariano Necochea y con Josefa de los Ríos, una de las matronas mendocinas. Y en algún momento de las tertulias, cuando un mayor dijo alguna cosa inoportuna respecto del "Héroe del Perú" – dice Gutiérrez de la Fuente – "recibió una justa repulsa y fue obligado a guardar silencio, mucho más cuando era general el elogio que le hacían hasta los muchachos".

Ya estaba Mendoza en el bolsillo: ahora, San Juan. El 5 de julio parte el comandante y al día siguiente llega después de una jineteada de 32 leguas. Sin perder tiempo fue a saludar al gobernador, quien lo recibió "con toda la afabilidad de su carácter militar". Fue instantánea la amistad que se entabló entonces entre el agente de San Martín y el coronel José María Pérez de Urdininea.

Se trataba de un militar altoperuano, de 30 años, veterano de todas las campañas del Norte. Había sido revolucionario en Chuquisaca, en 1809, y desde entonces sirvió en los ejércitos patrios a órdenes de Balcarce, Belgrano, Rondeau y Güemes. Destinado luego a Buenos Aires, el gobierno de San Juan lo contrató en 1821 y allí un juego político local lo convirtió en gobernador. Hombre no desprovisto de habilidad, trató de rodearse de figuras representativas y llamó a colaborar a los miembros del grupo ilustrado de la provincia, entre ellos Francisco Narciso de Laprida y Salvador María del Carril. Pero este altoperuano, menudo y de rasgos indígenas, no ignoraba que también había resistencias contra su persona y advertía que cada vez le era más difícil mantenerse en su puesto. El ofrecimiento de hacerse cargo de la subjefatura de la expedición requerida por San Martín le venía, entonces, de perillas: por un lado le daba una brillante oportunidad para continuar su carrera militar al servicio de los planes del Protector, a quien conocía y respetaba; pero por otra parte, ese destino le daba una magnífica oportunidad para desembarazarse gallardamente de un puesto cada vez más difícil de desempeñar. Además, Urdininea desconfiaba de Bustos y no dejaba de pensar que en realidad él mismo podía ser el jefe de ejército que contribuiría a libertar su propia patria.

No es de extrañar, entonces, que Urdininea haya recibido a Gutiérrez de la Fuente con los brazos abiertos. Más aún, cuando acababa de sofocar un motín en el Regimiento N° 1, acantonado en San Juan, fusilando a un par de soldados y deteniendo a una docena de oficiales. De inmediato el gobernador "se ofreció voluntariamente a emplearse en el proyecto con su persona y todos sus influjos, descubriéndome muchos recursos de que podía valerse y sacar grandes ventajas". Entretanto, el gobernador agasajaba a su visitante; paseos, carreras y degustación, en casa de un inglés (¿Aman Rawson, en realidad norteamericano?), de "una cerveza de pino muy elogiada".

En San Juan se repitió lo de Mendoza. Reunióse la Junta de Representantes, se invitó al enviado del Libertador a asistir a la asamblea ubicándoselo a la derecha del presidente, le dieron la palabra y la usó a discreción. Se discutió "con solidez y fundadamente" el pedido que transmitía Gutiérrez de la Fuente en su "sucinta y precisa peroración", y finalmente el cuerpo aprobó la creación de un escuadrón de cien hombres, armados y mantenidos por la provincia hasta el lugar de Salta que se determinara.

Tan contentos quedaron todos con la decisión, que la cosa terminó con orquesta y bailes populares... ¿Por qué no imaginar que un chiquillo de once años, en compañía de otros de su edad, estuvo mosqueteando la danza? ¿Por qué no conjeturar que Domingo Faustino Sarmiento participó, de algún modo, en la alegría general?

Hasta ahora, pues, todo andaba sobre rieles... El 8 de julio, Gutiérrez de la Fuente escribe a San Martín en tono inocultablemente optimista: "Hasta hoy me parece que voy bogando con toda felicidad y desde hoy en adelante será más, con el empeño que toma en la comisión el coronel Urdininea".

Reitera las noticias sobre Mendoza, cuenta la resolución de la Legislatura sanjuanina y le anuncia que seguirá a Córdoba. Pero nuestro amigo empieza ahora a actuar por su propia iniciativa, apartándose de las instrucciones que recibió, porque – señala – "de ningún modo encuentro a los pueblos como V.E. se lo pensaba, respecto a la paz y tranquilidad que nos creíamos que disfrutaban". Pero el principal problema era la carencia de dinero: "No nos hace más falta, para que todo sea hecho, que el dinero para los primeros gastos de la expedición y éste es imposible sacarlo de ninguno de estos pueblos, y sólo sí de la capital". Ha resuelto, entonces, no viajar hacia el Norte; el coronel José Ignacio Mendieta, amigo de Urdininea, será portador de las circulares de San Martín y de sus propias cartas a La Rioja, Catamarca, Santiago y Salta; él, por su parte, se correrá hasta Buenos Aires. "Si conociésemos que los pueblos podían obrar por sí, sin Buenos Aires, entonces sería excusado mi viaje para allá, pero como estamos convencidos de que es de primera necesidad mi presencia en aquel país", ha resuelto emprender el viaje a la ciudad porteña. Si Buenos Aires se negase, "veríamos que tenía deseo de que no se concluyese la guerra y lo acusaríamos a la faz del mundo por indolente".

La carta de Gutiérrez de la Fuente al Protector termina con una tierna preocupación: "El premio que yo aguardo de V.E. de todos los buenos e interesantes servicios a la Patria que estoy prestando en el día sólo es que no permita V.E. que mi amada esposa padezca ninguna necesidad, que la atienda y haga que no le falte su correspondiente asignación". Y termina diciendo "Adiós, mi amado General". El comandante, entonces, está adquiriendo vuelo propio. Con toda sensatez ha evaluado la situación y advierte que es inútil perder su tiempo en gestiones con las provincias del Norte donde de todos modos el pedido de San Martín va a tener receptividad; que lo importante es persuadir a Buenos Aires para que coopere con dinero para la expedición. Comprende que San Martín, después de varios años de ausencia, ha imaginado un panorama inexistente y que su deber consiste en suplir estas deficiencias a su leal saber y entender. San Juan estaba también en el bolsillo: las buenas relaciones que entabla en estos días con Del Carril y Laprida, además del perfecto entendimiento con Urdininea, garantizan la cooperación sanjuanina. Hay que aprontar las alforjas y partir a Córdoba, donde la respuesta de Bustos, que eventualmente será el jefe de la expedición, es decisiva.

Nuestro comandante está satisfecho con sus éxitos pero no desconoce las dificultades que le esperan. El 10 de julio parte hacia Córdoba con su asistente y un baquiano, por un camino notoriamente malo y solitario. Antes de irse ha distribuido diez medallas que el Protector hizo acuñar en el Perú para celebrar su independencia. Y ahora sí empieza la etapa que va a exigir del agente de San Martín su mayor perspicacia, obstinación y patriotismo.

Las dificultades

Fue un viaje perro. Lo acompañaba "un viento desesperado", las mulas se aplastaron varias veces, el encontronazo de una acémila le rompió la caja donde llevaba sus papeles y hubo que perseguir las hojas por el campo. Las postas eran miserables, la comida, horrible, y en consecuencia, un dolor de estómago se le instaló como compañero durante toda la marcha. Para completar, el quinto día rodó su cabalgadura, se le quebró la espada y se le desgarró la levita...

Llegó a Córdoba el 15 de julio, con la salud estropeada y de muy malhumor. Se encaminó a la casa del gobernador, que estaba en el teatro, y se instaló allí. Cuando el coronel Bustos regresó, lo recibió con la mayor afabilidad, le dio una excelente cena y una hermosa pieza para reposar, con lo que nuestro peruano habrá mejorado sus ánimos.

En cuanto a la misión que lo llevaba, la cosa empezó a revelarse aquí más compleja de lo que hasta ahora se presentaba. Bustos leyó el oficio de San Martín por el que se lo nombraba jefe de la expedición, aceptó la designación y se comprometió a ponerla en marcha en cuanto Buenos Aires mandara algunos auxilios. En Córdoba no había Legislatura: Bustos la había disuelto poco antes, por lo que no sería necesario el trámite que se había cumplido en Mendoza y San Juan. Además, el gobernador aprobó la decisión de Gutiérrez de la Fuente de pasar a Buenos Aires y puso a su disposición un birlocho, en vista de que la salud del enviado seguía delicada. Y finalmente resolvió que lo acompañara su sobrino, el doctor Francisco Ignacio Bustos, que oficiaría como representante oficial de Córdoba en Buenos Aires.

Pero ya desde Mendoza el agente sanmartiniano sabía que Bustos no gozaba de mucho consenso en el interior, y que en Buenos Aires se lo aborrecía. El mismo mandatario cordobés había adelantado a Urdininea, días antes, que si Buenos Aires vetaba el proyecto a causa de su presencia, delegaría el mando en su segundo y seguiría colaborando desde afuera. Por otra parte, la carta de Bustos a San Martín aceptando y agradeciendo su designación estaba tan llena de condicionales que hace dudar de su buena fe al observador – como señala el profesor Julio César González –:"siempre que los pueblos se comprometan a dar empuje a este proyecto, siempre que ofrezcan un apoyo... si obran de buena fe... si entran en este deber sagrado deponiendo sus resentimientos... si las autoridades se imponen el deber de compeler a los pueblos a cumplir su compromiso...". Eran muchos "síes" para un hombre decidido a largarse a la patriada que proponía San Martín. Incluso el oficio que pasa a Gutiérrez de la Fuente, de acuerdo con lo conversado, precisaba que "si se allana todo esto y si a vista de las barreras que opone el proyecto se avienen los pueblos a sobrepujarla", entonces él volaría al campo de batalla sin omitir sacrificios.

A tal punto pareció al agente de San Martín poco alentadora esta respuesta, que sugirió se cambiasen sus términos, lo que hizo el gobernador. Sin embargo, informando a San Martín sobre su gestión en Córdoba, el comandante le asegura la buena fe de Bustos y afirma su seguridad de que marcharía a la lucha en cuanto se arme la expedición; otro tanto le dice a O'Higgins, pero al mismo tiempo le pide que escriba a Bustos halagándolo y alentándolo. Pese a sus seguridades, entonces, Gutiérrez de la Fuente no confía demasiado en la solidez de Bustos.

La verdad es que Bustos no podía negarse al requerimiento de San Martín. Había sido el iniciador de la sublevación de Arequito en 1819, que disgregó el Ejército del Norte, y uno de los motivos de la sublevación consistía – según se dijo entonces – en que el Directorio destinaba esta gloriosa fuerza a luchar contra los caudillos litorales, sacándola de su destino específico, la guerra contra los realistas en el frente norte. Bustos se había comprometido ante los pueblos a su misión en cuanto fuera posible. ¿Cómo podía, entonces, dos años más tarde hacer oídos sordos a la convocatoria del Libertador?

Por otra parte, la liberación del Alto Perú era una causa popular en todo el interior argentino. La mutilación del antiguo territorio del Virreinato había cortado las rutas comerciales del Norte, bloqueado los canales de intercambio que llevaban mulas y mercaderías importadas a Potosí, Chuquisaca y La Paz, regresando con moneda metálica y tejidos. Desde la pérdida del Alto Perú, el interior argentino se había empobrecido, el dinero escaseaba y languidecía el comercio. El entusiasmo con que las provincias recibieron la iniciativa de San Martín respondía, desde luego, a sentimientos patrióticos; pero también a una desesperante necesidad de restablecer la vinculación con el mercado del mayor poder adquisitivo de esta parte de América: un problema que no preocupa a Buenos Aires, cuya economía no se había visto mayormente afectada por la pérdida del Alto Perú, al menos en la medida en que lo sufrían las provincias interiores.

De modo que Bustos tenía que responder afirmativamente al pedido de San Martín. Pero seguramente tenía pocas ganas de ponerse al frente de la expedición. No confiaba en el apoyo de las provincias; descontaba la negativa de Buenos Aires; sabía que su nombre era resistido y es probable que no viera con alegría la perspectiva de abandonar su silla, por aquello de lo que pasó al que se fue a Sevilla... Gobernaba Córdoba autoritaria y paternalmente, no quería meterse en empresas cuyo eventual fracaso recaería inevitablemente sobre él. Entonces, en la disyuntiva de tener que responder afirmativamente o exponerse al ludibrio de la opinión pública, dijo que sí pero agregó tantos otros "síes" que el negocio tomó, desde el primer momento, un carácter bastante vidrioso.

Mientras tanto, Gutiérrez de la Fuente se reponía de su viaje recibiendo infinidad de visitantes y frecuentando a algunas familias, en las que no dejó de notar el "buen trato de todas las cordobesas", que son "generalmente bien parecidas". Dolores de estómago y hemorroides lo molestaban mucho, pero nada le impedía seguir escribiendo una sorprendente cantidad de cartas; aquí fue donde se arrepintió de no haber traído un amanuense. El dinero que tenía no era mucho, aunque los agasajos de que era objeto en Córdoba le permitían ahorrar la estadía. Iba al teatro cuando podía, conocía "señoritas bellas, de generoso trato" y activaba en lo posible su viaje a Buenos Aires, que al fin se produjo el 21 de julio.

El solo hecho de ir en carricoche le significaba un alivio en sus dolencias, pero tampoco fue éste un itinerario plácido: los indios andaban maloneando y se sabía de tropas de carretas saqueadas, hombres muertos y mujeres cautivas. A nuestro enviado le robaron durante el viaje un sombrero de paja, chifles y alforjas. Tuvieron que andar ligero para salir rápidamente de la zona amenazada por los indios y pronto la caravana se convirtió en un pequeño ejército, con las adiciones de pasajeros, tropas y paisanos que también marchaban hacia el litoral y preferían hacerlo juntos. Cuando llegaron a la posta del Barranco encontraron tres cadáveres y restos de saqueo, pero nuestro amigo tuvo en la posta del Saladillo una satisfacción: recibió una carta de Bustos en la que le comunicaba que el gobernador de San Luis se comprometía a aportar 150 soldados a la expedición. Al llegar a jurisdicción santafecina, Gutiérrez de la Fuente escribió a Estanislao López imponiéndole su misión y luego siguió su viaje sin detenerse. Ya no había problemas de indios en adelante y las postas se sucedieron regularmente, sin otro inconveniente que la pérdida del archivo, recuperado días después, y una rodada del caballo (¡cuándo no!) antes de llegar a Buenos Aires.

Finalmente, el 29 de julio de 1822 a las siete de la tarde, el enviado del Libertador llegaba a Buenos Aires. Como algo había aprendido en estas semanas, se había adelantado a su compañero, el doctor Bustos, porque no quería que en la ciudad porteña se lo vinculara demasiado al gobernador de Córdoba. De todos modos, sabía que aquí le esperaba el hueso más duro.

Y, como era su costumbre, se encaminó directamente al Fuerte preguntando por el gobernador. No estaba en su despacho pero le indicaron su residencia particular, al costado de la iglesia de San Francisco. Tampoco estaba allí; el viajero lo esperó hasta las nueve y aburrido de aguardarlo se fue a buscar alojamiento. No lo encontró en las posadas y entonces preguntó en algunas casas particulares, hasta que un vecino, oriental de nacimiento, le cedió una pieza de su casa. Durmió a pierna suelta. Al otro día empezarían sus trajines.

El fracaso

Nuestro viajero tenía muy claras sus prioridades – como diríamos ahora –. Primero, ponerse en contacto con las autoridades; después, presentar sus saludos a misia Remedios, "la madama del general San Martín".

Temprano nomás fue a la casa del gobernador pero se le hizo decir que lo esperaba en el Fuerte. En sus ácidas *Memorias,* el general Tomás Iriarte relata lo ridículo que resultaba el contraste entre la solemne prosopopeya de los habitantes de la sede gubernativa y el espectáculo de los colchones meados de los hijos del gobernador, secándose en los pasillos oficiales... Gutiérrez de la Fuente no formula comentarios tan sarcásticos, pero surge de su *Diario* que el primer contacto no fue muy positivo. Martín Rodríguez se limitó a recibir su saludo e indicarle que debía ver a su ministro. Entró, pues, nuestro viajero al despacho del omnipotente Rivadavia, quien lo recibió "con bastante urbanidad", habló airadamente de Bustos y le indicó que en la próxima reunión de la Junta de Representantes se trataría su misión.

Después de esta primera entrevista el agente se dedicó a buscar un alojamiento decente. Lo consiguió mediante la gestión de un antiguo camarada de armas. Y enseguida se contrajo a su segunda prioridad: saludar a la esposa de su idolatrado jefe, "la señorita doña Remedios Escalada de San Martín, madama del Protector". Ella lo recibió "con mucho agrado, como señorita en quien se reunían muchas buenas cualidades". Le preguntó mucho por su marido, "me preguntó si estaba gordo y me mostró un retrato que tenía en su sala; le contesté con particularidad a sus solicitudes y, en cuanto al retrato, le aseguré que estaba sacado propiamente y que advertía que el original era un poco más gordo".

Para la chismografía histórica, que insinúa una separación entre San Martín y su esposa, tanto el apuro del militar peruano por presentar sus respetos a la mujer de su jefe, como la ansiedad de ésta por enterarse de la salud de su marido, son circunstancias muy significativas.

Después que se despidió "de esta recomendable señorita rindiéndole todos los deberes de mi reconocimiento", se retiró de la casa de los Escalada; durante su estadía en Buenos Aires la visitaría varias veces y Remedios, por su parte, invitó a Gutiérrez de la Fuente a reuniones y "ambigús". Durante la conversación se enteró el viajero de que un diario, al que llama *El Largo de Buenos Aires* (*El Argos de Buenos Aires*, en realidad), traía algún comentario de su misión, no demasiado favorable.

Los días que siguieron fueron, para el agente de San Martín, jornadas amargas que sólo pudieron endulzar las manifestaciones cordiales de los amigos del Libertador. Ellos y la familia política de San Martín hicieron lo posible por rodearlo. En cuanto al gobierno porteño, su actitud fue fría y al final de la estadía, casi grosera.

Pues lo cierto es que el tratamiento del pedido del Protector por la Junta de Representantes se dilató y cuando fue debatido, tropezó con un abrupto rechazo. Un par de reuniones se dedicaron a asuntos de rutina; cuando se leyó el oficio de San Martín, se lo giró a una comisión especial, aunque recomendando su preferente despacho. Pasaban los días y Gutiérrez de la Fuente empleaba su tiempo escribiendo una copiosa correspondencia y visitando o recibiendo a diversas personalidades. Algunas veces iba al teatro, cenaba en lo de Escalada o en la casa de Ambrosio Lezica —donde en una espléndida comida de cuarenta y dos cubiertos se brindó por el Protector— y trataba de interesar en el éxito de su gestión a cuanto personaje influyente conocía.

El 6 de agosto fue nuevamente al Fuerte a hablar con Rivadavia; "Inferí que las resultas de mi solicitud no corresponderían a mis deseos; bastante desagrado recibí". Luego se entrevistó con el gobernador "de quien sólo adelanté descubrirle la indisposición que guardaba al Protector, aunque bajo de aparentes demostraciones de amistad". El agente de San Martín empieza a ver claro: "Me desengañé que no podía adelantar en nada en mi comisión; es que aún estaban agitadas las pasiones" contra su jefe.

El joven militar, como ya habrá advertido el lector, somatizaba tremendamente sus tensiones y disgustos. A partir de la entrevista del 6 de agosto cayó enfermo: dolores de estómago, vómitos, decaimiento. Tuvo que llamar a un médico, y es mejor no recordar los remedios que le recetó el galeno. Después de una semana de dolencias

– durante la cual trató de aprovechar los intervalos de alivio para mantener al día su correspondencia y recibir algunas visitas, como la de Alvear – se levantó para asistir el 14 a la sesión de la Junta de Representantes. Aquí recibió la confirmación de sus pesimistas impresiones: los diputados del pueblo de Buenos Aires no tenían el menor interés en ayudar a San Martín...

El dictamen de la comisión especial afirmaba que, mientras los pueblos del interior no entraran al orden, nada podía hacerse en relación con la expedición que solicitaba el Protector del Perú.

"¿Ha de arrojar a esa aventura el gobierno de Buenos Aires los fondos de su provincia y los soldados de su corta guarnición en momentos en que su tierra ha sido invadida por los bárbaros...?". Pero el dictamen no se limitaba a desoír el pedido de San Martín sino que apoyaba la conveniencia de una mediación, por parte del gobierno porteño, entre los realistas y las fuerzas patriotas. ¡Como si Buenos Aires fuera un tercero que actúa para terminar con una discordia entre dos extraños!

La discusión posterior no mejoró en nada las palabras del dictamen. Por el contrario, reveló hasta qué punto la clase dirigente de Buenos Aires no perdonaba a San Martín su desobediencia de 1819. Primero habló el ministro de Hacienda, Manuel José García, a quien años antes Gervasio Posadas había calificado de "frío para las cosas de la Patria". García mencionó en su discurso, permanentemente, al "general San Martín y el gobernador Bustos", como si ambas personalidades fueran equiparables y como si la iniciativa de la expedición al Norte fuera del cordobés. Era una manera sutil de torpedear el pedido de iniciativa porque, si había un personaje odiado en Buenos Aires, era Bustos. Solamente Artigas y Francisco Ramírez – ambos desaparecidos ya de la escena política – habían sido destinatarios de odios semejantes... Poner en yunta a San Martín y a Bustos era minimizar el proyecto y condenarlo al fracaso.

García presentó objeciones prácticas, algunas no del todo infundadas, pero su tesis era que la limpieza de realistas en el Perú no debía hacerse mediante la guerra, "nada era más digno a la provincia de Buenos Aires que proporcionar la paz al Perú por medio de una negociación". Según Gutiérrez de la Fuente, el discurso de García provocó en la sala "un general desabrimiento". A continuación habló el canónigo Julián Segundo de Agüero, uno de los íntimos de Rivadavia: hizo un largo elogio de la paz, describió los horrores de la guerra y el riesgo que corría la provincia de perder todo lo que había logrado. Analizó las posibilidades militares de San Martín, se manifestó escéptico sobre aquéllas y apoyó lo dicho por García: negociar, para lo cual debía autorizarse "no sólo los treinta mil pesos que pedía (el gobierno) sino cuanto se juzgase necesario para una empresa que haría honor a Buenos Aires y pondría el sello a nuestra independencia".

¡Con ese dinero o menos se hubieran podido sufragar los gastos de la modesta expedición proyectada por San Martín!

El diputado Esteban Agustín Gascón fue la voz discordante de esta vergonzosa medianía. Recordó todos los armisticios y gestiones de paz que se realizaron con los españoles desde 1810; todas habían fracasado, ¿cómo no fracasarían también con un jefe duro e intransigente como La Serna? Además, la circunstancia de que Buenos Aires empezara una negociación con el enemigo desmoralizaría a las provincias; ellas habían entrado en la revolución siguiendo el ejemplo porteño y ahora, en vísperas de su terminación, contemplaban a Buenos Aires negándose a la formación de un pequeño ejército. Una hora y media peroró Gascón quien, según anotó Gutiérrez de la Fuente – ubicado en los asientos reservados a los diplomáticos –, aludió a "los esfuerzos de una rivalidad hacia el general San Martín".

Después usó de la palabra Valentín Gómez para apoyar la posición oficial y retornó también Agüero para desmenuzar el discurso de Gascón. Finalmente, el veterano de Mayo, Juan José Paso, sentó una opinión decepcionante: "Lo más acertado era no hacer nada". No valía la pena hacer la guerra, porque San Martín podía arreglárselas solo, pero tampoco una gestión de paz tendría resultado.

Eran las once de la noche y la sesión se suspendió. "Yo me retiré bien alterado de la bilis con los delirios que había oído – escribe esa misma noche el agente de San Martín – y me recogí pronto en la cama."

Agotando las posibilidades

"Me levanté incómodo y bien temprano, recordando los acontecimientos en la Junta de la noche anterior; y deseaba sacar el último resultado y salir del país."

Seguía enfermo y ni siquiera podía refugiar su amargura en casa de los Escalada, porque doña Remedios también estaba enferma.

Todo estaba perdido. Pero Gutiérrez de la Fuente no era hombre de achicarse y su experiencia se había enriquecido mucho en este viaje. Días antes había tomado contacto con Lezica, acaso el comerciante criollo más fuerte de Buenos Aires, amigo de San Martín, para interesarlo en un empréstito que permitiera suplir los fondos que los dirigentes porteños estaban cicateando al Libertador. Eran $ 50.000 lo que aspiraba el peruano a obtener. Hubo conversaciones diversas pero finalmente todo quedó en agua de borrajas; en realidad, no faltó buena voluntad en el espíritu de algunos capitalistas, pero fue el propio Gutiérrez de la Fuente quien no se animó a asumir un compromiso tan oneroso sin autorización especial. No está de más recordar que el general José María Paz afirma en sus *Memorias póstumas* que la Policía de Buenos Aires investigó, meses después, en la casa de Lezica, el destino de los vestuarios que se estaban confeccionando para enviarse a la expedición; y que aunque no se opuso directamente a su envío, la Policía dejó traslucir el desagrado oficial por esta contribución.

Pero sigamos con nuestro personaje. Nada le quedaba por hacer en Buenos Aires, sino esperar la contestación oficial. La idea del agente era volver a Córdoba y desde allí poner en marcha la expedición, como se pudiera. Su fracaso lo desazonaba, pero sin duda advertía que no había fracasado él y que era el espíritu porteño el que se reflejaba en la posición de la Legislatura. En su *Contribución histórica y documental*, Gregoria F. Rodríguez transcribe el acta de una sociedad secreta de Buenos Aires, titulada "Valeper", en la que figuraban estudiantes porteños y provincianos que se reunían para debatir temas de interés público. El 7 de julio se trató el problema de la expedición requerida por San Martín y la mayoría de "Valeper" se pronunció por la negativa. José Pacífico Otero, que cita el documento transcripto por Rodríguez, acota que "en Buenos Aires existía un ambiente más desfavorable que favorable a emplear la fortuna pública en auxilio de San Martín" y que una parte de la juventud contribuyó a esta atmósfera, no porque no admirase a San Martín, sino porque creía que la guerra podía terminar por vía diplomática.

Hubo en esos días, sin embargo, un oscuro hecho que, con un poco de buena voluntad, puede interpretarse como una excepción al ambiente generalizado en la ciudad porteña. Fue una chirinada que hubo de estallar el 23 de julio. Gutiérrez de la Fuente refiere que estaba asistiendo a una sesión de la Junta de Representantes cuando de pronto entró al recinto Rivadavia, cortó la palabra al diputado que estaba hablando y pronunció una encendida denuncia de la conspiración que había encabezado Gregorio Tagle, preso en el Fuerte en esos momentos. "Todo esto habló Rivadavia parado en la tribuna, echando espuma por la boca y del modo más acalorado." El ministro dijo que el disfraz de la conspiración era que el gobierno "se oponía al culto y quería entregarse a España". Al día siguiente era *vox populi* en la ciudad que el movimiento de Tagle – todavía hoy muy poco claro – invocaba, como uno de sus motivos, la negativa del gobierno al pedido de San Martín. Pero también hay que recordar que Tagle fue uno de los más constantes enemigos del Libertador, y cuesta imaginarlo encabezando una revolución enarbolando una bandera sanmartiniana…

Sea como fuere, los días pasaban, Gutiérrez de la Fuente ardía por irse, pero no acababa de recibir la contestación del gobierno. Dos veces fue a ver a Rivadavia y las dos veces se le demoró prometiéndosele de un día para otro la respuesta oficial. Nuestro viajero seguía mal del estómago, tenía dolores en las piernas y se había resfriado con motivo de un chubasco que le cayó sin estar provisto de una capa impermeable… Sólo las tertulias en la residencia de doña Remedios y los agasajos de otras familias lo ayudaban a pasar este amargo invierno. Estaba "convencido que el gobierno me quería embromar con algún fin particular". Temía que se pretendiera involucrarlo en la conspiración de Tagle y lo único que ahora quería era dar un corte honorable a la situación.

Finalmente, el 29 de agosto recibía un oficio de Rivadavia comunicándole que la contestación a San Martín iba en el pliego cerrado que se le entregó. Era un desaire al Libertador. El carácter diplomático que asumía Gutiérrez de la Fuente, la nota de San Martín que llevaba y el motivo de su gestión exigían algo más que una contestación en sobre cerrado. Pero ya nada más quedaba por hacer, salvo protestar formalmente. lo que hizo con vehemencia. El 1° de septiembre, el comandante sube a su birlocho y emprende viaje a Córdoba.

Salvar lo que pueda salvarse

Mientras el agente de San Martín andaba en estas desventuras, el coronel Mendieta que, como se recuerda, llevaba las circulares del Libertador a las provincias, recogía contestaciones positivas en todos lados. En La Rioja no había encontrado al gobernador Dávila, pero entregó los oficios y "según el semblante de los habitantes" descontó la buena voluntad de la provincia. En efecto, previa consulta a Quiroga, el gobernador resolvió prestar auxilios a la expedición, cuyo objetivo, decía, "se sobrepone a todo elogio que se pretenda hacer". Igual receptividad en Catamarca, donde el gobernador Ruzo escribe a Gutiérrez de la Fuente prometiendo cien hombres. A fines de julio, el coronel Mendieta entrega la nota de San Martín a Gorriti, gobernador de Salta.

En junio, Olañeta había iniciado la novena invasión a Salta, llegando hasta cerca de Jujuy. Salta no podía sino honrar la memoria de Güemes – aunque los que estuvieron en el poder provincial lo hubieran aborrecido. En diversas comunicaciones, pues, el gobernador Gorriti promete no solamente los 300 hombres que se solicitan a Salta, sino más, si fuera necesario, "siempre que el gobierno de Buenos Aires proporcione, como es indudable, el numerario y demás elementos de que carece la provincia de Salta". La jurisdicción salteña (que entonces incluía Jujuy) era la que más había sufrido las consecuencias de la guerra y era lógico, entonces, que hiciera el mayor esfuerzo para concluir felizmente con ese estado de cosas.

Tucumán, en cambio, envuelta en sus perpetuos conflictos, contestó lamentando no estar en condiciones de prestar auxilios. Y el santiagueño Ibarra, aunque respondió a San Martín con entusiasmo, le confidenciaba a su amigo José María Paz que no creía que la expedición se concretara. Zorro viejo, Ibarra le cuenta que se ha comprometido a hacer todos los sacrificios necesarios pero que deja que el asunto se diluya con el tiempo. Conoce el proyecto de mediación de Buenos Aires, y agrega: "Yo no entiendo de estas cosas, pero deseo que el Perú se abra de cualquier modo".

La *tournée* de Mendieta había sido aparentemente alentadora. El 15 de agosto está en Córdoba y comunica a Urdininea que ha cumplido su misión y que encontró "la mayor disposición a favor del proyecto de auxiliar al Perú".

Gutiérrez de la Fuente tuvo noticias de Mendieta en vísperas de salir de Buenos Aires. El mal efecto que le había producido su fracaso aquí estaba compensado, en alguna medida, con el éxito del requerimiento de San Martín en el interior. Además, ya con el pie en el estribo, Miguel de Riglos le hace saber que una firma inglesa estaría dispuesta a adelantar algún dinero para la expedición; aunque los intereses sean altos, cree que se podrán obtener facilidades para el pago ulterior.

De modo que nuestro agente abandona Buenos Aires sin perder los ánimos del todo. Hay que salvar lo que pueda salvarse. Hay que insuflar optimismo a Bustos, concretar los ofrecimientos de las provincias y poner en marcha la expedición, por magra y pobre que sea. Así pensará Gutiérrez de la Fuente mientras se zangolotea bajo una lluvia torrencial que dificulta el andar del carricoche. Y como no podía ser de otro modo, el viaje tiene otras dificultades: los ejes del birlocho se incendiaron en dos oportunidades; al final, el vehículo se descompuso del todo y hubo que seguir a caballo. Pero antes de llegar a Fraile Muerto (actual Bell Ville) el comandante sufrió una rodada. Siguió viaje, no obstante, soportando los dolores de la pierna, molestias en el pecho y un obstinado estreñimiento, hasta que el 10 de septiembre tiene el gustazo de encontrarse con el coronel Mendieta en las proximidades de Córdoba. El entusiasmo con que Mendieta venía de su gira habrá ayudado a nuestro enviado a olvidar sus inconvenientes.

Pero al otro día, ya instalado en Córdoba, el agente de San Martin vuelve a sentir que el alma se le cae a los pies. Cuando habla con Bustos para imponerle de los resultados de su gestión, el gobernador le espeta "¡Hombre, sin dinero nada se hace!". Agregó Bustos que Córdoba no tenía plata y que en esta situación era inútil que el agente continuara. A la noche se retiró a su alojamiento "bien triste por haber trabajado tanto sin fruto". Sin embargo, el doctor Teodoro Méndez de Bustamante, que lo visita, lo insta a seguir adelante y, aunque sólo con 500 hombres al mando de Urdininea, poner en marcha la expedición.

Tozudo en el cumplimiento de su deber, nuestro viajero insiste con Bustos al día siguiente; le muestra los oficios que ha traído Mendieta y lo cargosea con las perspectivas que puede ofrecerle hacerse cargo de la expedición. No consigue más que vaguedades por parte del cordobés, pero al menos logra que pague un chasque llamando con urgencia a Urdininea. Tal vez los dos – piensa el peruano – consigan convencer a Bustos. Además, ese día, 14 de septiembre, llega a Córdoba la noticia de la caída de Quito en manos de Bolívar; la novedad llena de regocijo a Gutiérrez de la Fuente y electriza de nuevo su decaído corazón.

Pero los días que siguieron fueron tristes. Llovía interminablemente y el viajero padecía de dolores al pecho y problemas intestinales. Estaba anclado en Córdoba, con poco dinero, perdiendo tiempo, sin que su gestión avanzara. Recordaba nostálgicamente a su "madama" y calculaba que a estas fechas ya debía de haber nacido su hijo. La compañía de algunos pocos amigos y la tertulia de unas señoritas Luna, santiagueñas, paliaban un poco su melancolía, pero hubo días que ni siquiera salía de su alojamiento. De Urdininea, ni noticias. El 26 de septiembre le traen cartas que le reenviaban desde Mendoza y el corazón le da un vuelco: ¡es letra de su esposa! Efectivamente, su mujer había tenido un chico y estaba bien. Todos sus pesares se desvanecieron instantáneamente; "aquel contento se resolvió en extremos, porque la soledad en que estaba me lo permitió".

El paréntesis fue grato pero duró poco; los días seguían, casi siempre lluviosos y "yo rabiaba porque Urdininea no aparecía". Los dolores de pecho continuaban y "no sabía qué médico ver y consultar, porque todos los que habían eran unas bestias". En la desesperación que volvía a invadirlo se le ocurre hablar con Bustos para exhortarlo a que convocara a los pueblos a formar la expedición. Asintió el cordobés. Pero después hace "una vergonzosa retracción". Trató de no romper relaciones con él, dejándolo "en su apatía" y resolvió abandonar Córdoba el 12 de octubre; había estado más de un mes en la Docta, sin ningún resultado. Pero el día 9 a las cinco de la mañana Mendieta golpea su puerta para avisarle que el panorama cambia súbitamente: Urdininea en persona estaba en Córdoba; había llegado a las tres de la mañana. No perdió tiempo en buscarlo y "nos estrechamos en los brazos, porque conocía que con su llegada podíamos hacer mucho". El altoperuano había venido sin equipaje, de apuro, y nuestro viajero tuvo que prestarle una camisa para hacer la visita protocolar al gobernador...

Todo parecía cambiar nuevamente, en un sentido favorable: el gobernador de San Juan estaba resuelto a hacer la expedición, con o sin Bustos. Pasaron el día haciendo proyectos y el 10 tomaron el toro por las astas. Las preguntas que plantearon al gobernador de Córdoba fueron muy concretas: ¿cuántos hombres?, ¿cuánto dinero?,

¿cuándo se concretaba todo? Bustos mañereó. dijo que no podía desprenderse de 300 hombres, alegó pobreza; Urdininea le retrucó que su provincia, mucho más pobre, contribuía con 100 hombres y $ 4.000. Finalmente Bustos condescendió a aportar 300 soldados y $ 6.000, comprometiéndose a pagar $ 500 mensuales; pero ¡ah! era indispensable hacer un presupuesto para saber las contribuciones de las otras provincias.

Algo era. Trabajaron en eso un par de días y cuando llevaron el cálculo – que se conserva todavía entre los papeles de Gutiérrez de la Fuente publicados, como se ha dicho, por la Academia Nacional de la Historia – el cordobés lo aprobó. Los 300 hombres se sacarían del regimiento de infantería de línea o del regimiento N° 10, formado por negros. "En la tarde – anota el agente de San Martín – salimos a dar un paseo a caballo (con Urdininea) más por hablar a satisfacción de nuestro proyecto, que por divertirnos." Lo cierto era que ambos formaban un dúo formidable; vivían en la misma habitación y su confianza recíproca era total. Ahora había que ultimar los detalles, para lo cual se volvió a enviar al coronel Mendieta a las provincias del Norte para activar los preparativos; por su parte, Gutiérrez de la Fuente y Urdininea seguirían a San Luis y Mendoza. Mientras tanto, esperando el indispensable papelerío, los dos amigos pasaban los días en reuniones sociales o escribiendo interminablemente.

El 18 de octubre llegan diarios de Buenos Aires con una noticia que alegra al agente del Protector: su mandante y Bolívar se han entrevistado en Guayaquil y – decía la información – éste enviaba 4.500 hombres a Lima. Más que nunca, entonces, había que urgir la expedición del Sur. Finalmente el 22 de octubre, después de haber permanecido en Córdoba más de un mes y medio, Gutiérrez de la Fuente y Urdininea abandonan la ciudad. Por supuesto durante el viaje soportaron lluvias tremendas y "un viento furioso". En la posta del Bajo Grande tuvieron el gusto de conversar con el dueño, un tal Almagro, "viejecito amigo de San Martín". Pero en la jornada siguiente se les escapó un asistente que los acompañaba, "con todo el armamento y vestuario"; "con todo este contraste caí fuertemente enfermo". Una dolorosa jaqueca lo inmovilizó varias veces, mientras Urdininea lo cuidaba fraternalmente. Por fin, el 25 al mediodía llegaron a la ciudad de San Luis y se presentaron al gobernador José Santos Ortiz – el mismo que trece años más tarde moriría asesinado en Barranca Yaco al lado de Quiroga.

Ortiz fue leal y amistoso. Aunque habían convenido reunirse al día siguiente en su despacho, sabiendo que Gutiérrez de la Fuente estaba enfermo fue a visitarlo a su alojamiento. "Su disposición era la mejor; nos prometió que nos daría todo lo que se pidiese, y que aún era poco." Reuniría a la Junta de Representantes y mandaría la contestación oficial para que alcanzara a los viajeros en Mendoza, pero descontaba que la respuesta ratificaría lo dicho. "Este pueblo es muy pequeño y desordenado – anota nuestro personaje, que suele ser muy parco en observaciones generales – y cada casa parece una hacienda."

Iban a seguir la marcha el 28, pero en eso llegó carta del gobernador Gorriti, de Salta, anunciando que un inglés tenía interés en hablar con ellos para concretar un empréstito. Convenía esperarlo y así lo hicieron. En efecto, el 30 de octubre llegó un tal Godofredo Bygnand o Poynand, ofreciendo $ 100.000 que deberían abonarse ocho meses después de que las tropas patriotas ocuparan La Paz, con un interés del 100%. Ciertamente, pagar el doble de lo recibido era desbordantemente usurario, pero no era fácil encontrar un capitalista que bancara una empresa tan endeble como la que se proyectaba. La propuesta habíase formulado primero a la Junta Provincial de Salta y Gorriti la había derivado, con buen criterio, al agente de San Martín. Pero éste carecía de facultades para comprometerse con semejante obligación y optó por firmar, también con toda sensatez, un convenio provisorio y condicional.

Pero antes de dejar San Luis, los dos amigos tuvieron oportunidad de comprobar lo que ya intuían: la mala fe de Bustos. Pues el gobernador Ortiz les mostró una carta que había recibido de su colega cordobés, "desanimándolo de la expedición".

No se conoce el original de este documento, aunque Paz Soldán, en su *Historia de la Independencia del Perú*, lo cita en su catálogo. El historiador peruano, pues, conoció el original o una copia, seguramente sacada por Gutiérrez de la Fuente para tener pruebas de la duplicidad del gobernador de Córdoba. En su Diario acota que el documento "me hizo ver su mala fe, aunque es verdad que la buena fe la desconocía". La duplicidad de Bustos, agrega, "me tuvo pensativo y acaso mi enfermedad no era otra cosa que cavilación pero no podía remediarlo". De todos modos, como Bustos se había expresado en carta privada a Ortiz, ni el agente de San Martín ni Urdininea se dieron por enterados de su actitud y escribieron al cordobés una carta deliberadamente exultante, pintándole con vivos colores las buenas perspectivas de la expedición con el apoyo del empréstito. "¡A la obra, pues, amigo Bustos!" – le decían. "No se pare Ud. en pequeñeces... Marche Ud. al campo de las glorias e inmortalice su nombre en todo el continente..."

Bustos rechazó su oportunidad. La mediocridad de su talento prevaleció sobre los llamados del patriotismo. Ni se pondría al frente de la expedición ni mandaría jamás hombres o dinero.

El gran susto

Agasajados hasta última hora por el gobernador de San Luis, los dos amigos partieron el 31 de octubre. Como rara excepción en sus andanzas, esta vez no hubo inconveniente alguno y el sábado 2 de noviembre llegaban Gutiérrez de la Fuente y Urdininea a Mendoza. Pero ese mismo día, en la posta del Rodeo de Chacón, un viajero los anotició de algo que los dejó pasmados: San Martín estaba en Chile. Había renunciado al Protectorado del Perú y se encontraba en Santiago.

Imaginamos los pensamientos de los dos patriotas ante esta noticia, que al principio se negaron a creer. "¡Gran Dios de las batallas! – clamaba Urdininea –. ¿Cómo en estos momentos tan dichosos oponéis nuevas barreras a la libertad de la Patria?" Y mascullaba "¡Carajo! ¡Todo va a perderse!". Informantes oficiosos les decían que no había soldados ni ejércitos; que el Perú era presa de la anarquía, que los godos se aprovecharían de la situación, que no habría expedición contra Olañeta. Por su parte, Gutiérrez de la Fuente, lleno de susto pero aparentando serenidad, trataba de calmar a su compañero afirmando que la actitud del Libertador tenía que ser calculada para favorecer a la Patria.

En Mendoza, la estadía fue brevísima; apenas el tiempo necesario para tomar contacto con sus autoridades y los muchos amigos que había dejado el agente de San Martín. Se lo agasajó, concurrió al paseo de la Alameda, tomó helados "en un cafecillo donde siempre ocurría el Protector siendo gobernador de Mendoza". Ofició de bastonero en un baile y hasta danzó algunos minués y un cielito; pero andaba con la muerte en el alma. No obstante, sacó fuerzas de flaqueza para escribir un oficio a Rivadavia comunicándole la llegada de San Martín a Chile "en clase de simple particular" y afirmando que ahora más que nunca debía ponerse en marcha la expedición. Por su parte, Urdininea también escribe a San Martín trazándole un amplio y realista panorama de la situación en las provincias y ratificando que está dispuesto a encabezar la fuerza.

Después, los amigos se separaron: Urdininea retornó a la provincia de su mando y Gutiérrez de la Fuente, que seguía enfermo, apuró el paso de los Andes hasta ponerse en sólo cinco días en la capital de Chile. Fue a alojarse a la casa del diputado del Perú, Cavero, y éste le informó que San Martín estaba llegando a Santiago.

El 11 de noviembre nuestro viajero fue a ver al Libertador. "Tuve mucho gusto de encontrarlo tan gordo. Él me recibió con los brazos abiertos. Hablé mucho con él. Allí comí y pasé todo el día."

Es una lástima que el Diario del enviado no sea más locuaz. Pero es evidente que el gran susto de Mendoza había pasado. San Martín habló largamente con Gutiérrez de la Fuente varias veces y seguramente lo habrá impuesto de muchas circunstancias que su agente no podía conocer. Allí se habrá enterado de que mientras estaba en Buenos Aires, su jefe regresaba al Perú después de haberse entrevistado con Bolívar; y mientras se encontraba en Córdoba arrancando promesas a Bustos, el Protector renunciaba al poder y se embarcaba a Chile.

Pero hay algo incontestable: San Martín debe de haberle asegurado a su hombre de confianza que su retiro de la vida pública no significaba el abandono de sus planes. Seguiría trabajando para acelerar la finalización de la guerra. Le habrá descripto la inminencia del desembarco de Alvarado con sus 4.000 hombres en Arica y el plan estratégico que había dejado en marcha para que esta fuerza se viera apoyada desde el Norte y desde el Sur. Lo cierto es que nuestro comandante, después de estas conversaciones, sigue funcionando como si San Martín continuara al frente de los destinos del Perú. Escribe a Urdininea, a Bustos, a Lezica, a Molina, conferencia con autoridades chilenas y se muestra más activo que nunca.

La carta a Urdininea, sobre todo, es reveladora de la adhesión que despertaba el Libertador en sus hombres, y de la fe que Gutiérrez de la Fuente tiene en su jefe. Le cuenta que vio "a nuestro Protector, nuestro general, nuestro amigo". Le anuncia que San Martín le va a enviar poderes para que pueda negociar el empréstito de Poynand, y que también Cavero le enviará otro documento en nombre del gobierno del Perú. Y después de transmitirle otras instrucciones, en tono entusiasta y optimista, le dice: "Déjese Vd. de cavilar y pensar nada, ni bueno ni malo, sobre la venida del general a Chile como particular. Usted sabe que él siempre es y será nuestro único general. Usted no ignora que nadie es capaz de saber las cosas que él se propone reservar". Lo insta a que no se guíe por rumores y agrega: "Lo único que puedo decir a Vd. es que el General trabaja y trabajará por nuestro Perú; que todo lo que se ha trabajado y se trabaja, todas, todas son disposiciones suyas". Y todavía insiste a continuación: "Con esto todo lo he dicho; usted me entiende y basta".

Lamenta no poder acompañar a Urdininea en la expedición, porque San Martín lo envía a Puertos Intermedios para encontrarse con Alvarado y hacerle saber de la expedición que irá desde el Sur. Y desbordando de optimismo le promete darle un abrazo en el Perú, "que tal vez seamos los primeros que nos veamos"; como sugiriendo que él desde el Norte y Urdininea desde el Sur no dejarán de encontrarse.

No entra en el propósito de este trabajo de divulgación conjeturar las intenciones de San Martín durante su permanencia en Chile y en Mendoza, en relación con los acontecimientos peruanos. Es muy conocida su correspondencia con diversos hombres públicos del Perú, y la vigilante atención con que se imponía de la evolución de los sucesos en la tierra cuya independencia había declarado. Pero no podemos dejar de destacar la sensación que surge del Diario de Gutiérrez de la Fuente y los documentos que lo completan: el Libertador seguía actuando en Chile como un auténtico Protector del Perú. Insta al representante peruano en Chile a firmar un "acta de responsabilidad" garantizando los gastos en que incurra Urdininea; instruye a éste para que mantenga relaciones con Bustos, le envía un poder propio "garantizándole todas las urgencias y enseres que necesitase". Escribe a Lezica garantizándole que Urdininea partirá en diciembre y que él responde por sus gastos, a nombre del gobierno del Perú. ¡Y no es más que don José de San Martín, militar en disponibilidad!

Pero, como ha dicho Gutiérrez de la Fuente, "él siempre es y será nuestro único general". Su autoridad moral basta para que pueda desempeñar una función que, desde un punto de vista legal, no existe.

En cuanto a nuestro viajero, aunque mejor de ánimo pues San Martín lo había liberado de su comisión con Alvarado, continuaba sintiéndose enfermo y deseando volverse a su tierra. No tenía ya dinero y fue menester una reunión conjunta con San Martín y Cavero para recabar los $ 1.000 que necesitaba para pagar deudas y abonar su pasaje a Lima. En esos trámites estaba cuando, el 19 de noviembre a la tarde, sobrevino un tremendo terremoto. Describe nuestro viajero en su Diario el terror de los vecinos de Santiago y los daños causados por los temblores, que se prolongaron durante casi una semana. De todos modos, impaciente por regresar, el comandante fue a despedirse de San Martín, a quien encontró "algo sorprendido por los temblores". Tomaron una botella de cerveza y luego el Libertador le dio una carta para Cavero que permitió a nuestro viajero solucionar sus problemas de dinero. Por fin, el 23 se despide de San Martín y parte de Santiago en un birlocho, rumbo a Valparaíso.

El puerto estaba también asolado por el temblor. Todo era un desorden. Después de tentar suerte en diversas naves, el 30 de noviembre se embarcó en un bergantín atestado de pasajeros y después de doce días de navegación sin novedades desembarcó en el Callao; casi siete meses había estado ausente.

El resto es casi obvio: apurado por llegar a Lima consiguió un caballo prestado y a las puertas de la ciudad sufrió una rodada – la última de tantas – y se rompió una pierna... Rengo y todo tuvo fuerzas para llegar a su casa, "sorprender a mi madama, que no me aguardaba" y ver a su chiquillo.

Los destinos finales

Tal fue, en síntesis, la escasamente exitosa pero necesaria gestión de Antonio Gutiérrez de la Fuente. Unos pocos párrafos más permitirán seguir algunos cabos sueltos que quedan en el relato.

El coronel José María Pérez de Urdininea, fiel a su compromiso sanmartiniano, renunció a la gobernación de San Juan el 10 de enero de 1823 y se fue hacia el Norte con los pocos hombres que consiguió reclutar. Antes de partir, en un último esfuerzo para ablandar la indiferencia porteña, envió a Rivadavia un mensaje lleno de halagos y buenas palabras. Buscando despertar la emulación de Buenos Aires, dice que la generosidad de San Juan y La Rioja le han permitido organizar una expedición de 300 hombres, y que no puede creer que "Buenos Aires y su gobierno no me dejarán marchar sin sus auxilios y su dirección". No sabemos que haya recibido respuesta.

El 25 de febrero Urdininea llega a Tucumán. Lanza una proclama: "La división de mi mando es escasa, pobre y mal equipada, pero rica en valor y resolución". No encuentra mayor eco y el 9 de mayo escribe desde Sumampa a San Martín: "Todo el mundo se ha conjurado contra la expedición... Lea, general, los periódicos de Buenos Aires a este respecto y no podrá menos que escandalizarse". El Libertador, instalado en Mendoza, sigue ansiosamente, sin duda, el itinerario de la pequeña columna. Pero sabe que ya es tarde: en enero, los desastres de Torata y Moquegua han virtualmente disuelto la expedición de Alvarado; un fracaso previsible desde que – apunta Leopoldo Orstein – ella sólo tenía probabilidades de triunfo como parte de una estrategia general, combinada con las columnas que debían apoyarla por el Norte y el Sur. Aislada como quedó, no podía sino ocurrir lo que ocurrió.

Pero Urdininea sigue adelante. Ha logrado un óptimo colaborador: "Yo y mi segundo, coronel José María Paz, protestamos a V.E. no desistir en nuestro empeño hasta concluir con la destrucción del enemigo" – escribe al Libertador. En efecto, Urdininea había escrito en diciembre de 1822 a su antiguo camarada convidándolo a la empresa y Paz, que se aburría en Santiago del Estero, aceptó encantado, se unió a la tropa en Tucumán y desde entonces siguió hasta el fin con esos hombres.

Un mes más tarde, Urdininea vuelve a dirigirse a San Martín desde Tucumán: se queja de la general indiferencia y se alarma ante la inexistencia de fuerzas que puedan impedir un eventual avance de Olañeta. Pero éste, que a mediados de 1822 estaba sobre Jujuy, en diciembre se había retirado al enterarse del desembarco de Alvarado en Arica. En la seguridad de que por ahora los realistas no atacarían, Urdininea y Paz se sitúan unos meses en los valles calchaquíes y luego establecen su campamento en León, sobre la entrada de la Quebrada de Humahuaca, a unas seis leguas al norte de Jujuy.

Aquí – dice Emilio A. Bidondo en *La Guerra de la Independencia en el Norte Argentino* – llegan a disponer de alrededor de 200 veteranos y reclutas bien instruidos, armados y equipados". El cuerpo, que no podía continuar sin depender de alguna autoridad, se pone a las órdenes del gobernador de Salta, José A. Álvarez de Arenales, otro sanmartiniano, que contribuye con algunas fuerzas. "A poco andar – reitera Bidondo – se encuentra en el campamento de León con una fuerza en condiciones de operar con algunas posibilidades de éxito", sobre todo para efectuar maniobras de distracción y hostigamiento.

En los primeros días de 1824, la pequeña columna marcha a lo largo de la Quebrada y avanza sobre el Alto Perú. Sin que nadie se acuerde de ellos, silenciosamente, esos soldados están repitiendo los gloriosos avances de Balcarce en 1810, de Belgrano en 1812, de Rondeau en 1814... Son los fantasmas, las reliquias de la empresa continental de San Martín, el último eco del Libertador, que siguen su impulso aun en ausencia de éste. Pues San Martín ya está en Europa y otra estrella está ascendiendo en el firmamento americano.

Bolívar había puesto orden en el anarquizado Perú y Sucre avanzaba sobre el Alto Perú. En diciembre de 1824 se libra la batalla de Ayacucho, noticia que llega a Buenos Aires a fines de enero suscitando un enorme júbilo. El 8 de febrero (1825) el gobierno de la provincia de Buenos Aires, cuyo titular es Las Heras – sanmartiniano también – y que desempeña provisoriamente el Poder Ejecutivo nacional, dispone que Arenales tome contacto con Olañeta, el último resistente realista, para ajustar las convenciones tendientes a proclamar la independencia de las provincias altoperuanas.

Pero Olañeta, pese al suceso de Ayacucho, no quiere abandonar la lucha. Se marcha de Cochabamba, se traslada a La Paz y luego a Potosí. Cada ciudad que abandona cae en manos de los patriotas. Por su parte, Arenales avanza desde el Sur con una columna cuya parte principal está formada por las tropas de Pérez de Urdininea. Esta fuerza no alcanza a pelear, pero su proximidad decide a uno de los lugartenientes de Olañeta a rebelarse contra su obstinado jefe; el episodio ocurre en Tumusla, cerca de Cotagaita, y concluye con el asesinato del propio Olañeta a manos de sus hombres. Es el último episodio de la Guerra de la Independencia en el Alto Perú, a principios de abril de 1825. Así, ese puñado de sanjuaninos, riojanos y salteños, representó la presencia de San Martín en la instancia definitiva de la lucha iniciada en 1810. Meses más tarde, en diciembre de 1825, el coronel José María Paz iniciaba una larga marcha desde el Alto Perú a Buenos Aires, conduciendo los restos de la antigua columna de Urdininea para llevarla a la campaña contra el Brasil. En sus *Memorias póstumas*, el Manco recuerda con emoción a éstos, sus "hermanos de Armas", a quienes llevó a la gloria en Ituzaingó.

El otro cabo suelto que queda es Bustos. Después de las gestiones que hemos relatado, en diciembre de 1822 encontró la oportunidad que buscaba para desvincularse de su compromiso. Alegó que el alejamiento de San Martín modificaba el panorama y retiró su palabra de ejercer la jefatura de la expedición que, como hemos visto, comandó Urdininea. Prometió auxilios pero tampoco en esto cumplió. Bustos permaneció en el gobierno de Córdoba hasta 1829, hostilizando siempre toda iniciativa que partiera de Buenos Aires pero sin poder llevar adelante ninguna que fuera útil al país. Algunos historiadores que simpatizan con Bustos suelen aludir a su amistad con San Martín y se hacen lenguas de la receptividad que demostró a su pedido de encabezar la expedición al Alto Perú. Pero parece difícil que el Libertador haya mantenido un buen concepto del cordobés, después de la duplicidad que demostró en la hora de la verdad. Derrotado por Paz en San Roque, la medianía de Bustos se refugió en Santa Fe bajo el ala de Estanislao López, falleciendo pocos meses después.

Las trayectorias posteriores de San Martín y Rivadavia son demasiado conocidas para sintetizarlas aquí. Pero no está de más recordar que en 1824, cuando ambos se encontraron en Londres en una cena con amigos americanos, el Libertador tuvo un duro altercado con el ministro bonaerense; fue tan agrio el episodio que San Martín salió decidido a desafiarlo en duelo, de lo que fue trabajosamente disuadido por amigos comunes. ¿Es mucha suspicacia pensar que entre los agravios que San Martín enrostró a Rivadavia figuraría el sabotaje de éste a la misión de Gutiérrez de la Fuente?

Nos falta Urdininea. Su trayectoria posterior fue prolongada y distinguida. El historiador sanjuanino Horacio Videla, que no le tiene simpatía, le reprocha haber entregado a Sucre el cuerpo que tenía a sus órdenes. En realidad, el militar altoperuano no hizo más que subordinarse con su gente a quien aparecía como el libertador de su patria y organizador de sus instituciones. Desde 1825 Urdininea se radicó en su tierra natal y desempeñó importantes cargos: presidió la Asamblea Constituyente de Bolivia y Sucre lo nombró su ministro de Guerra. Fue en diversas oportunidades prefecto de Potosí, y después de actuar en las alternativas de la agitada vida política y militar de su país falleció en La Paz en 1865, a los 83 años.

Conclusión

Los historiadores que no aman a Rivadavia suelen relatar este episodio enfatizando la responsabilidad que le cupo al ministro de Martín Rodríguez y sosteniendo que la renuncia de San Martín al Protectorado se debió a la falta de apoyo que encontró Gutiérrez de la Fuente en Buenos Aires.

Basta una confrontación de fechas para advertir que la renuncia de San Martín no se debió al fracaso de su agente en la provincia porteña. El Libertador se entrevistó con Bolívar a fines de julio y regresó a Lima a fines de agosto; no pudo saber, pues, el resultado de las gestiones de su enviado, que se prolongaron a lo largo del mes de julio. Por otra parte, como se ha visto, de regreso en Chile, San Martín seguía promoviendo la expedición que comandaría Urdininea sin que le hubiera hecho mella el poco éxito de su enviado.

Por otra parte, si Rivadavia fue responsable del fracaso de Gutiérrez de la Fuente, no fue el único. La opinión pública porteña, el sector dirigente, los diarios, la mayoría de los diputados, todos se mostraron fríos ante la requisitoria del Libertador. Por antipática y hasta descomedida que haya sido la actitud de Rivadavia, no hizo más que interpretar el sentimiento general de Buenos Aires, desentendida ya de la guerra de la emancipación y sólo atenta a lo que ocurría en sus propios límites. Hay que señalar también, en descargo de la indiferencia porteña, que tampoco en el interior la expedición, una vez en marcha, encontró mucho entusiasmo. Provincias extenuadas, recelosas entre sí sólo buscaban remontar sus propios problemas; y los triunfos de San Martín en el Perú daban la sensación de que en poco tiempo más y sin mayor esfuerzo, la guerra quedaría terminada.

También hay que tener en cuenta que Bustos no era el mejor nombre para encabezar la expedición: su nombre despertaba demasiadas resistencias en Buenos Aires y su personalidad prometía una jefatura poco apta.

Entonces, ¿se equivocó San Martín al enviar a Gutiérrez de la Fuente? ¿Se equivocó al confiar en Buenos Aires? ¿Se equivocó al confiar en Bustos? Creemos que no. El Libertador, sin muchas ilusiones, hizo lo que tenía que hacer. Era necesario tocar a rebato en las provincias argentinas y convocarlas para un último esfuerzo; era indispensable recurrir a Buenos Aires; y el único jefe veterano de la Guerra de la Independencia con mando sobre una provincia con algunos recursos era

Bustos. Entonces el Libertador recurrió a estos elementos, por poco confiables que fueran. Tal vez este íntimo escepticismo que conjeturamos explique el sentido de la designación de Antonio Gutiérrez de la Fuente, hombre leal y animoso pero carente de una personalidad política que diera relevancia a la misión que investía.

Pero, ¿qué hubiera ocurrido si Gutiérrez de la Fuente hubiese tenido éxito? Podemos jugar con la idea e imaginar que la expedición de Alvarado, dándose la mano con la que venía del Sur, hubiera enfrentado separadamente y batido a las fuerzas realistas; que el Alto Perú hubiera recibido su emancipación por parte de fuerzas que enarbolaban la bandera argentina; en suma, que esa rica parte del antiguo Virreinato no se hubiera separado de su antigua integridad.

Los hechos son los hechos. El emancipador del Alto Perú fue Sucre y la antigua dependencia de Buenos Aires decidió bautizarse con el nombre de Bolívar y emprender una vía propia. Pero la historia tiene también su lógica: Rivadavia dio el golpe definitivo a la expedición pedida por San Martín en 1822; en 1825, los rivadavianos del Congreso facilitaron, sin movérseles un pelo, que el Alto Perú abandonara el conjunto rioplatense...

La miseria: desde la colonia hasta la caída de Rosas

Las condiciones de vida de los habitantes del Río de la Plata sorprendieron, en general, a los visitantes extranjeros, desde la época colonial hasta la mitad del siglo pasado. Cuando en Europa era habitual la pobreza de los campesinos y la miseria del proletariado urbano, cuando las consecuencias de la Revolución Industrial lanzaban sobre las ciudades ingentes masas de desplazados, en el Río de la Plata la vida aparecía como gratamente abundante, plácida y – casi diríamos – feliz.

Esta condición residía, fundamentalmente, en la baratura – por no decir gratuidad – del elemento básico de la alimentación general, la carne. Pero también se basaba en las escasas necesidades de la gente, poco exigida por un clima benigno que no imponía grandes consumos de indumentaria ni habitaciones especialmente confortables. Alimento barato, necesidades escasas – he aquí la ecuación de un nivel de vida que impresionaba favorablemente al observador en un primer momento, pero que también ocultaba la clave de un peligroso conformismo, un "dejarse estar", que también fue registrado por los viajeros como un notable déficit de la población rioplatense.

En vísperas de la creación del Virreinato del Río de la Plata, Concolorcorvo atestiguaba que en la casa más pobre "les sobra la carne". Y acaso con alguna exageración describe la abundancia de alimento que caracteriza a Buenos Aires: "A la oración se da muchas veces de balde, como en los mataderos, porque todos los días se matan muchas reses, más de las que necesita el pueblo, sólo por el interés del cuero".

Hasta los perros están gordos en Buenos Aires, según Concolorcorvo, y tal es la abundancia de carne que "...si por accidente se les resbalaba un cuarto trasero, no se baja el carretero a recogerlo y aunque por casualidad pasa un mendigo, no los lleva a su casa porque no le cueste el trabajo de cargarla".

Unos veinte años más adelante, Félix de Azara mira esta abundancia con ojos más críticos: "La ociosidad y la pereza generales, carestía de la mano de obra, el gusto por la destrucción y el despilfarro que caracteriza a los habitantes de este país, sus escasas necesidades, la ausencia de ambiciones, no sé qué espíritu de orgullo que los hace descuidar y menospreciar toda especie de trabajo, la falta de instrucción, la incapacidad de los gobernantes y la increíble imperfección de los instrumentos... " (T. III, pág. 54). La retahíla de Azara va dirigida a señalar la imposibilidad de progreso agrícola en semejantes condiciones, pero constituye un buen panorama para situar al habitante del Río de la Plata en la época de las necesidades mínimas que fue la del tránsito entre los siglos XVIII y XIX.

Medio siglo después, el geógrafo francés Martín Moussy reiteraba el juicio de Azara, aunque estableciendo algunos elementos positivos. Moussy generalizaba su juicio sobre el poblador de la Argentina diciendo que "es esencialmente rutinario, razona poco lo que hace, no tiene preocupación por mejorar su condición y esto es, según nuestra opinión, su más grande defecto. Es también demasiado duro consigo mismo, demasiado descuidado con el bienestar y sin duda la suavidad del clima contribuye a esta ausencia de necesidad. Que haya un cuero sobre el cual pueda dormir, un árbol o una ramada bajo la cual abrigarse, y no pedirá más. Su alimento será un trozo de carne asada al aire libre, sin pan y a menudo sin sal, o bien maíz hervido con un poco de grasa y esto sólo una vez al día; algunos mates le ayudarán a esperar con este flaco sustento" (Tomo I. pág. 565).

Poco ha variado, entonces, la forma de vida del rioplatense entre Concolorcorvo y Moussy, es decir, entre 1767 y 1860. En el lapso intermedio son coincidentes los testimonios. Para recordar sólo uno, podemos citar a Mc Cann, que recorrió a caballo buena parte de la campaña bonaerense, santafesina y entrerriana en tiempos de Rosas. Se asombraba Mc Cann con el espectáculo de los propietarios rurales criollos, potencialmente ricos en cuanto eran dueños de miles de hectáreas y decenas de miles de cabezas de ganado, pero cuya existencia no difiere de la de sus peones en materia de comida, indumentaria y comodidades. Viven en ranchos sin moblaje, vidrios ni cortinas. Carecen de huertas. No rodean arboledas sus habitaciones. Ni siquiera usan vajilla o beben vino pasable. Hudson también traza semblanzas parecidas de los estancieros criollos que conoció.

El cuadro es aparentemente idílico. Propietarios y peones disponiendo por igual de abundantes proteínas, viviendo de modo semejante, exentos de ambiciones y exigencias; una suerte de sociedad sin clases, establecida sobre la base de carencias...

Algo de esto hay, sin duda. Pero, repetimos, el esquema llevaba en su seno un elemento tremendamente negativo. La falta de necesidades puede hacer rico al no consumidor (esto lo descubrió Sócrates hace más de 2.000 años en el mercado de Atenas cuando comentó "cuántas cosas no necesito... ") puesto que le permite prescindir de casi todo. Pero una sociedad moderna no puede vivir sin consumo. Y esto era lo que faltaba en el Río de la Plata, al menos en la campaña. En las ciudades el proceso era menos acentuado, pero sustancialmente era el mismo. Desde Lucio V. Mansilla hasta Vicente Fidel López, los memorialistas del Buenos Aires colonial o inmediatamente poscolonial recuerdan con nostalgia la época en que todo "se hacía en casa", para consumirse en casa.

Por supuesto, la escasez de consumo tenía un reverso: la escasez de mano de obra. La referencia de Azara que se ha transcripto es confirmada por casi todos los viajeros. No había trabajadores especializados, salvo los relacionados con faenas ganaderas. Estos eran los que viajaban de pago en pago, libres como el viento, dispuestos a conchabarse cuando les venía la gana.

A partir de este panorama podemos ver en qué medida se va transformando el panorama rioplatense desde 1809, aproximadamente, cuando la apertura del puerto de Buenos Aires facilita la invasión de productos extranjeros – británicos, para ser más precisos – que rápidamente empiezan a crear apetencias en un mercado anteriormente pasivo. En este proceso tuvo importancia determinante la Guerra de la Independencia, uno de cuyos efectos aparejó la ruptura entre el Alto Perú y la parte sur del Virreinato. Además de consecuencias financieras (escasez de metálico), este corte significó la interrupción de la provisión de los géneros bastos que se tejían en los telares de Cochabamba, los famosos tocuyos que formaban la base de la indumentaria popular del Río de la Plata. Fue para los comerciantes ingleses una circunstancia providencial, pues pudieron introducir sus géneros, de mayor calidad y mejores gustos, con los que fueron reemplazando a los tradicionales. En 1831 Pedro Ferré, en su célebre polémica con Roxas y Patrón, denunciaba que nuestros paisanos no sólo se vestían con géneros ingleses sino que hasta las monturas y boleadoras provenían de Gran Bretaña.

El mercado consumidor, inexistente en gran escala durante el Virreinato, estaba cambiando, lo cual establecía diferencias en el consumo y en la calidad. Lo que seguía intacto era el hecho de la baratura de la alimentación y la escasez de trabajadores, agravada esta última por las guerras exteriores y las guerras civiles, que demandaban todos los brazos disponibles.

En 1815 se advierte la primera disposición tendiente a fijar la mano de obra, es decir, a evitar el despilfarro de trabajadores. Se trata de un bando del gobernador intendente de Buenos Aires. D. Manuel Luis de Oliden, que el 30 de agosto decreta que "todo individuo que no tenga propiedad legítima de qué subsistir será reputado en la clase de sirviente, debiéndolo hacer constar ante el juez territorial de su partido. Es obligación se muna de una papeleta de su patrón, visada por el juez. Estas papeletas se renovarán cada tres meses. Los que no tengan este documento serán tenidos por vagos. Para transitar, esta papeleta debe ser visada con licencia del juez. Se castiga a los vagos con cinco años de servicios en el ejército de línea. Los que no sirven para este destino están obligados a reconocer un patrón, a quien servirán por obligación durante dos años por su justo salario".

No hay constancia documental de que esta drástica disposición se haya cumplido y parece difícil su aplicación en las vastas pampas bonaerenses. Pero indica, al menos, que existía la preocupación de terminar con el trabajador ocioso y poner a disposición de los estancieros un caudal permanente de mano de obra. Una disposición semejante será dictada ocho años más tarde por el gobernador Martín Rodríguez, lo que indicaría la escasa aplicación práctica de la anterior. El nuevo sistema policial y judicial que se estableció en Buenos Aires (ciudad y campaña) durante la gobernación de Rodríguez, facilitó la represión de los vagos y mal entretenidos; la publicación sobre los juzgados de paz de la campaña bonaerense realizada por Benicio Díaz (Universidad Nacional de la Plata, 1959) registra numerosos casos de paisanos a quienes se envía a servir por no tener "contrata" o carecer de pase.

Al mismo tiempo, la expansión de la industria saladeril requiere, cada vez más, la contribución de trabajadores; en consecuencia, los salarios de éstos aumentan durante toda la década de 1820/30. Recién al empezar la década del 30 se estabilizan los salarios porque han llegado nutridos contingentes de vascos que estabilizan la oferta de mano de obra con la incesante demanda.

Entretanto, la sociedad rioplatense continuará con las características que hemos esbozado: una generalizada medianía, sin grandes extremos de miseria.

Pero, ¿es esto totalmente cierto? Es muy difícil probar otra cosa que la que los viajeros describen. Y sin embargo, si de miseria hablamos, es posible echar una mirada sobre dos subproductos de la misma: la enfermedad y el delito. O, para decirlo con otras palabras: si es cierto que no hubo miseria en el Río de la Plata hasta mediados del siglo pasado, no deberían haberse registrado expresiones llamativas de enfermedades derivadas de la pobreza o de delitos habitualmente asociados a las capas más desafortunadas de la sociedad.

Entre 1810 y 1830, aproximadamente, es posible detectar algunas cifras creíbles en torno de las enfermedades y de los delitos.

Es sabido que en Buenos Aires hubo hospitales desde la época colonial. El hospital de Belén funcionaba desde mediados del siglo XVIII y en 1806 se instaló en la residencia de los jesuitas.

Un Hospital de Mujeres funcionaba desde 1761. Sobre el primero – llamado desde su traslado el Hospital de la Residencia – el diario *El Censor* del 3 de abril de 1817 hablaba de "los pobres enfermos" que "no tienen más colchones que los viejos inutilizados que cubren sus camas y no hay telas ni lanas para hacer otros".

En la campaña bonaerense, en cambio, no existían hospitales de ninguna clase en el período que nos ocupa (*Buenos Aires 1800–1830, Salud y Delito*, Equipos de Investigación Histórica, director César H. García Belsunce, Bs. As., 1977).

En 1822 se decretó que sólo entrarían al hospital los que acreditasen ser "pobres de solemnidad", según certificado de la Policía. La curación, en este caso, era gratuita, pero hubo muchas consultas sobre "quién debía ser considerado pobre", espinosa cuestión que debió de preocupar a las autoridades de la época. De todos modos, la cifra de los fallecidos en hospitales – a los que, *a priori*, deberíamos considerar desprovistos de toda ayuda, pobres totales – oscila anualmente entre 274 y casi 400 entre 1822 y 1830. Desde luego, no se incluyen aquí los heridos en las guerras, que eran asistidos por los cirujanos militares. Aparentemente – como se detalla en la obra que seguimos – tampoco se internaban en el hospital a los afectados por epidemias, que eran aislados en barracas, como ocurrió cuando la plaga de viruela en 1829.

Las enfermedades mortales más comunes eran la viruela, el sarampión, la disentería, las anginas gangrenosas y el tifus abdominal, así como el carbunclo y la erisipela. En general, como puede advertir hasta el lego, se trata de morbilidades derivadas de transgresiones a la higiene; no son producto directo de situaciones de miseria como podrían ser las enfermedades carenciales o aquellas provocadas por avitaminosis. La viruela, dicho sea de paso, cedió en su virulencia cuando la población hizo suyo el hábito de la vacunación, y regresó sólo cuando se descuidó esta medida que – recordemos – no era obligatoria ni tenía detrás a las autoridades de ningún organismo oficial.

En cambio, la campaña de Buenos Aires era, al menos en el período que tratamos, sorprendentemente saludable. Un viajero inglés, Alexander Cadcleugh (*Viajes por América del Sur, Río de la Plata, 1821*, Ed. Solar, Bs. As., 1943), afirmaba que "los gauchos o gente de la campaña parecen verse libres en absoluto de toda enfermedad".

Sin embargo, las enfermedades más frecuentemente registradas – dejando las epidemias – parecen haber sido la tisis, la sífilis y la rabia. Esta última habría sido introducida en el país por los ingleses en 1807, a través de un perro que resultó hidrófobo. (El dato lo trae el diario *La Abeja Argentina* del 12 de mayo de 1822 y lo reproduce la obra que seguimos.) También se registran con alguna frecuencia la gota y la tisis.

Como se advierte, de los pocos datos disponibles en el período 1730–1830 en Buenos Aires, en materia de salud pública nada hace suponer que las condiciones de vida se manifestaran en enfermedades típicas de la miseria. Epidemias más o menos comunes en la época, o enfermedades cuya terapéutica era todavía desconocida, son las expresiones de morbilidad más comunes. Nadie aparece como muerto por consunción, de frío, o a través de degradaciones orgánicas provocadas por la falta de alimentación.

Vayamos entonces al otro aspecto, el que se refiere al delito, y aquí también hemos de seguir la investigación dirigida por García Belsunce.

Desde tiempos del Virreinato en adelante, la lista de delitos se encabeza con los robos y las riñas. Las condiciones de seguridad de la campaña eran pésimas y permitían toda clase de excesos. Desde 1810 aumentan, al parecer, los delitos: el alcalde de la Hermandad de San Pedro se queja en 1814 de que ha aumentado "el número de malévolos, que hacen robos continuos". Un año antes, Juan Manuel Beruti registraba en sus *Memorias curiosas* que "son tantos los ladrones que han abundado que no está seguro ningún hombre honrado en su casa, no estando eximidos de ellos ni los transitantes de la campaña, porque salen a los caminos y roban las tropas de carretas y pasajeros". Quejas de este tipo se repiten continuamente, tanto en documentos oficiales como en particulares. Sin embargo, es significativo que los viajeros extranjeros no aludan especialmente a delitos en sus descripciones del país durante la primera mitad del siglo pasado, señal de que el nivel delictivo no les parecía especialmente espectacular.

Los datos policiales de 1825, recogidos en la obra que seguimos, arrojan un total de 5.700 entradas en las cárceles de Buenos Aires, en distintos hechos, sobre una población aproximada de 140.000 almas. No es nada alarmante. En realidad, el problema fundamental es la vagancia, el ocio, que fácilmente pasan a producir delitos contra la propiedad o contra la seguridad física. Manuel Moreno, en un artículo publicado en *La Abeja Argentina* en 1822, define muy bien el problema: "Nuestros pobres no necesitan de fuego ni de muchos vestidos ni aun de bebidas fermentadas para defenderse de la intemperie. La mayor parte del año casi se puede pasar al raso; y las ocupaciones que retienen al aire libre a la clase trabajadora no perjudican aquí la salud de los que ejercen. Apenas hay disculpa para encontrar entre nosotros hombres abandonados a la mendicidad y a la indolencia.(...) La abundancia, se dice, engendra naturalmente la pereza. (...) En cualquier estado el hombre ha de sentir ciertas necesidades físicas que no podrá satisfacer sin algo más o menos de industria. Si no cubre este llamado por los medios honestos del trabajo, tiene que usar de los del crimen, el robo, el engaño y la violencia...".

En suma, volvemos a lo del principio: la generosidad de la naturaleza del Río de la Plata fomenta la pereza y la vagancia y de allí al delito sólo hay un paso. Pero en el análisis de Moreno falta un dato que nadie, en su momento, apuntó, pero que nosotros podemos imaginar: el sacudón político de la Revolución significó un ablandamiento de las jerarquías de la colonia, llevó a mucha gente por los caminos fáciles de la aventura militar y removió los valores tradicionales. La atención de las autoridades, volcada a otras prioridades, descuidó la preservación de los bienes jurídicos comunes: la propiedad, la integridad física de los habitantes, el orden, y entonces la criminalidad aumentó necesariamente, aunque no de un modo catastrófico.

No fue, entonces, un estado de miseria el que empujaba el repunte de los hechos delictivos. Diríamos que el proceso revolucionario, con su vitalidad y su fuerza transformadora, trajo como subproductos no queridos esta racha de delitos que de todos modos no debió durar mucho, pues todos los testigos son contestes en que, durante la época de Rosas, la seguridad de las ciudades y las campañas era admirable.

En conclusión, nada hace pensar que hasta la primera mitad del siglo pasado hubiera existido en nuestras comarcas algo parecido a lo que puede definirse como "miseria". Por el contrario, el nivel de vida general llamó la atención de los extranjeros. Y si es cierto que a este estado de tranquila medianía contribuyeron elementos dados por la naturaleza, no es menos cierto que la estructura todavía patriarcal de la sociedad, los escasos hábitos de consumo y la escasez de mano de obra contribuyeron a que el flagelo de la pobreza irremediable fuera virtualmente desconocido en nuestro país.

Los hábitos políticos después de Caseros

Como suele ocurrir después de la caída de las dictaduras, Caseros abrió una etapa de intensa politización que contrastó agudamente con el período anterior. Durante las tres décadas que siguieron, la vida política porteña se popularizó, expresándose en diversos escenarios: la Legislatura, los *clubs*, los diarios. Las elecciones pasaron a ser actos rituales, y la oratoria, el meridiano de los hábitos políticos. Puede decirse que nunca vivió Buenos Aires una vida política más intensa y fervorosa – no siempre racional o reflexiva – que en los treinta años posteriores a la caída de Rosas. Fue una eclosión de fuerzas vitales reprimidas durante la larga dictadura y expresó, entre otras cosas, el culto del valor, el sentido viril y compadrón que definía al porteño de la época, así como el difícil aprendizaje de una democracia todavía imperfecta e inorgánica.

En las páginas que siguen examinaremos brevemente las características más importantes de las costumbres políticas prevalecientes en Buenos Aires entre 1852 y 1880, aproximadamente.

El parlamentarismo

La Legislatura porteña fue el primer escenario político después de Caseros. Los habitantes de Buenos Aires descubrieron en junio del 52 su gusto por el espectáculo parlamentario, cuando el debate sobre el Acuerdo de San Nicolás. Era un hábito casi olvidado: treinta años atrás, algunas discusiones de la Sala de Representantes y las grandes sesiones del Congreso Constituyente habían apasionado a la opinión pública. Pero en la época de Rosas, un manto de uniformidad y monotonía cayó sobre la Legislatura, que en sus escasas reuniones se limitaba a aprobar los actos del Ejecutivo o sancionar ratificaciones a su política con abundancia de discursos laudatorios. En las "jornadas de junio", en cambio, la juventud porteña participó ardientemente de las discusiones y es sabido que la agresividad de la barra clausuró de hecho el debate, obligando al ministro López a retirarse por una puerta excusada.

De allí en adelante, el parlamentarismo fue una costumbre cara a los porteños. No hay que olvidar que desde 1862 hasta 1880 convivieron en la ciudad cuatro cuerpos legislativos (dos salas de la Legislatura provincial y dos del Congreso Nacional), lo que permitía escoger el espectáculo más a gusto. Algunos grandes momentos han quedado registrados con especial intensidad en la memoria colectiva por su solemnidad o su dramatismo: tal, el juicio criminal contra Rosas en la Legislatura (1857) o la tensa sesión que debió tratar los diplomas de los diputados roquistas en el Congreso (1880), con un marco de fusiles tejedoristas apuntando a los flamantes legisladores. Las transcripciones taquigráficas de la época, más expresivas que las actuales en las referencias a las reacciones del público, así como las crónicas periodísticas, detallan muchas veces una participación entusiasta e indisciplinada de la barra, en ocasiones enardecida adrede por los oradores.

Pero no hay que asombrarse del calor que rodeaba el escenario legislativo. La política era una preocupación permanente en todos los sectores y los debates parlamentarios eran considerados no solamente un hermoso torneo retórico sino también una fuente de formación cívica para las nuevas generaciones. Los padres alentaban a sus hijos a presenciarlos, cuando se adivinaba un duelo verbal entre figuras de *primo cartello*. Además, hay que considerar que en el recinto de la Legislatura o del Congreso se exhibían de cuerpo presente todos los hombres importantes del país. Puede decirse que entre 1852 y 1880 no hubo personaje de alguna importancia en la vida de Buenos Aires y de la Nación, que no haya pasado por los escaños del local de la antigua Sala (en Perú y Alsina) o de la sede más cómoda que construyó en 1863 Jonás Larguía (Victoria y Balcarce). Es cierto que no era difícil en la Gran Aldea encontrarse con ministros, diputados y senadores, y aun con el propio presidente. Miguel Cané cuenta en Juvenilia cómo Marcos Paz, vicepresidente durante la gestión de Mitre, lo encontró una noche en la Plaza de Mayo, expulsado del Colegio Nacional, y lo llevó a su casa. Pero de todos modos debía de ser atractiva la exposición de ese Parnaso de la política y el gobierno, a la vista de quien quisiera entrar en las galerías donde se apeñuscaba el público. Y ciertamente, la gente de Buenos Aires aprovechaba la ocasión.

El mismo mecanismo legislativo daba mayor interés a la presencia del público. En la actualidad, la mayor parte de la tarea de los cuerpos colegiados es evacuada en el seno de las comisiones; en aquella época, aunque el sistema de comisiones existía, los debates eran mucho más amplios en la medida en que los problemas del Estado eran menos técnicos y ningún ciudadano con cierto nivel cultural podía dejar de entenderlos. Así, llaman la atención la insignificancia de algunas de las cuestiones que se debatían en las sesiones (una licencia a un funcionario consular, por ejemplo, o una partida para útiles de escritorio de una oficina pública) y el generoso tiempo que se les dedicaba. Como también llama la atención del observador actual la enorme proporción de asuntos políticos (elecciones, intervenciones federales, interpelaciones, etc.) en el conjunto de las cuestiones debatidas en los cuerpos legislativos.

Estas características prestaban un gran atractivo al parlamentarismo, además de la importancia que revestía la institución dentro de la ideología de la época. Se consideraba artículo de fe la condición representativa de los legisladores, aunque todo el mundo supiera de qué modo eran elegidos; había un tácito acuerdo en reconocer la infalibilidad de las decisiones legislativas, aunque en no pocas oportunidades quedaran demostrados su ineficacia o sus errores; nadie discutía que el "augusto recinto de las leyes" fuera el supremo escenario de los hábitos republicanos, aunque por momentos perdiera su dignidad en batahotas verbales o de hecho. Es que, por encima de estos detalles, los cuerpos legislativos instalados en Buenos Aires significaban la instauración de una convivencia política que era el requisito de una organización institucional sólida y estable.

De allí la importancia que daban los periódicos a sus reuniones y la expectativa que despertaban sus debates. De allí también la significación política que adquirieron aquellos legisladores que supieron usar de la palabra con eficacia, fuera cual fuere la profundidad o trascendencia de sus ideas. Pero este tema de la oratoria merecerá un párrafo más adelante.

Los "clubs"

Las exigencias del discurso histórico obligan a hablar de partidos políticos a partir de Caseros, pero, en realidad, la vida política de Buenos Aires se realizó a través de los *clubs*. No hubo partidos en el sentido moderno de la palabra, y es difícil reconocer como tales a las corrientes que apoyaron a tal o cual personalidad en determinadas coyunturas. Entre Caseros y 1880, la política porteña se manifestó a través de un sistema libre y fluido de *clubs*, una creación que no debe confundirse con los comités que florecieron más tarde.

Aclaremos esto: el comité tiene una sede fija, un lugar abierto más o menos permanentemente, adonde acuden los partidarios, los postulantes y los curiosos; el *club*, en cambio, era volátil y transitorio, y se reunía casi siempre en vísperas electorales en un teatro o salón, o al aire libre, al solo efecto de elaborar una lista de candidatos o, más raramente, expedir una declaración de apoyo o repudio a alguna medida oficial o de carácter político. El comité tiene un aire servicial pero interesado, puesto que supone que el favor otorgado se pagará con una afiliación o un voto; el *club* era abierto y desinteresado, porque carecía de permanencia; nadie era su patrón, aunque desde luego cada cual tenía una adscripción definida a alguna de las grandes personalidades en vigencia. El comité suele ser un lugar de conversación pacífica y hasta reservada; eventualmente puede ser un garito o un comedero amistoso. El *club*, por lo contrario, era una entidad donde reinaba la pasión política, la oratoria encendida, la arenga, el impromptu, donde todo podía ocurrir según el humor público. En el comité, finalmente, manda el dirigente, que en general es quien paga el alquiler y sostiene sus gastos; nadie era el patrón del *club*, al menos de manera notoria, y el público hacía sentir bulliciosamente su presencia.

El *club* era, en síntesis, una creación propia y singular de la época que describimos y, en gran medida, una expresión mucho más limpia y democrática, menos manejable que el comité, que fue su sucesor a partir de la década del 90.

¿Cómo funcionaba un *club*? Lucio V. López ha trazado una imagen caricaturesca de esta institución, con su famosa descripción de la reunión política en casa de doña Medea Berrotarán. Puede haber existido ese tipo de cenáculos en el Buenos Aires de aquella época, pero un examen de los diarios debe llevarnos a concluir que la descripción de *La Gran Aldea* refleja episodios excepcionales. En vísperas de elecciones (y señalemos que en Buenos Aires había comicios todo el tiempo, nacionales, provinciales, municipales), un grupo de ciudadanos invitaba a través de la prensa a los simpatizantes de tal o cual *club* a reunirse un día determinado en un teatro o salón similar y también al aire libre, como ya se ha dicho. Allí tenía lugar la asamblea, tan abierta y popular como lo hacía posible el peso político de los invitantes. No había discriminación para entrar en ese foro ni para usar de la palabra, aunque en la mayoría de los casos la asamblea se limitaba a escuchar y aplaudir las peroratas de los dirigentes, después de lo cual alguno de los organizadores proponía una lista de candidatos que se aprobaba por aclamación.

Y aquí terminaba la vida del *club* hasta otra oportunidad. Es cierto que algunos, como el "Club Libertad", conservaron su nombre durante años y una cierta continuidad de posición política. Pero nada impedía que ciudadanos disidentes fundaran otro *club* con el mismo u otro nombre, y se lanzaran a la captación de votos. Obviamente, para el acto electoral mismo, los patrocinantes del *club* se organizaban de una manera mucho más efectiva y belicosa, pero ello no alteraba la esencia coyuntural y breve de la institución. La inexistencia de partidos políticos orgánicos hacía inútil la tarea cívica permanente; en consecuencia, no había necesidad de mantener un *apparatus*; incluso hubiera sido molesta una estructura partidaria más estable, ya que los cambios de frente, las adhesiones o los rompimientos eran vertiginosos e inconsultos, en tanto eran decididos por los dirigentes de un modo napoleónico: así la renuncia de Alsina a su candidatura presidencial para sumarse a la de Avellaneda (1874), o su conciliación con Mitre (1877). El *club* era la célula política óptima para aquella etapa de nuestra evolución política. No impedía ninguna maniobra pero permitía formalmente una presencia popular en las decisiones políticas. No pesaba sobre los dirigentes, no pedía cuentas, no hacía reproches; la mayoría de los asambleístas pertenecían al *lumpen* porteño, gente simple y leal, entregada a muerte a sus adhesiones. Pero con un poco de buena voluntad podemos descubrir en los *clubs* una vibración lejana de la democracia ateniense, regida por las dotes oratorias. Tanto en la Grecia del siglo V a.C. como en la ciudad porteña de 1852 a 1880 esas dotes constituían los valores más admirados de la actividad política.

La oratoria

Varias veces hemos aludido a la oratoria. En la Legislatura o en el Congreso, en los *clubs* y asambleas populares, hasta en los acontecimientos familiares, fue la oratoria la expresión más alta de la sociabilidad. En el terreno cívico, no se concebía a un político que no fuera orador y todos, mejor o peor, ejercían el clásico arte de la palabra. Lo cual – insistimos – aproxima el espectáculo político del Buenos Aires posterior a Caseros al de la Atenas del Siglo de Oro: aunque nuestra incipiente democracia fuera inorgánica, fraudulenta y turbulenta, abrigaba en su seno la misma admiración por las decisiones adoptadas por la fuerza del verbo y no menor inclinación al conocimiento personal y directo de los líderes de la ciudad.

¿Pero qué oratoria fue la que brilló en los tiempos que describimos? Es difícil decirlo. Los discursos que han quedado, recopilados en volúmenes como el que recoge las "arengas" de Mitre y las piezas de Leandro Alem (*Mensaje y destino*) o de Adolfo Alsina (*Corona fúnebre*), transmiten una sensación muy pálida de lo que deben de haber sido. Nos saben a palabras muertas, a palabrerío hueco. Cuando leemos el arranque de Mitre en las "jornadas de junio" ("estoy acostumbrado a voltear a cañonazos las puertas de los ministerios") no nos da frío ni calor, porque percibimos que se trata de un simple recurso oratorio. Pero habría que ver a Mitre en el recinto de la Legislatura, con el marco de una barra enardecida, pronunciando sus palabras en tono tribunicio, con la voz adecuada y el gesto correspondiente... ¡y acaso vibraríamos como vibró entonces su auditorio! Sólo Avellaneda y Aristóbulo del Valle sobreviven a la lectura de sus discursos, cien años después; aquél, por la armonía de sus frases, éste, por la concisión de los hechos que expone. El resto de la falange verborrágica de aquellos años no pasa el examen y sus efusiones aparecen, en general, como desteñidas y vanas. Básicamente gratuitas.

Quisiera detenerme un poco en esto último. Porque en buena proporción, la oratoria de aquella etapa fue realmente gratuita. Es decir, un arte por sí mismo, sin finalidades ulteriores. El discurso constituía un placer estético, no sólo aquí sino en todo el mundo civilizado. Gladstone y Peel habían impuesto en Gran Bretaña un estilo que rompería Disraeli con el suyo propio, así como Lincoln había elaborado en Estados Unidos una arquitectura verbal opuesta a la frecuentada por Daniel Webster. Los éxitos o fracasos de Thiers o Guizot en la tribuna del Parlamento de Francia determinaban la caída de sus ministerios, o su confirmación. ¿Hay que recordar a Emilio Castelar, que estableció en toda la América hispana una tiranía estilística que traspasó el campo de la oratoria para teñir toda la literatura? Es que el verbo era el único instrumento de comunicación entre el dirigente y las masas, pero también, fundamentalmente, uno de los entretenimientos de la época. Es conocida la anécdota de Del Valle cuando, reconocido en una pulpería de la campaña bonaerense, recibe el tímido pedido del bolichero en nombre de los parroquianos:

"Ya que está aquí, doctor Del Valle... ¿no podría echarnos un discursito?"

Sí, la palabra era un placer estético en aquellos tiempos que no conocían la reproducción mecánica del sonido. Hoy no podemos imaginar el tono de voz de Alem o Estrada, no hay sino fragmentarias descripciones de los ademanes de Alsina o Mitre, y esta carencia hace imposible la auténtica evocación de sus oratorias. Es cierto que consta, por ejemplo, que el timbre de Del Valle era muy seductor o que Estrada engordaba las "erres" hasta dar a sus párrafos el ritmo de un acompasado redoble de tambores. ¡Pero qué pocos datos son éstos para reconstruir el instrumento verbal de esos hombres! Sabemos, en cambio, que causó escándalo la circunstancia de que Roca no fuera orador, porque esta condición parecía inseparable del oficio político. Como causó escándalo y desconfianza, años después, la evidencia de un Yrigoyen renuente no sólo a hablar en público sino, siquiera, a exhibirse frente a la multitud. Cada época tiene formas políticas que le son inherentes; estas que reseñamos se cifraban en la soberanía del verbo. Muchas veces insustancial y en pocos casos asombrosamente incorrecto y balbuceante para nuestro gusto contemporáneo. Pero la oratoria, esa exageración de la charla coloquial, reinó dictatorialmente después de Caseros, cuando el pueblo porteño redescubrió el gusto por la discusión, la palabra suelta, la perorata libre, que había estado ahogada – acaso sabiamente – por la uniformidad del régimen rosista.

Desde luego, en las reglas del juego de la oratoria de la época no se admitía el discurso leído: sorprende la cantidad de veces que los oradores se disculpan (o alardean) aclarando que improvisan, que no conocen el tema, que han sido sorprendidos por la necesidad de usar de la palabra. Lo que hoy nos parecería desaliño o irresponsabilidad, era entonces prenda de orgullo: la facundia para salir del paso en cualquier ocasión mediante una serie de frases hiladas más o menos felizmente. Un diario de entonces señalaba que Hipólito Yrigoyen, diputado a la Legislatura porteña, habló "cerca de dos horas conservando siempre la frescura de la frase, la belleza de la forma, la facilidad de la palabra". Es que el placer estético de escuchar un buen discurso estaba dado, principalmente, por las inflexiones de la voz y la claridad de la elocución. No olvidemos que fue la época de oro de la lírica; y el orador es, en buena medida, una *prima donna* cuyo órgano vocal a veces prevalece sobre el contenido de lo que canta...

No sólo se admiraba la facundia: se apreciaba también el oportunismo histriónico, la precisión para golpear al auditorio en la cuerda justa. En 1889, Mitre gana al público del Jardín Florida, profiriendo, al ocupar la tribuna y antes de empezar su discurso, las siguientes palabras: "¡Orden general! ¡Todos cubiertos menos el orador, que se dirige al pueblo soberano!"

Por su parte, Alem, en la Legislatura provincial, apabulla a un contradictor espetándole esta astracanada: "¡A mí no me asustan los cocodrilos de bocacalle!"

Cada dirigente tenía su propio modelo oratorio, y cuidaba de pulirlo y mejorarlo. Si Héctor Varela era desenfadado y divertido, Bernardo de Irigoyen solía ser latoso y larguero, un buen sistema para desarmar por cansancio al adversario. Y Alem, creciendo en su propia emoción, dejaba trunco el final de algunas de sus frases, oportunamente rodeadas por la aclamación del auditorio. Algunos grandes verborrágicos de aquellos tiempos han desaparecido de la memoria histórica: tal, Manuel Dídimo Pizarro, solemne acuñador de frases hechas, de las que ha quedado aquella tan absurda como eficaz: "La revolución está vencida pero el gobierno está muerto". No se concebía la oratoria de tipo íntimo, charlado, como la que buriló maravillosamente Franklin Roosevelt muchos años más tarde. Tampoco se concebía el discurso conciso, basado en hechos y cifras; todo tenía que acompañarse con una salsa retórica y hasta Del Valle, el más sobrio de los oradores de aquellas décadas, cayó en estas concesiones.

Eran defectos, sí, pero vigentes en todo el mundo y muy especialmente en el mundo latino. En nuestro país coincidió con la poesía monumental, dicha como con salvas de artillería, que cultivó Olegario V. Andrade. Pero no hay que juzgar con ironía esa manera ditirámbica y exagerada de usar de la palabra: era la única manera de potenciarla eficazmente para que adquiriera el carácter de un auténtico instrumento político.

El "diarismo"

Para entender el fenómeno del periodismo – o "diarismo", como se decía entonces – conviene olvidarse de los periódicos modernos y tratar de evocar aquellas hojas, generalmente de "tamaño sábana", con su apretada tipografía y sus títulos a una columna. Hay que olvidar a los actuales, porque poco tienen éstos de común con aquéllos.

Hacer un diario – digámoslo de una vez – era empresa fácil. No se conocían los enormes costos que hoy hacen casi imposible montar individualmente una empresa semejante. Papel, taller, periodistas, todo era barato, y en cuanto a los últimos, muchas veces trabajaban gratis, como una forma de adherir a la política de su predilección o de adquirir cierto *status*. No existían servicios noticiosos ni corresponsales pagos. Los diarios no se vendían a los distribuidores – y éstos a los "recorridos" y éstos, a su vez, a los quioscos y canillitas – sino que se colocaban por suscripción. Pero la diferencia fundamental entre el "diarismo" de entonces y el periodismo actual consistía en que cada órgano era un vocero político, la expresión periodística de una personalidad o tendencia. Sólo hacia la década del 80 algunos de los grandes diarios argentinos empiezan a adquirir características de órganos informativos, con noticias del exterior provistas por agencias, secciones más o menos fijas, avisos clasificados, corresponsales en el interior, etc. Y aunque los diarios así transformados no se despolitizaron, al evolucionar trataron de revestirse de una apariencia de cierta imparcialidad para lograr el mayor número de posibles lectores. Estas categorías no se advertían en los diarios que se fundaron inmediatamente después de Caseros, como *El Nacional*, de Vélez Sarsfield – que habría de durar medio siglo –, *Los Debates*, de Mitre, *La Tribuna*, de los Varela – también de larga vida – y *El Orden*, que eventualmente dirigió Félix Frías. Todos eran portavoces, megáfonos de los oradores, que no podían llegar con su mera voz a grandes sectores de público.

Aquellas características explican, además, la proliferación de diarios y periódicos luego de Caseros. En *Historia de la Nación Argentina*, Guillermo Furlong informa que en 1852 nacieron 30 nuevas publicaciones en Buenos Aires; al año siguiente surgieron 25 nuevos órganos; en años subsiguientes, los flamantes periódicos no bajaron nunca de 15 por año, y en 1860 y 1861 se llegó a la asombrosa cifra de 61. Naturalmente, la mayoría de los flamantes órganos habían quedado en el camino, pero para una ciudad como Buenos Aires, las cifras siguen siendo notables. Es que uno de los mitos de la época estaba constituido por la convicción de la "sagrada misión" del periodismo. *Los Debates* publicaba como epígrafe permanente una frase de Lamartine que sintetizaba el pensamiento de los hombres de la época al respecto: *"La prensa... primer instrumento de la civilización en nuestros días"*. De esta exageración, aceptada como postulado irrefutable, surgiría una serie de consecuencias, la primera de ellas una irrestricta libertad de expresión que fue creciendo en irresponsabilidad hasta llevar a Sarmiento ¡nada menos! a exclamar en 1869 que el lenguaje de los periódicos era digno "de una cueva de ladrones".

Otra de las consecuencias del postulado de marras era la arbitrariedad en el manejo de la información. Porque nadie esperaba que el diario de su predilección informara imparcial y honradamente sobre un hecho con connotaciones políticas; la expectativa residía en que el periódico reforzara la posición política del lector, proveyéndole los argumentos conducentes. Tampoco se esperaba que la prensa brindara información; los hechos eran conocidos y lo importante era su interpretación para uso del consumidor.

Por supuesto, los diarios de la época no se agotaban en el material político que presentaban. A medida que pasan los años se advierte el avance cuantitativo del centimetraje de otro tipo de material, y en esto, como en otras cosas, el diario de los Varela fue un precursor: noticias del exterior, información comercial, entradas y salidas de buques, datos sobre la Bolsa, crónicas sociales, artísticas, científicas y policiales, folletines, etc., van ganando terreno en las enormes sábanas. Pero no obstante ello, la política fue el meridiano del "diarismo" y es raro no leer, en los períodos preelectorales, los *permanentes* en primera página con los nombres de los candidatos que la hoja sostiene. Y he aquí un último dato que sintetiza todo lo dicho: en setiembre de 1874, *La Prensa* suspendió voluntariamente sus ediciones para que su director se incorporara a la revolución contra Avellaneda.

Excedería el límite de un trabajo como éste, el análisis circunstanciado de los órganos periodísticos de la época. Pero conviene advertir, sin embargo, que recorriendo viejas colecciones puede toparse el lector con inesperadas delicias: sueltos escritos con agilidad, ingenio y belleza, expresiones de imaginación periodística, crónicas y descripciones de primera calidad que no desmerecerían en ningún diario o revista de hoy. Al lado de este material conviven, como es natural, artículos soporíferos o descripciones interminables de acontecimientos que ya no interesan a nadie. Sin embargo, puede afirmarse que el viejo periodismo porteño evidenció una rápida y notable superación en las técnicas informativas y en el arte de transmitir noticias, así como también en la presentación gráfica. Bastaría aludir a un semanario como *El Mosquito* para afirmar el alto nivel que alcanzó nuestra prensa en los años que decimos, aun con toda la carga de parcialidad y sectarismo que la marcó.

La etapa que se abrió después de Caseros se define, mejor que en ningún otro terreno, por la abundancia, variedad y libertad del "diarismo". Un extranjero que hubiera visitado Buenos Aires poco antes y poco después de febrero de 1852, en muchos aspectos no habría encontrado mayores diferencias en la ciudad y sus habitantes. Pero habríale bastado pedir las hojas que se publicaban antes y después de Caseros para advertir que algo muy importante había cambiado en nuestra ciudad.

La inmoralidad

Escribimos el subtítulo y advertimos que no define exactamente el contenido de las líneas que siguen. Porque no podemos aseverar que la política de aquellos años tuviera una carga de inmoralidad y habría que decir, más bien, que no existían pautas que establecieran un consenso generalizado sobre las limitaciones morales de la acción política. Para que algo sea inmoral, quien lo perpetra debe tener conciencia de su inmoralidad. Y da la impresión de que en aquellos lustros la fuerza avasalladora de la pasión política y la vitalidad desbordante de los sectores dirigentes de Buenos Aires no reconocían vallas de ninguna clase.

Una ojeada sobre los sucesos políticos que ocurren entre Caseros y 1880 mostraría la más diversa gama de connotaciones reprobables en la actuación de los partidos. Cambios de frente súbitos e inexplicados, adhesiones traicionadas, desbordes de mentiras y calumnias lanzados conscientemente sobre el adversario, sobornos más o menos disimulados. y sobre todo ello, las dos grandes inmoralidades que caracterizan la política de la época. Una, la falta de principios, que torna a los partidos en huestes carentes de objetivos, salvo la conquista del poder. La otra, la inmoralidad electoral, aplicada por todos en diverso grado y según sus posibilidades.

En otro lugar hemos escrito sobre este mismo tema y esta misma época: "...Las reglas de juego son tan amplias y difusas, que virtualmente no existen. Cada partido se siente autorizado para usar todo el poder del que dispone. Si un partido tiene la suerte de contar en sus filas a un militar capaz de movilizar, amenazar o derrocar gobiernos, tratará de usar al máximo estas posibilidades. Lo mismo si dispone de un juez que puede ordenar prisiones o de un gobernador que puede distribuir prebendas. (...) Otro aspecto que destaca la particular moral política de la época es la seguridad del triunfo, que forma parte indisoluble de los argumentos proselitistas. (...) En aquella etapa de nuestra evolución cívica, la condición de una adhesión estaba determinada, en gran parte, por la seguridad del triunfo. Adherir a una causa perdedora era inconcebible, era algo más que un error: una estupidez. Esto nos lleva a señalar otro aspecto que es su consecuencia: la carencia de escrúpulos en la presentación de hechos relacionados con el proceso político. Si hay que dar siempre la sensación segura del triunfo porque ello es básico para conseguir adhesiones, será natural deformar esos hechos en la medida necesaria para que tal optimismo se justifique. De ahí que cada partido contara en esos tiempos con su propia prensa, servida por corresponsales que eran, por sobre todo, políticos cuya intención no era informar al público sino brindar versiones aptas para servir a los designios partidarios (...) Todas estas circunstancias derivan, en suma, de una característica general: la indiferenciación ideológica y programática de los partidos actuantes en aquellos años. No existían opciones irreductibles en el espectro político. Debatíanse nombres, personas, pero en última instancia todos significaban lo mismo. (...) No podía existir otro tipo de política, en tanto no se presentara una alternativa absolutamente diferente. (...) Hasta entonces, la moral de esa política, tal como la hemos marcado, más que viciosa o corrompida debe tomarse como una expresión coherente de una etapa definida por la urgencia de hacer cosas, no de discutirlas, porque no había discusión posible: porque el ideario general estaba aceptado por todos".

Redescubierta la política después de Caseros, no puede escandalizar demasiado ese aire de "vale todo" que campeaba sobre sus hábitos, aunque debemos señalar sus inmoralidades intrínsecas. Porque ese estilo de lucha libre no dejaba de filtrarse en los dichos de sus más importantes protagonistas. Así, con el mayor desparpajo, Sarmiento podía relatar epistolarmente cómo habían triunfado los "pandilleros" en las elecciones de marzo de 1857: "Establecimos en varios puntos depósitos de armas y municiones, pusimos en cada parroquia cantones de gente armada, encarcelamos como unos veinte extranjeros (...) algunas bandas de soldados armados recorrían de noche las calles de la ciudad acuchillando y persiguiendo a los mazorqueros, en fin, fue tal el terror que sembramos entre toda esta gente con estos y otros medios, que el día 29 triunfamos sin oposición".

Algunas veces, sin embargo, se usaban mañas menos brutales. Señala Leopoldo Lugones en su *Historia de Sarmiento*: "El Club Libertad, órgano dirigente de los autonomistas, proclamó, reunido en la plaza Monserrat, el 2 de febrero de 1868, bajo un terrible sol de verano; y quiso la leyenda política que el triunfo de Sarmiento se debiera a haber señalado el presidente de la asamblea el costado de la sombra y el sol, respectivamente, a los que estuvieran por Sarmiento y por Alsina; suposición verosímil dado que el presidente en cuestión era partidario del primer candidato. La sombra, pues, habría dado mayoría a Sarmiento...".

Héctor Varela, el inefable "Orión", dijo con el mayor desenfado lo que todos sabían y nadie reconocía públicamente. Fue en la Legislatura porteña, el 31 de mayo de 1878: "¿Hay acaso alguien que pueda decir y menos creer, que los diputados aquí presentes representamos la voluntad genuina de la Nación? No, señor presidente; sería una farsa tal afirmación. Todos sabemos cómo se hacen las elecciones entre nosotros (...) ¿A quiénes estamos engañando? ¿Hay alguno que ignore que en todos los registros hay nombres como los que se ponían en 1852 y que Serapio Ludo y Felipe Lotas han de aparecer votando?"

Se refería Varela a los comicios de abril de 1852, dos meses después de Caseros, cuando el creciente sentimiento porteñista se organizó para imponer sus candidatos a diputados provinciales. "En aquella época memorable el pueblo sintió una necesidad suprema: vencer a Urquiza en la elección de abril. El señor don Bartolomé Mitre, nuestro compañero político, poniéndose al frente de las necesidades de aquel momento solemne, desenterró los muertos del cementerio, llevó sus nombres a los registros y venció a Urquiza... " El mismo Varela se jactaba en *La Tribuna*, cuatro años antes, de que la diferencia que dio el triunfo a los porteñistas era totalmente fraguada: "Los 900 de 1852 eran obra del fraude patriótico, la creación del director de las elecciones. Ese día yo encabezaba a unos 60 buenos muchachos... ¡Votamos en nueve parroquias!".

Sería monótona una relación de los fraudes, violencias y adulteraciones practicadas en las elecciones del Buenos Aires de la época, que hacía exclamar a Juan María Gutiérrez: "La elección libre es una ironía sangrienta en toda la República". El diario *La Tribuna* del 1° de abril de 1864 reconocía: "A partir de 1852 no hay una elección, una sola, que no se haya ganado al amparo de la mayor fuerza o de la mayor destreza de los partidos. ¿De qué fraude hablan? De los mismos que ellos hacen...".

Pero hubo comicios especialmente violentos o trampeados, que han quedado en las crónicas políticas como extremos de los vicios electorales de esos tiempos. En las elecciones de abril de 1856 para diputados provinciales no hubo una sola mesa normal en toda la ciudad, y se produjo una cantidad de muertes. En las de gobernador de 1857 (a las que alude Sarmiento en la carta antes transcripta) se dijo que "los pandilleros hicieron votar hasta seis y siete veces a los peones y hasta los niños", y observadores extranjeros informaron que Buenos Aires se encontraba en estado de virtual revolución. Sobre las elecciones del 5 de diciembre de 1863, afirmó *La Nación Argentina* que "fueron practicadas en casa de los escrutadores de uno de los bandos" y que "nadie negó el hecho". En las del 1° de febrero de 1874 para diputados nacionales que precederían a la elección presidencial de Avellaneda, el fraude fue gigantesco por parte de los autonomistas. Éstos se defendieron alegando que "no han hecho más que imitar a los otros, a quienes les enseñaron cómo se multiplicaban los votos, cómo se hace votar a los muertos, cómo se llenan los registros, cómo se gana una elección". Agreguemos que el escrutinio de estas elecciones fue fraguado por la Cámara de Diputados de la Nación, tal era el barullo de actas dobles, falsificadas o robadas – algunas llegaron a la comisión manchadas con sangre –, optándose por otorgar una cantidad de votos a los mitristas y otra a los alsinistas, claro está que concediendo el triunfo a estos últimos. En las elecciones de marzo de 1877, en fin, la lucha entre republicanos y autonomistas se libró a balazos y Alem fue rozado por dos tiros frente al atrio de Balvanera. La crónica sería interminable y la clausuramos aquí.

Todos los presidentes deploraron estas prácticas viciosas en sus mensajes: lo hizo Mitre en 1864, Sarmiento en 1869 y 1874, Avellaneda en 1875. Pero lo cierto es que, en su momento, todos se beneficiaron con ellas. Ya se vio lo que dijo Varela de Mitre y lo que confesó Sarmiento. En cuanto a Avellaneda, una carta enviada a un juez federal del interior, después de las elecciones de abril de 1874, demuestra que sus escrúpulos en este terreno no eran acuciantes: "Es necesario que se proclame nuestro triunfo en esa Provincia por todos los amigos. (...) Ud. debe negarse a firmar todo otro diploma que no sea el de nuestros electores. (...) Si la junta da el diploma a otros en mayoría, Ud. debe expedirlo a favor de los nuestros. Éstos deben reunirse en cualquier parte, nombrar Presidente y Secretario y después de constituido emitir su voto para Presidente y Vice de la República, levantar un acta y enviarla al Congreso".

Pero es necesario situarse en la época, con su inexperiencia en el ejercicio de la democracia, la intensidad de las pasiones políticas y la carencia de una moral cívica aceptada por todos. El mismo desenfado con que confiesan fraudes y trampas demuestra que no existía una clara conciencia de su intrínseca inmoralidad. Dejarse ganar las elecciones parecía una idiotez. El mecanismo de las elecciones, por otra parte, invitaba a rechazar su resultado auténtico si resultaba desfavorable. En efecto: los dirigentes llevaban a sus adictos a registrarse el domingo anterior al comicio, y aquí ya se producían las primeras adulteraciones, con nombres falsos e inscripciones múltiples. Después venía la jornada de la elección, y si todo marchaba pacíficamente, los activistas de cada partido iban haciendo formar fila para que los adictos fueran diciendo ante las autoridades de la mesa el candidato que votaban. Todo era público: el sufragio, la cantidad de votantes que arrimaba cada partido, la marcha misma del escrutinio. ¿Quién podía resistir la tentación de voltear la mesa y barajar las actas cuando comprendía que se les habían acabado sus amigos mientras seguían afluyendo los votantes contrarios? El atrio de las iglesias, lugar supuestamente neutral, se convertía entonces en escenario de batallas campales a pedradas, golpes, cuchilladas y tiros, y no era excepcional que las torres de los templos se transformaran en excelentes aspilleras para disparar sobre los adversarios... Finalmente, el manipuleo de las actas se prestaba a toda clase de falsificaciones si en el cuerpo legislativo que debía juzgar los comicios había mayoría suficiente.

A partir de 1852, en la política porteña prevaleció la doble inmoralidad que hemos señalado: la de los partidos personalistas y carentes de principios, es decir, oportunistas e incoherentes, y la de los comicios violentos o fraudulentos. Esta doble inmoralidad fue la que provocó en su momento la réplica de la Unión Cívica. No se puede entender el movimiento del 90 y sus secuelas si no se lo interpreta como una reacción moralista contra aquellos abusos. Como no se puede entender la oposición de Alem y su grupo al Acuerdo Mitre–Roca, si no se lo comprende como un rechazo contra la política personalista que había prevalecido hasta entonces y a la que el nuevo partido –"impersonal y de principios"– pretendía clausurar para hacer posibles mejores prácticas cívicas.

La fiesta del coraje

Y aquí llegamos a lo que consideramos el elemento clave de los hábitos políticos porteños en los años que decimos: el valor personal. La política no era más que la expresión desaforada de un coraje que sobraba, que se derramaba en los cuerpos legislativos, en los *clubs* y asambleas, en los diarios y los comicios, así como se regalaba contemporáneamente en las últimas guerras civiles o, más modestamente, en pulperías y prostíbulos. Los argentinos descargaban su exceso de energía en todos los ámbitos posibles, desde los más expectables y públicos hasta los que sólo figurarían en las crónicas policiales. Ser un porteño cabal equivalía a ser un hombre valiente, jactancioso, pendenciero, bromista y capaz de jugarse la vida a cada rato. Para ser político había que ser orador; pero aun esta virtud podía obviarse excepcionalmente. No se concebía, en cambio, que un político no fuera valiente. La fama de Alsina o de Alem no se cimentaba en prestigios intelectuales sino en su indiscutida condición de hombres machos a carta cabal: Alsina voltea de un bofetón a un gauchito que, sin conocerlo, desliza alguna chanza sobre su enorme nariz, y el bromista se convierte desde entonces en un guardaespaldas de perruna fidelidad. Desafíos y duelos, invectivas que se lanzan con la desaprensión más increíble contra los adversarios, empezando por el presidente de la Nación, revoluciones y conspiraciones son elementos diarios en la política de la época; sus consecuencias personales se asumían sin la menor vacilación.

Contribuía a exacerbar estas características el desorbitado individualismo de las fuerzas políticas. Ya hemos dicho que no existían partidos en el sentido moderno de la palabra. Las tendencias o corrientes se agrupaban y desagrupaban de un modo que hoy puede parecer incoherente. Un examen de ellas sería imposible aquí, pero puede intentarse una síntesis muy general a partir de Caseros, cuando los porteñistas unifican sus esfuerzos y logran separar a Buenos Aires del resto del país. De allí en adelante, el llamado Partido Liberal manejará la situación provincial, no sin dividirse en varias fracciones. El primer enfrentamiento se evidenciará en 1857, cuando "pandilleros" y "chupandinos" pugnan por obtener la gobernación. Cinco años más tarde, los que apoyan a Mitre se dividirán en torno del problema de la federalización de Buenos Aires; Alsina se convierte en vocero de los autonomistas y empieza su carrera de árbitro de la política porteña con oscilaciones que lo llevarán a apoyar alternativamente a Urquiza, Sarmiento, Avellaneda y Mitre, con quien se "concilia" poco antes de su muerte. En realidad, las tendencias porteñas oscilarán entre Mitre y Alsina, nacionalistas y autonomistas, con frecuentes escisiones internas, la más estrepitosa la "republicana", con Del Valle y Alem, que en 1878 fueron aplastados por la conjunción de los grandes partidos "conciliados".

La política de aquellos años fue un desborde de vitalidad con todos los excesos que suponen estos fenómenos. Había una ansiedad enorme por hacerlo todo al mismo tiempo. Buenos Aires era todavía una aldea que no ofrecía a su clase dirigente otra carrera más brillante que la política. Los negocios eran cosas de gringos, y a los porteños correspondía la excitante carrera de la figuración pública, que brindaba expectabilidad, prestigio y poder. No había mucho para discutir sobre el "modelo" del país: eso ya estaba tácitamente diseñado en la ideología predominante y, por lo tanto, los enfrentamientos se hacían en torno de las personas. Aunque a veces detrás de éstas se agazapaban intereses no demasiado definidos, pero reales.

Roca y Pellegrini: una alianza perdurable

El teniente general Julio Argentino Roca, tucumano, y el doctor Carlos Pellegrini, porteño, constituyeron durante casi un cuarto de siglo un núcleo de poder que llegó a ser el virtual reaseguro del régimen instaurado en 1880. De origen y trayectoria muy diferentes, con concepciones muy distintas en algunos temas, ambos, sin embargo, coincidían en una creencia fundamental: la necesidad de un Estado nacional fuerte y preponderante que garantizara el orden y la seguridad indispensables para que la sociedad argentina prosperara y la Nación conquistara un lugar significativo en el concierto mundial. Sin estar vinculados por una gran amistad, Roca y Pellegrini se ayudaron mutuamente, estuvieron juntos en momentos difíciles y elaboraron, en suma, un poder que tuteló el robustecimiento del Estado nacional y proveyó a la Argentina las características que distinguieron su ascenso desde 1880. La ruptura de este núcleo, sobrevenida en 1901, impidió que el régimen tuviera la continuidad necesaria para una evolución gradual y abrió la posibilidad de su derrumbe antes de la sanción de la ley Sáenz Peña.

Pocas veces cabe registrar en nuestra historia política una alianza parecida. Piénsese que se trataba de una dupla integrada por dos personalidades fuertes y definidas, cada una con sus propias ambiciones y sus propios intereses; sin embargo, ella funcionó a lo largo de más de dos décadas sin resquebrajarse, aun careciendo del aditivo de un elemento de cariño personal. Roca y Pellegrini se trataron siempre con respeto, pero no había entre ellos mayor intimidad. Eran, simplemente, dos fuerzas políticas que se encontraban en el sostenimiento de algunos valores comunes; este encuentro perduró un lapso sorprendentemente largo.

Veamos las características y objetivos de aquella alianza, cuya influencia en la política argentina en los últimos veinte años del siglo pasado sería ocioso destacar.

Una perdurable alianza

Agustín Rivero Astengo afirma que Roca y Pellegrini se conocieron en 1862, en la casa de Marcos Paz, tío del tucumano y vicepresidente de la Nación en aquel momento. No hay evidencias documentales de ello y también se cree que pudieron haberse tratado en la guerra de la Triple Alianza, donde ambos sirvieron. Si lo cierto es lo último, el rasero de la guerra habrá igualado a estas personalidades tan diferentes. Roca, de veintidós años en 1865, era un militar profesional que cargaba presillas de capitán; venía de una familia criolla empobrecida, pero orgullosa de sus antecedentes, y sus estadías en Buenos Aires habían sido circunstanciales, pues después de los años pasados en el Colegio Entrerriano de Concepción del Uruguay, sus destinos militares lo llevaron a distintas provincias del interior. Pellegrini, por su parte, que en ese momento tenía diecinueve años, era hijo de un ingeniero francés radicado en Buenos Aires en tiempos de Rivadavia y de una angloargentina; había iniciado estudios de derecho para interrumpirlos cuando se incorporó con el grado de alférez a las fuerzas porteñas que lucharían en el Paraguay. De todas maneras, hay que recordar que el tucumano no permaneció más de un año en el frente de la guerra y el porteño sólo unos seis meses, de modo que no habrán sido muchas las ocasiones de tratarse.

Sea como fuere, parece evidente que los dos hombres se conocían con anterioridad a 1879, que es cuando se registran las primeras comunicaciones entre ambos. Aquí, pues, comienza a cobrar relevancia una vinculación que tendría tanta trascendencia en nuestra historia.

En 1880

Hacia 1879, cuando Roca regresa de la Conquista del Desierto, existen entre Roca y Pellegrini algunas diferencias derivadas de sus respectivas trayectorias.

Como militar profesional, el tucumano no ha podido hacer política partidista, pero en los hechos se ha movido hábilmente para sacar el máximo provecho de la autoridad que inviste. Sostenedor de las presidencias de Sarmiento y Avellaneda, ha ido montando una estructura política en Córdoba, Cuyo y algunas provincias norteñas, con la base que le presta su vinculación amistosa y parental con Miguel Juárez Celman. Por su parte, el porteño se ha formado en el círculo íntimo de Adolfo Alsina y su prestigio, aunque grande, no rebasa la provincia de Buenos Aires, donde sus posiciones en favor de la industrialización y sus conocimientos de finanzas y economía lo han destacado en la Legislatura bonaerense y el Congreso Nacional. De algún modo, pues, Roca es un representante de las aspiraciones del interior, al que conoce profundamente, mientras "el Gringo" es una expresión netamente porteña. Era notorio que Roca se enfrentó desde 1875 con el ministro de quien dependía, Adolfo Alsina, del cual lo separaban insalvables diferencias respecto de la política a seguir en el problema de los indios; Pellegrini, fiel a Alsina, ha estado, pues, al lado de quien fuera el principal obstáculo a las concepciones que promueve Roca en materia de fronteras. No parecía que hombres situados en posiciones y bases políticas tan diferentes, pudieran entenderse. Pero ello ocurre en 1879/80 porque, más allá de amistades o intereses de círculo, los dos coinciden en un tema fundamental.

Después de la Conquista regresa Roca a Buenos Aires y desde el Ministerio de Guerra se apresta a activar su candidatura presidencial, fuerte en el interior pero carente de apoyo en Buenos Aires, cuyo gobernador, Carlos Tejedor, también ha lanzado la suya. El enfrentamiento se establece, en un primer momento, en el seno del gabinete de Avellaneda. La incorporación de Sarmiento al Ministerio del Interior desencadena una áspera polémica entre éste y Tejedor, de la cual Roca es beneficiario. Pero luego Sarmiento denuncia la liga de gobernadores urdida por Juárez Celman en beneficio de su concuñado y Roca debe abandonar el Ministerio de Guerra. El presidente aprovecha esta dimisión y la posterior de Sarmiento para reorganizar su gabinete, y es entonces cuando designa a Pellegrini en reemplazo de Roca. Rivero Astengo dice que fue Marco Avellaneda el que sugirió el nombre de "gringo". Fue una designación acertada. No ignoraba Roca la importancia que tenía la conducción del Ejército en la apuesta política que estaba realizando. En las luchas electorales que precedieron a la elección de Sarmiento en 1868 y la de Avellaneda en 1874, el manejo de las fuerzas nacionales fue determinante del triunfo de ambos y el propio Roca, en los destinos militares que ocupó por entonces, participó activamente de aquellos movimientos. Miró, pues, con prevención, la figura de su sucesor. "...el que menos me gusta es Pellegrini porque allí hubiera estado mejor Luis María Campos y por razones de otro orden. Sin embargo, no podemos decir que perdamos con él. Es bueno que Ud. y Viso le escriban continuamente", transmite Roca a Juárez Celman en esos días.

La desconfianza de Roca resultó, a la postre, infundada. En la medida en que Tejedor desarrollaba una acción ferozmente localista e incitaba a una posible secesión de Buenos Aires si no triunfaban sus pretensiones, los dirigentes con sentido nacional se alejaban de él; existía ahora un país que no habría de tolerar aventuras hegemónicas por parte de la provincia porteña. Pellegrini era uno de éstos y desde el primer momento luchó, no tanto por la candidatura del tucumano sino para evitar la degradación de la autoridad nacional. Esto bastaba a Roca, pues su causa, hacia fines de 1879, se iba convirtiendo en un movimiento tendiente a evitar que una provincia pudiera imponer sus pretensiones a la totalidad del país. Diferentes en su personalidad, sus antecedentes y sus trayectorias, Roca y Pellegrini coincidían, básicamente, en la necesidad de establecer un Estado nacional fuerte, no sujeto a los vaivenes de la política partidista ni presionado por localismos de ningún origen. Ésta fue la base conceptual de la que partió la alianza que vinculó a los dos durante las agitadas jornadas del ochenta.

Una alianza que debió vivir varios momentos cruciales, en la cual se puso a prueba la solidez de esta solidaridad creada entre el candidato presidencial y el ministro de Guerra de Avellaneda. El primero de esos momentos ocurrió el 15 de febrero, cuando los "rifleros" porteños realizaron un gran desfile por las calles de Buenos Aires para demostrar su potencialidad bélica. Pellegrini, casi sin disponibilidad de fuerzas propias, hizo ocupar el Tiro Federal y situó al Regimiento 7 frente a la Casa de Gobierno para evitar desbordes que parecían inevitables. Cuenta Rivero Astengo que el ministro se hizo confeccionar, para ese evento y los que seguirían, un atuendo semimilitar: saco largo de color azul con botones dorados y un sombrero que era casi un quepí. A caballo y con una espada como única arma, el ministro dirigió estos movimientos, que impidieron las agresiones que se temían.

El 8 de mayo vuelve a tener Pellegrini una actuación relevante, cuando se transforma en intermediario de la histórica entrevista Roca–Tejedor. En esa oportunidad Roca se encontraba en Rosario y Pellegrini le transmite por telégrafo un completo informe sobre la situación política, en particular la que impera en el Congreso. Desde enero, por lo menos, Pellegrini escribía regularmente a Roca teniéndolo al tanto de los acontecimientos; entre el fárrago de comunicaciones dirigidas en esa época al candidato – en parte publicadas por el Museo Roca –, las suyas se distinguen por su claridad y precisión. No es de extrañar que un par de días después de las elecciones de abril, en las que triunfaron los electores comprometidos con Roca, su hermano Ataliva le escriba: "Pellegrini se porta muy bien; el Gringo es todo un hombre". En esos mismos días, cuando Roca le comenta epistolarmente a Dardo Rocha sus dudas sobre la viabilidad de su candidatura, Pellegrini dice: "Roca debe estar tranquilo; mientras yo sea ministro de Guerra, el Ejército no hará otra cosa que hacer respetar la Constitución".

La conferencia Roca–Tejedor a bordo de la *Pilcomayo* se realizó en el Tigre sin que ninguno de los aspirantes declinara sus pretensiones. Inmediatamente después, Pellegrini y Roca se encuentran en Campana y allí, sin duda, trazan los planes para hacer frente al ya inevitable alzamiento porteño. Cubren las apariencias con la publicación de una "Carta abierta" que el candidato entrega al ministro de Guerra para su difusión, pero este documento (uno de los varios que Roca produjo en esos meses para transmitir a la opinión pública la sensación de que no estaba aferrado a su postulación) no justificaba la reunión de Campana, por lo que es dable conjeturar que fue en la pequeña ciudad sobre el Paraná donde se definieron los papeles que cada uno desempeñaría en la tragedia que se aproximaba.

En efecto, los sucesos posteriores dan la idea de un reparto de roles perfectamente definido. Cuando las fuerzas porteñas hacen armas contra la enseña nacional (1° de junio) Pellegrini convence al presidente de que abandone la ciudad rebelde y encabece la represión. En Chacarita primero y luego en Belgrano, el ministro de Guerra ordenará la concentración de varios regimientos nacionales. A su vez, Roca, situado en Rosario, ciudad que le era adicta, vigilaba para que Corrientes, aliada a Buenos Aires, no enviara refuerzos a los porteños, y al mismo tiempo mantenía asiduos contactos epistolares con los gobiernos provinciales del interior, para sostenerlos en el apoyo al gobierno nacional.

Difícilmente podría exagerarse la importancia de la actuación de

Pellegrini en las jornadas de junio. Fue él quien prohibió al gobierno de Buenos Aires el desembarco de las armas compradas en el exterior que reforzarían peligrosamente la potencia de las fuerzas porteñas; fue él quien, producido el hecho de armas del Riachuelo entre los "rifleros" y los tres buquecitos nacionales que se oponían al desembarco, persuadió al presidente de que la provincia se había colocado en estado de rebelión y que correspondía por consiguiente abandonar la ciudad para montar el aparato represivo contra los insurrectos. Fue él quien diagramó la compleja operación de traer a regimientos diseminados en la campaña bonaerense, en Córdoba y en el sur del país, para evidenciar a los tejedoristas que la resistencia sería inútil. Fue él, enérgico ministro, en fin, quien pasó las de Caín en la clara conciencia de que el poder nacional era muy vulnerable hasta que se concretara la reunión de las fuerzas leales; y también quien debió sudar con la trágica noticia de que la pólvora disponible en Chacarita estaba mojada y colocaba en estado de indefensión al gobierno de Avellaneda.

Tres personajes fueron fundamentales en el triunfo de Roca: Juárez Celman, que desde Córdoba mantuvo la solidaridad del interior con su candidatura; Dardo Rocha, que fue su vocero y agente electoral más activo en Buenos Aires, y Pellegrini, que desde el Ministerio de Guerra llevó adelante la parte más dura de la estrategia convenida y no vaciló en ordenar a las fuerzas nacionales que atacaron el dispositivo defensivo porteño, con el sangriento saldo conocido. Con los tres, Roca habría de romper en uno u otro momento de su vida política.

En 1879/80 funcionó por primera vez la alianza Roca–Pellegrini; por cierto, lo hizo de modo impecable. Hay que reiterar, para valorar la actuación del ministro de Guerra, que se trataba de un "porteño crudo", un hombre que venía del alsinismo, un autonomista convencido. En la emergencia prevaleció su sentido nacional. Su apoyo a Roca no significó ayudar a un candidato sino sostener la autoridad nacional, que exigía el aplastamiento del alzamiento localista. No fueron muchos los porteños que en esa emergencia adoptaron una posición de antagonismo con la amada provincia: Pellegrini fue uno de esos pocos y tal actitud, que pudo haberlo invalidado ante sus comprovincianos, le significó, por el contrario, el respeto de todos, porque fue evidente que en su decisión no prevaleció un mezquino cálculo electoral sino una profunda convicción sobre las condiciones institucionales y políticas que debían crearse para establecer un Estado nacional fuerte que cerrara la etapa de los alborotos internos y abriera una nueva era de paz y progreso. La inicial desconfianza de Roca frente a Pellegrini se trocó rápidamente en una actitud de estima. A partir de ese momento se concretó la perdurable solidaridad que sería un elemento fundamental en la política de las décadas posteriores.

En 1890

Que ello fue así, que Pellegrini no apoyó a Roca respondiendo a especulaciones personales, quedó patente cuando no obtuvo ningún cargo en el elenco que asumió el poder en octubre de 1880. Sólo Rocha le ofreció la vicegobernación de la provincia de Buenos Aires, situación que Pellegrini declinó. En 1881 se lo elige senador nacional por la misma provincia para completar un período de dos años. Desde su banca adoptará posiciones independientes del gobierno, aunque reconociéndose como miembro del partido oficial, y es así como se opondrá a la creación del territorio nacional de Misiones, considerando que esa jurisdicción correspondía a Corrientes. Recordemos que se atribuyó la erección del nuevo territorio nacional a un propósito de desquite de Roca, contra cuya candidatura habíanse plantado activamente los correntinos.

Mientras Roca sigue gobernando, Pellegrini hace un viaje de casi un año por Europa, de donde regresa a principios de 1884, para volver nuevamente en marzo de 1885 con el encargo de gestionar un importante empréstito, misión que cumplirá exitosamente. En julio de 1885 es designado ministro de Guerra en reemplazo de Benjamín Victorica y durante más de un año vuelca su energía en la consecución de un objetivo en el que coincide plenamente con el presidente: establecer un Ejército profesional, con acantonamientos que sirvan como bases civilizadoras en las más remotas regiones del país.

En 1886, cuando se lanza la candidatura de Juárez Celman como sucesor de Roca, el nombre de Pellegrini se impone sin resistencia para integrar el binomio presidencial. Roca le ofreció la candidatura vicepresidencial varios meses antes de comenzar a hablarse de su sucesión; en esa oportunidad, Pellegrini prefirió postergar su decisión, pero cuando Juárez Celman fue proclamado en la mayoría de las provincias, aceptó completar la fórmula oficialista. Después de entregar el poder Roca viaja a Europa y recibe allí varias cartas del vicepresidente de la Nación.

Como siempre, son informes claros sobre la situación del país. El 30 de junio de 1887 Pellegrini le transmite su inquietud con motivo de la intervención a Tucumán. "Como Ud. personalmente comprenderá este hecho tenía que colocarme en una situación difícil. No podía apoyar ni aprobar semejante hecho y no quería ni debía aparecer al lado de la oposición, que lo condenaba y hacía armas contra el presidente." No obstante, le aclara, "la situación política general (está) bien y tranquila como Ud. la dejó". Habla de la situación económica: "...sigue próspera aunque se nota en todo una sensación parecida a la que experimenta el que va en tren expreso a 60 millas por hora. La historia nos dice que las crisis son periódicas y fatales: ¿cuándo llegará la nuestra?". En diciembre vuelve a escribir a Roca transmitiéndole su preocupación por la excesiva especulación: "Se juega sobre todo y con cualquier motivo (...) En la Bolsa los corredores se cuentan por miles y se compran y venden millones de pesos, operaciones 'de tiza' como las llaman, por cuenta de todo el mundo, abogados, médicos, diputados, empleados, hijos de familia, haciendo subir y bajar caprichosamente el precio del oro, produciendo oscilaciones violentas que son completamente independientes del estado económico del país". En marzo de 1888 las inquietudes de Pellegrini se trasladan al plano político: el torpe desplazamiento de Ambrosio Olmos, íntimo amigo de Roca, de la gobernación de Córdoba, ha puesto a la provincia bajo el dominio de un gobierno irresponsable: "Es un dolor ver cómo se puede dislocar un partido por exceso de fuerzas". Le asegura que no hay oposición sino grupos dispersos y sin cohesión, que esperan la división del partido oficial para plegarse a una u otra fracción; pero si se unen bajo una dirección importante "tendrían peso no despreciable en la balanza; y que sean los amigos más íntimos del presidente los que precipiten la división y la lucha, es una aberración sólo explicable por su inexperiencia". Lo urge a que vuelva, pues la presencia de Roca en el Senado – dice – será importante. A través de estas cartas resulta indudable que entre ambos personajes subsiste la unidad de miras que los unió en 1880.

Apenas regresado Roca al país, será Pellegrini quien se traslade a Europa, de donde vuelve en octubre de 1889. Por entonces la situación económica se ha agravado y una nueva fuerza opositora, la

Unión Cívica, está cumpliendo la función que un año y medio atrás había pronosticado el vicepresidente. Roca y Juárez Celman han virtualmente cortado sus relaciones y el mismo Pellegrini se siente en una posición incómoda. Meses más tarde, el proceso que hará eclosión en la Revolución del Parque se precipita y aquí aparece otro momento importante de la alianza de Roca y Pellegrini.

La historiografía acepta, en líneas generales, que Roca supo "administrar" el movimiento cívico para que, aun estallando, se limitara a obtener la renuncia de Juárez Celman y no la caída del gobierno. Ahora bien: ¿qué papel jugó Pellegrini en la maniobra? A mi juicio, el vicepresidente no supo nada o supo muy poco de la actividad de Roca. Parecería probar esta ignorancia la carta que envía a Miguel Cané la víspera de la Revolución del Parque, desestimando una posibilidad revolucionaria: "La llamada conspiración militar de estos días ha alarmado mucho, sin tener mayor importancia; sí la veo grave como síntoma", le expresa. Se equivocaba Pellegrini: la conspiración existía y era tan importante como para comprometer a la mayoría de los cuerpos acantonados en la Capital Federal y convocar a centenares de civiles. Pero seguramente Pellegrini coincidió con el propósito general de Roca durante las jornadas del Parque; también él estaba convencido de que la impopularidad de Juárez Celman hacía imposible su permanencia en el sillón de Rivadavia. Sin embargo, hasta que el proceso se agotara, su función constitucional debía cumplirse lealmente y, sobre todo, debía mantener a toda costa el principio del orden y la autoridad. Así lo hizo en esos días, constituyéndose, de hecho, junto con Roca, en el jefe de las fuerzas que sostenían al gobierno. Posteriormente, Pellegrini no hará nada para apresurar la dimisión del presidente, pero no dejará de hacerle saber que su continuación en el cargo se ha tornado imposible.

Al asumir Pellegrini la presidencia será, pues, muy lógico que llame a Roca al Ministerio del Interior. En los meses que siguen los unirá un objetivo que, en último análisis, no es diferente del que los vinculara diez años antes. Ahora se trata de elaborar una política que imposibilite nuevos estallidos mediante un acuerdo entre los principales partidos, en tanto el gobierno busca la forma de remontar la grave crisis que paraliza al país. En los difíciles tiempos que corren entre agosto de 1890 y mayo de 1891, Pellegrini y Roca, el presidente y su ministro político, tirarán parejo del carro del Estado. Mientras se negocia una refinanciación de la deuda, se crea el Banco de la

Nación, se liquidan los bancos insolventes y se establecen severos impuestos; Roca, por su parte, conseguirá de Mitre que acepte ser candidato de "salvación nacional". Logrado el "Acuerdo", se aleja del ministerio, considerando cumplida su misión. Pero el rechazo del "Acuerdo" por parte del sector intransigente de la Unión Cívica obliga meses más tarde a la renuncia de Mitre y deja en estado muy vulnerable la futura salida política. Frente a la posibilidad de un triunfo radical en las elecciones presidenciales de abril de 1892, Pellegrini y Roca echarán mano a soluciones heroicas: reviven el "Acuerdo", esta vez en la persona de Luis Sáenz Peña (una sagaz manera de anular la naciente candidatura de su hijo Roque), y para imponerla se declara el estado de sitio y se procede a la detención de todo el elenco radical.

Cuando Pellegrini entregó el poder, en octubre de 1892, el propósito que lo había vinculado por segunda vez a Roca se había cumplido porque la crisis iba quedando atrás y el nuevo gobierno estaría mantenido, al menos en teoría, por el roquismo y el mitrismo. Pero los acontecimientos requerirán, menos de un año más tarde, que esa alianza se recomponga activamente para enfrentarse a sucesos no menos graves que los del noventa.

En 1893

Al dejar la presidencia, Pellegrini manifestó cierto cansancio por la política. Nunca había sido adinerado y esto también lo diferenciaba de Roca, quien desde la década anterior era un importante hacendado, propietario de tres grandes estancias: una en Córdoba, heredada de su suegro, la otra en el sudoeste de la provincia de Buenos Aires, que le fuera otorgada por sus servicios en la Conquista del Desierto, y la tercera, cerca de Arrecifes, comprada de su peculio con la ayuda de su hermano Ataliva. Pellegrini, en cambio, que anteriormente había ejercido con éxito su profesión de abogado, abandonó su estudio y ahora, terminada la gestión presidencial, ingresó como socio a la casa de remates de Funes & Lagos. Pero el Gringo era político de raza y no pasaría su vida vendiendo novillos. A mediados de 1893 la administración de Sáenz Peña, fruto directo de su alianza con Roca, se encuentra jaqueada y empantanada. Convocado a consulta por el presidente, Pellegrini insinúa que Mitre y Roca son los culpables de las dificultades que bloquean la administración de Sáenz Peña y sugiere una solución drástica: llamar a Aristóbulo del Valle.

Es, acaso, la primera vez en que Roca y él discrepan totalmente. Porque también a Roca le preocupa el desgaste que sufre Sáenz Peña, pero tiene mala opinión de Del Valle; lo considera un retórico, poco apto para el oficio de gobernar; además, los radicales, alentados por la presencia de su viejo correligionario en el gobierno, provocarán estallidos en todo el país. En efecto, al poco tiempo los fieles de Alem insurgen en Buenos Aires, Santa Fe, San Luis y poco después en Tucumán. Del Valle pretende facilitar a los pueblos sacudirse de encima a sus malos gobiernos y dará carta blanca a los revolucionarios. Durante un mes se viven gravísimas alteraciones. Roca renuncia a su banca de senador y se encierra en un desdeñoso mutismo. Finalmente, Pellegrini, que se encontraba tomando baños en Rosario de la Frontera, regresa apresuradamente a Buenos Aires y se hace cargo de la situación. Logra arrancar la renuncia a Del Valle, presiona el desarme de los revolucionarios de las provincias y él mismo, al lado del general Francisco Bosch, se traslada a Tucumán con un regimiento para sofocar el alzamiento, aun corriendo el riesgo de que la fuerza se le subleve. Por su parte, Roca será designado por el presidente para dirigir la represión contra los radicales de Rosario, donde se encuentra Alem como "presidente provisorio de la Nación". Roca enfundará de nuevo su uniforme militar y se dirigirá en tren hacia la segunda ciudad de la República; antes de llegar se entera de que los insurrectos se han rendido, lo que no obsta que sea recibido en Buenos Aires como un triunfador.

Por segunda vez en el curso de tres años, el tucumano y el porteño han actuado solidariamente, pese a sus discrepancias iniciales, en el sostenimiento de la autoridad nacional. Meses más tarde y después de diversas gestiones, ambos abandonan públicamente a Sáenz Peña, quien se ve llevado a presentar su renuncia. Asume entonces el vicepresidente Uriburu, que habrá de gobernar en estrecha colaboración con Roca, su futuro consuegro. Los fuegos revolucionarios ya se han apagado, el país entra en una etapa de expansión y prosperidad: los dos grandes bomberos pueden sentirse satisfechos.

En 1897

Hacia 1897, Roca y Pellegrini eran *primus inter pares* en el escenario político argentino. Ambos habían sido presidentes de la Nación, ambos dirigían el partido genéricamente denominado Nacional o Autonomista Nacional, ambos ostentaban títulos que merecían la consideración de sus conciudadanos. Pero esta identidad ofrecía matices importantes. Pellegrini era más popular que Roca: se lo llamaba "la Gran Muñeca", "el Piloto de Tormentas", y sus opiniones en materia económica se reputaban infalibles, así como sus gestiones en este campo, invariablemente exitosas. La mitología pública olvidaba que los arreglos financieros concretados con los acreedores externos durante su presidencia fueron mucho menos convenientes que los logrados bajo la opaca gestión de Luis Sáenz Peña. A ojos de la gente común, Pellegrini podía solucionar todos los problemas. Roca, en cambio, gozaba de una sostenida impopularidad; ningún diario grande lo apoyaba y para todos era el "Zorro", el personaje vulpino y sinuoso al que se debían todos los males de la República. Carecía de simpatía y de afecto popular.

Cualquiera de los dos podía ser el sucesor de Uriburu, pues la oposición era virtualmente inexistente; la UCR estaba desarticulada y dispersa después de la desaparición de Alem y el mitrismo carecía de fuerza para enfrentar una solución oficial. Pero una circunstancia excepcional y preocupante daba ventaja a Roca: los problemas con Chile. Todo parecía augurar una confrontación bélica con el país trasandino y se estaba estableciendo un tácito consenso en el sentido de que sólo Roca, militar exitoso y al mismo tiempo hombre proclive a las transacciones, era capaz de llevar adelante una paz digna o una guerra victoriosa.

Desde que empezó a hablarse de la elección presidencial de 1898, Pellegrini se manifestó decididamente por Roca. Rechazó las sugestiones de los gobernadores de Buenos Aires, Santa Fe y Entre Ríos y de amigos como Roque Sáenz Peña; terminantemente afirmó que no era ni sería candidato. Y al reunirse la convención del Partido Nacional, en julio de 1897, votó por la candidatura de Roca. Más aun: como existieran dudas sobre la convicción de su apoyo al tucumano, aceptó explicitar públicamente su posición en una conferencia que tuvo amplia resonancia. Horacio Cuccorese ha relatado la significación de la conferencia del Teatro Odeón, donde Pellegrini historió el papel cumplido por el Partido Nacional en la formación de la Argentina moderna, desestimó al mitrismo como fuerza orgánica, calificó al radicalismo de "temperamento" e hizo a continuación el gran elogio de Roca como conquistador del Desierto, como presidente de la Nación y como garantía nacional en el caso de un conflicto con Chile. La inequívoca y generosa posición de Pellegrini terminó con cualquier duda: meses después se iba a Europa, mientras Roca era designado presidente.

Regresó en agosto de 1899, pero durante su estadía en el Viejo Mundo no dejó de estar al tanto de lo que ocurría en su país. Así, debe de haberle llegado el comentario que habría hecho Roca cuando, al hacerse cargo de la presidencia, alguien le comentó que en su ministerio no figuraba ningún amigo de Pellegrini. "Como era yo el que me casaba, tenía derecho a elegir a la novia", dijo Roca. ¿No me tiene a mí en el gobierno, que soy su mejor amigo?

Independiente como era, Pellegrini mantuvo su solidaridad con Roca en los primeros años de la presidencia del tucumano, pese a esta supuesta ausencia de sus íntimos en el gabinete. Ya al proclamarse la candidatura de Roca se había disgustado brevemente, pues aspiraba a que su íntimo amigo Vicente Casares integrara la fórmula; designado Norberto Quirno Costa, el Gringo superó su decepción y siguió acompañando a Roca. Es que, por sobre todas las cosas, en ese momento lo preocupaba el problema con Chile y estaba dispuesto a dejar de lado cualquier suspicacia antes que debilitar al presidente. En marzo de 1898, siete meses antes de que Roca asumiera, le escribía que había hablado con Amancio Alcorta para que toda compra de armamentos se consultase con Roca: "...si queremos proceder con método es indispensable que el presidente se dirija a Ud. como teniente general de la Nación y futuro general en jefe (y) le sometiera todos los planes de movilización, adquisición de material etc., etc., para que Ud. informara y amoldara todo a las ideas o planes que tenga en caso de una guerra con Chile". Meses más tarde, ya instalado en París, se dirige a Roca: "Mi querido General: Al recibir ésta, estará Ud. preparándose para cargar la cruz. Que el cielo inspire en ese vía crucis que tantos envidian y tan pocos conocen. Usted sabe cuánto deseo su éxito y cuánto confío en su experiencia de los hombres y las cosas". En mayo de 1899 escribe a Casares, siempre desde París: "Roca, zorro viejo, debe estar convencido de que no vale la pena de pelearse por partidos nominales, que sólo existen hasta donde conviene a los interesados, y por consiguiente, para gobernar tranquilo, deben hacerse a la oposición todas las concesiones que pida para estar quieta". Y a su querido amigo Cané, que seguramente criticaba la manera laxa del segundo gobierno de Roca, le daba argumentos novedosos para defender este estilo: "Noto que Roca ha dejado casi las riendas sueltas al Congreso y al ministerio, en lo que cumple propósitos que conversamos en nuestra última conferencia. El objeto es que se formen nuevos hombres, dejándolos que luchen en el Congreso y que se hagan su propio prestigio, y que no se presenten como edecanes del presidente llevando órdenes, como ha sucedido antes. Esto tal vez ha desorientado un poco, pues para muchos es más cómodo y fácil obedecer una orden que formar un juicio; andan buscando quién le dé la voz de mando, que ya muchos anuncian para mi llegada. No me conviene absolutamente llegar en estas condiciones. Yo no debo ni quiero hacerme ministro del ministerio de Roca, ni siquiera aparecer como tal; sería el medio seguro de traer un rompimiento sin objeto. No pretendo, tampoco, presentarme como opositor; no tengo motivo ni razón alguna que me lleve a eso. Mi actitud después de mi llegada tiene que ser benévola y expectante y esto puede producir un desencanto en aquellos que esperan un poco de fuegos artificiales".

En abril de 1901, finalmente, llega Pellegrini de Europa. Sus largas estadías en el Viejo Mundo han acrecido las expectativas que genera su arribo. Algunas revistas populares lo llaman el "Mesías"... Se espera – algunos así especulan – que dos personalidades tan fuertes como las del Gringo y el Zorro encuentren demasiado estrecho el escenario político nacional para poder convivir pacíficamente. Sin embargo, como se ha visto, Pellegrini no tiene la menor intención de hacer oposición. No obstante su propósito, menos de tres meses más tarde sobrevendrá la ruptura entre los dos personajes. Una ruptura definitiva, cuyas consecuencias tendrán trascendencia en la evolución de la política y las instituciones del país.

En 1901: ruptura

Como es sabido, durante la segunda presidencia de Roca se puso orden en el campo de las finanzas públicas, gravemente deterioradas a partir de la crisis del 90, pero en tren de recuperación mediante la severa política fiscal de Pellegrini, continuada por Luis Sáenz Peña y Uriburu. Así, en octubre de 1899 se sancionó la ley 2.741 que crea la Caja de Conversión, y un mes más tarde la ley 3.871, la cual establece definitivamente el valor a oro de los billetes circulantes. El tercer paso de este plan debía ser, por lógica, la unificación de la deuda externa.

Más de treinta empréstitos argentinos, nacionales y provinciales, estaban colocados en Europa, con distintos tipos de interés y diferentes plazos de amortización. El proyecto de Roca (en realidad originado en la iniciativa del banquero Ernesto Torquist y apoyado por el ministro Berduc) era cambiar ese mosaico de títulos por un bono único que permitiera convertirlos en una sola obligación, con un único tipo de interés y plazo de amortización. Esta novación permitiría calcular cómodamente los pagos que debía girar el país a sus acreedores y ponía claridad en los egresos fijos de la Nación.

Era un proyecto grandioso y, en líneas generales, conveniente para el país. Pellegrini, renuente en un principio – ya se había opuesto a una iniciativa similar durante la gestión de Sáenz Peña –, se sintió seducido por la magnitud de la operación y su significación, pues su éxito marcaba la clausura de la época en que la Argentina no merecía crédito por parte de los capitalistas europeos. Durante su estadía en el Viejo Mundo en 1899, a pedido del presidente, sondeó la actitud de la banca británica y encontró una buena acogida al proyecto. Poco a poco fue entusiasmándose por la iniciativa y cuando llegó a Buenos Aires, en abril de 1901, estaba dispuesto a ser su campeón en el Senado y ante la opinión pública.

Pero el proyecto de unificación de la deuda presentaba un flanco vulnerable: la garantía de los acreedores, consistente en el depósito diario de un porcentaje del producido de la Aduana, a disposición del sindicato que representaría a los tenedores de los títulos argentinos. Este detalle fue el que provocó la reacción de la opinión pública a partir de las conferencias de José A. Terry en la Facultad de Derecho, quien lo denunció como una imposición que repugnaba a la soberanía y a la dignidad argentinas. Bien pronto, la reacción académica se trasladó a la calle y, en los primeros días de julio de 1901, la ciudad de Buenos Aires presenció tumultos y manifestaciones callejeras cada vez más violentas. La posición del gobierno se debilitaba, aunque el proyecto de unificación contaba ya con la sanción de la Cámara de Diputados. Y aún debía sumarse a los alborotos el grave contraste sufrido en esos días por el gobierno, cuando debió aceptar la renuncia del ministro de Instrucción Pública, Osvaldo Magnasco, cuyas reformas al sistema educativo habían sido rechazadas, también en medio de protestas estudiantiles.

Los tumultos se tornaban graves. Se apedreó la residencia del presidente y las turbas intentaron destruir las imprentas donde se editaban los dos únicos diarios que apoyaban al gobierno. Intentaron también agredir la casa de Pellegrini, quien, al enterarse de las intenciones de los manifestantes, se plantó frente a su puerta silenciando con su actitud el griterío. Entonces Roca decidió establecer el estado de sitio; se ordenaron varios centenares de detenciones, se clausuró *La Nación* y la Policía actuó con energía – y hasta con brutalidad – para disolver las algaradas.

Pero cuando se restableció el orden, Roca debió enfrentarse a un grave problema: ¿debía insistir en la sanción de la ley o convenía descongestionar el ambiente dando un paso atrás? Tanto el presidente como Pellegrini estaban asistidos por la convicción de que la unificación de la deuda era una iniciativa beneficiosa para el país. Pero, ¿era prudente insistir en ella frente a la resistencia que se había manifestado violentamente?

Rivero Astengo relata que fue entonces cuando el presidente hizo consultar a Mitre, quien habría contestado con una frase de Mirabeau: "Cuando todo el mundo se equivoca, todo el mundo tiene razón". El presidente resolvió, entonces, retirar el proyecto de ley que estaba en el Senado para su tratamiento. Ezequiel Ramos Mejía dice en sus *Memorias* que Roca "no dio explicaciones a Berduc de su manera de proceder, ni siquiera a don Ernesto Torquist, que alguna injerencia había tenido en el problema". Y por supuesto, tampoco a Pellegrini. El Gringo se habría enterado por el diario de que "su proyecto había sido retirado por el Poder Ejecutivo".

¿Por qué Roca, tan puntilloso en el ejercicio de las formalidades del poder, adoptó unilateralmente, en solitario, semejante decisión? Es conjeturable que haya previsto una desgastante discusión con Torquist, con Berduc y por supuesto con Pellegrini, quienes habrían insistido en la necesidad de mantener el proyecto, dada su conveniencia. Pero en este terreno el presidente no podía sostener debate alguno, pues más allá de sus méritos técnicos, el tema habíase deslizado irremediablemente al plano político y aquí las cosas se planteaban en otros términos. Debilitado por las reacciones opositoras en el caso Magnasco y ahora en el problema de la unificación, con la grave perspectiva de la guerra con Chile, que ese año se tornó nuevamente muy probable, es de pensar que Roca se haya visto constreñido a hacer una concesión a la opinión pública, tomando sobre sí la decisión de retirar el proyecto: "Cuando todos se equivocan...".

Es difícil suponer, en cambio, que haya calculado la reacción de Pellegrini. En la primera sesión del Senado, el Gringo pronunció palabras que implicaban una ruptura definitiva con su viejo aliado. Ponderó el retiro del proyecto como "una cobardía incalificable", acusó al presidente de carecer de principios y anunció su alejamiento total del gobierno.

Es tradición que frente al hecho consumado, Roca se limitó a comentar: "El Gringo volverá...".

Pero el Gringo nunca volvió. Había resuelto romper el vínculo que lo unía al tucumano desde hacía dos décadas, con un sentimiento que Rivero Astengo ha descripto como de liberación y dolor: liberación, porque a partir de entonces desplegaría su acción pública sin los compromisos que le imponía la jefatura bicéfala del PAN; dolor, porque a esa altura de su vida ya no había tiempo de fundar amistades de esa naturaleza. En cuanto a Roca, lo que pareció ser un traspié significó el descalabro irremediable del régimen edificado a partir de 1880.

Después de 1901

En realidad, las disidencias de Pellegrini con Roca venían de años atrás y se relacionaban con ese mismo régimen. Pellegrini veía con creciente preocupación la indiferencia de la juventud por la cosa pública y creía inconveniente la perduración de un sistema de partidos ficticio y carente de respetabilidad. Advertía la necesidad de una enérgica renovación de la vida cívica y suponía que ese movimiento debía y podía ser promovido desde el mismo seno del régimen. A su juicio, Roca presidiría, aunque no lo deseara, la liquidación de esas fantasmagóricas fuerzas personalistas, oportunistas y carentes de principios que protagonizaban la política argentina; a partir de su liquidación serían posibles una nueva distribución de responsabilidades y la implantación de nuevos métodos. Aquí vendría su momento histórico, pues no había otro hombre cuyo prestigio suscitara tantas expectativas. Pellegrini era el único en condiciones de generar una moción que blanqueara el régimen y acelerara su reforma.

Después de la ruptura, Pellegrini no intervino activamente en ninguna iniciativa opositora y aun apoyó al gobierno en la aprobación de los tratados con Chile, que alejaron definitivamente el peligro de la guerra. Hizo un largo viaje a Europa y a Estados Unidos. De tanto en tanto anunciaba la formación de un nuevo partido. Sus amigos participaron en la Convención de Notables de 1903 para intentar imponer su candidatura presidencial, pero encontraron que un irreductible veto pesaba sobre "la Gran Muñeca". Recién a principios de 1906, siendo Quintana presidente, se lanzó a la acción política con su energía de siempre, creando una "Coalición Popular" que obtuvo un resonante triunfo electoral en la Capital Federal, en las elecciones legislativas de marzo.

Ya era tarde. Falleció en julio de 1906. Pero además estaba equivocado, porque el régimen creado por Roca y él carecía de fuerzas para renovarse. Así lo demostró Figueroa Alcorta al limitarse a desmontar los restos del poder roquista, sin animarse a promover una verdadera reforma. El régimen no podía curarse a sí mismo. Debía ser sustituido y esta fatalidad histórica fue promovida por Roque Sáenz Peña, acaso sin desearlo, al abrir la posibilidad del sufragio libre. La transición gradual que postulaba Pellegrini era utópica: con sus virtudes y sus defectos, el sistema político imperante debía ser fiel a sí mismo y, en consecuencia, estaba imposibilitado para ir mejorando progresivamente.

Principios e intereses

Toda alianza política se funda en una cierta identidad de principios e intereses. La larga vinculación de Roca y Pellegrini se basó en algunas convicciones que ambos mantuvieron incólumes, sobre las tormentas de esos años.

La primera: la necesidad de un orden institucional que excluyera las revoluciones, los motines, la supremacía de los poderes provinciales sobre el poder superior de la Nación. O, como se ha reiterado en estas páginas, la necesidad de implantar un Estado nacional fuerte, invulnerable.

La segunda convicción se refería al progreso como objetivo que los argentinos debían alcanzar abriendo, a tal fin, las fronteras a los hombres, los capitales, las mercaderías y las ideas provenientes de Europa. Es decir, la inserción de la Argentina en los circuitos mundiales de la producción, la inversión y el consumo.

Ambos coincidían, además, en la conveniencia de mantener la paz exterior, solucionando a ese efecto los problemas existentes con los vecinos, especialmente con Chile y el Brasil. Aún frescas las heridas de su ruptura con Roca, Pellegrini apoyó en el Congreso los Pactos de Mayo y aprobó la explicación desarrollada por el ministro Joaquín V. González para fundamentar estos tratados.

Estas tres sencillas creencias les fueron comunes y bastaron para sustentar la alianza de veinte años que dio color y esencia a la política argentina entre 1880 y 1901. Pero, hemos dicho, además de una identidad de principios, se necesita, para fraguar una alianza política, cierta comunidad de intereses. Los de Roca y Pellegrini se relacionaban con la clase dirigente que los acompañó.

Aquí hay que hacer una aclaración. Pellegrini fue hombre de concepciones amplias; Roca, en cambio, se manejaba cómodamente con ideas concretas y puntuales y no era amigo de teorizaciones. Los dos coincidieron casi intuitivamente en las convicciones que se han señalado como bases para construir una Argentina moderna, ordenada y próspera. Para lograrlo no bastaban las ideas: hacían falta hombres. Roca y Pellegrini obtuvieron la compañía de los mejores hombres de su tiempo: basta repasar los nombres de los ministros que los secundaron en sus respectivos mandatos para concluir que se trataba de los más esclarecidos y capaces. Sus intereses políticos, pues, tenían que ver con el mantenimiento de esos elencos en posiciones de poder.

Formar una clase política es una labor ardua y prolongada; mantener la fidelidad de sus integrantes, distribuyendo cargos y responsabilidades, supone una delicada tarea en la que Roca y Pellegrini sobresalieron. Cada uno de los dos tenía su propio círculo y debía, además, contemplar las aspiraciones de otras fuerzas, como el mitrismo, que, aun no formando parte del PAN, participaba frecuentemente de los gajes del poder y le servía de apoyo. El equilibrio con que se fueron manejando estas situaciones constituyó la base de los intereses políticos que Roca y Pellegrini mantuvieron durante tantos años.

Claro está que semejante composición implicaba de suyo un sistema político exclusivista y cerrado, donde las disidencias frontales (como el socialismo o el radicalismo) debían rechazarse totalmente. Éste fue, en último análisis, el flanco vulnerable del régimen arquitecturado por la alianza histórica de Roca y Pellegrini; el que debilitó el sistema entero, al punto de presentarlo inerme y sin fuerzas ante la irrupción radical, tras la sanción de la ley Sáenz Peña. Pero no podemos criticar demasiado esta falla: fue el precio indispensable para la elaboración de un régimen a cuyo amparo, después de todo, quedó formada la Argentina moderna.

Gramajo, el amigo fiel

Alguna vez habría que escribir un ensayo sobre la política y la amistad. Porque la palabra "amigo" se usa mucho en el lenguaje político pero en esa dimensión significa poco. En el radicalismo, por caso, suelen llamarse "amigos" a quienes no son otra cosa que "puntos": "Fulano tiene cincuenta amigos en la Cuarta..."; "Mengano tiene ochenta amigos en la Dieciocho...".

No son amigos, claro; constituyen, simplemente, el caudal electoral de un dirigente. Por otra parte, ningún campo parece más proclive para la ruptura de amistades. Las hubo famosas, como la de Roca y Pellegrini, la de Yrigoyen y Alvear, la de Uriburu y De la Torre, la de Balbín y Frondizi, la de Perón y Mercante; todas, en algún momento, quedaron destrozadas porque las exigencias políticas superaron los afectos de la vinculación amistosa. Y está bien que sea así; frente a la significación de las cosas que involucra la política – el poder, el Estado, la concepción de un país, etc.–, la amistad es sólo una anécdota. Y en la política pequeña, esa mezquina modalidad que forma parte inevitable de la grande, mucho menos una relación de amistad puede superar la prueba de los intereses y las ambiciones en juego.

Sin embargo, el político, como cualquier ser humano, necesita el reposo de la amistad. Precisa hombres o mujeres que lo entiendan, lo estimulen, lo conforten en sus caídas, lo provean de buenos criterios, sean confidentes de sus sueños – y también de sus pecados. Tal vez el político requiera de amigos verdaderos más que ningún otro profesional, porque su oficio está hecho de ambigüedades, gambetas y representaciones, y en algún momento necesita desesperadamente alguien frente al cual pueda sacarse la careta, cancelar el ademán histriónico, dejar las frases hechas, abdicar del disimulo y finalmente ser tal cual es, auténticamente.

Pero, ¡qué pocos amigos tiene el político! Por de pronto, debe encontrarlos en territorios ajenos a la política, pues si el amigo está metido en ella es, de algún modo, un interesado o un competidor. Debe ser leal; de otra manera la confianza se dilapida. Tener una capacidad de comprensión en sintonía con la del político. No ser absolutamente ignorante de los temas que maneja su confidente. Y, por sobre todo, el amigo del político debe ser discreto, discretísimo: debe ser un hombre que jamás escribirá sus memorias...

Es muy difícil para el político encontrar a *el* amigo. Algunos tuvieron esa suerte. Uno de ellos fue el general Julio Argentino Roca. Su amigo se llamó Artemio Gramajo.

"Alcancé a traer la cabecita..."

Según Mariano de Vedia, secretario de Roca durante muchos años, Gramajo y el general se conocieron en Tucumán en 1869, cuando el futuro presidente, entonces comandante, se hizo cargo del Regimiento (Batallón) 7 de Infantería. Gramajo era por entonces un oficial subalterno. Siempre según la crónica de De Vedia – seguramente transmitida por el propio Roca – el joven comandante debía cumplir una comisión. Ordenó a algunos soldados que se aprestaran y también indicó a Gramajo que viniera. Pero sucedía que Gramajo andaba atareado frente a un magnífico lechón que se estaba asando, y no evidenciaba mucho apuro por montar a caballo. Roca, entonces, apuró el trámite de manera que el grupo tuvo que abandonar el manjar y salir a cumplir la comisión. Ya de regreso, el comandante Roca, no sin alguna malignidad, le dijo a su subalterno: "Ahora sí que nos vendría bien el lechón". Y Gramajo musitó entonces las palabras que sellarían para siempre la relación con su jefe: "Alcancé a traer la cabecita...". ¡Ahí estaba retratado Artemio Gramajo! Fiel cumplidor de las órdenes de su superior, no había vacilado en abandonar el deseado lechón. Pero, previsor en el apuro, encontró tiempo para cargar con la cabeza, la parte más sabrosa del animal, para paladearla durante el regreso... Glotón de leyenda, administrador que no permitía el despilfarro, Gramajo se pintaba en este episodio de cuerpo entero. Y Roca, hombre de buen ojo para calibrar a la gente, sin duda interpretó la actitud de Gramajo en su entera dimensión, a pesar de su trivialidad. Desde entonces, Artemio Gramajo fue su amigo, su confidente, su *alter ego*, su sombra, el personaje asociado a su propia persona en la buena y la mala fortuna durante casi medio siglo: hasta la muerte.

Para ser prolijos deberíamos decir que tiempo después de la desaparición de Gramajo, el periodista Cayetano Carbonell publicó en la *Revista Ilustrada del Río de la Plata* una versión distinta del episodio. Según Carbonell, Roca y Gramajo estaban a punto de ser capturados por las fuerzas revolucionarias de Simón Luengo, en Córdoba. Alcanzaron a escapar dejando un lechón en el asador. Cuando llegaron a una posta donde se encontrarían seguros estaban hambrientos y no había nada para comer. Fue entonces cuando Gramajo habría sacado de la alforja la cabeza del lechón. Acotemos que la noticia de Carbonell no es muy creíble porque nunca estuvo Roca en peligro de ser detenido por Luengo; es cronológicamente imposible. Pero sirva la mención de esta versión para mostrar que la anécdota de la cabecita fue tan conocida en su época, que hasta se la deformó y adornó imaginativamente.

El militar

Gramajo era dos años mayor que su amigo. Había nacido el 6 de junio de 1841 en Buenos Aires (no en Santiago del Estero, como suele repetirse) y era hijo del santiagueño Gregorio Gramajo. Según la tradición que conservan sus nietos, los hermanos Enrique y Horacio Figueras, don Gregorio habría bajado a Buenos Aires con una misión de Felipe Ibarra, el caudillo eterno de su provincia. Don Gregorio cumplió o no su cometido ante Rosas, pero además se enamoró de Carmen Reinoso, porteña de familias santiagueñas. Casó con ella y sus hijos fueron dos: nuestro Artemio y una mujer, Aurora, que murió soltera, muy anciana, después de haber acompañado a su hermano muchos años.

Don Gregorio y sus hijos vivieron en Buenos Aires hasta después de Caseros. El cambio político de 1852 favorecía poco a quienes se habían mantenido fieles a la causa federal, como era el caso de Gregorio Gramajo, así es que éste y sus hijos se trasladaron a Santiago del Estero, probablemente al pueblo de Loreto. Don Gregorio murió poco después y entonces Artemio regresó a Buenos Aires. Tenía por entonces algo más de quince años y resolvió engancharse como soldado raso. Como había hecho estudios primarios y se desempeñaba pasablemente bien como pendolista, pronto fue ascendido a cabo. En algún momento, un conocido de su familia materna, que era militar, le brindó la oportunidad de ingresar a la carrera de oficial mediante un examen o prueba de capacidad. Y así fue como Artemio Gramajo empezó su carrera, en la que llegó a coronel; pudo ser general, pero es tradición que cuando se trató su ascenso, el entonces ministro de Guerra, Ricchieri, se opuso porque Gramajo no había egresado del Colegio Militar, a pesar de reconocerle méritos de sobra. Pero esto, naturalmente, ocurrió muchos años más tarde y no empañó (digámoslo de paso) la buena relación que Gramajo y Ricchieri siempre mantuvieron.

La foja de servicios que obra en el archivo del Ejército Argentino acredita su alta como ayudante, en junio de 1865, siendo ascendido a ayudante mayor en octubre del mismo año, con destino en Buenos Aires. Al año siguiente es promovido a capitán, permaneciendo en Buenos Aires durante tres años. En dos ocasiones concurrió al frente paraguayo; una vez, llevando dinero para pagar a la tropa; la otra, conduciendo por vía fluvial una tropilla de caballos. Fuera de estas apariciones, no participó en la Guerra de la Triple Alianza y, por consiguiente, es difícil que haya conocido a Roca en esa circunstancia.

En enero de 1869 es destinado como ayudante mayor de línea al Batallón 7 de Infantería, en ese momento en Salta, ocupado en evitar la invasión de las montoneras de Varela. Fue entonces (o en Tucumán, adonde el cuerpo pasó en seguida) cuando Gramajo inició su amistad con Roca. Desde ese entonces, su propia historia personal se funde con la de su amigo. Permanece en el Batallón 7 todo el año 69 y parte del 70, y acompaña a su jefe en la campaña contra López Jordán que culmina en la batalla de Ñaembé. Poco después es ascendido a capitán (la designación de 1866 había sido de "capitán a guerra", un cargo provisorio), y luego de una breve estadía en Buenos Aires se lo destina a Río Cuarto, como integrante de la plana mayor de la Comandancia de Frontera del Sur de Córdoba, es decir, al lado de Roca en sus Galias ranqueles...

En diciembre de 1875 pasa a ser mayor efectivo, siempre en Río Cuarto, donde permanece hasta enero de 1878. Es en este momento cuando su jefe y amigo recibe el Ministerio de Guerra; Gramajo lo acompañará, junto con Ignacio Fotheringham, en ese viaje por mensajería en cuyo transcurso Roca creyó morir. ¡Cómo habrá sufrido Gramajo en aquellos días, viendo a su idolatrado jefe casi en agonía! Una vez restablecido, el flamante ministro nombra a Gramajo su edecán. Y eso será hasta el fin de sus días: edecán de Roca, pero, además, secretario, consejero, testigo, confidente y, por sobre todo, amigo. Siempre estará al lado de su jefe, pero siempre en un deliberado segundo plano, en un discreto lugar. Son numerosas las fotografías donde, al lado de un abigarrado grupo que rodea a Roca, se ve un poco atrás, cerca pero atrás, la imagen inconfundible de Gramajo, casi siempre sonriente, mofletudo, con sus mostachos y su erizada barba, sin sobresalir, sin destacarse, pero siempre atento para servir a su jefe.

Hay una libretita escrita a lápiz por Gramajo que contiene el diario de la "Expedición al Río Negro". El contenido es revelador de la personalidad de su redactor. Las entradas son cortas, sobrias, sin comentarios: "Mayo 8: Salimos a las 4 y acampamos á las 2 de la mañana en el algarrobo clavado. 7 leguas. Mayo 9: Salimos a las 8 y acampamos en el Médano Colorado a las 12. 5 leguas". Y así los demás días. El 24 de mayo, cuando la columna en la que marcha Roca junto con Gramajo llega al anhelado río Negro, la anotación es igualmente escueta: "Mayo 24: Salimos a las 7 1/4 dirección Sud dejando al Norte á Chaique Mahuida y acampamos a las 5 de la tarde sobre la márgen del Río Negro. La vanguardia había llegado á las 10 1/2 e hizó la bandera. Llegué de servicio y entregué a las 6 de la tarde. 14 leguas". Y al día siguiente: "Mayo 25: La primera brigada saludó el sol con tres descargas. Acamparon".

No hay nada de épico en las anotaciones de Artemio Gramajo. Esa parte la deja a cargo de otros amigos del general, que se encargarán de señalar al país la dimensión del servicio que se le prestaba al conquistar 15.000 leguas de tierra. Gramajo se limitaba a registrar la hora de salida, la distancia recorrida, los parajes que se han tocado, la temperatura. Pero estos registros también son indispensables para urdir eventualmente una crónica con sabor épico: aquellos sencillos hechos fijados en una libretita de almacenero constituyen la trama de la Conquista del Desierto, que es como decir la plataforma de lanzamiento de Roca hacia la presidencia de la Nación.

Al lado de Roca

Por supuesto, Gramajo estará junto a su jefe en los ajetreados días de 1879 y 1880. En sus papeles hay recibos de dinero de diversas personas, civiles o militares, pagos seguramente realizados por Roca para retribuir diversos servicios. Apenas concluida la rebelión de Tejedor, en agosto de 1880, Gramajo también recibe su recompensa: el ascenso a teniente coronel. Y en octubre de ese año, cuando Roca asume la presidencia de la Nación, es designado edecán del primer magistrado.

Ahora la relación queda institucionalizada: el *aide de camp*, el ayudante del presidente, debe estar a su lado todo el tiempo, asistirlo en sus deberes protocolares. En aquella época la presidencia de la Nación no tenía "casa militar" ni una secretaría general, de modo que el secretario privado y el edecán presidenciales cumplían la importante función de dar curso a las audiencias solicitadas y acompañar al primer magistrado en sus tareas. Se explica, entonces, que haya sido de Gramajo el pañuelo con que apresuradamente vendan la frente de Roca cuando en 1886 un demente lo agrede con una piedra en la entrada del Congreso Nacional; ese trapo, con las negras manchas que lo ensucian dramáticamente, hoy se encuentra en el Museo de la Casa de Gobierno. También se explica que en el mismo año, expirando ya el período de Roca, Gramajo haya sido promovido al grado inmediato superior. Ahora y para siempre será "el Coronel Gramajo".

Acompaña durante algunos meses a su amigo en el viaje que éste efectúa por Europa, una vez concluido su mandato, compartiendo con él los agasajos, giras y diversiones del periplo. Lo sigue muchas veces en las excursiones a la estancia La Larga. Va a su casa casi todos los días y comen juntos frecuentemente. En 1893 será nuevamente su edecán cuando Roca es nombrado jefe de las fuerzas que deben reprimir la revolución radical de Santa Fe. Para las hijas del general, Gramajo es una especie de tío siempre cordial y bien humorado. Y en 1898, cuando el general obtiene por segunda vez la presidencia, nadie se asombra de que Gramajo nuevamente sea designado edecán presidencial. En tal carácter lo acompañará en el viaje que hace Roca por la Patagonia y que culminará en el "Abrazo del Estrecho", y también en el que efectúa a Río de Janeiro. Su fotografía aparece, siempre al lado del presidente, y se lo caricaturiza a gusto. Los dibujantes lo pintan más gordo de lo que realmente es, pues Gramajo, aunque mofletudo y corpulento, no es obeso. Pero a la fama de glotón que lo acompaña hay que justificarla gráficamente.

El "revuelto" y otras delicias

¿Es tan comilón como asegura la leyenda? Probablemente Gramajo es un *gourmet* más que un devorador, un buen gustador de comidas y bebidas que sabe dónde hay que comer tal o cual plato y dónde hay que pedir tal o cual vino. ¿Dónde habrá aprendido el arte de la buena comida? La anécdota de la cabecita parecería demostrar que ya en su juventud y aun permaneciendo en remotos destinos, ese gusto por el buen yantar y el mejor beber ya lo tenía; después, radicado en Buenos Aires y en la frecuentación de los altos círculos que le imponía su cargo, habrá refinado su apetito natural.

Su nombre se ha inmortalizado en la escasa tabla de platos, auténticamente argentinos como inventor del "revuelto Gramajo". Las versiones sobre el origen del famoso revuelto son varias: sus descendientes aseguran que la cosa ocurrió en un boliche de la calle Bartolomé Mitre (entonces Piedad) y Montevideo, una noche que llegó tarde y hambriento a su casa y se encontró que no había nada para comer. Fue al bodegón, entonces, e hizo preparar improvisadamente esa sumatoria de huevos, jamón y papas fritas. Otros dicen que el glorioso invento tuvo por escenario el Café de París o el Sportsman, restaurantes célebres de la época, cuyos *chefs* preparaban, a pedido de Gramajo, el plato que pasaría a la historia en asociación con su apellido. Lo cierto es que, cuando alguien bautiza con su nombre una nueva combinación gastronómica, es porque se trata de un personaje notorio; nadie sabe quién ideó la combinación del aceite y el vinagre, nadie conoce el inventor del café con leche, nadie recuerda al que puso crema a las frutillas. Pero cuando Gioacchino Rossini prepara unos canelones diferentes o el vizconde Chateaubriand descubre una manera distinta de asar un bife, entonces estos nombres famosos quedan asociados al plato para siempre en menús y libros de gastronomía. Y es indiscutible que el coronel Artemio Gramajo fue el único de su apellido auténticamente popular en la vida argentina. No hubo otro, salvo un intendente de Buenos Aires que lo fue durante pocos meses bajo la presidencia de Yrigoyen y que, ni remotamente, tuvo la popularidad de nuestro coronel.

Hay muchas anécdotas que certifican la *gourmandisse* de Gramajo. En cierta oportunidad descubrió que un almacén estaba por recibir una partida de vino francés de una cosecha especialmente deseada, pero, ¡ay!, todos los cajones estaban ya comprometidos a diversos clientes. Insistió varias veces con los gallegos que eran dueños del almacén, pero en vano. Hasta que éstos le pusieron una condición de cumplimiento imposible: "Si lo trae al presidente al boliche, entonces sí le mandamos unas cajas...". Gramajo se lanzó a usar todos sus poderes de persuasión y logró que Roca se acercara al almacén. Ante el asombro y la emoción de los dueños, estuvo allí, charló con ellos, les firmó una fotografía, y después de hacerse ver un rato se fue. Naturalmente, Roca sabía que su amigo se traía una maniobra bajo el brazo con esa inesperada excursión, y le hizo confesar el aromático "soborno" que implicaba una visita a ese lugar tan ajeno a sus frecuentaciones.

Es que era difícil negarse a un pedido de Gramajo, porque era un hombre bondadoso, lleno de generosidad y alegría. En aquellos tiempos de tremendas luchas políticas, cuando nadie se salvaba de ataques verbales y las agresiones periodísticas eran de una violencia inimaginable, nadie habló mal de Gramajo aunque formara parte del círculo íntimo del odiado Roca. Es que nadie podía decir que aprovechara indebidamente su amistad con el primer magistrado. Hacía favores cuando podía y desinteresadamente; su casa era un desfile de gente de toda clase, con pedidos de la laya más diferente. Si podía, ayudaba, y si no, así lo decía. Lo único que lo sacaba de quicio, lo que borraba su eterna sonrisa y su buen talante, eran los pedidos para eximir a alguien del servicio militar: en estos casos se enfurecía y podía ocurrir (como ocurrió una vez) que al destinatario del pedido lo mandara a hacer dos años de conscripción en la Marina aunque después pudiera premiarlo (como también sucedió) con un viaje alrededor del mundo en la fragata *Sarmiento*...

De su unión con América Jáuregui, que murió muy joven, nació su única hija, Carmen Aurora, en 1894, quien fue criada por Aurora Gramajo, la hermana del coronel. Vivían en una casa de un piso en Montevideo 149, muy cerca del lugar donde se abriría la Plaza del Congreso. Los días de la Patria recibía la retreta con que lo obsequiaban algunos de los regimientos de guarnición en la ciudad. Era conocido, querido y respetado en todo Buenos Aires. Hombre de buena salud y sin excesos aunque aquejado por eventuales ataques de reuma, gustaba de las buenas bebidas pero nunca se emborrachaba, y amaba los platos refinados tanto como los guisotes bien armados, pero manejaba discretamente su gula.

Un personaje pintoresco y característico, cuya vida se articuló en función de su amistad con Roca. Por eso, la biografía de Gramajo es la biografía de Roca, y la importancia de su recuerdo radica en la trascendencia de la figura de su jefe y amigo. En estas páginas transcribiremos párrafos de algunas de las cartas que Roca envió a Gramajo, conservadas por sus descendientes y puestas a nuestra disposición con una generosidad que agradecemos vivamente. Son esquelas cortas y concretas, pero en esas líneas Roca se manifiesta sin las reticencias y cortapisas de la vida pública. En ese epistolario aparecen todos los temas comunes en una viril y prolongada amistad: bromas, recuerdos, preocupaciones, críticas a otras personas, picardías, confidencias. Una selección de estas comunicaciones, generalmente breves, definen la personalidad del general Roca con mayor elocuencia que sus documentos públicos y, a la vez, marcan la importancia afectiva de la relación entre el ex presidente y su eterno edecán.

El campo

En muchas de las cartas de Roca a Gramajo está presente el tema del campo, en especial de La Larga. Roca era un auténtico hombre de campo: amaba sus estancias y vivía pendiente de las alternativas de lluvias o sequías: "Diciembre 25 [no registra año]: Mi querido Coronel: La Larga después de una lluvia que hemos tenido hace algunos días se está poniendo muy linda, desgraciadamente tengo que volverme a Buenos Aires el lunes próximo". "La Paz enero 16 [no registra año] : Mi querido Gramajo:... Aquí lo extrañamos mucho. Tenemos agua en abundancia como nunca, cabritos y capones gordos y vaquillonas que revientan de grasa (...) Nos llueve aquí con abundancia extraordinaria. Los ríos que usted vio como cielos secos no se pueden pasar así nomás la mayor parte de los días. En estos momentos nos diluvia. El cielo está tan negro y oscuro que a pesar de las diez de la mañana tengo que escribirle con vela." "Buenos Aires, noviembre 21 1904. Mi querido Gramajo:... A mí me ha sentado muy bien La Larga, adonde pienso volver dentro de unos ocho o diez días a pasarme allí nuevamente unos veinte..." "Buenos Aires, mayo 18 de 1909. Mi querido Coronel: Esta noche me voy a La Larga con el pesar de no llevarlo de compañero. Será la primera vez que esto sucede después de tantos años y de tantos viajes que allí hemos hecho juntos. Yo voy por ocho o diez días a lo sumo. La seca nos apura.

Allende está alarmadísimo, el invierno va a ser desastroso y hay que tomar medidas urgentes. Para julio, en que pienso volver a La Larga, espero que usted ya estará bueno y podrá acompañarme..." "París, julio 17 de 1910. Mi querido Gramajo:... Aquí no se pasa mal, mi querido Coronel, pero yo extraño mucho la tierra y sobre todo La Larga, donde quisiera irme a enterrar para siempre. Si Dios quiere el año próximo cumpliremos estos votos..." "La Larga, junio 5 de 1911. Mi querido Gramajo:... Desde que usted se fue hemos tenido días muy fríos, con heladas muy grandes. Hoy ha reaccionado un poco y tenemos un día lindo y templado. Los viejos, como las golondrinas, tenemos que buscar los climas templados."

La salud, la vejez

El tema de los achaques y la ancianidad es constante en la correspondencia de Roca a Gramajo. Aunque Roca gozó de muy buena salud hasta las vísperas de su muerte, solía aludir frecuentemente a la vejez. En un fragmento de carta sin fecha le dice: "Todos se van, todos nos vamos yendo a ese abismo sin fondo que se traga hombres, pueblos, generaciones y generaciones, y se seguirá tragando hasta la consumación de los siglos, con o sin Champagne". El 21 de noviembre de 1904, desde Buenos Aires, cuando Gramajo ha partido a Mendoza para darse unos baños termales en Cacheuta, le dice que "indudablemente que una buena temporada en esos benéficos baños lo han de restablecer pronto. Y este último ataque le servirá de lección para cuidarse más en adelante. A nuestra edad y después de una vida accidentada y borrascosa como han sido las nuestras, se necesita una conducta severa, metódica y de abstinencia de todo licor para poder vivir sanos los restos de vida que nos quedan". En realidad, tanto a Roca como a su amigo le quedaban todavía diez años de vida. Y agrega la misma carta: "Todavía cuando vuelva fuerte y restablecido ha de tener tiempo de ir por allí [se refiere a La Larga] a completar su cura y a comer pollos y terneritas mamonas solamente". Un mes más tarde le escribe: "Espero que las aguas de Cacheuta le hayan sentado bien y recobrado su antiguo vigor".

Desde París, en octubre de 1905, le cuenta que, con Anchorena, Marcelo de Alvear y un caballero francés han arrendado el coto de caza de un *chateau* por toda la temporada. Y agrega: "¡Cómo siento que no se encuentre usted aquí para acompañarnos! Haríamos unas buenas partidas y recordaríamos de las cacerías en La Larga y otros puntos. Y no nos vendrían mal los chorizos picantes que Lucas Córdoba reparte a sus amigos viejos, porque ya sin picante no valemos nada desgraciadamente, amigo Gramajo. Espero que lo tendremos por aquí el año próximo o a principios del invierno. Iremos juntos a los baños de Lanchon o a otros parecidos, que a mí también empieza a apuntarme el reumatismo, un poco más tarde que a usted". También desde París, un mes más tarde: "A nuestros años necesitamos calafatear la máquina a cada paso. El herrumbe nos invade por todas partes". En febrero de 1906, desde Roma: "El amigo Sánchez le ha exagerado un poco mi buena salud, que está muy lejos de venderse. A nuestra edad todo parece una novedad; si nos ven caminar, comer y hablar como hombres vivos, las gentes exclaman: ¡qué fuerte y guapo está fulano! Es porque contando los años nos creen en los extremos de la existencia".

Cinco años después, en su tercer viaje a Europa, Roca le escribe desde París, el 17 de julio de 1910: "Si las aguas de Karlsbad no me han rejuvenecido como a Fausto el Diablo (cuentos de alemanes) me han hecho bastante bien. Siempre son necesarios estos calafateos a los viejos. Hoy cumplo yo también años. El maldito tiempo no quiere detenerse y lo peor es que, por más que uno haga por defenderse, nunca pasa sin dejar sus rastros de destrucción sobre todas las cosas". Sin embargo, anteriormente le escribía desde Karlsbad: "Mi Coronel: No sabe lo que se pierde en no venir a Karlsbad. Ganará 10 años más de vida sana y encontrará allí la mejor tabla de la Europa". Se refería, naturalmente, a la tabla de comidas de los lujosos hoteles de esa estación balnearia.

En febrero de 1911, desde Montecarlo, anunciándole que al mes siguiente regresa a la Argentina porque "me devora como lo devoraba a usted el deseo de volver al terruño", le comenta que "mis hijas, como mi hermana, a pesar de encontrarse todas bien, quieren hacer una nueva cura en Kissingen, por lo cual no podrán regresar sino en junio y yo no puedo esperarlas más. Correría el peligro de morirme de aburrido, lejos de la patria, que ya estuve en peligro de morirme en París. Así podré además aprovechar nuestro hermoso mes de abril en La Larga. El clima de la Costa de Asur me ha sentado muy bien, pero no hay que cantar victoria y tengo que estar siempre sobre aviso, pues las cosas viejas y usadas por el tiempo se derrumban al menor descuido y aunque uno no se descuide".

Los parabienes

Cada vez que llegaba el 6 de junio, cumpleaños de Gramajo, éste organizaba grandes festejos, pues daba gran importancia a su onomástico. En una carta a Gumersindo García, su servidor y hombre de confianza, Roca le comenta en 1913: "Usted es al revés de Gramajo, que anda avisando a todo el mundo su cumpleaños con un mes de anticipación". Ese día se servía un gran banquete en su casa, y allí acudían sus viejos camaradas y sus amigos. Naturalmente, también Roca cuando podía. Hay varias esquelas del general dando los parabienes a su amigo. La primera data de 1883 y lleva membrete "El Presidente de la República", con el escudo nacional en relieve. Dice: "Querido Gramajo: Ud. va a vivir cien años porque tiene el cuerpo y el alma sanos. Que los viva felices, sin que le falte jamás el Champagne, son los votos de su Gefe y amigo". Otra esquela sin fecha, también con membrete presidencial, reza así: "Querido Gramajo: por causa de la ida de Derqui y llegada de Paz me he olvidado de que hoy era su día. Le debo el regalo, que se lo mandaré mañana; mientras, que los cumpla muy felices y tome una copa a la salud de la Patria". En 1901, en tarjeta que también lleva escudo y mención de "Secretaría del Presidente de la República", Roca se explaya en alusiones latinas: "Mi querido Gramajo: Que todas las satisfacciones se agolpen en su puerta en ese día clásico de su cumpleaños, y que el champagne voluntario corra hoy a torrentes en su mesa neroniana, la cual será provista por dones de todas las regiones de la tierra como la de aquel divino tirano al que hubiera hecho matar por envidia si usted hubiera vivido en esa época. ¿Cuántos cumplimos? Yo le guardaré el secreto para los efectos del retiro. Yo me suscribo con ese cajón de Chianti que no le va en zaga al Chipre ni al Falerno de las cenas aquellas que lo encantaban en Quo Vadis. Su jefe y amigo".

La última felicitación de Roca a su amigo corresponde a 1913. En una breve tarjetita, le escribe: "Mi Coronel: que los cumpla muy felices y ahí va esa docena de Champagne para que ahogue con los amigos las penas de la edad, que la vejez es horrible. Su amigo y viejo ex gefe". No habría más de estos parabienes, porque siete meses más tarde Gramajo moría.

Manjares y tacañerías

En los papeles que han conservado los descendientes de Artemio Gramajo, no podían faltar las referencias a las comidas; se nota que el tema era un motivo de bromas permanentes entre Roca y el inventor del "revuelto Gramajo".

"Mi Coronel: Ahí van esos dos tamales para que los almuerce hoy y se acuerde de nuestros felices tiempos de Tucumán, de que ya estamos desgraciadamente tan lejos" – le dice en una esquela sin fecha. "A mi vuelta de este viaje – le escribe en mayo de 1909 desde La Larga – le traeré chinchulines y algunas otras golosinas". En una carta a su mucamo Gumersindo García, en 1910, le decía el general desde Génova: "Cuando lo vea a Gramajo dígale que no sabe el viaje que se ha perdido. Era un comer de ravioles, maccaronis, frituras, rociado todo con vino Chianti exquisito que no hay pasajero que no haya bajado con dos kilos más". Y desde Roma, en febrero de 1906, le anoticia: "Muchos viejos conocidos me han preguntado por usted. Yo les he dicho que vendrá para la exposición de mayo en Milán y que usted conserva por Italia el más grande cariño y no olvida sus exquisitos ravioles, tallarines y toda esa serie de pastas apetisantes y sabrosas que aquí se comen con delicia". Hay varias esquelas acompañando envíos de corderos, pavos o costillares, con promesas de mandar más en ocasiones próximas. En realidad, casi no hay cartas de Roca a su edecán que no incluyan alguna mención más o menos festiva a su glotonería. Y también a la tacañería que le atribuye.

Gramajo era hombre medido en sus gastos. Dependía de un sueldo militar mientras que Roca podía darse lujos que su edecán no solía permitirse. "Gramajo, restablecido completamente de sus manchas y haciendo el milagro de vivir en París comiendo bien sin gastar un medio y rabiando contra el hábito del *pourboire*, bajo e indigno del hombre, que él se ha propuesto corregir no dando a nadie un céntimo", escribe Roca a Gumersindo García desde París. Esa costumbre tan francesa de exigir la propina (*el pourboire*) por el servicio más insignificante, sacaba de quicio a Gramajo. En su segundo viaje a Europa, Roca le escribía a Gramajo desde París haciéndole saber que a Sánchez, su compañero de viaje, "lo único que le contraría es esta maldita propina de los franceses, que él considera como de los signos más visibles y elocuentes de la decadencia y ruina próxima de la Francia. Se acuerda de usted y se ríe de los apuros que usted habrá pasado cuando por aquí anduvo, las habilidades de que se habrá valido para recortar el *pourboire*. Yo le digo que usted era muy largo y que no se paraba en francos, la única manera de ser bien servido".

Política

No hay duda de que Gramajo fue confidente de su "jefe y amigo" en materia política. Todo ese cúmulo de juicios personales, críticas, opiniones, perspectivas y ambiciones que forman la trama del fenómeno político tiene que haber sido materia de largas charlas entre ellos. Pero seguramente estas confidencias se dijeron; no se escribieron. Roca siempre fue prudente en aquello de dejar registradas cosas comprometedoras, así como fue poco locuaz en temas políticos: "En este país, el que habla se jode...", dicen que decía...

Sin embargo, en la correspondencia de Roca con Gramajo hay algunas efusiones. El general sabía que podía confiar en la discreción de su amigo y lo hacía depositario de sus rabietas. O de sus observaciones: desde París, en octubre de 1905: "París está lleno de argentinos. Creo que en ningún tiempo, ni aun en aquellos de nuestra locura de grandeza que nos precipitaron en tan honda crisis, ha venido mayor número de compatriotas a pasear y a gastar dinero. Felizmente nuestro progreso es ahora más firme y sólido y no hay que asustarnos de gastos". También desde París, dos meses después: "Veo con gusto que todo sigue ahí viento en popa y que continúan aumentando los valores de los campos, de las casas y de los terrenos, así como el de los alquileres y los consumos". Desde Roma, en febrero de 1906, después de contarle que ha viajado de Niza a la capital italiana en automóvil acompañado por José Ingenieros como secretario ("muy novedoso e impresionante el viaje en esta forma, pero no lo volveré a hacer; es fatigante y expuesto a causa de los malos caminos de Italia para esta clase de vehículos"), le comenta que "las noticias que nos llegan respecto a la salud del doctor Quintana son muy desfavorables. Mucho me temo que sean ciertas y que, con ese motivo, se aumenten las incertidumbres e inquietudes que algunos abrigan por el día de mañana. Yo no abrigo temores de ningún género. El país madura sin que nosotros mismos lo sospechemos. Cualesquiera que sean los cambios y modificaciones que se operen en el personal del Gobierno, él ha de saber mantenerse en orden y en paz, que es su mayor bien".

Pero en marzo de 1910 el tono cambia. El presidente es ahora Figueroa Alcorta, que ha destruido el poder político de Roca, y éste no quiere compartir con su enemigo los festejos del Centenario. Le escribe a Gramajo: "En vista del bodrio político que hay aquí, estoy más decidido que nunca a realizar mi viaje a Europa. El gobierno de Figueroa es un desquicio sin nombre y sólo existe debido al desquicio de las fuerzas opositoras que no aciertan a concentrarse. Una idea del desorden reinante es lo que ocurre con la República Oriental. Mientras Sáenz Peña en nombre de Figueroa Alcorta arregla y festeja la vuelta a la paz y armonía con ese país hermano, Betbeder y Aguirre, con el consentimiento sin duda de Figueroa, le arman y fomentan la invasión y la guerra civil. Es el colmo de la estupidez y la perfidia. Se desconfía a tal punto del ejército de línea que Dellepiane ha sido autorizado para formar un ejército policial. Por todas partes los signos, cuando no son hechos reales, de la mayor podredumbre. ¿Cómo puede durar esto? Parece realmente cosa de milagro".

Y la rabia contra Figueroa, nunca expresada públicamente, continúa desde París, cuando escribe a Gramajo en julio de 1910: "Muy grato me ha sido el recuerdo del presidente de Chile, que contrasta con las pequeñeces de nuestro pequeño Figueroa, que no soñó en la vida la inmensa fortuna de presidir como presidente de la República el Centenario de la Revolución".

Picardías

Pero la correspondencia de Roca con Gramajo abarca otros terrenos: aquellos que exigen la mayor discreción entre amigos de total confianza.

Ya hemos dicho que Gramajo hizo con Roca el primer viaje a Europa en 1887, apenas concluida la primera presidencia. Ambos tenían poco más de cuarenta años y viajaban sin sus respectivas compañeras. París era por entonces el centro de la vida galante europea, y los dos amigos se habrán divertido a fondo por esos andurriales. Una reminiscencia de aquellas aventuras debe de ser la que apunta Roca en enero de 1906 en su segundo viaje, desde Niza: "Mi querido Gramajo: Recibí en estas hermosas playas, centros de atractivos y de tentaciones de toda clase y que Ud. conoce, su tarjeta del 7 de diciembre, aniversario de la batalla de Santa Rosa". Un mes más tarde, ya en Roma, le cuenta que Sánchez, con quien está haciendo el viaje, "se está portando". Y agrega: "No sé si serán los últimos destellos pero el caso es que yo le conozco varias buenas conquistas en los campos americanos, ruso y francés sin gastar tanto como usted gastó y tiró dinero en mujeres. Con pecunia no es gracia; así cualquier zonzo se procura reinas y princesas por estos mundos. ¿Usted no tuvo una condesa linda como el sol sin más que haberle hecho sonar unos reales en una fonda?"

Alusiones a aventurillas pasadas... Y también a aventuras actuales. En noviembre de 1904, apenas terminada su segunda presidencia, Roca escribe a Gramajo desde La Larga. Le da a su amigo diversas noticias y después le dice como al pasar: "Supongo que aquella carta que le dejé antes de irme fue entregada a su dirección. Yo no he tenido de ella "ninguna noticia de recibo como ha sucedido otras veces". ¿Quién sería el o la destinataria de esta carta que Roca no manda por correo sino a través de la tercería de su amigo? ¿No sugiere el párrafo una relación femenina a la que el ex presidente quiere rodear de una total discreción?

En cambio, en el marco de la amistad que une a ambos personajes, tiene una indudable significación la carta que envía Roca a Gramajo el 27 de enero de 1907 desde París.

Recordemos ciertas circunstancias que he relatado en *Soy Roca*. El general ha conocido en Vichy a una bella rumana, Helena Gorjan, y mantiene relaciones con ella a pesar de que está viajando en compañía de sus hijas y su hermana Agustina. Sin duda la estrategia del general no servía solamente para ganar batallas sino también para eludir compañías molestas... El caso es que después de casi dos años de estadía en el viejo continente ya está en vísperas de regresar al país, al que extraña mucho. En algún momento Helena y él deben de haber decidido el traslado de ella a la Argentina, donde seguirá acompañando a su amante. Pero, ¿cómo realizar ese viaje sin que trascienda la relación? Entonces... ¡Gramajo!

Le escribe el día que decimos. Le cuenta que pronto tendrá el gusto de abrazarlo y de ir juntos a La Larga – donde churrasquiaremos de lo lindo terneras mamonas, única carne que nos es permitido a esta altura de la vida: ésta corre rápida, desgraciadamente, y días más días menos quedaremos en el camino con tantos otros de nuestros contemporáneos". Después de este trozo de filosofía barata, habitual, como hemos visto, en su correspondencia, le dice que la insistencia de sus amigos brasileños lo obliga a hacer una escala en Río de Janeiro: en efecto, Roca descendió en la capital brasileña, y pasó allí una semana tratando de componer las relaciones entre los dos países, deterioradas por la agresiva política de Estanislao Zeballos, el ministro de Relaciones Exteriores de Figueroa Alcorta. Y después de estas noticias viene un pedido a la única persona a quien podía solicitarlo: "Ahora voy a pedirle un servicio del que le ruego guarde la más absoluta reserva. En el mismo vapor que yo voy irá una señora distinguida, con regulares medios de vida, que va a establecerse en Buenos Aires. Como ella seguirá viaje, al llegar a Buenos Aires donde no tiene ninguna relación ni persona conocida, necesitará de alguien que la ayude y dirija en los primeros días. No habla castellano, así es que cuando Ud. vaya a bordo a preguntar por ella, es necesario que lleve un sirviente que hable el francés o el alemán".

Y siguen las instrucciones: "Con algunos días de anticipación puede tenerle en algún hotel, no siendo el gran Hotel o el nuevo Meanoviche (Mihanovich), prontas unas dos piezas. Tal vez hablando con tiempo podrá conseguirle en ese hotel inglés que está en la calle de San Martín frente al convento de las monjas". El viejo zorro no quería que Helena se alojara en hoteles tan notorios como el Gran Hotel, en la calle Florida, o el de propiedad de Mihanovich, que estaba muy de moda y tenía entrada por el concurridísimo Paseo de Julio; prefería ese discreto hotel inglés frente a las Catalinas, en San Martín y Viamonte, es decir... ¡a una cuadra y media de su casa!

Y continúa la carta: "La persona de que le hablo se llama Madame Helene Gorjan, cuyo apellido se pronuncia Gorgean. Ella va en segunda clase, no porque no haya podido pagar el lujo de ir en primera, sino por otras razones que después le explicaré. Esta dama es hija de un general y de la mejor sociedad de una de las Naciones de Europa". Aquí se corta la misiva de Roca: falta la hoja u hojas que la debían completar. Pero con lo que ha llegado a nuestras manos basta. Cuando escribí *Soy Roca* no conocía este documento y por lo tanto no pude precisar la fecha en que Helena Gorjan llegó al país. Ahora está claro que viajó discretamente en el *Araguatá*, al mismo tiempo que el general y su familia, pero en otra parte del barco, de modo que los encuentros debieron ser muy escasos, más aun teniendo en cuenta que el general concluyó su periplo en Río de Janeiro. Pero el fiel Artemio Gramajo se ocuparía de todo y en efecto, desde marzo de 1907 hasta su muerte, más de siete años después, la bella rumana acompañó al general y le dio el amor que le faltaba después del alejamiento de Guillermina Oliveira Cézar.

Como se ve, tampoco podía faltar Gramajo en estos episodios íntimos y hasta ahora secretos en la vida de Roca. Y sin duda, el viejo edecán no se sintió disminuido ni molesto por tener que hacer una gauchada a su viejo jefe en estos delicados terrenos de la galantería en el ocaso de su vida.

La nostalgia

A medida que pasan los años, los recuerdos comunes se hacen más frecuentes en las cartas de Roca a su amigo. Por ejemplo, en la esquela que le manda desde Niza en enero de 1906, cuando acusa recibo de una tarjeta de Gramajo enviada en el aniversario de la batalla de Santa Rosa, donde Roca ganó sus palmas de general a los treinta y un años de edad. "¡Qué tiempos esos y cómo se han ido! – le comenta. ¡Quién pudiera quitarse como Ud. dice 30 años y volver a ellos! Si como Fausto pudiéramos hacer siquiera trato con el Diablo... Pero esto es imposible en estas épocas de realismo, de pan pan y vino vino. El recuerdo, sin embargo, nadie nos quitará, lo que no es poco recuerdo en la penumbra del ocaso donde todo son achaques y tristezas. Espero que pasaremos tranquilos y en paz el pucho de vida que nos queda; al menos estos son los únicos deseos de su amigo y compañero." En junio de 1911, escribiéndole desde La Larga con motivo del cumpleaños de Gramajo, le dice que deberían pasar el invierno en climas cálidos como Tucumán. Y agrega: "Mi tierra natal es un paraíso en esta estación. ¿Se acuerda cómo lo pasábamos tan bien y contentos en esa época tan lejana ya, cuando estábamos de guarnición allí? Y eso que en esa época teníamos bastante calor en la sangre y usted podía beberse en una noche una barrica de cerveza de cuatro docenas de botellas con Emilio Posse, y encontrarlo a la madrugada tan fresco como si hubiera estado tomando refrescos. Pasaron desgraciadamente esos tiempos felices, cuyo recuerdo es más grato a medida que son más incómodos y molestos los achaques que ahora nos escoltan".

Adiós al amigo

Gramajo no acompañó a Roca en su segundo viaje a Europa (1905-1907) pero lo hizo con frecuencia en sus escapadas a La Larga, como se ha visto. Tampoco fue con su amigo al viejo continente en 1910, pero en cambio tuvo la satisfacción de seguirlo, en su carácter de edecán, en la misión diplomática que el general desempeñó en Brasil entre junio y septiembre de 1912 a pedido del presidente Sáenz Peña. Fue su última actuación oficial al lado de Roca y descontamos que el coronel la habrá pasado muy bien en el cálido clima carioca, con esos suntuosos desayunos y esos imperiales banquetes con que la delegación argentina fue obsequiada. Ya en 1899 había estado en el Brasil acompañando a Roca en su histórica entrevista con Campos Salles, y seguramente habrá dejado allí muchos amigos.

Era ya un personaje popularísimo. Lucía condecoraciones otorgadas por varios gobiernos y su figura era inconfundible en todos los ambientes. A mediados de 1913, Roca y él hicieron un último viaje, esta vez a Maldonado, en la República Oriental del Uruguay, para ver las grandes forestaciones que se estaban haciendo en lo que después sería Punta del Este. A fines de ese año, un molesto ántrax empezó a molestarlo. Según cuentan sus nietos, el médico que lo asistía, un famoso galeno de Buenos Aires, se equivocó en la curación y en vez de eliminar el foco infeccioso lo desparramó: la consecuencia fue una septicemia generalizada que en pocos días dio fin a su vida.

Fue el 11 de enero de 1914. Roca, inquieto por la enfermedad de su amigo, había suspendido su veraneo anual en La Paz y lo acompañaba todas las tardes. En algún momento Gramajo habría pedido que fuera Roca quien cerrara sus ojos, y así fue: su viejo jefe permaneció a su lado durante su agonía hasta el último momento.

Cuenta Mariano de Vedia que cuando Roca pergeñó el discurso que pronunciaría en la Recoleta, tenía los ojos llenos de lágrimas y apenas podía contener sus sollozos. Sus palabras al despedir los restos de Gramajo desmienten esa frialdad de corazón que generalmente se le atribuye.

"Lloro en estos momentos al amigo, al hermano de armas, al compañero inseparable de fatigas y peligros, ya en la buena como en la mala fortuna, durante casi medio siglo de mi vida, sin que jamás se amortiguara su adhesión ni mi aprecio y estima por sus nobles cualidades. ¿Quién no conocía en la República al coronel Gramajo como el prototipo de la lealtad y la consecuencia a la amistad y al honor militar?"

Dijo después que Gramajo amaba la vida. "Su bondad de corazón, su ecuanimidad y supremo don de gentes sólo eran comparables con su amor a la patria y con su bravura de soldado. Tenía amigos en todos los rincones del país, en todos los campos, en todos los gremios y en todas las esferas sociales. Decir 'viene Gramajo' era anunciar la llegada del buen humor, la alegría, la suma discreción y la más fina amabilidad. Nadie se sentía incómodo a su lado y parecía como de blanda cera que se amoldaba a todos los caracteres sin perder nunca su personalidad, incapaz de ninguna mala acción y pronto siempre a prestar servicios a sus camaradas y a quienquiera que fuese."

Y luego pronunció esos conocidos párrafos en los que describía a Gramajo como perteneciente a una generación que debió vivir entre guerras, tumultos y revoluciones para dar forma de pueblo civilizado a la Argentina y entregarla a las nuevas generaciones "en plena paz, próspera, libre y en marcha abierta y franca hacia el perfeccionamiento de sus instituciones morales y políticas; sin guerras civiles o internacionales, sin montoneras, sin indios, sin pronunciamientos ni asaltos de cuartel, rica y en plena posesión de su vasto territorio". En *Soy Roca* he sugerido que este discurso era, en realidad, su propia necrología: el adelanto del juicio de la posteridad sobre el propio Roca. Así debe de haberlo sentido el general cuando balbuceaba estas palabras en el peristilo de la Recoleta, cancelada su vieja y viril amistad con el compañero y confidente de medio siglo.

Una cámara cinematográfica captó ese momento. Entre los movimientos espasmódicos de la pequeña multitud agolpada en la necrópolis aquella tórrida mañana de enero, se destaca, detrás del féretro, la blanca barba y la nívea cabellera del general Julio Argentino Roca. Es un instante apenas. La cabeza abrumada, apretujada por la gente, el anciano parece estar siguiendo los pasos de su amigo. Diez meses más tarde cumplían con sus restos el mismo rito de la despedida...

Análisis y reflexiones

Los mensajes inaugurales: de Urquiza a Alfonsín

La lectura de un mensaje por parte del nuevo presidente, inmediatamente después de prestar el juramento constitucional ante la Asamblea Legislativa, es uno de nuestros hábitos cívicos más tradicionales. Ninguna norma obliga al flamante mandatario a prorrumpir en esa efusión oratoria. Pero salvo Hipólito Yrigoyen, que omitió esa costumbre movido quién sabe por qué modalidad personal, todos los presidentes, que sepamos, aprovecharon la solemne oportunidad para dirigirse a la Nación formulando consideraciones sobre la problemática del momento y destacando el programa al que habrían de ceñirse.

Temas de antaño y temas permanentes

Un repaso a los mensajes presidenciales es una excelente manera de recorrer la historia argentina a partir de la organización constitucional. Piezas oratorias hinchadas de floreos o sobrias oraciones cívicas, jactancias desmentidas por los hechos o modestas afirmaciones que más tarde se justificaron, todos los estilos desfilan por esos discursos. Hay temas que aparecen en los mensajes de los primeros presidentes con reiteración; hoy nos resultan totalmente remotos; tal, el problema del indio, que en las piezas inaugurales de Mitre, Sarmiento y Avellaneda ocupa un lugar destacado. Otros temas, en cambio, tienen vigencia permanente, aunque hayan sido desarrollados en lenguaje distinto según los tiempos. Por ejemplo, el tema eterno de la libertad.

En el primer mensaje pronunciado por un presidente constitucional, Justo José de Urquiza afirmaba: "La libertad civiliza y fecunda. La libertad sin moderación es una odiosa algazara. La libertad sin las costumbres y la religión, carece de garantías. La libertad sin el trabajo y la industria, no tiene ocupación digna". Urquiza decía esto en el modesto ámbito del cabildo de Santa Fe el 5 de marzo de 1853. Lo rodeaban los diputados y senadores del Congreso de la Confederación, que días más tarde se trasladarían a Paraná, felices al ver concretado su anhelo de organización, pero contristados por la separación de la provincia de Buenos Aires, a la que el flamante presidente dedicó varios párrafos.

Cada mensaje tiene la impronta de su autor. Pues, ¿qué pudo decir Sarmiento en su primer mensaje? Reflexiones sobre la educación, naturalmente: "Hemos recibido en herencia masas populares ignorantes... Una mayoría dotada con la libertad de ser ignorante y miserable, no constituye un privilegio envidiable para la minoría educada de una Nación que se enorgullece llamándose republicana y demócrata...".

Avellaneda, que asumió la presidencia el 12 de octubre de 1874, en medio de un movimiento revolucionario que negaba la legitimidad de su mandato, destacó la significación de esta circunstancia: "Acabo de prestar juramento en este recinto donde hace doce años se dictan las leyes que obedece la República. Queda así demostrado que (...) la vida constitucional no se interrumpe y la transmisión del mando se verifica, abriéndose un nuevo período presidencial bajo las formas ordenadas de la legalidad". Es que en ese momento la suprema necesidad de la Nación consistía en mantener la continuidad de sus instituciones. Y aunque por cierto la elección de Avellaneda era muy cuestionable (ni más ni menos que las otras designaciones presidenciales de la época), era mucho peor caer en la tentación de la revolución.

Algo parecido quiso decir Roca en 1880. También el flamante mandatario habíase hecho cargo en medio de un ambiente que todavía estaba caliente con las llamas del levantamiento porteño encabezado por el gobernador de Buenos Aires. Roca quiso marcar que abría una etapa distinta y que la fuerza del Estado nacional sería incontrastable en adelante. Dijo en su mensaje inaugural: "Necesitamos paz duradera, orden estable y libertad permanente; y a este respecto lo declaro bien alto, desde este elevado asiento, para que me oiga la República entera: emplearé todos los resortes y facultades que la Constitución ha puesto en manos del Poder Ejecutivo, para evitar, sofocar y reprimir cualquier tentativa contra la paz pública". Momentos antes había proclamado: "...la divisa de mi gobierno será: Paz y Administración". Aparentemente poco imaginativa, la fórmula roquista era un programa de máxima para permitir la inserción de la Argentina en los circuitos mundiales de la producción y el consumo, un objetivo que exigía tranquilidad para recibir hombres, capitales y tecnología.

Seis años más tarde, Juárez Celman, sucesor – y concuñado – de Roca, recordaba este *slogan* en su mensaje inaugural. Así decía el cordobés defenestrado cuatro años más tarde por la Revolución del Parque: "Paz y Administración expresa la suprema aspiración de los argentinos y explica la prodigiosa transformación operada en la vida económica de nuestro país".

Los mensajes posteriores

Cada mensaje inaugural recoge, de uno u otro modo, el tema predominante de su tiempo. Cuando Pellegrini recibió la presidencia de la Nación, la impopularidad del gobierno era total, y ruinosa la situación económica: a sólo diez días de la Revolución del Parque, el "Gringo" debía afrontar circunstancias terribles. Convocó entonces a una veintena de banqueros y hombres de empresa y consiguió que suscribieran un compromiso para hacer posible el pago del servicio de la deuda externa que vencía unas semanas más tarde. Al salir de la reunión Pellegrini murmuró: "Ahora sí, me siento presidente...". Fue el mensaje más corto y más dramático que jamás haya pronunciado un titular del Poder Ejecutivo, como lo fue también lo que dijo a la multitud que lo aclamaba: "Mi anhelo ferviente será descender del gobierno como subo: ¡en brazos del pueblo!"

Roca, en cambio, al regresar al poder en 1898 podía observar un panorama de paz y prosperidad. Por eso, su mensaje inaugural tuvo un tono de triunfo: "Vuelvo al gobierno doce años después de haber concluido mi primera administración, lo que permitirá apreciar mejor los adelantos políticos y económicos que hemos alcanzado. El hecho de verificarse sin interrupción en un período ya largo la transmisión del mando es, por sí solo, garantía de la estabilidad y firmeza de nuestras instituciones".

Pero todos sabían que estas instituciones no estaban vivificadas por la participación popular. La República funcionaba, pero sin el pueblo. Por eso, el primer mensaje de Roque Sáenz Peña, el 12 de octubre de 1910, encaró ese "grave problema que nos preocupa". "Yo me obligo ante vosotros, ante mis conciudadanos y ante los partidos", dijo Sáenz Peña ante la Asamblea Legislativa, "a provocar el ejercicio del voto por los medios que me acuerda la Constitución, porque

(...) no basta garantizar el sufragio: necesitamos crear y mover al sufragante". Y también afirmó: "Las mayorías deben gobernar, pero las minorías deben ser escuchadas, colaborando con su pensamiento y con su acción en la evolución ascendente del país".

Acaso pudo pensarse que era una de las tantas promesas incumplidas que formulan los gobernantes en sus primeros momentos de iniciación administrativa; sin embargo, en menos de un año, las leyes que establecían el voto libre, secreto y con representación de minorías eran una realidad y el país político adquiría un signo totalmente distinto.

Propósitos y realidades

Los mensajes de inauguración presidencial suelen ser una declaración de principios y también una exposición de propósitos e intenciones. Hoy leemos, por ejemplo, el de Alvear en 1922 y la nostalgia nos deja un sabor agridulce. ¡Eran tan fáciles esos tiempos! ¡Estaban tan definidos los problemas! El de Ortiz, en 1938, marca su decisión de sanear la vida electoral del país, manchada desde 1931 por el fraude y la violencia. El de Perón, en 1946, tiene clarinadas de triunfo: "Quienes quieran oír, que oigan; quienes quieran seguir, que sigan. Mi empresa es alta, y clara mi divisa. Mi causa es la causa del pueblo. Mi guía es la bandera de la Patria". Momentos antes había dicho algo que los sucesos posteriores irían desmintiendo gradualmente: "Me siento el presidente de todos los argentinos: de mis amigos y de mis adversarios; de quienes me han seguido de corazón y de quienes me han seguido por una razón circunstancial; de aquellos grupos que se encuentran representados en estas Cámaras por la mayoría y de los que lo están por la minoría. Y", agregaba en obvia referencia a los socialistas, "de los que por causas que no me corresponde examinar, quedaron sin representación parlamentaria".

Frondizi, en 1958, planteó en su mensaje la disyuntiva que a su juicio afrontaba el país. "Frente a nosotros, a partir de este momento, dos perspectivas se abren para nuestra Patria: o seguimos paralizados en nuestro desarrollo, empobreciéndonos paulatinamente, estancados en nuestras pasiones y descreídos en nuestra propia capacidad, y nos despeñamos en el atraso y la desintegración nacional, o, en cambio, cobramos conciencia de la realidad, imprimimos un enérgico impulso y nos lanzamos, con decisión y coraje, a la conquista del futuro por el camino del progreso y la grandeza del país..."

Ni Perón fue, en definitiva, el presidente de todos los argentinos como prometía, ni Frondizi pudo, a pesar de su empeño, colocar al país en la vía de la grandeza. Es que la realidad suele burlarse de los grandes propósitos y a veces reduce a polvo las más levantadas promesas de los gobernantes.

Por eso conviene marcar la especificidad del mensaje presidencial que millones de argentinos escucharon el 10 de diciembre último (1983).

El mensaje de Alfonsín

El mensaje del presidente Alfonsín se distingue de todos los anteriores por sus contenidos éticos. Más allá de los aspectos programáticos y de su reafirmación de la democracia restaurada, las palabras del 10 de diciembre ante la Asamblea Legislativa expresan una preocupación en el plano de la moral, muy coherente con la filosofía que el radicalismo ha mantenido a lo largo de su prolongada trayectoria.

El nuevo jefe del Estado ha marcado enfáticamente que el fin no puede justificar los medios; que el tutelaje ejercido por las minorías sobre la Nación siempre naufraga en la esterilidad y el fracaso; que los valores asociados a la vida, la libertad y la dignidad de los seres humanos deben constituir el objeto del máximo compromiso por parte de los gobernantes. Su discurso define una total diferencia con la doctrina que tácitamente manejaron las Fuerzas Armadas en función de gobierno desde 1976, que colocaba la "seguridad nacional" por encima de cualquier bien ético o jurídico y hacía posible matar, secuestrar, detener, exiliar, amordazar o amenazar, sin otra norma que el arbitrio de los jefes de las instituciones armadas. El mensaje de Alfonsín es un regreso a los conceptos republicanos que están asociados a los orígenes del país, en la medida en que significa un compromiso de actuar en el marco de la Constitución y las leyes. ¡A más de 130 años de la sanción de nuestra Carta Magna, anunciar que será respetada es toda una revolución!

El terreno de los hechos políticos es resbaladizo: las mejores intenciones pueden naufragar en la dureza de las realidades concretas. El mundo de los valores éticos, en cambio, existe en términos absolutos y el gobernante que plantee su acción en semejante dimensión puede mantenerlos hasta el fin sin claudicaciones, pase lo que pase. Basta con tener entereza y voluntad. Más que un programa de gobierno, Alfonsín ha establecido su propio compromiso con una moral política. Sin duda, esto es lo que precisa la Nación por encima de todo. Manteniéndose fiel a lo expresado el 10 de diciembre, el nuevo presidente ayudará a su pueblo a recomponer la perdida fe en sus gobernantes. Y éste es el indispensable primer paso para construir un buen país.

La provincia y la política argentina

El destino de la provincia de Buenos Aires ("la Provincia" por antonomasia) dentro del conjunto argentino es ambivalente. Históricamente fue el factor que promovió con más eficacia la unidad nacional, pero también constituyó el principal elemento divisionista y el más difícil obstáculo para concretarla. Y esto de colocarse alternativamente la máscara de la integración y la de la disgregación se proyectó en las etapas posteriores a la organización nacional en forma de papeles alternados y contradictorios. Porque desde 1880, después de la federalización de su ciudad matriz, la provincia vivió destinos políticos diferentes. Por un lado, fue una fuerza fundamental y decisiva en los rumbos políticos de la Nación, pero también sufrió reiteradamente los fracasos de sus gobernantes cuando éstos aspiraron a jugar un rol más relevante en la conducción del país.

Es sabido: ninguna fórmula política es viable en el orden nacional si no cuenta con el apoyo bonaerense. Por eso Luis Sáenz Peña y Carlos Pellegrini cortaron drásticamente el alzamiento radical de 1893, que volcó la situación de Buenos Aires al partido de Alem; sabían muy bien que la consolidación de ese vuelco significaba la caída del régimen que representaban. La misma razón llevó a Yrigoyen, a cinco meses de asumir su primera presidencia, a intervenir la provincia por decreto; el presidente radical necesitaba afirmar su incipiente estructura de poder con la base de la primera provincia argentina. Y esto también lo sabían los antipersonalistas que presionaron a Alvear para obtener la decisión de intervenir el gobierno radical de La Plata, hacia 1925; necesitaban el escalón bonaerense para empinarse a la presidencia de la Nación tres años más tarde. Y Ortiz, cuando intervino a Fresco en 1940; era la medida que certificaba su intención de sanear el campo electoral de todo el país.

Porque no hay duda de que es imposible formular un plan político viable de trascendencia nacional si éste no involucra a la provincia de Buenos Aires. Y esto es una ley inmodificable en nuestra experiencia institucional, al menos hasta el presente.

Pero al mismo tiempo, ¡qué extraña fatalidad la que cayó sobre gobernadores como Marcelino Ugarte, Manuel Fresco, Rodolfo Moreno, Oscar Alende u Oscar Bidegain! A los que podríamos agregar también a Domingo Mercante, no defenestrado pero sí excluido del calor oficial peronista y perseguido en la persona de sus amigos. Sin contar con los derrocamientos con sabor a Pago Chico que fulminaron a los gobernadores José Camilo Crotto o Federico Martínez de Hoz... Es como si la responsabilidad de dirigir la provincia más importante llevara implícita la alternativa fatal a la vuelta de la esquina, la caída siempre posible de sus gobernantes.

Existen, además, otros aspectos que son constantes en la historia política bonaerense: uno de ellos, la trascendencia en el orden nacional de sus pronunciamientos electorales. El resultado de los comicios realizados en la provincia el 5 de abril de 1931 quebró el plan elaborado por Uriburu y Sánchez Sorondo en el sentido de entregar gradualmente los poderes de los distritos más importantes a partidos amigos. A partir del 5 de Abril – la fecha merece una mayúscula –, el gobierno provisional debió abandonar su proclamada legalidad, proscribió la fórmula presidencial del radicalismo e inició una política que conllevó durante toda la década del 30 la mácula del fraude electoral. No menos importantes por su repercusión institucional fueron las elecciones bonaerenses del 23 de marzo de 1962. En esta oportunidad, el triunfo del binomio peronista encabezado por Andrés Framini significó la luz verde para el derrocamiento de Frondizi; poco importó en la emergencia que el partido del presidente triunfara en otros distritos importantes y que ni siquiera su derrota lo privara de la mayoría que tenía en el Congreso. Fue tan fuerte el impacto psicológico del fracaso electoral del gobierno en el primer estado argentino, que el golpismo exhibió el contratiempo como una suerte de plebiscito nacional que justificaba la liquidación del orden constitucional. Por demasiado reciente, no es necesario referirse al contraste sufrido por el partido actualmente gobernante en los comicios del 6 de septiembre del corriente año (1987). Aunque en esa jornada ocurrieron algunos descalabros más significativos que el que tuvo por marco a la provincia, fue el escrutinio de este distrito mucho más dramático que el del resto y el meridiano de los análisis e interpretaciones pasó por aquí y no por otro lado.

De este modo, Buenos Aires, por la fuerza de los hechos y por la reiteración de episodios electorales clave, es una suerte de gran definidora del talante del país entero. Es claro que ello no es obligadamente así. Más aun, en muchos casos sólo ha sido el cinturón urbano de la Capital Federal el que ha pesado decisivamente en los resultados bonaerenses, ya que cuenta con casi el 60 % del electorado de la provincia. Pero, quiérase o no, el peso electoral de la provincia empalidece lo que sucede en el resto del país y gravita decisivamente en el estado de ánimo que suele suceder a los grandes pronunciamientos electorales y sus secuelas políticas e institucionales.

Es que la provincia imprime carácter a la política argentina. Le da su tono, le pone su marca. Pensemos en esta circunstancia, que nos exime de otras precisiones: en la década del 30, el fraude electoral se practicó sistemática y descaradamente en la provincia. También en otras se cometieron actos irregulares, sobre todo en Santa Fe, Mendoza y San Juan. En cambio, no se incurrió en desbordes mayores en Entre Ríos, Córdoba y Tucumán, ni tampoco – podemos decirlo generalizando un poco – en las restantes. Sin embargo, aquellos años están asociados, en la memoria colectiva, al fraude y la violencia comiciales. En la mayoría de las provincias las elecciones irregulares no se dieron con la avilantez y el cinismo de Buenos Aires, pero para los argentinos la década del 30 es la del fraude. Las maniobras acaecidas en Buenos Aires tiñeron todo el país, lo categorizaron de modo ilevantable extrapolando al campo general lo ocurrido en el orden provincial.

Esta virtud consagratoria, en lo bueno y en lo malo, que ejerce la provincia, está vinculada a su poder para infundir permanencia a los movimientos políticos que, en determinadas condiciones, nacen en su seno. Así ocurrió, por ejemplo, con la renovación del antiguo conservadorismo, que en los primeros años de la década de 1920 vivió un recambio de sus equipos dirigentes y suscitó un movimiento similar en otros distritos. Igual fenómeno se vio en los principios de la década de 1940, cuando algunos jóvenes radicales se lanzaron a construir el movimiento "revisionista", antepasado inmediato del Movimiento de Intransigencia y Renovación de la UCR, que en poco tiempo desplazaría de la conducción partidaria nacional al elenco alvearista, proveería al radicalismo de un nuevo bagaje programático y, con el tiempo, daría a la Nación cuatro presidentes. (No está de más acotar que el hecho que le permitió la conquista del poder partidario fue precisamente el triunfo interno en la provincia de Buenos Aires, en enero de 1946, que hizo posible a Ricardo Balbín la conducción del "Bloque de los 44" en la Cámara de Diputados de la Nación durante la primera presidencia de Perón.) Lo mismo puede decirse del Partido Justicialista, cuya renovación, después de su derrota de 1983, se inició y libró sus más duras y decisivas batallas en la provincia de Buenos Aires.

Estas connotaciones confluyen para que no asombre la circunstancia de que no puede existir un gran partido nacional en la Argentina, si no tiene una firme base en la provincia de Buenos Aires.

El ugartismo formó la estructura fundamental de su poder en todo el país con un andamiaje afirmado en la provincia a través de un complejo sistema de caudillos estancieros, jueces de paz, y comisarios, que pudo presentar un auténtico modelo de oficialismo no desprovisto de cierto apoyo popular. Yrigoyen, por su parte, cuando inició su tenaz lucha por el control del radicalismo, aún en vida de Alem, se concentró en la creación de un sólido aparato en el primer estado argentino – de cuyo comité provincial fue presidente. Cuéntase que mandaba a sus enviados a visitar hasta los más pequeños pueblos, donde a veces el único informante de la situación local era el cura párroco... De esta paciente urdimbre salió el radicalismo bonaerense, formidable maquinaria que ha sobrellevado casi cien años de infortunio y largas estadías en el llano sin perder su potencia o su fervor. También el Peronismo dispuso siempre de una firme base en la Provincia, sobre todo en el conurbano de la Capital Federal, su más fiel y persistente baluarte.

Sí, nada puede hacerse políticamente en el país si no hay una apoyatura bonaerense sólida.

Y es así como la Provincia ostenta desde siempre un poder político que va más allá de su real gravitación económica, cultural o demográfica. Imprevisible en sus reacciones, sorpresiva muchas veces, con un electorado que puede manifestarse tercamente fiel a sus lealtades tradicionales o alegremente versátil en sus preferencias, esta característica es tanto más asombrosa en cuanto no se trata de un distrito homogéneo, pues presenta una realidad rural y otra urbana, una parte vinculada a las actividades agrícola–ganaderas y otra netamente fabril, industrial y de servicios.

Sin embargo, y a pesar de que los pronunciamientos electorales suelen destacar estas diferencias, la Provincia constituye una unidad política cuya disponibilidad para encumbrar y derrotar es temible.

No podemos decir si esto es bueno o es malo. Simplemente, es una realidad. Desde cierto punto de vista, reconozcamos que la Provincia merece ejercer esta rectoría. Al fin de cuentas, fue Buenos Aires la que inició, llevó adelante y financió el movimiento de Mayo. Fue en Buenos Aires donde se introdujeron los hábitos parlamentarios y donde se dio categoría institucional a la Legislatura como cuerpo representativo de la comunidad entera. Fue desde Buenos Aires donde se esbozó la existencia de una opinión pública a través del "diarismo", de los incipientes partidos políticos posteriores a Caseros y de las asambleas democráticas de los *clubs* cívicos. Fue a través de Buenos Aires como se formalizó la modelación de los grandes partidos políticos nacionales después de 1890. Fue en Buenos Aires donde el sistema municipal permitió a los políticos un *cursus honorum* gradual de responsabilidades acumulativas. En suma, fue en Buenos Aires donde se hicieron los primeros e imperfectos ensayos de lo que después sería nuestra arquitectura institucional.

No es, entonces, sólo por su gravitación material, que Buenos Aires dispone de un enorme poder. La Provincia "faze e desfaze a los homes", como decía de Castilla el antiguo *Romancero*.

En política, lo que la Provincia no ata, nadie puede atar, y lo que no desata, no hay poder humano que lo desate... Por eso, la provincia de Buenos Aires, admirada y detestada, país dentro de un país, cuna de referentes individuales cuya influencia persiste aun después de su desaparición física, es digna de una permanente y prolija observación, de una auscultación sin pausa. Decimos más: decimos que merece un cuidado delicado e infatigable, porque es vital para la salud de la Nación entera.

Partidos y tendencias nacionales en la década del 20

A principios de la década de 1920, el panorama político–institucional de la Argentina ofrecía una confortable apariencia de estabilidad y solidez.

El ejercicio del voto libre y garantido desde 1912 no había aparejado el caos que algunos espíritus pesimistas pronosticaron en ocasión de discutirse la ley Sáenz Peña y, por el contrario, la transición de un gobierno de elites a un gobierno popular se había realizado pacíficamente. Un gran partido ocupaba el poder nacional y el de la mayoría de las provincias. Estaba organizado en todo el país, había elaborado una ideología no muy precisa, pero bastante característica, y contaba con un núcleo dirigente de auténtica gravitación en el electorado. A través de la acción del radicalismo la gente se había acostumbrado a votar y participaba en proporción satisfactoria en los mecanismos de recambio del poder.

Además, existían fuerzas opositoras que mantenían en el Congreso un control sistemático. Una prensa libérrima juzgaba los actos oficiales y los hechos más importantes según sus propios puntos de vista y esta libertad no hacía más que expresar la atmósfera que reinaba en el país.

Sin embargo, este plácido panorama escondía riesgos que se irían acentuando a lo largo de la década y estallarían finalmente en la catástrofe institucional de 1930. Adelantémonos a señalar que estos factores negativos consistían fundamentalmente en:

1. el predominio incontrastable del radicalismo; o lo que es lo mismo,

2. la inexistencia de una fuerza opositora orgánica. A lo que debe sumarse

3. el conformismo de todas las fuerzas políticas respecto del estado general del país.

La virtud mayoritaria y sus problemas

Desde la aplicación de la ley Sáenz Peña, la vigencia electoral de la UCR se había acentuado con características cada vez más netas.

El siguiente cuadro, extraído de la utilísima obra de José Bianco *Vida de las instituciones políticas*, destaca el ascenso electoral del radicalismo:

1912

- UCR   120.000 votos (en todo el país)
- Todos los otros partidos   436.000 votos (en todo el país)

1914

- UCR   208.000 votos (en todo el país)
- Todos los otros partidos   350.000 votos (en todo el país)

1916

- UCR   350.000 votos (en todo el país)
- Todos los otros partidos   220.000 votos (en todo el país)

1918

- UCR   330.000 (más 47.000 disidentes = 377.000)
- Todos los otros partidos   363.000 votos (en todo el país)

1920

- UCR   330.000
                     (más 10.000 disidentes = 343.000)
- Todos los otros partidos   363.000 votos (en todo el país)

¿A qué se debía la virtud mayoritaria que acompañaba al radicalismo? Con frivolidad característica, Carlos Sánchez Viamonte afirmaría en 1930: "Al comenzar, el radicalismo sólo contaba con unos pocos hombres cultos, flotantes sobre la masa analfabeta. Rodeaban al jefe en calidad de lugartenientes, ejecutores de su voluntad omnímoda. Luego engrosaron las filas los descontentos del 'régimen', los jóvenes esperanzados en un cambio cualquiera, los ingenuos y entusiastas seducidos por la aventura y por las palabras, los escribas, los fariseos. Así llegó la 'causa' a ser mayoría en la población nacional. Mayoría virtual primero, y efectiva más tarde, cuando hubo elecciones libres y, sobre todo, la única fuerza activa en el escenario del país".

Pero, sin profundizar el tema, hay que anotar motivos bastante diferentes de los que señaló el dirigente socialista. La vigencia electoral del radicalismo se debía a un complejo de factores: la nítida identidad de un movimiento que, desde principios de siglo, se había mantenido al margen de los chalaneos políticos de los oficialismos de turno; la vibración idealista y romántica de una fuerza que no ofrecía botín a sus seguidores y, en cambio, convocaba a toda la ciudadanía en una empresa de reparación nacional; la perspectiva de cambio pacífico que ofrecía al país frente al agotamiento de los elencos del "Régimen". Estos factores, a los que deben sumarse los incontables años de proselitismo de Yrigoyen y la existencia de elencos radicales de significación en todo el país, afirmaron una mayoría radical renovada año a año en los actos comiciales. Un pensador salido del ugartismo, Octavio R. Amadeo, confesaba en 1919 que, "cuando Sáenz Peña trajo la reforma electoral", "el radicalismo llegaba fresco y joven, portador de la esperanza y la quimera que seducen a los hombres. Venía del ostracismo político con cierto aire de conspirador romántico, que caía bien a su juventud y fascinó a la gente imaginativa y bondadosa".

Por su parte, un intelectual de izquierda como Julio R. Barcos apuntaba en 1931: "Yrigoyen, con procedimientos muy opuestos a los del sanguinario Juan Manuel, a base de pura destreza política, supo organizar la única fuerza partidaria cohesionada en todo el territorio de la República que ha existido entre nosotros, y llevarla a la victoria tan pronto se garantizó la verdad del sufragio con la ley Sáenz Peña. Ni antes ni después de su caída había conseguido organizarse ningún partido político nacional en forma tan unitaria como el radicalismo. Es verdad que ideológicamente es un partido invertebrado. Pero temperalmente es de una extraordinaria unidad espiritual".

Pero acaso ha sido Eduardo Mallea el que mejor resumió el estado de espíritu que promovió y a la vez creó la llegada del radicalismo al poder: según el novelista, fue "una gran necesidad civil de decencia contra muchos años de explotación y de fraude. Nadie pensaba en su medro personal. Era una cuestión de limpieza y honor. Era un movimiento de conciencia, de corazón, de alma. Era un estado de nobleza colectiva, de salud nacional".

El acompañamiento mayoritario del radicalismo que potenciaba su fuerza electoral se originaba, pues, en motivos profundos ya antes de 1916. A lo largo del primer gobierno de Yrigoyen, ese acompañamiento no estuvo condicionado a los muchos errores y transgresiones cometidos en el ejercicio del poder y continuó a lo largo de la década del 20 al 30 como una honda fidelidad al caudillo que había interpretado, desde la época de la abstención electoral, el sentir de grandes sectores de la población.

Obviamente, la instalación del radicalismo en el poder facilitó una mayor captación del electorado y no es dudoso que la serie de intervenciones federales que se enviaron a las provincias durante la presidencia de Yrigoyen haya acentuado la vigencia electoral del partido oficial.

1922

(elecciones de diputados)
- UCR   411.000 votos
- Todos los otros partidos   397.000 votos

1922

(elecciones presidenciales)
- UCR   422.000 votos
- Todos los
  otros partidos   412.000 votos

Así, fue consagrado Alvear como presidente mediante el sufragio de 235 electores contra 88 que reunieron todas las fuerzas no radicales.

La tendencia se mantuvo a lo largo de la década que estamos estudiando. En los comicios de renovación legislativa de 1924 es difícil establecer claramente un saldo, debido a que en ese momento la UCR estaba viviendo la primera etapa de su división interna. Pero dos años más tarde se acentúa la tendencia que arrojan los cuadros anteriores.

1926

- UCR   335.000 votos
- Antipersonalismo   162.000 votos

- Todos los
  otros partidos   200.000 votos

1928

(elecciones presidenciales)

- UCR   840.000 votos
- Todos los
  otros partidos   522.000 votos

Incluso en las elecciones de marzo de 1930, que marcan la declinación radical en la Capital Federal, el total obtenido por la UCR en todo el país mantiene en medida bastante alentadora esta tendencia:

655.000 votos contra 695.000 que obtiene la totalidad de los partidos no yrigoyenistas.

Estas cifras traducen en la Cámara de Diputados de la Nación un sostenido aumento de las bancas radicales, que son 45 en 1916 contra 60 no radicales (22 conservadoras. 28 demoprogresistas y 10 socialistas). En 1918 la renovación legislativa permite a la UCR conquistar la mayoría de la cámara joven con 59 bancas, contra 55 opositoras (31 conservadoras, 14 demoprogresistas y 10 socialistas). Dos años más tarde se acentúa la mayoría radical, que alcanza 90 bancas sobre 67 opositoras (26 conservadoras. 20 demoprogresistas y 11 socialistas, además de 10 radicales disidentes). Y aun en 1921 el bloque radical se elevará a 101 diputados.

El predominio radical fue incontrastable a lo largo de la década, aunque solamente llamemos radical al tronco yrigoyenista y ubiquemos al núcleo antipersonalista como ajeno a la corriente principal. Y paradójicamente, fue esta circunstancia, la persistencia de una mayoría inconmovible en torno al radicalismo, la que degradó la función que venía cumpliendo esta fuerza como término prioritario de la vida política argentina. Porque al ocupar un espectro electoral tan ancho, al mantener enormes diferencias con sus antagonistas, la política nacional empezó a desvanecerse y convertirse en política radical. Es decir que los fenómenos de diferenciación y agrupamiento que normalmente deberían haberse manifestado en el ámbito político general, se dieron en el terreno interno del radicalismo. En consecuencia, este partido se convirtió en escenario de luchas que estaban ubicadas en un lugar equivocado, por decirlo así. Un solo ejemplo para ilustrar este fenómeno: en el distrito La Rioja, todo el año 1929 transcurrió en una ardiente lucha interna radical para definir al candidato a gobernador; fue mucho más importante la campaña interna que la lucha electoral abierta, puesto que nadie podía dudar de que el ciudadano que obtuviera la candidatura ya era, virtualmente, gobernador. Situaciones como ésta, repetidas a través de la década, desvirtuaban la función de las renovaciones electorales de las instituciones y marcaban mayor gravitación a los procesos internos del partido oficial.

Porque conviene señalar, además, que aunque el radicalismo sufrió hostilidades por parte del oficialismo en alguna etapa de la presidencia de Alvear, no por esto fue opositor. Tratar de no convertir al radicalismo en oposición entre 1922 y 1928 fue una de las grandes preocupaciones de Yrigoyen en este lapso y uno de sus logros estratégicos más admirables. Por otra parte, en algunos distritos importantes, como Buenos Aires, el radicalismo mantuvo el poder, no obstante los embates del oficialismo nacional. Podemos afirmar, entonces, que el radicalismo no sólo conservó una sólida mayoría a lo largo de la década, sino que siguió participando del aparato oficial en mayor o menor medida, en los niveles nacionales o provinciales. Por esos años, sólo sufrió la condición opositora en San Juan y Mendoza, bajo el cantonismo y el lencinismo, o en las pocas provincias cuyos gobiernos eran conservadores.

Es claro que esta perpetuación en la condición oficial, aun por el mantenimiento legítimo de la mayoría electoral, no es un buen destino para los partidos políticos... Anquilosa su estructura, induce al facilismo, afloja su sentido de responsabilidad y lo identifica demasiado con el Estado. Este fenómeno afectó al radicalismo en la década del 20. Los intereses que se fueron creando alrededor de su poder le restaron poco a poco ese tono idealista y desinteresado que tuvo en sus primeras etapas y dieron origen a una máquina interna dependiente de un crudo *spoil system*.

Disponemos, entonces, de algunos datos importantes para caracterizar el panorama político de la década. En primer lugar la persistencia mayoritaria y oficialista de la UCR. Además, la circunstancia de que esta aparentemente inamovible ocupación del espectro político convierte al radicalismo en escenario obligado de agrupamientos que normalmente deberían haber acaecido en el ámbito de la política general. Y un tercer dato todavía: el enorme prestigio generado por la figura de Yrigoyen.

Alrededor de estas precisiones gira el proceso de la década de 1920 a 1930. Vistas con perspectiva histórica ellas prefiguran la ruptura de 1930. Pero todavía puede agregarse una aclaración más, que hace a la esencia del radicalismo de aquellos años y, paradójicamente, fue un elemento de riesgo e inestabilidad: aludo al proceso de "programatización" que vivió el partido de Yrigoyen en aquellos años.

A partir de 1922 y como una manera de diferenciarse del alvearismo, el radicalismo inicia un proceso de introspección. Aparecen trabajos periodísticos, folletos, libros que rescatan diversos aspectos de la acción gubernativa de Yrigoyen. Esta reflexión radical en torno de su propia obra va produciendo un fenómeno muy interesante.

Como se sabe, la UCR había llegado al poder en 1916 sin un programa definido sobre sus futuras responsabilidades. Yrigoyen se había negado obstinadamente a asumir compromisos programáticos, que a su juicio podían parcializar lo que él definía como una "unión civil de todos los argentinos". Pero ya en el gobierno, el radicalismo fue elaborando, casi sin darse cuenta, una suerte de doctrina coherente a través de las decisiones que Yrigoyen fue adoptando en relación con los diversos problemas que le planteaba la realidad nacional. A partir de 1922, la labor de algunos escritores radicales como Diego Luis Molinari, Lucio Moreno Quintana, José Bianco, Guillermo Fonrouge, Alberto R. Etkin, Antonio Herrero, Roberto Cugini, Alfredo Morrone y otros, logró evocar aquellas soluciones, dramatizar las dificultades que habían obstruido su concreción total, prestarles coherencia, señalar los fundamentos superiores que las habían inspirado y mostrar los pasos que debían darse en el futuro para completarlas armónicamente.

En suma, se elaboraba una ideología, que por lógica política debía colocarse a la izquierda del oficialismo alvearista.

De este modo, durante el período de Alvear va definiendo el radicalismo una posición favorable a la nacionalización del petróleo, que se completa con una cierta conciencia antiimperialista: en los hechos, sólo antiyanki. Esta posición le permitió a Yrigoyen recoger las simpatías de sectores intelectuales y juveniles en la campaña de 1928 y este aporte no dejó de realimentar al partido con posiciones de avanzada en otros terrenos (legislación social, participación del Estado en la vida económica, protección de las riquezas nacionales, clausura de la Caja de Conversión, etcétera).

Así como la neutralidad, la reforma universitaria y la jerarquización de YPF fueron recogidas por los escritores radicales y proyectadas como una preocupación programática del radicalismo para el segundo gobierno de Yrigoyen; así también ciertos temas tabú, como la Semana Trágica o las matanzas de Santa Cruz, fueron cuidadosamente omitidos en estas evocaciones. Con lo que el radicalismo recuperaba algunas de sus realizaciones durante la presidencia de Yrigoyen para consagrarlas como premisas permanentes de su acción – y esto no dejó de facilitar, después de 1930, el ingreso de muchos intelectuales y jóvenes reformistas al radicalismo, ya caído.

Si el reproche por una indigencia programática del radicalismo era cierto en 1916, doce años más tarde ya no lo era. Basta recorrer las crónicas de la campaña del "Plebiscito" para deducir que en ese momento el radicalismo disponía de una idea clara de sus lineamientos en el futuro gobierno.

Ahora bien: ¿sería aventurado suponer que esta nueva claridad de objetivos, al tornarlo más peligroso para el *establishment*, auguraba su inevitable derrocamiento?

Si fuera así, ello agregaría un dato más a la enumeración de los riesgos que carcomían secretamente el panorama institucional de la década bajo su aparente robustez. Porque no se trataba solamente de la incontrastable mayoría radical y la inexistencia de una fuerza que le hiciera contrapunto. Era también la perspectiva inquietante que ofrecía un partido cuya llegada al poder en 1916 había sido fastidiosa, pero en último análisis, inocua; y ahora, en 1928, regresaba con un tono relativamente avanzado. Durante su primera presidencia, Yrigoyen fue acusado de "maximalista", demagogo y enemigo del capital; en 1928 sus opositores creían tener motivos para suponer que su futuro gobierno sería peligrosamente izquierdista. El tono de algunos comentarios políticos de la época corrobora esta impresión que tenían, o fingían tener, algunos voceros de los intereses que podían verse afectados por las futuras audacias yrigoyenistas.

Por otra parte, hacia 1928 la dirigencia partidaria había cambiado de manera significativa. Los "hombres cultos" que rodearon a Yrigoyen en 1916 – para usar las palabras de Sánchez Viamonte – habíanse recostado sobre el oficialismo alvearista. Entre 1922 y 1928, Yrigoyen debió ascender a la segunda línea de dirigentes y manejarse con "coroneles graduados", como decía festivamente. Eran, generalmente, hombres jóvenes de origen modesto, ambiciosos y activos, visceralmente adheridos al caudillo, de cuya suerte dependía su destino político. Gente como Molinari, Jorge Luis Rodríguez, Víctor Guillot, Atilio Larco, Eduardo Giuffra, Silvio Bonardi, Eduardo Araujo y otros estaban en condiciones de llevar adelante una acción legislativa y de gobierno mucho más audaz que el elenco político del primer gobierno.

No fueron muchos los que observaron en aquel entonces este transvasamiento generacional. Lo hizo José Gabriel en *Bandera celeste*, años más tarde, y en alguna medida Carlos Cossio, en 1934, cuando afirmaba que "...con una plasticidad admirable, ha variado de contenido, no para contradecirse sino para superarse y avizorar horizontes más amplios y profundos; ha resurgido de sí mismo varias veces, reapareciendo en reencarnaciones más trascendentales, en maravilloso paralelismo con las eclosiones del alma argentina, cuyos anhelos traducía y cuya última esencia expresaba. Así, como una corriente nacional que se hace cargo del sentido de la historia patria, llega a alcanzar bajo la jefatura bárbara y magnífica de Hipólito Yrigoyen una extensión popular y una significación social que es imposible desconocer. Por eso el radicalismo es mucho más que los tres gobiernos que ha exaltado y por eso el juicio de la historia sobre su jefe no estará dado mientras no se tenga en cuenta lo que, por encima de su intelecto, había en él de sensibilidad para los problemas sociales y de correspondencia objetiva entre su voluntad así dirigida, y la historia nacional (...). Ese modo político que bajo la responsabilidad del jefe silencioso e indiscutido triunfaba constantemente en los comicios desde el gobierno o contra el gobierno; ese modo político inconciliable con un concepto racional en la vida partidaria, en la formación de la opinión pública en el Parlamento, en la administración... ".

En cuanto a las diferenciaciones que se operaron en el seno del radicalismo, ellas fueron de dos tipos: uno, el que formaron los agrupamientos generados por las intensas luchas internas de la época, sin mayor significación ideológica o que, aun teniéndola, no excedieron el marco partidario. Fue ésta una típica expresión democrática de una fuerza nueva y sana, desarrollada con un estilo frecuentemente caótico y desordenado, pero que en último análisis reflejaba la vitalidad partidaria y las naturales ambiciones de sus dirigentes.

El otro tipo de diferenciación interna fue más grave, porque traducía el fenómeno patológico que hemos destacado páginas atrás, tendiente a colocar en el escenario partidario los procesos que normalmente debieron desarrollarse en el ámbito nacional. Nos referimos a las dos grandes fugas que se operaron en la UCR en la década del 20, una hacia la izquierda y la otra hacia la derecha, para emplear términos poco precisos pero cómodos.

La fuga hacia la izquierda fue protagonizada en Cuyo por el lencinismo y el cantonismo. Ambos movimientos se caracterizaban por su tono agresivo y prepotente, sus pintorescos liderazgos, su odio a los sectores patronales, su primitivismo paternalista, su desprolijidad en el manejo de los dineros públicos, su obrerismo indiscriminado, su chabacanería proselitista. Fueron una caricatura populista del radicalismo, un desfasaje de los límites de decoro que casi siempre había mantenido la fuerza troncal. Los trabajos de Dardo Olguín y Celso Rodríguez nos eximen de mayores análisis al respecto. Sólo debe decirse que esta tendencia, que tuvo eco en el principismo riojano y el verismo tucumano, de no haber sido sofocada tanto por el radicalismo yrigoyenista como por el oficialismo alvearista, pudo haber sido la base de una fuerza izquierdista de envergadura nacional e indiscutible contenido popular.

Del otro lado registramos la fuga hacia la derecha del antipersonalismo. No fue éste un movimiento repentista, sino una tendencia que ya existía en el radicalismo desde antes de la ley Sáenz Peña ("levantamiento electoralista de 1909") y tuvo alguna entidad en años posteriores, para aparecer prematuramente en 1922, alrededor de la candidatura presidencial de Miguel Laurencena. Hacia 1924 ya estaban dadas las condiciones para que esta corriente librara batalla dentro de la UCR, contando con el apoyo del oficialismo alvearista. Al fracasar su intento de copar el partido, sus dirigentes optaron por alejarse, no sin clamar que eran ellos quienes rescataban los valores primigenios del radicalismo de Alem. Pero lo cierto es que el antipersonalismo se alió a los conservadores y la designación de "Confederación de las Derechas", con que se conoció también al Frente único de 1928, definió con exactitud la esencia del conglomerado.

Tal vez sea abusivo catalogar como derechista al antipersonalismo en esa etapa. La disidencia carecía de contenidos ideológicos concretos y respondía más bien a una conjunción de resentimientos contra Yrigoyen: todos sus dirigentes, sin excepción, alimentaban algún agravio contra el viejo caudillo, por lo que la fracción, más que una insurgencia contra su conducción personalista, era un personalismo al revés, una obsesión "antipeludista". Pero la condición de sus prohombres, las afinidades que los unían más o menos clandestinamente a los conservadores, sus posiciones profesionales en defensa de intereses sectoriales y financieros muy definidos, prefiguraban fatalmente su corrimiento hacia la derecha.

El Frente único de 1928 fue la "edición príncipe" de la Concordancia de 1931. Y el destino final del antipersonalismo quedó atado al del conservadorismo, hasta que la revolución de 1943 despenó su agonía.

Las dos fugas que vivió el radicalismo en la década del 20 señalaban, en realidad, procesos normales en un país que iba diferenciando sus intereses y sectores y necesitaba fuerzas partidarias que representaran cabalmente esos sectores e intereses. Lo malo fue que esos procesos, como se ha dicho, no se desarrollaron espontáneamente en el ámbito nacional, sino condicionados por el radicalismo, que primero fue el tronco común de las disidencias y luego quedó convertido en su peor enemigo. Así, un juego partidario que podía haber reflejado la creciente madurez del país fue distorsionado por la presencia insoslayable del radicalismo. O para concretar mejor este juicio: por la presencia de Yrigoyen.

La obsesiva, irritante – para sus enemigos – presencia del caudillo, que haría exclamar al joven Jorge Luis Borges en 1925: "Pese a todas las mojigangas oficiales, Yrigoyen nos sigue gobernando...".

La ausencia conservadora

El constitucionalista José Nicolás Matienzo recordaba en 1930 el testimonio de Indalecio Gómez sobre los resultados de la ley Sáenz Peña, que, afirma, "sorprendieron a sus mismos autores". Y agrega Matienzo: "Surgieron a la vida activa los partidos Socialista y Radical. El primero tomó el predominio electoral de la Capital y el segundo, empezando por apoderarse de algunos gobiernos de provincia, acabó por adueñarse de la presidencia de la República. En cuanto al Partido Conservador, que el doctor Gómez esperaba ver surgir sobre la base de las fracciones políticas que ocupaban la mayor parte de los gobiernos provinciales y que había elegido presidente a Sáenz Peña, no se formó y muchos de los elementos que pudieron haberlo constituido prefirieron incorporarse al partido triunfante".

Este fenómeno es cierto y constituye uno de los más curiosos de nuestra historia política.

La tendencia conservadora, presente en el antiguo Partido Autonomista Nacional y en los partidos provinciales que sostuvieron las presidencias que siguieron al roquismo, era fuerte todavía cuando comenzó a aplicarse la ley Sáenz Peña: el fracaso de Lisandro de la Torre en su intento de renovar el conservadorismo puede interpretarse como un síntoma del poder que todavía ejercían las fuerzas tradicionales en los distritos más importantes del país – salvo la Capital Federal.

Pero a partir de la consagración de Yrigoyen, el conservadorismo no hace ningún esfuerzo para constituirse como una fuerza nacional. Sólo subsiste en Buenos Aires, Corrientes (a través de las denominaciones autonomista y liberal), Entre Ríos, Córdoba y Salta. Pero, además, lo hace fraccionadamente, a través de partidos que carecen de una organización común y sólo mantienen una vinculación circunstancial en el Congreso.

Con este panorama, no es difícil de entender el retroceso de las fuerzas conservadoras en el campo electoral. En los cuadros que siguen, se suman los partidos conservadores al Partido Demócrata Progresista.

1916

– Conservadores 270.000
– Todos los otros partidos 480.000

1918

– Conservadores 150.000
– Todos los otros partidos 580.000

1920

– Conservadores 235.000
– Todos los otros partidos 460.000

1922

– Conservadores 220.000
– Todos los otros partidos 590.000

1924

– Conservadores 150.000
– Todos los otros partidos 430.000

1926

- Conservadores   120.000
- Todos los otros partidos   610.000

¿A qué se debió este incesante retroceso?
Decía Octavio R. Amadeo en 1919: "Cuando Sáenz Peña trajo la reforma electoral, pudo notarse, por la acogida, que un espíritu nuevo flotaba en el ambiente. El país quería cambiar de postura. El antiguo Partido Nacional estaba gastado en su labor, como un viejo obrero, y traía sobre sus espaldas el polvo y el lodo acumulados en los largos caminos".

La explicación de Amadeo es, a nuestro juicio, incompleta. Aunque el conservadorismo estuviera maculado de polvos y lodos, todavía podía decir mucho al país. Bastaba mostrar la formidable Argentina de la segunda década del siglo para reclamar, con todo derecho, la confianza de la ciudadanía en la implementación de los necesarios ajustes que requería esa creación que la fuerza tradicional había dejado edificada en sus grandes líneas. Tampoco se puede atribuir la disminución conservadora a una carencia de elencos dirigentes: precisamente la desaparición de próceres como Marcelino Ugarte, Benito Villanueva o Emilio Civit permitió, a principios de la década del 20, la aparición de algunas personalidades de refresco como Rodolfo Moreno, Matías Sánchez Sorondo o Manuel Fresco, o la reaparición de algunos veteranos como Ramón J. Cárcano.

¿Qué ocurrió, entonces, con los conservadores? ¿Qué resorte íntimo falló en ese núcleo dirigente que hasta entonces había venido funcionando con habilidad y coherencia en la política nacional?

A nuestro criterio, después de 1916 los conservadores no tuvieron la entereza de hacer política desde el llano. Eran décadas de oficialismo las que habían acostumbrado a estos hombres (generalmente ricos, generalmente acostumbrados a ostentar sus privilegios como por propio derecho) a ejercer el oficio político con el fácil respaldo del poder. Habían olvidado la costumbre del proselitismo constante, en la que eran maestros los radicales. Les resultaba, en suma, demasiado duro y fatigoso reemprender la articulación, hombre a hombre, de una fuerza que había hegemonizado al país desde 1880 y ahora se sentía descolocada al no contar con el apoyo de un aparato oficial, como había ocurrido siempre.

En consecuencia, tal como lo destacara Matienzo, prefirieron el camino fácil del oportunismo y se mezclaron con los oficialismos locales, allí donde pudieron: el aborrecido radicalismo. En algunas provincias chicas, la desaparición conservadora fue tan absoluta que pudo pensarse que todos los antiguos dirigentes habían fallecido masivamente. El precedente ocurrió en 1914, cuando en Corrientes se incorporaron al radicalismo dos núcleos del partido liberal, los "mantillistas" y los "liberales independientes"; al año siguiente un grupo autonomista ingresó también a la UCR. El mismo año, en Santa Fe, el Partido Constitucional se "volcó" al oficialismo radical. Más silenciosamente, a lo largo del gobierno de Yrigoyen hubo otros transvasamientos conservadores: en la Rioja se dio la paradoja de que el segundo gobernador radical fue la misma persona que, como jefe de Policía conservador, reprimiera una revolución encabezada en 1913 por Pelagio B. Luna. Sólo en Córdoba – cuyo gobierno recuperaron los demócratas en 1918 – y en Corrientes – donde un azar de muertes y divisiones permitió al autonomismo llegar nuevamente al gobierno en 1919 – pudieron los conservadores mantener limpiamente sus posiciones. En Buenos Aires, el viejo núcleo "vacuno" siguió siendo un adversario fuerte, aunque perdedor, del radicalismo, después de la intervención que derrocó a Ugarte en 1917. En el resto del país, el conservadorismo virtualmente se evaporó... Reapareció sin nombre, casi vergonzantemente, en el Frente Único de 1928, apoyando una fórmula que, al menos en teoría, era radical: la de Melo y Gallo. Y la abrumadora realidad del "Plebiscito" terminó por convencerlos de que la desgracia del "peludismo" no tenía remedio por vía electoral. De esta convicción a la conspiración de 1930 sólo había un paso. Y dos años...

La ausencia del conservadorismo fue una desgracia nacional, porque hizo imposible la implementación de ese armonioso contrapunto político que había diseñado Sáenz Peña: un gran partido popular de tono tradicional y tendencia estabilizadora, turnándose en la responsabilidad del poder con otro gran partido popular de estilo renovador y aspiraciones progresistas, como en Gran Bretaña o Estados Unidos.

En nuestro país, sólo Córdoba brindó esta fórmula, pero el ejemplo no cundió en el ámbito nacional. Y no por culpa de la UCR. Fue el conservadorismo el que faltó a la cita institucional. Sus dirigentes se refugiaron en el resentimiento y la crítica implacable; más tarde, en la conspiración. Pero no es por casualidad que dentro del conservadorismo, el núcleo más democrático y, en consecuencia, menos "golpista", haya sido cordobés; es decir, el grupo que pudo alternarse en el ejercicio del gobierno provincial con el radicalismo a través de competencias electorales sanas y gobiernos progresistas.

En uno de sus tantos rechazos a los ofrecimientos de pactos que se le formularon a lo largo de su vida política, Yrigoyen acuñó una frase muy certera, refiriéndose a los conservadores: "Ustedes son la razón de ser de nosotros...".

Si faltaba la razón de ser, ¿qué papel jugaban los radicales? Girar en el vacío, faltos de un interlocutor válido, carentes de un *sparring* a quien dar y de quien recibir, brava y alegremente, los golpes inevitables de la lucha política... Entonces el radicalismo debía generar en su propio seno las confrontaciones que tendrían que haberse realizado en el escenario político general. Y a su vez, los conservadores se hacían radicales por la puerta del fondo y alteraban la vida del partido mayoritario; o algunos radicales se iban haciendo conservadores dentro del radicalismo y salían, haciendo escándalo, por la puerta del frente.

Y esto no ayudaba a robustecer la frágil construcción democrática promovida por Sáenz Peña. Al contrario, la complicaba, la tornaba cada vez más intransitable.

La decepción socialista

A principios de la década que estamos examinando, ya era evidente que el Partido Socialista había quedado definitivamente enclaustrado en los límites de la Capital Federal.

En años anteriores, Juan B. Justo y sus colaboradores habían efectuado frecuentes excursiones al interior del país con el propósito de llevar la palabra socialista a otros distritos. Pero este proselitismo tuvo escasa repercusión. Pudieron constituir grupos generalmente prestigiosos en las provincias más importantes, pero ellos no fueron acompañados por caudales electorales significativos. Algunos triunfos municipales en Buenos Aires y un par de provincias más les permitieron, por un momento, alentar la esperanza de aumentar sus huestes en el ámbito nacional. Pero los progresos fueron escasos y las cifras de los escrutinios revelan, año a año, que el crecimiento socialista sólo acompañó el aumento vegetativo de la población. Con esta particularidad, que en realidad constituía una decepción agregada: los votantes socialistas de la Capital Federal, su baluarte, no provenían tanto de los sectores obreros sino de la clase media baja: empleados, pequeños comerciantes, maestros, trabajadores especializados. Los resultados electorales revelaban, de este modo, que el grueso de la clase más humilde era radical y no socialista.

Para empeorar este panorama, el socialismo sufrió en la década dos disidencias de idéntico signo a las que afectaran a la UCR. En 1920, la fracción que un par de años antes había manifestado su discrepancia con la conducción justista en relación con la Rusia bolchevique, resolvió constituirse como Partido Comunista, con el apoyo del núcleo liderado por Enrique del Valle Iberlucea. La sangría del tronco socialista, aunque poco numerosa, puso en un brete a la dirigencia de Justo, porque marcó su separación con la tendencia que en ese momento identificaba al proletariado de todo el mundo respecto del fenómeno soviético.

La otra disidencia fue, políticamente, mucho más grave. El grupo "libertino", como lo tildaban sus adversarios internos, o socialista independiente, como se denominaron los seguidores de Antonio De Tomaso, después de criticar agriamente la dirección partidaria por no adoptar posiciones más prácticas en su lucha contra el radicalismo, fue expulsado. Con ese grupo se alejaron algunos de los más brillantes dirigentes jóvenes del partido. La importancia de esta fuga hacia la derecha se evidenció en el "batacazo" de marzo de 1930, cuando la novel agrupación se impuso al radicalismo y a sus antiguos compañeros de causa en la Capital Federal, obteniendo un codiciable número de bancas en la Cámara de Diputados.

Esto era particularmente grave porque la importancia del Partido Socialista dependía de la eficaz acción de su bloque legislativo nacional, que desde 1912 compensaba su corto número con la disciplina, el espíritu de trabajo y la peligrosidad polémica de sus integrantes. Pero más significativa todavía, como saldo de estas disidencias, era la evidencia de que el partido de Justo daba para todo; de su seno podía salir una corriente de izquierda simpatizante de la revolución soviética o una tendencia de derecha que se daba el brazo con los conservadores.

Ello y la decepcionante indiferencia del electorado nacional le restaron posibilidades para convertirse en un término de referencia importante dentro del juego político. El socialismo sólo podía enfrentar a la UCR en el recinto del Congreso, no en las grandes confrontaciones de la voluntad popular. Y la fuerza obrera que en 1904 había conquistado la primera banca socialista de América, estaba incapacitada para encontrar eco fuera del distrito metropolitano. Podía hacer política – y la hacía honorablemente –, pero era impotente para pesar como factor influyente y menos aun estabilizador en el proceso básico del país, el que debía desarrollarse pacífica y gradualmente hacia el robustecimiento de un sistema todavía frágil y vulnerable. La imagen más gráfica de esta impotencia la brinda Nicolás Repetto, pronunciando su patético discurso en vísperas de la revolución de 1930: sus exhortaciones a los conspiradores para que se abstengan de instaurar una dictadura, y al oficialismo yrigoyenista para que rectifique sus errores, cayeron en el vacío: era el único diputado socialista que sobrevivía en el Congreso Nacional...

El conformismo generalizado

Este vistazo sobre las tres corrientes políticas principales de la década conduce a una apreciación inequívoca: la anormalidad profunda del panorama que ofrecía la política argentina en aquella época, bajo la falsa apariencia que sugería el juego fluido de los partidos y las instituciones.

La conclusión, que hace de la revolución de 1930 una consecuencia casi fatal y no un episodio caprichoso, debe complementarse con otra apreciación que se refiere al conjunto de las fuerzas políticas y al nivel de claridad alcanzado en la época por la opinión pública. Nos referimos al desconcertante conformismo en torno de la condición general del país, existente por aquellos años.

Es cierto que fueron años fáciles y felices. La memoria colectiva de los argentinos registra la presidencia de Alvear como una época próspera, libre, tranquila, optimista. Pero en una comunidad como la nuestra – y más en aquellos años de ensayo y aproximación – siempre debe haber espíritus avizores cuya función sea denunciar, cuestionar, prevenir. No siempre aciertan, pero de todos modos su existencia es indispensable para evitar los conformismos suicidas o las miopías que no ven las secuelas de procesos que se viven contemporáneamente. Esos espíritus no existieron en la década del 20; sí, por supuesto, en la siguiente.

Había motivos, sin embargo, para escuchar algunos toques de alarma. La crisis ganadera de 1922, que originó una investigación legislativa no muy diferente de la que promoviera trece años después Lisandro de la Torre, demostraba que nuestra principal riqueza estaba manejada por un cerrado monopolio. La rebaja por decreto de las tarifas de algunos ferrocarriles ingleses, ordenada por Alvear en una medida sin precedentes (que Yrigoyen, lamentablemente, dejó sin efecto), era la reacción contra una expoliación ejercida por capitales que actuaban sin control en ramas fundamentales de nuestro aparato productivo. La bilateralidad de nuestro comercio exterior marcaba un tipo de economía que sería vulnerable a cualquier caída del importante cliente único. En 1929/30 los síntomas ya son múltiples e inquietantes: el principal, una desocupación ya inocultable.

Nada de esto se denunció como manifestación de un estado de cosas que mereciera examinarse. La década transcurrió en una plácida y sosegada actitud de conformismo en la que estaban complicados todos los partidos sin excepción. El único grupo que se animó a plantear una revisión total del sistema fue el que se nucleó alrededor del periódico *Nueva República*, en 1928. Lo hicieron con una tendencia corporativista y más que un proyecto nacional era un reflejo de los éxitos de Mussolini y el estilo jacarandoso y autoritario de Primo de Rivera, con ingredientes maurrasianos; pero sea como fuere, fue la única propuesta diferente, original de aquellos años, el único indicio de una inquietud profunda sobre una realidad que aparentemente todos juzgaban muy satisfactoria. La idea volcada por Ricardo Rojas en algunos de sus escritos de la época es muy representativa de esta actitud: el país está concluido y terminado en sus grandes fundamentos – dice el autor de *La restauración nacionalista* – y sólo resta mejorar sus prácticas políticas y su nivel educacional...

Es que los argentinos estaban encantados con su país y no pensaban cambiar nada importante. El espíritu del Centenario continuaba vigente, optimista, complaciente, tranquilizador. Nadie advertía que fuera necesaria ninguna modificación de base, y en realidad, mirada superficialmente, la situación no parecía exigirlo. Se necesitarían el sacudón provocado por la crisis del 30 y sus secuelas para que los argentinos sintieran en carne propia la vulnerabilidad de la arquitectura bajo la que vivían y aparecieran entonces algunas voces que, desde distintos puntos del espectro ideológico, formularan diagnósticos y propuestas tendientes a establecer cambios sustanciales en la política, la economía y el pensamiento.

Grave responsabilidad tuvo la UCR en este peligroso conformismo de los años 20. Durante muchos años, la dialéctica de Yrigoyen había consistido en echar la culpa de todo lo malo que ocurría a la acción del Régimen. Redituable políticamente como era, este recurso tendía a simplificar demasiado las cosas: mostraba un país llamado a la grandeza en un camino, que sólo obstaculizaban los "falaces y descreídos". Consecuentemente, bastaba barrerlos con el arma del voto para que la Nación quedara "reparada" y se "reconstituyera en sus bases fundamentales".

El recurso se siguió usando a lo largo de la primera presidencia radical y, con aire de mayor verosimilitud, durante la administración de Alvear: ahora era "el contubernio" lo que impedía la anhelada concreción de "la Causa". Pero cuando el "contubernio" quedó destrozado por el "Plebiscito" y el caudillo asumió el poder por segunda vez, ya no quedaban pretextos: había que vocear que la Argentina ya estaba realizada. El Milenario había llegado... Lo que implicaba, desde luego, negar la realidad, que mostraba crudamente, por ejemplo, las irregularidades radicales en San Juan y Mendoza, la estéril adhesión de la mayoría de la Cámara de Diputados a un inmovilismo que venía de la Casa Rosada, la carencia de un plan orgánico de gobierno, la mediocridad de ciertos colaboradores del presidente, los primeros indicios de desocupación, la caída de los precios de nuestras exportaciones...

Todo estaba bien, sin embargo, porque "el Viejo" había vuelto al poder. Nada había para tocar, nada para prever. Fue entonces cuando se evidenció la formidable virtud conservadora que emanaba la persona de Yrigoyen en la vida del país – al lado y paralelamente a sus instintos renovadores y sus intuiciones de futuro, auténticamente geniales. Este costado conservador estaba incitando a sus fieles, por sola acción de presencia, a compartir la visión panglossiana de una Argentina paradisíaca que, en realidad, empezaba a mostrar al desnudo las debilidades de su estructura.

Ésta es la actitud mental que expresaba el anciano caudillo en las vísperas del 6 de septiembre, al minimizar las advertencias que unos pocos amigos le formulaban sobre la gravedad de la situación. Era "el barro de la calle" lo que le traían: los rumores de unos escasos resentidos...

Repetimos: la culpa no fue sólo de Yrigoyen y su partido, sino de todas las colectividades políticas y de la opinión pública en general. Fue parte de ese pecado la frivolidad que tiñe la década entera. También las expresiones literarias de esos años delatan un contenido lúdico y distraído, como si todo lo que escribieran los poetas, los ensayistas, los novelistas, los pensadores de entonces, no fuera más que un inmenso juego floral. Ningún análisis de fondo puede computarse en la producción de la época, ni una obra de ficción que refleje profundamente el alma de los argentinos de entonces. Hay, obviamente, excelentes creaciones en la narrativa, poesía de calidad, historia seriamente escrita, ensayos más o menos aceptables. Pero nada hay en la década del 20 que se aproxime al tono o la tensión de libros como *El hombre que está solo y espera*, *La cabeza de Goliath*, *Historia de una pasión argentina*, *Los lanzallamas*, *Una nueva Argentina*, o mucho menos de los *Cuadernos de FORJA* o las obras de los hermanos Irazusta: ese conjunto de elaboraciones que, dentro de su diversidad, mostraron en la década siguiente un rostro del país muy distinto a sus apariencias y que urgieron a sus habitantes a adoptar otra actitud diferente de la tradicional.

Los hábitos políticos e institucionales

Esta reseña no quedaría completa si no trazáramos un esquemático panorama de los hábitos políticos e institucionales de la época.

Hay que recordar, en este sentido, que la Argentina de entonces tenía un estilo predominantemente rural y la sociedad reconocía jerarquías todavía rígidas y prestigiosas, con modelos en todos los niveles, cuyas creencias y actitudes se seguían e imitaban.

Esto explica el importante papel que jugaban en la vida política los caudillos partidarios. En realidad, cada partido era una estructura de caudillos que iba de mayor a menor y, en consecuencia, los agrupamientos y las campañas no tendían a operar sobre las masas sino sobre los que las dirigían, en todos los niveles de conducción. La escisión antipersonalista, por ejemplo, fue un prolongado censo de caudillos en todos los distritos, para evaluar el apoyo eventual con que contaría, a la hora de la verdad, una y otra versión del radicalismo. Por esta misma razón, el manejo de los gajes del poder adquiría importancia decisiva en el juego de seducción de dirigentes, pues ganar a uno de ellos era ganar automáticamente los votos de su capital electoral. Hay que pensar, para entender este fenómeno, que el conjunto del electorado era todavía pequeño en cantidad – sobre todo en los distritos del interior – y en consecuencia cada caudillo podía controlar a su gente, servirla, halagarla o repudiarla ante cualquier inconsecuencia. A su vez, cada elector se sentía vinculado a un caudillo: el del lugar o el barrio, o el gran caudillo partidario, al cual quizá ni siquiera conocía personalmente.

Esto no quiere decir que los partidos fueran totalmente personalistas o no tuvieran un ideario definido. El socialismo, particularmente, se jactaba de ser una fuerza dotada de un pensamiento claro y una plataforma definida: como era el que menos dependía de los avatares gubernativos, es posible que también fuera el que tenía una estructura menos dependiente del sistema caudillista. Pero también en el partido de Justo existían las solidaridades, las simpatías y las antipatías, los odios y los compromisos, es decir, todas la expresiones de una política en que la personalidad jugaba un papel decisivo; ellos no dejaron de influir en sus movimientos internos, particularmente en el cisma de los socialistas independientes.

Sin embargo, la estructura del poder partidario se demostró impotente para evitar manifestaciones del electorado, cuando éstas eran profundas y vehementes. Ello ocurrió con el Plebiscito dentro del radicalismo: a pesar de que varios oficialismos provinciales y obviamente el nacional simpatizaban con el cisma antipersonalista, el pueblo radical votó masivamente por Yrigoyen y aquí no jugó la influencia de los muchos caudillos que estaban comprometidos con la candidatura de Melo, porque la voluntad popular los pasó por encima. Esto quiere decir que el sistema de caudillos era una cierta forma de representatividad. Un dirigente, por más poder que tuviera, no podía estar mucho tiempo en posición contraria a la de su gente, porque tarde o temprano tenía que expresar a los suyos y muchas veces eran sus propios seguidores los que le imponían sus actitudes, en un recíproco reciclaje.

Los actos electorales eran, generalmente, de una corrección más que aceptable. La lectura de las discusiones sobre diplomas en la Cámara de Diputados mueve al observador de hoy a absolver la mayoría de los cargos formulados al calor de la pasión política: en general, las irregularidades más graves que se denuncian en la época se refieren a presiones de la Policía, repartijas de puestos o cesantías de empleados públicos. Parecen generalmente reprobables estos usos en algunas áreas críticas como San Juan o Mendoza, especialmente durante el segundo gobierno de Yrigoyen. Pero la tendencia en la década afirma la corrección de los comicios y hasta la superación de los vicios que mostró la aplicación de la ley Sáenz Peña en las primeras etapas de su vigencia.

Es curioso, en cambio, comprobar la manera como el azar complicó a veces las relaciones entre las instituciones creando verdaderos galimatías constitucionales. En las provincias, sobre todo, se dieron juegos de fallecimientos, juicios políticos, renuncias y vencimientos de mandato que complicaron extraordinariamente ciertos panoramas políticos que no eran, en sí mismos, demasiado complejos. He aquí el caso de Mendoza, un poco antes de la década en estudio: fallece el gobernador, el vice no existe porque ha sido destituido en juicio político; el presidente de la Cámara de Diputados pretende hacerse cargo del gobierno, por mandato constitucional, pero el presidente del Superior Tribunal impugna su pretensión alegando que su mandato como diputado ya estaba vencido. En San Juan ocurriría un caso no demasiado diferente y también en Tucumán. En Córdoba, la abstención del radicalismo bajo el gobierno conservador de Núñez hace que el electorado que elige diputados nacionales no llegue al veinte por ciento, lo que provoca la impugnación de los legisladores electos. La misma abstención hizo posible la elección del pintoresco "diputado bromosódico" en la Legislatura provincial, uno de los personajes que integran el folclore político de la época. Como lo integra también Florencio Parravicini, concejal en la Capital Federal por un partido político inventado por gente de la farándula...

Felices tiempos, en suma, cuando la política podía tomarse un poco en broma y nadie la veía con sentido dramático, porque no había diferencias sustanciales entre las fracciones partidarias o, al menos, existía un consenso generalizado sobre las bases de la Nación.

Hemos dicho al principio que el escenario político de la década del 20 representaba un panorama alentador y tranquilizante, pero que tras esta apariencia se escondían riesgos cuya agravación podía poner en peligro todo ese frágil tinglado. Pero no eran riesgos de inexcusable cumplimiento. Podían haberse salvado con una cierta dosis de humildad por parte del radicalismo y de paciencia y tolerancia en la oposición; con un poco de fe en la necesidad de afirmar la recién inaugurada etapa de la participación popular y, sobre todo, con una conciencia más clara de la catástrofe que podía aparejar una ruptura de las reglas del juego aceptadas. Faltó un contenido de ideas en la política de la época. Todo andaba demasiado bien para entrar en análisis, y los valores impuestos a la comunidad desde 1880 eran aparentemente tan sólidos que hacían innecesaria su revisión.

En suma, era un problema de madurez. Faltaba decantación en las fuerzas políticas, las instituciones, el aparato del Estado; faltaba el añejamiento de la tradición constitucional y de los equipos que se iban sucediendo en el poder. Y tiempo para que la opinión pública adquiriera gravitación y los agrupamientos pudieran expresar a un país cuyos intereses se estaban diferenciando netamente. Todo hubiera podido salir bien y, de haber sido así, la década de 1920 a 1930 sería evocada como el marco temporal de un proceso de maduración y robustecimiento de la vida política argentina.

Lamentablemente fue como una ilusión, grata pero engañosa; la fantasmagoría de un país que aparentemente se iba realizando mientras, en la realidad, se internaba en una ciénaga de perplejidades y conflictos de la cual todavía no ha salido.

Sobre acuerdos, pactos y alianzas

A pesar de todo, los hábitos políticos de los argentinos van mejorando. Lentamente, paso a paso, con ocasionales retrocesos, sin duda mejoran. Hoy es impensable, por ejemplo, el espectáculo de fraudes electorales organizados por un oficialismo, como ocurrió en la década de 1930, o el acoso a la oposición, como el que ejerció el peronismo en los años 50, o una proscripción masiva, como la que padeció el mismo peronismo años después. Las campañas electorales, pese a ciertas caídas en la irracionalidad y la demagogia, se practican ahora con más seriedad y más respeto por el público. Los medios masivos de comunicación constituyen un eficaz control de eventuales desbordes y la opinión pública conoce y juzga inmediatamente todo lo que ocurre. No es fácil advertirlo cuando el observador vive los acontecimientos cotidianos, pero si se coloca el análisis en una perspectiva de tiempo más largo, es indiscutible que los hábitos políticos de nuestro país están mejorando.

Sin embargo...

Hay que reconocer, sin embargo, que existen aspectos que distan de ser alentadores en este campo. Uno de ellos es la práctica interna de algunos partidos; no hablaremos de ello ahora. Otro aspecto se refiere a las alianzas políticas; sobre esto queremos exponer algunas reflexiones.

Suele hablarse de "acuerdos", "pactos" o "alianzas" como si fueran lo mismo. Aunque la esencia de estos tres mecanismos sea idéntica (una coincidencia sobre algo) cada uno reconoce matices que los diferencian bastante.

Un acuerdo consiste en la decisión de crear o poner en vigencia normas que serán el marco de una política determinada por un lapso prolongado. El Acuerdo de San Nicolás (1852) fue la oportunidad en que los gobernadores de las provincias acordaron con el vencedor de Caseros las vías conducentes a la sanción de una Constitución nacional. El acuerdo entre Roca y Mitre (1891) tendía a evitar la lucha electoral pero, además, a lograr el apoyo permanente de las fuerzas más significativas al sistema institucional en vigencia.

Un pacto, en cambio, establece una coincidencia puntual. El Pacto Federal (1831) creaba una liga de provincias federales en oposición a las unitarias. El pacto que vuelta a vuelta renuevan en Corrientes los liberales y los autonomistas tiende a alternar el poder o a repartirse pacíficamente sus gajes. El pacto entre Frondizi y Perón (1958) hacía posible el triunfo electoral del primero.

Finalmente, una alianza suele ser la conjunción de dos o más fuerzas políticas en procura de un objetivo electoral concreto, formulada públicamente y con un programa común. El caso típico sería la Alianza Civil (1931) que vinculó a los partidos Socialista y Demócrata Progresista, fuerzas afines en tanto eran antimilitaristas, laicistas, con una cierta radicalización – para la época – en sus respectivos programas y además cerradamente antifascistas. También fue una alianza la Concordancia, que en el mismo año sostuvo la candidatura del general Justo; la formaban el conservadorismo tradicional, sectores radicales antiyrigoyenistas y un desprendimiento menor del socialismo. Y aunque el programa formal de la Concordancia no lo dijera, su objetivo era regresar a una política cuidadosamente regulada y a la superación de la crisis económica a través de mecanismos que no pusieran en peligro la hegemonía de los sectores tradicionales.

Las alianzas, hoy

Las alianzas políticas tienen antecedentes significativos en la historia del país. Tal vez la más influyente y prolongada fue la que protagonizaron Roca y Pellegrini durante más de dos décadas. En aquellos tiempos de partidos inorgánicos, fueron estas figuras las que animaron un núcleo de poder que comenzó a actuar en 1880 y se alargó hasta 1901. Roca y Pellegrini, personalidades muy distintas y de representatividad muy diferente, dieron a su alianza una activa operatividad en 1890, cuando la Revolución del Parque puso en peligro la estabilidad del sistema; en 1891, cuando implementaron el ya recordado acuerdo con Mitre; en 1893, cuando reprimieron las insurrecciones radicales, y en 1897, cuando "el Gringo" lanzó todo su peso al servicio de la segunda candidatura presidencial de Roca. Ambos estadistas unieron sus fuerzas para conquistar objetivos muy definidos y concretos: la construcción de un Estado nacional sólido y eficaz que estuviera por encima de las turbulencias políticas, la inserción del país en los circuitos mundiales de la producción, el consumo y la inversión, y finalmente la paz con las naciones vecinas. Estos objetivos se cumplieron sobradamente y justifican una alianza que muchas veces debió recurrir a métodos políticos que hoy nos parecen reprobables.

Frente a un ejemplo como éste, las alianzas de la etapa preelectoral que estamos viviendo presentan características lamentables. Ciudadanos que se proclaman a sí mismos candidatos y luego buscan al partido que los apoye; partidos que abren sus listas a subastas; partidos que en unos distritos se enfrentan y en otros se enlazan, como si los límites interprovinciales cambiaran su naturaleza... Más que alianzas, se trata de maridajes de bajo vuelo, carentes de contenido y de objetivos superiores.

Durante mucho tiempo la cultura política de los argentinos rechazó como inmorales los acuerdos, los pactos y las alianzas. Era un legado de la equivocada interpretación del principio de intransigencia que elaboró Yrigoyen; en realidad, el caudillo radical había buscado preservar la identidad de su fuerza política. Como quiera que sea, no transigir con otro partido fue una actitud que dejó su sello. Hoy este sello se ha borrado, porque se comprende que acuerdos, pactos y alianzas constituyen artificios políticos refinados en la medida en que implican concesiones mutuas y reconocimientos de entidades que pueden no ser las propias. Ya se sabe: el sistema democrático expresa en el territorio de la política la naturaleza de sociedades que contienen conflictos y enfrentamientos ineluctables; nada más natural que la democracia haga posible que tales enfrentamientos se solventen pacíficamente en el ámbito permanente de la discusión y en el periódico y limitado del comicio. Y nada obsta a que eventualmente algunos de esos choques se cancelen temporariamente cuando fuerzas antagónicas resuelven unirse con un objetivo determinado o cuando convienen atenerse a nuevas reglas de juego. Entendimientos como éstos indican modalidades superiores de la civilización política y suelen ayudar a robustecer arquitecturas institucionales que sin ellos podrían tornarse endebles o vulnerables.

Un acuerdo posible

Las alianzas que en estos meses se han urdido en función de las próximas elecciones no son muy elogiables. Acaso pueda pensarse en un acuerdo fructífero pasados los barullos electorales. Los verbos "acordar" y "discordar" tienen una raíz común: *cor– cordis*, corazón. Así como "discordia" es una palabra que remite a la imagen de dos corazones contrapuestos, acuerdo, *a–cordare*, sugiere hacer "un solo corazón". Para esto no hace falta renunciar a lo que es propio de las dos grandes fuerzas que actualmente constituyen el oficialismo y la primera oposición. Bastaría que éstas se propusieran en común mejorar los mecanismos de la democracia (otorgando, por ejemplo, el derecho a elegir a su intendente a los habitantes de la Capital Federal), dignificar y hacer más eficaz la función del Poder Judicial, robustecer el protagonismo del Congreso, revitalizar la educación pública mediante una mayor porción del presupuesto y apoyar una política económica que devuelva la confianza pública en un Estado cuyos deberes y atribuciones deben ser claramente definidos, así como garantizar la estabilidad y el crecimiento a través de una moneda respetable de valor fijo.

El sistema institucional argentino necesita refuerzos que lo apuntalen. Las experiencias democráticas han sido breves, las dirigencias partidarias no han tenido tiempo de formarse acabadamente, los extremismos siguen brotando en las puntas del espectro de partidos. Pero el país ha sabido superar el terrible y estéril enfrentamiento peronismo–antiperonismo y ésta es una sólida base para un acuerdo como el que se sugiere.

Pero, ¡atención! Cualquier acuerdo que se establezca debe ser transparente y creíble. Para ello, la primera cautela es que no suponga un beneficiario determinado: el error de 1949, una reforma constitucional hecha confesadamente a la medida de Perón, no debe repetirse. La otra cautela indispensable es no tratar de hacer una *carozza di tutti*, sino un compromiso del oficialismo y la primera oposición. Esto no supone desdén por otras fuerzas menores. Pero la experiencia indica que esas asambleas donde hasta las más minúsculas fracciones quieren aparecer, no son operativas: al país le bastaría, como garantía sobrada, el acuerdo de las dos grandes fuerzas que desde 1983 vienen protagonizando la política grande.

¿Es demasiado pedir este acuerdo a los dirigentes del justicialismo y del radicalismo? Si no hemos sido capaces de establecer alianzas coherentes y serias en esta etapa preelectoral, veamos si es posible lograr un acuerdo sincero, trascendente y transformador que eleve definitivamente nuestras prácticas políticas y proyecte al futuro, mejorándolo, el sistema recreado por la voluntad popular de 1983.

Alvear, el radical negado

A cincuenta años de su desaparición, Marcelo T. de Alvear sigue siendo una figura negada por sus propios correligionarios. Su nombre está asociado en la memoria colectiva de los argentinos a una gestión presidencial que tuteló el período de mayor respeto institucional y más efectiva prosperidad de este siglo. Su lucha contra el fraude electoral merece respeto y admiración. Su claro apoyo a la democracia durante la Segunda Guerra Mundial constituyó un compromiso indeclinable y un enérgico pronunciamiento frente a las expresiones profascistas que habían aparecido en el país. Todo esto lo hizo como dirigente de la Unión Cívica Radical, la causa que abrazó desde joven y a la que fue fiel toda su vida. Sin embargo, es difícil ver un retrato de Alvear en los comités del radicalismo, raramente se lo menciona allí y su hegemonía partidaria es evocada como una excrecencia vergonzante dentro de la línea histórica del partido fundado por Alem.

Los motivos del olvido

Este olvido tiene sus motivos. Sucede que los núcleos que tomaron el comando partidario de la UCR después de 1946, lo hicieron bajo una bandera que exaltaba valores, consignas y creencias extraídas de la tradición yrigoyenista. Además, la dura lucha interna que se libró contra la dirección de la UCR a partir de la derrota electoral de 1946 debía enfrentar a dirigentes que, en general, habían compartido la conducción de Alvear: "alvearistas" o "unionistas" eran aquellos a quienes el Movimiento de Intransigencia y Renovación debía destruir para ocupar las claves del poder partidario.

La lucha interna desarrollada entre 1946 y 1950 constituye un modelo de renovación de un partido que de un momento a otro tiene que enfrentar la amarga evidencia de haber perdido la virtud mayoritaria y necesita cambiar sus formas y contenidos para aspirar a captar nuevamente la voluntad del electorado. El núcleo que lideraban Balbín, Lebensohn, Frondizi y otros debió usar una dialéctica que satanizaba al alvearismo y sus epígonos; al triunfar, esta dialéctica quedó tan consagrada en el discurso partidario como la Declaración de Avellaneda. Así, Alvear quedó condenado inapelablemente. Balbín había sido el "pico de oro" de las campañas electorales de Alvear, y Frondizi fue en algún momento el regalón, el mimado de don Marcelo; ambos admiraban secretamente su coraje, su sentido de la conducción, su patriotismo. Pero las exigencias de la lucha por el poder interno llevaron a estos y otros dirigentes a expedir el recuerdo de Alvear al oscuro territorio de la amnesia política. Después de todo, el olvido no es la peor de las miserias que forman parte de los usos partidarios, aquí y en cualquier parte del mundo...

Yo mismo, en mi lejana juventud radical, fui cómplice de esta desmemoria; en parte la salvé escribiendo una biografía de Alvear en la que criticaba sus posiciones políticas pero valorizaba la simpatía de su figura, su integridad y la sinceridad de su lucha. Pero los radicales, que han vivido tantos avatares, no han indultado a Alvear. Y de este modo su propio partido se priva de aprovechar la significación de esta personalidad, que al lado de muchos errores supo agregar valores positivos a la centenaria trayectoria de esta fuerza, tan pluralista en el plano de la convivencia cívica, pero tan obstinada en el mantenimiento de la excomunión que afecta a uno de sus grandes próceres. No se ha entendido que Alvear expresó una manera de ser radical: desde luego, no la que prevaleció durante casi cinco décadas, no la que asumieron Balbín o Alfonsín, pero de todas maneras respetable, rescatable, acaso útil todavía.

Hacer creíble un partido

Para el análisis político, el Alvear que interesa no es el que se forma al lado de Alem o el que sigue lealmente a Yrigoyen; menos aún el Alvear de los esplendores de la *belle époque*, ni siquiera el prudente y legalista administrador de 1922/28. El que interesa es el que regresa a la Argentina en 1931 y se pone al frente del radicalismo, un partido desalojado del gobierno, golpeado por afuera y dividido por dentro; esa enorme masa desorientada y dolida que soñaba voltear al poder *de facto* de Uriburu y al gobierno fraudulento de Justo, a la que habían robado la limpia victoria del 5 de abril de 1931 y vetado los candidatos que proclamara en noviembre del mismo año.

Helo aquí, a este don Marcelo. Tiene 63 años, es todavía muy rico, ha residido casi la mayor parte de su vida en Europa, es un *bon viveur* amante de la música y las artes, respetado por todos, con un apellido ilustre y una personalidad imponente. Podía haberse contentado con los plácidos lustros propios de un ex presidente alejado de las turbulencias de su patria. Pero Alvear asume deliberadamente un destino rudo y trajinado, que difícilmente desembocará en jornadas de gloria, elige una pelea que le traerá exilio, confinamientos, manoseos, agotadoras negociaciones por temas triviales, desengaños, pobreza. Pero si afronta estos riesgos es porque la dominación de los conservadores lleva como valor inevitable la reiteración indefinida del fraude electoral y esto significa la degradación de la República y puede concluir en fascismo. Entonces hay que enfrentar el fraude, para lo cual lo primero es poner al radicalismo en condiciones de ser gobierno.

Y así acepta don Marcelo un desafío casi quijotesco. Llenará los últimos diez años de su vida. Lleva adelante su lucha según criterios que pueden no compartirse, pero que sin duda tienen mucha lógica. Vuelca en esta acción la experiencia de un hombre que conoce los entresijos de la política europea y americana, que es escéptico, que prefiere las realidades a las utopías, que conoce a la gente (en primer lugar a sus correligionarios) y no cree mucho en ella pero tiene la convicción de que el tiempo y el ejercicio honrado de la democracia habrán de mejorar nuestras costumbres, nuestras leyes, nuestra civilización política. No se maneja con abstracciones ni con ideales vagos: a él le importa limpiar la política para que las instituciones funcionen lo mejor posible.

Las líneas de Alvear

A su juicio, la prioridad es forjar a la UCR como un instrumento de gobierno. Para ello adopta varias líneas de acción que son – reitero – las que pueden objetarse, pero están articuladas por una gran coherencia, animadas por el deseo de devolver a la UCR la credibilidad que había perdido en la catástrofe de 1930.

La UCR permanecía en la abstención desde 1931: no participaba en elecciones y la idea de una revolución vengadora daba fuerzas a sus huestes para obstinarse en la retracción comicial. Alvear advertía, en cambio, que la abstención implicaba un callejón sin salida: no habría revolución porque el Ejército no deseaba derrocar a uno de los suyos, como era Justo. Las patriadas heroicas de algunos radicales habían sido fácilmente sofocadas y justificaban mayores dosis de represión. Alvear era legalista: sabía que la esencia de los partidos es competir pacíficamente por el poder. A principios de 1935 induce a la Convención Nacional a levantar la abstención, ante la indignación de los que permanecían fieles a la tradición yrigoyenista. En adelante, la UCR se presentará a comicios y alcanzará a ganar algunas provincias. Pero además su presencia obligará a Justo a extremar los recursos del fraude y la violencia, definiendo así con claridad los términos de un enfrentamiento donde se jugaba la suerte de la democracia. Levantar la abstención pudo ser un error; mantenerla hubiera sido una larga agonía de disgregación y un flaco favor al país. Presentarse a elecciones sabiendo que Justo no ofrecería garantía alguna de limpieza electoral fue una audacia y se necesitó un gran coraje cívico para romper una actitud que históricamente había usado el radicalismo, con éxito a principios del siglo, pero que ahora ya no era viable.

Otro paso que dio fue llamar a los disidentes. Antipersonalistas e yrigoyenistas se habían peleado ferozmente en el pasado; en varias provincias existían núcleos que se decían radicales, pero eran independientes de la autoridad partidaria. Alvear realizó arduas gestiones para reconciliar a enemigos, tender telones sobre viejos agravios, crear intereses comunes. Tuvo éxito en general y así logró afrontar la elección presidencial de 1937 con un radicalismo unificado y ansioso de triunfar.

También formó parte de su estrategia la conducta que adoptó frente a algunos poderes económicos que ya gravitaban en la vida argentina. Alvear era un liberal: creía poco en el Estado – aun en el pequeño y eficiente de aquella época – y prefería que la iniciativa privada dispusiera de un amplio espacio. No lo asustaban las concesiones prolongadas: alguna vez dijo que otorgar servicios públicos por cincuenta o cien años le era indiferente, porque los cambios de los tiempos imponían modificaciones frente a las cuales tales términos no significaban nada. Su actitud frente a la CHADE o a la Unión Telefónica respondía a estas convicciones y a la necesidad de probar que su partido no estaba contra el capital; que la postura nacionalista de Yrigoyen había quedado atrás. Para él, los sobornos que mancharon la prórroga de la concesión del servicio eléctrico a la CHA-

DE eran sólo anécdotas lamentables; alguna vez, cuando las acusaciones se generalizaron, dijo que las coimas eran evidencias de "enfermedades morales" y no afectaban a las instituciones. Cuando Frondizi osó reprocharle su lenidad frente a estos escándalos, le gritó: "¿Y quién me va a pagar la campaña presidencial?".

La política posible

La de Alvear fue una de las políticas posibles en su tiempo. A su entender, la conquista del poder implicaba concesiones que no dudó en pagar. Mi convicción personal es que fue una política equivocada.

Creyó que su partido se fortificaba agregándole dirigentes que estaban alejados, disimulando sus corruptelas internas y ajustando la máquina de trenzas y punteros; no entendió que los partidos son fuertes cuando tienen identidad, propuesta y fervor. Pensó que el entendimiento con los grandes actores económicos era necesario para hacer del radicalismo una fuerza aceptable y no percibió que la corrupción que estas maniobras aparejaban era devastadora para su partido – y desde luego para el país. Entró en el juego legalista, pero con ello se resignó a aceptar las migajas minoritarias que lo convertían en cómplice del mismo fraude que repudiaba. Su "aliadofilia" sin matices le impidió comprender que el interés nacional debe estar por encima de todo y que la Argentina no se beneficiaba con una adscripción incondicional a uno de los bandos en pugna, por levantada que fuera su causa.

Creo, entonces, que Alvear se equivocó, pero este juicio valorativo, por cierto discutible, no invalida la nobleza de su emprendimiento ni la coherencia con que lo llevó a cabo. Se propuso transformar una fuerza amorfa, derrotada y sin objetivos en un partido vigoroso capaz de regresar al gobierno con la confianza de la opinión pública. El precio que pagó fue, así lo pienso, demasiado caro. Cuando Alvear murió, la UCR estaba desprestigiada, al punto de haber sido derrotada por el socialismo en su tradicional baluarte de la Capital Federal. Cuestionamientos crecientes (FORJA, el revisionismo bonaerense, la intransigencia sabattinista) erosionaban la autoridad de su conducción. Era como si el radicalismo hubiera perdido su alma y, aunque todos percibían que corrían por el país aires de vísperas, esos vientos no pasaban por sus vetustos comités. Pero así y todo,

Alvear recorrió con audacia la opción que eligió. Y lo hizo en sus altos años, cuando podía haberse refugiado en la tranquilidad de su retiro. Peleó como supo – no podía ser de otra manera – y de su lucha queda como saldo su vocación de consagrarse a la defensa y el mejoramiento de la democracia argentina.

Los radicales pueden y deben discutir el modelo alvearista. Lo que no pueden es negar el recuerdo de uno de sus grandes jefes históricos, sea cual fuere el juicio que les merezca.

Fue una catástrofe

Hace ya muchos años que nadie defiende la revolución de 1930. Ni siquiera se la recuerda. Hasta mediados de la década del 40 algunos viejos fascistones ponían flores en la tumba de Uriburu. Después, ni eso.

Es que hay un consenso casi unánime sobre la catástrofe institucional que fue el movimiento setembrino y la nula justificación de los motivos que en aquel momento se invocaron. Es cierto que el radicalismo pasaba por entonces un período de declinación; parece indudable que Yrigoyen había acentuado alguna de sus manías, no se discute que los primeros ramalazos de la crisis golpearon a un gobierno que carecía de reflejos para afrontarlos. Pero nada de eso pudo legitimar el derrocamiento de un gobierno constitucional que funcionaba pasablemente bien en el contexto de una democracia atravesada por algunas corruptelas, pero fresca y promisoria.

Con la revolución de 1930 todos perdieron. El país, desde luego, que se vio desgarrado de modo irreconciliable; el fraude electoral, que era la condición indispensable para mantener el esquema político vigente, llenó de resentimiento a un radicalismo que nunca perdonó esa afrenta a sus adversarios. Perdió la democracia, que se fue convirtiendo en una farsa, más vulnerable a medida que los totalitarismos avanzaban triunfalmente en Europa: ¿cómo podía defenderse una forma política tan bastardeada? Paradójicamente, quienes más perdieron con la revolución de 1930 fueron los conservadores. Dieciséis años después, José Aguirre Cámara hacía el *mea culpa* de su partido; en 1930 "pudimos, dentro de la ley, resolver la crisis; no lo hicimos, apartándonos de las grandes enseñanzas de los próceres conservadores, por precipitación, por incontinencia partidaria, por olvido de las lecciones de la experiencia histórica, por sensualidad del poder".

El gran legado del conservadorismo histórico, el de Roca y Pellegrini, fue el respeto por las formalidades republicanas; les faltaba, es cierto, el contenido de la legitimación popular, pero de todas maneras el respeto de que se las rodeó las fue convirtiendo en instituciones intocables. Con el golpe de mano contra el indefenso y manso gobierno de Yrigoyen, los conservadores borraron las enseñanzas de sus grandes fundadores. Así lograron manejar el poder durante unos años, pero enajenaron irremediablemente sus perspectivas políticas a largo plazo.

Política ficción

Permítasenos imaginar la evolución política argentina si no hubiera ocurrido lo de 1930. La UCR ya había perdido las elecciones de marzo en la Capital Federal y en varias provincias. Con o sin Yrigoyen en la Casa Rosada, su desgaste era creciente. Es de toda lógica inferir que el ala antipersonalista habría crecido, renovando su alianza de 1928 con las fuerzas conservadoras. Nadie impediría, entonces, el limpio triunfo de un frente de derechas en 1934 para crear un gobierno que cumpliría, dentro de la legalidad y mejor que Justo, la función que éste desempeñó en el contexto de la crisis: defender los intereses de las clases altas. A su vez, el radicalismo, en el llano, se habría renovado ejerciendo una función opositora que no tendría como bandera la exasperante lucha contra el fraude sino el cuestionamiento a una política que prolongaría fórmulas económicas anacrónicas, superadas en los hechos por los nuevos intereses industriales y la declinación del tradicional socio británico. Entonces se habría perfeccionado el sueño de Sáenz Peña. Un gran partido en el poder, administrando y gastándose, otro gran partido en la oposición, preparándose para su turno. Una democracia acaso gris, pero sólida, perdurable, sin sobresaltos. No habría habido revolución en 1943 ni experiencias populistas. El sistema de partidos previsto por Sáenz Peña – pocos y grandes – hubiera constituido el reaseguro de la continuidad institucional.

Nada de esto ocurrió y los conservadores pagaron con usura su pecado de 1930. La reiteración del fraude los tiznó para siempre. Nadie lloró su caída en 1943. Mendigaron en 1946 su ingreso a la Unión Democrática y terminaron votando a Perón por odio a los radicales. Para el líder justicialista fueron útiles comodines a los que a veces metía presos y otras veces ofrecía una rama de olivo. Después de 1955 se abrieron como una granada; habían perdido todo peso electoral aunque, claro, mantenían algunas de su mañas: la capacidad para conspirar, para fortificarse en los factores de poder y en los medios formadores de opinión. Pero ya nunca tendrían gravitación electoral, salvo en algunos pocos distritos donde se los recordaba como buenos administradores. Su responsabilidad en el golpe de 1930 y su complicidad con el fraude los invalidó definitivamente en la percepción de la comunidad. ¡Lástima! El legado del conservadorismo histórico hubiera merecido mejores albaceas.

Pues no podemos reconocer como su heredero a este liberalismo de hoy, inconsistente, oportunista y sin arraigo, que a veces pretende disfrazarse con sus galas, pero sin la audacia y la grandeza de los prohombres conservadores que modelaron el país, y que se hubieran horrorizado frente al golpe de mano de 1930.

El "Bloque de los 44" y el pensamiento de posguerra

Las elecciones generales de febrero de 1946, que llevaron a la presidencia de la Nación a Juan Domingo Perón, aparejaron el ingreso a la Cámara de Diputados de un notable grupo de radicales que pronto fue conocido como el "Bloque de los 44".

Si bien en este conjunto se hallaban algunos ex legisladores, como Ernesto Sammartino, Silvano Santander o Emilio Ravignani, la gran mayoría estaba integrada por hombres nuevos, jóvenes y casi desconocidos por el gran público. Eran éstos los que provenían de las listas del Movimiento de Intransigencia y Renovación, triunfante en las elecciones internas de enero del mismo año en el importante distrito de Buenos Aires y merecedor de una cómoda minoría en la Capital Federal. Estas hazañas electorales internas del movimiento que había tenido una primera expresión en abril de 1945 en Avellaneda y luego se había formado apresuradamente en noviembre del mismo año, permitió ocupar bancas en el Congreso a Ricardo Balbín, Arturo Frondizi, Gabriel del Mazo, Luis Dellepiane, Solano Peña Guzmán, Antonio Sobral, Luis R. Mac Kay, Federico Monjardín, Emilio Donato del Carril, Oscar López Serrot, Alberto Candioti, Raúl Uranga y otros, pertenecientes a Intransigencia y Renovación; así como a los hermanos Nerio y Absalón Rojas, Alfredo Vítolo y Gregorio Pomar, del sector unionista, además de los ya nombrados Sammartino, Ravignani y Santander, entre otros.

Días antes de inaugurarse el período ordinario del Congreso, el bloque que tendría a su cargo la función opositora (había en la cámara joven, además, dos representantes conservadores y un antipersonalista) designó a sus autoridades. Aunque los intransigentes y los unionistas estaban casi en paridad numérica, la Mesa Directiva del Bloque Radical fue totalmente intransigente. Lo presidiría Balbín y su vicepresidente sería Frondizi. En general, salvo algún debate –como el de la aprobación de las Actas de Chapultepec –, el "Bloque de los 44" actuó en adelante de manera unida y coherente y la tónica impuesta por las autoridades intransigentes fue acatada virtualmente por todos sus integrantes, al menos en la faz pública de su actividad.

Es de señalar que esta bancada, con algunas pocas variantes derivadas de la renovación parcial de 1948, actuó hasta 1950, año en que, no aceptando la prórroga de mandatos otorgada por las disposiciones transitorias de la Constitución de 1949, los diputados radicales cuyo período fenecía en 1950 renunciaron, reduciendo sustancialmente el número del conjunto minoritario. Cabe recordar, también, que con motivo del desafuero y posterior prisión de su presidente, en el último año la conducción del "Bloque de los 44" fue ejercida por Frondizi.

Entre 1946 y 1950, el bloque parlamentario radical fue la expresión más activa y espectacular de la actividad de la UCR.

La derrota electoral de 1946 había aparejado una profunda crisis de conducción en el viejo partido de Yrigoyen y casi inmediatamente se alzó el reclamo de renuncia de lo que se calificó "el comando de la derrota", es decir, el Comité Nacional presidido por Eduardo Laurencena, que había implementado la estrategia de aceptar a la Unión Democrática y había dado el tono a la campaña electoral de Tamborini–Mosca. En agosto de 1946, la Convención Nacional aceptó la renuncia del cuerpo ejecutivo y lo reemplazó por una Junta Nacional con mayoría unionista, que tendría a su cargo la inevitable reorganización. Cuestionada y varias veces a punto de dividirse – y con ella, la propia UCR –, la Junta terminó su cometido cuando en 1948 se constituyó el nuevo Comité Nacional, con una endeble mayoría intransigente, resultado de la confluencia de varias corrientes internas.

Estas circunstancias explican por qué el "Bloque de los 44", que teóricamente sólo debía ser el epígono parlamentario del partido, se convirtió en el núcleo conductor del mismo durante los cuatro años de su vigencia; el estado de reorganización interna y los duros enfrentamientos de intransigentes y unionistas en el nivel de los comités de base hicieron inevitable que el único territorio más o menos neutral, respetable y con capacidad de proselitismo permanente fuera el "Bloque de los 44". Fue, entonces, este núcleo humano, con sus notables personalidades, el que impuso el tono y el estilo de la lucha radical durante la primera presidencia de Perón, el que la nutrió de contenidos doctrinarios a partir del ideario intransigente y el que presentó las figuras más atractivas a la opinión pública.

Pero esto es sólo un aspecto de la significación del "Bloque de los 44". El otro, que aquí señalamos como digno de investigarse, se refiere al pensamiento expuesto en el foro parlamentario, en ocasión de los grandes debates que allí se plantearon.

Hay que recordar que en los primeros años de la primera presidencia de Perón se desarrolló una intensísima actividad legislativa.

De acuerdo con el concepto jurídico vigente en aquella época, era indispensable, por de pronto, avalar todos y cada uno de los actos producidos por el gobierno *de facto* 1943–46, cuyo conjunto abarcaba todas las áreas del Estado. Pero, además, la gran cantidad de iniciativas del nuevo gobierno y las necesarias actualizaciones de problemas importantes que habían quedado postergados para su tratamiento en la etapa constitucional, imponían al Congreso un ritmo que no tuvo precedentes ni tendría semejanzas en toda la historia parlamentaria argentina. Así lo evidencian los plurales tomos que recogen las sesiones de los años parlamentarios de 1946/48, conocidos en las tertulias políticas como "el Parlamento Largo", pues desde su inauguración en mayo de 1946 funcionó prácticamente sin interrupción hasta fines de 1948, entre reuniones ordinarias, de prórroga, especiales y extraordinarias.

Esta intensidad de trabajo (con prescindencia de la agresividad y el autoritarismo impuestos eventualmente por el bloque de la mayoría) caracterizó también la labor del "Bloque de los 44". Temas básicos como la nacionalización de los ferrocarriles y otros servicios públicos, la ley siderúrgica, el comercio exterior, la organización de las universidades, la enseñanza religiosa, los tratados internacionales a rectificar, etc., debieron afrontarse por el "Bloque de los 44" con un criterio a la vez legislativo y político. El conjunto de los fundamentos de las posiciones sustentadas por los diputados radicales en estas y otras discusiones integraron, finalmente, toda una plataforma partidaria. O algo más: un ideario integral.

¿Qué pensamiento informó al bloque radical en esos años? ¿Qué vertientes alimentaron las posiciones sustentadas por "los 44"? ¿Era un ideario original el de los legisladores radicales de origen intransigente, o por el contrario se trataba de una trasposición criolla de posiciones elaboradas contemporáneamente por las usinas intelectuales del mundo de posguerra? ¿En qué medida participó de ese pensamiento la experiencia de los gobiernos radicales anteriores?

El tema nos parece importante porque el ideario del "Bloque de los 44" fijó la temática de la UCR a lo largo de todo el régimen de Perón y además estuvo presente en las gestiones presidenciales de

Frondizi y de Illia – integrante del grupo, este último, a partir de 1948 –, como un término de referencia polémico, es decir, para desecharlo o mantenerlo. Es importante, también, porque es el único caso de la historia política argentina de un partido que, mientras desarrolla su labor opositora, va incorporando un paquete de ideas que significa una vuelta completa al que había sostenido anteriormente; en este caso, hasta 1945, año que marca el comienzo de la declinación de la conducción alvearista.

Es necesario examinar las posiciones sustentadas por el "Bloque de los 44" tal como se transcriben en los Diarios de Sesiones de 1946 a 1950. Lo mismo habría que hacer, en compulsa periodística, con los discursos más importantes pronunciados fuera del Congreso por los miembros más conspicuos del grupo aunque, como es sabido, el centimetraje otorgado por los diarios a la oposición, en aquellos años, se fue reduciendo hasta convertirse en casi nulo. Sería conveniente rastrear el paradero de un libro de actas del bloque parlamentario radical, que debe de reflejar las discusiones internas de la bancada, muy frecuentes en los momentos pico del ajetreo legislativo.

Es aconsejable, también, examinar los documentos oficiales de la UCR durante el lapso que decimos, tanto entre 1946/48, durante la hegemonía unionista ya declinante, como entre 1948/50, cuando empieza la conducción intransigente. En aquellos años hubo estrepitosas polémicas entre las dos fracciones sobre aspectos doctrinarios, como las críticas que dedicó José V. Liceaga – diputado provincial bonaerense por entonces – a Laurencena y la que dirigieran posteriormente Santander y Zavala Ortiz contra Frondizi; hubo también manifiestos unionistas enderezados a justificar la estrategia adoptada en 1945. Sería también indispensable una recorrida por las publicaciones intransigentes; destaco entre ellas el semanario ¡No!, publicado en 1945, la revista *Raíz*, editada en tres números en 1945/47, y el semanario *Provincias Unidas*, virtual vocero de "los 44", aparecido en septiembre de 1946, y que fue clausurado un año y medio después.

Es de destacar, asimismo, la importancia de la figura y la influencia intelectual de Moisés Lebensohn que, aunque no integró "los 44", inspiró buena parte de las posiciones del Movimiento de Intransigencia y Renovación desde la Declaración de Avellaneda en adelante.

Por supuesto, será necesario recoger el testimonio de los sobrevivientes de "los 44", al que podría agregarse el de algunos de los legisladores peronistas que todavía viven.

De toda esta labor deberían surgir – a través de citas bibliográficas, menciones de autores o similitudes de pensamiento – las correspondencias intelectuales entre "los 44" y sus inspiradores europeos y norteamericanos, si los hay – como creo.

Finalmente, un último aspecto podría dedicarse a los orígenes ideológicos de algunas de las personalidades más influyentes en el "Bloque de los 44". Aunque homogénea en su accionar legislativo y político, la bancada estaba integrada por hombres cuya común afiliación radical no podía ocultar sus diversidades. Además del subsector unionista, entre los intransigentes había personalidades como Dellepiane o Del Mazo, que venían del "forjismo" – al igual que algunos conspicuos diputados peronistas, dicho sea de paso. Frondizi había participado en la década del 30 de iniciativas de "frente popular" y de organizaciones en apoyo de la República española, lo que significaba, para la mentalidad de la época, una ubicación izquierdista. Balbín venía del revisionismo bonaerense, sin mayor contenido ideológico, pero Sobral tenía contactos con el sabattinismo cordobés, cuya neutralidad durante la Segunda Guerra Mundial orilló la simpatía por el fascismo italiano. Peña Guzmán era un economista cuyas posiciones entraban en el socialismo. Calcagno estaba asociado a una tradición anticlerical, laicista y de normalismo educacional... Sería apasionante trazar un "cuadro de situación" de estas vías de confluencia y la manera como se promediaron posiciones a veces muy dispares, en la elaboración de un pensamiento que marcó el abandono definitivo del que era tradicional en el radicalismo.

Tengo la impresión de que, de profundizarse estas ideas, surgiría la influencia del laborismo británico triunfante en las elecciones generales de 1945, en especial la de su teórico principal, Harold Laski; también del *New Deal* rooseveltiano y de algunos pensadores como Karl Mannheim, James Burnham y otros, representativos de la nueva actitud del pensamiento europeo y norteamericano moderadamente izquierdista que se manifestó en la segunda posguerra – aunque algunos de ellos hayan publicado sus obras más importantes poco antes o durante el conflicto.

También surgiría, a mi parecer, la escasa importancia que tuvo en el pensamiento radical de 1946/50 la propuesta socialcristiana que floreció en Europa durante la temprana posguerra, a través de personalidades como De Gásperi. Aparecería también una velada simpatía por algunos métodos interpretativos propios del marxismo, una moda que se generalizó en los ambientes intelectuales argentinos más politizados en la década del 30, para desvanecerse después del pacto nazisoviético de 1939, reaparecer con cierta fuerza en la posguerra y finalmente diluirse a medida que se iba agravando el proceso de la "guerra fría". Finalmente, estimo que aparecerían elementos casi inexistentes en la temática radical anterior, que "los 44» revalorizaron; las proyecciones políticas de la Reforma Universitaria y la preocupación latinoamericana, rescatando en este último aspecto algo de la tradición yrigoyeniana. En este sentido, acoto que la revolución venezolana de 1945 que abrió el cielo de la UD de Rómulo Betancourt, la revolución guatemalteca que llevó al poder a Juan José Arévalo en ese mismo año y las afinidades cultivadas con el aprismo peruano (V. R. Haya de la Torre), el febrerismo paraguayo (Natalicio González) y el MNR boliviano (Víctor Paz Estenssoro) son datos importantes para entender la profundidad del cambio de mentalidad vivido por el radicalismo al ritmo que le impuso el "Bloque de los 44".

Porque más allá de las románticas luchas libradas por "los 44" en defensa de las libertades públicas (con mucho el territorio de los enfrentamientos más ásperos entre peronistas y radicales en el Congreso), existió en este conjunto político un vehemente anhelo de completar su acción partidaria con una cosmovisión coherente y completa, una tabla de valores armónica que les permitiera repujar un programa revolucionario, popular, antioligárquico, antiimperialista y americanista. Sólo apoyados en una plataforma con semejantes notas podían hacer frente a la arrolladora máquina del oficialismo con algunas perspectivas, no ya de éxito sino de supervivencia...

Las conclusiones son demasiado importantes y numerosas para sugerirlas en estas líneas. Apunto solamente dos, que están implícitas en las páginas anteriores.

La primera tiene que ver, como reflexión general, con el plano abstracto en que suelen moverse las oposiciones en nuestro país. Mientras el régimen peronista navegaba entre logros y fracasos, pero siempre con los pies en la tierra, "los 44" planteaban postulaciones cada vez más drásticas y voluntaristas. Podían tener – y seguramente tenían – una gran pureza, pero estaban lastradas por una enorme irrealidad. Y esta irrealidad apresaría en su telaraña a los dirigentes más importantes de "los 44" y pesaría sobre su conducta con el efecto de *los esqueletos en el ropero* cuando, después de la caída de Perón, asumieron la responsabilidad del poder y las funciones de la oposición.

La otra conclusión que surge casi por sí sola es que las posiciones del bloque peronista y del "Bloque de los 44" fueron sustancialmente parecidas en las cuestiones fundamentales. Pero como "los 44" tenían que desdibujar toda semejanza con el aborrecido peronismo (y mucho más siendo sus conductores de origen intransigente, tildados desde 1945 de una supuesta proclividad al "colaboracionismo"), fueron siempre mucho más allá, proclamaron posiciones cada vez más avanzadas, practicaron el "Perón más uno" y fueron conducidos, como se ha dicho recién, a territorios ideológicos cada vez más abstractos e impracticables. Pero esto no puede oscurecer la realidad histórica de que en los primeros años de la presidencia de Perón no hubo diferencias de fondo entre las bancadas peronistas y radical, al menos en los debates fundamentales que no tuvieran relación con el problema de la libertad.

Ambas conclusiones, de ser ciertas, abrirían fecundas e inesperadas perspectivas en el análisis de nuestra historia contemporánea y también (¿por qué no decirlo?) en la dolorosa crónica de los enfrentamientos inútiles entre argentinos.

Cuando los presidentes confiesan que se equivocaron

La significación del acto realizado en el Teatro Cervantes el 16 de marzo (1991) no es demasiado diferente a la de la Convención de la UCRI reunida en Chascomús cuando Arturo Frondizi presidía los destinos del país, o a la del Comité Nacional de la UCR en Parque Norte, durante la primera magistratura de Raúl Alfonsín. Mirando un poco más atrás podríamos registrar como antecedente de estos tres actos al Congreso de la Productividad, una asamblea protagonizada por la Confederación General Económica (CGE) y la Confederación General del Trabajo (CGT) en marzo de 1955; aunque formalmente se trataba de un diálogo público entre ambas corporaciones con vistas a acuerdos sobre determinados temas, de hecho había sido promovida por el presidente Perón para evidenciar la clausura de la etapa distribucionista de su gestión y completar el ya iniciado giro en su política económico–social, que habría de incluir la firma del contrato petrolero con la Standard Oil.

Pero aun marginando este antecedente se puede detectar en Chascomús, Parque Norte y el Teatro Cervantes un significado común: en los tres casos, el presidente de turno pidió a su partido, el partido oficial, que modificara su pensamiento, actualizara o ampliara su programa y lo acompañara con más decisión en su gestión,

Programa de Avellaneda

Pocas veces existieron en la política argentina documentos tan idolatrados como los que se conocen genéricamente con el nombre de "Programa de Avellaneda".

Su base era la declaración que en abril de 1945 firmaron algunos veteranos yrigoyenistas y jóvenes dirigentes radicales que se definían como "intransigentes y renovadores" y deseaban infundir al viejo radicalismo un contenido nuevo y moderno para evitar que perdiera su virtud mayoritaria. A su debido tiempo el Movimiento de Intransigencia y Renovación impuso a la UCR un programa derivado de aquella declaración. Traducía un pensamiento estatista, nacionalista, antiimperialista y tendiente a la consecución de un *welfare state* que revelaba la influencia ideológica del laborismo británico, el *New Deal* y los partidos socialdemócratas de la posguerra.

"Frondizi y el programa" fue el grito de guerra de los jóvenes radicales durante la última etapa de la lucha contra Perón y en las campañas electorales de 1957 y 1958. El "Programa" se convirtió en una bandera convocante y atractiva; algo casi sagrado e intocable.

Pero cuando Frondizi llegó al gobierno lo dejó en el cajón. Era una tabla de deseos imposible de cumplir. Postulaba una "reforma agraria inmediata y profunda" cuando se necesitaba recomponer la devastada capacidad de producción del campo. Exigía la cogestión obrera cuando lo urgente era promover inversiones y crear nuevas fuentes de trabajo. Proclamaba la neutralidad en el campo internacional cuando el tema de Cuba introducía un factor explosivo en nuestras relaciones.

Frondizi hizo lo que creyó que debía hacer, pero más allá de los éxitos y fracasos de su gestión, el cambio de política que llevó adelante dejó un vacío moral que era necesario saldar.

Su partido lo había acompañado lealmente, en líneas generales, y Avellaneda había quedado atrás en los hechos. Pero era necesario homologar formalmente este drástico golpe de timón.

En diciembre de 1960, la Convención de la UCRI se reunió en Chascomús. Para evitar sorpresas, Frondizi se instaló en una estancia cercana y mantuvo contactos con los líderes del cuerpo. Finalmente, con las disidencias de algunos delegados, se aprobó una plataforma que eliminaba los puntos más conflictivos del Programa de Avellaneda y daba carta blanca al presidente para continuar con su política desarrollista.

El acto de Parque Norte consistió en un plenario del Comité Nacional de la UCR realizado en diciembre de 1985 ante el cual pronunció el presidente Alfonsín un extenso discurso que diseñaba la "construcción de una nueva sociedad". Para ello exhortó a su partido a promover un cambio en la mentalidad colectiva de los argentinos sobre la base de una mayor participación democrática, la modernización del Estado y la vigencia de una ética de la solidaridad. En semejante empresa, el radicalismo sería "el partido de la convocatoria para el futuro".

Alfonsín impulsaba esta inflexión histórica alentado por su triunfo electoral de ese mismo año. Su planteo no era, aparentemente, una rectificación conceptual como las de Perón o Frondizi, pero en la medida en que significaba una enorme ampliación de la plataforma partidaria implicaba desestimarla para asumir un emprendimiento nacional de vastos alcances. Llevaba implícita, además, la iniciativa de una reforma constitucional y el traslado de la Capital Federal; para su instrumentación convocaba a la alianza o el apoyo de diversos sectores de la comunidad, tanto políticos como económicos y sociales. No mencionaba aquello de "el tercer movimiento histórico", pero el ciclópeo esfuerzo que presentaba a sus correligionarios en un momento que calificaba de "fundacional" escondía una superación operativa de las limitaciones partidarias. Lo cierto es que su partido no lo acompañó con la convicción necesaria y, más tarde, tampoco la sociedad. Creo que la historia hará justicia a quien se animó a llamar a un gran emprendimiento nacional como el que formuló Alfonsín en Parque Norte; acaso no estaban dadas las condiciones para que pudiera tener éxito. Pero lo que quisiera destacar aquí es la necesidad que el primer magistrado sintió de marginar un pensamiento que juzgaba estrecho, para reemplazarlo por un objetivo casi descomunal.

En cuanto a lo del Teatro Cervantes, es demasiado reciente para que necesitemos recordarlo; todavía se escucha el patético clamor de Menem "¡no me dejen solo!". Es probable que algunos se hayan preguntado si no fue el propio presidente quien se cortó solo cuando abruptamente y sin mayores explicaciones inició su gestión con una política totalmente distinta de la que voceara en su campaña. Sea como fuere, la necesidad de blanquear ese desconcertante giro se patentizó en el Teatro Cervantes con más dramatismo, tal vez, que en las oportunidades anteriores.

¿Por qué pasan estas cosas?

La simple mención de los años 1955, 1960, 1985 y 1991 remite a realidades nacionales muy diferentes. Sin embargo, ¡qué curioso!, en estas cuatro oportunidades cada uno de los gobernantes de turno sintió la necesidad de sincerarse. Perón lo hizo implícita e indirectamente, pero Frondizi, Alfonsín y Menem fueron explícitos en la fundamentación de cambios conceptuales y operativos que apreciaron como indispensables para seguir y mejorar sus respectivas gestiones.

Esta coincidencia no es una casualidad ni se debe a caprichos de los titulares del poder. Responde a una falencia de la política argentina que se viene dando desde hace, por lo menos, cuarenta años: candidatos que triunfan sobre las alas de una plataforma, un pensamiento o una actitud generalmente voluntarista y teñida de simplismo que, frente a la obstinación de los hechos, se ven obligados a olvidar esa plataforma, torcer aquel pensamiento, modificar esta actitud. La realidad los obliga a cambiar y la etapa siguiente incluye la necesidad de cubrir el déficit ético que han generado con tales cambios. Entonces marchan hacia la formalización de la pertinente rectificación. En las democracias occidentales, semejantes volteretas dan lugar (las pocas veces que ocurren) a grandes escándalos, y quienes incurren en ellas quedan invalidados ante la opinión pública: a De Gaulle le costó la ordalía de varios plebiscitos justificar el cambio de su política en Argelia.

Lo que deseo plantear en estas líneas es, pues, una reflexión sobre las causas que llevan a los gobernantes de nuestro país a reconocer que el bagaje de ideas con que llegaron al poder era equivocado o incompleto. ¿Dónde reside la falla? Debe de haber varias claves, pero una de ellas puede ser el peligroso erotismo de las consignas, de las frases hechas, los lugares comunes de la política, que reemplazan los análisis serios de la realidad; ese análisis que los dirigentes deben formular permanentemente como una parte insoslayable de su oficio y su responsabilidad. Lo que es un divertido juego retórico en la oposición se convierte en una trampa mortal cuando se accede al poder. Se trata de un pecado de insinceridad o, si se quiere ser más benévolo, de ignorancia.

Se habla mucho de la crisis de la dirigencia política. No me parece que ésta sea mejor o peor que la de otros sectores de la vida nacional. Tal vez falte a los políticos argentinos el punto de sazón que solamente brinda la continuidad de las instituciones; un país atravesado por tantos intervalos *de facto* como ha padecido, no puede aspirar a que de la noche a la mañana surja una clase política impecable, madura. Pero sus integrantes deberían esforzarse por conquistar la credibilidad que hoy les escasea, y uno de los ejercicios para lograrla es pensar, antes de cada paso y cada palabra, que alguna vez pueden llegar a la responsabilidad del poder y entonces se les pedirá cuenta de lo que dicen y hacen en relación con lo que antes dijeron e hicieron. Después de todo, la democracia hace posible estos juegos de imaginación...

Por supuesto, el manejo del poder implica decisiones que deben tomar en cuenta la realidad, y ésta suele ser versátil. Pero no debe ser el único término de referencia del gobernante. Perón decía que "la realidad es la única verdad". Esta frase traduce una actitud mental conservadora en el peor sentido de la palabra, ramplonamente pragmática y pesimista; si la única verdad es la realidad, entonces es inútil aspirar a mejorarla, hay que aceptarla tal cual es y someterse a su miseria; en suma, hay que cancelar los sueños.

Nuestra historia presenta dos ejemplos extremos en este aspecto: Rivadavia omitió la realidad y por consiguiente urdió sus construcciones sobre la nada; Rosas conoció muy bien la realidad de su tiempo, pero no hizo nada para modificarla. Yo creo que el político debe notificarse atentamente de su circunstancia y, a partir de este conocimiento, mejorarlo en todo lo que pueda. Esto es lo que se espera de los gobernantes.

Una frase de Mitre y otra de Yrigoyen nos sugieren los límites de este tema. Mitre dijo que "hay que tomar el país tal como Dios y los hombres lo han hecho, esperando que los hombres, con la ayuda de Dios, puedan mejorarlo". Esta sabia reflexión no difiere demasiado de la que, desde su idealismo krausista, transmitió Yrigoyen a sus correligionarios de Santa Fe en 1912, cuando se aprestaban a lanzar la primera campaña electoral bajo la ley Sáenz Peña: "Transen lo menos posible con la realidad".

Cuando el país vota a un hombre, descuenta que al llegar al poder tiene una idea más o menos clara de la problemática que deberá afrontar. Pero cuando en plena gestión un presidente confiesa que entiende el país de otra manera que la que antes decía, su crédito se deteriora y este sentimiento negativo, esta decepción callada, se trasfunde a toda la comunidad. En esta falla ha incurrido el actual presidente pero también, como se ha señalado, algunos de sus predecesores. Es tiempo de meditar por qué ocurren estas cosas, y en qué medida inciden en la fragilidad de nuestra democracia.

El "internismo", ¿favorece o perjudica a la democracia?

La opinión pública asiste con sorpresa y seguramente con cierto disgusto a los enfrentamientos internos que se están produciendo en el seno de los dos grandes partidos que protagonizan la etapa democrática iniciada en 1983.

En el peronismo son diarias las noticias sobre los choques del distrito Buenos Aires con la renovación liderada por Antonio Cafiero pero agrietada profundamente, las intromisiones de Carlos Menem y las sorpresivas maniobras de Herminio Iglesias. El hecho de que la provincia de Buenos Aires sea el distrito electoral más importante vela enfrentamientos no menos duros que aparecen en casi todas las provincias dentro del justicialismo.

Pero también en el radicalismo se está dando un fenómeno similar, del que es expresión espectacular la resistencia que en varios distritos se levanta contra la acción de la Coordinadora y las pujas por las futuras candidaturas.

¿En qué medida este creciente "internismo" favorece o perjudica a la democracia?

Un poco de historia

Las disidencias internas dentro de un mismo partido fueron institucionalizadas por la UCR en los primeros años de este siglo. Aunque se trataba de un movimiento fuertemente vinculado al liderazgo de Yrigoyen, siempre se caracterizó por una dinámica actividad interna. Y muchas veces el caudillo no pudo impedir verdaderos alzamientos contra su conducción como en 1909, cuando el sector más caracterizado del radicalismo metropolitano levantó una bandera de concurrencia a elecciones, en contra de la posición abstencionista que aquél había sostenido siempre. Así, las luchas internas se convirtieron en una tradición radical, y con el pasar de los años ese partido fue adquiriendo una cultura política que las incluía como un fenómeno normal, una expresión de la vocación democrática que animaba a sus seguidores.

El peronismo, en cambio, no tuvo esa tradición. La apresurada alianza de fuerzas repujada por Perón en 1945-46 fue el marco de tremendas luchas a las que el dirigente justicialista tuvo que asistir pasivamente en las vísperas de las elecciones generales de febrero de 1946. Seguramente, en esos trances se juró no volver a pasar por ellos; militar como era, no podía entender que un movimiento político estuviera atravesado por la indisciplina, mostrara abiertamente sus disidencias íntimas o presentara varias versiones contrapuestas de su discurso. Así fue como, en mayo de 1946, semanas antes de asumir la presidencia de la Nación, decretó la disolución de todas las fuerzas que lo habían apoyado para formar un solo partido: el que primero se llamó "Partido Único de la Revolución Nacional", y luego, brevemente, "Partido Peronista".

Entre 1946 y 1955 el Partido Peronista no registró vida interna alguna. Su autoridad suprema, ejercida por Perón, era delegada por éste en el Consejo Superior – que presidió Alberto Teissaire –, donde se solventaban todos los problemas partidarios. Es conocida la circunstancia de que, tanto en las elecciones generales de noviembre de 1951 como en las de abril de 1954, el Consejo Superior difundió por radio todas las candidaturas que sostendría el Partido Peronista, hasta el último concejal del último municipio del país... Un verticalismo total, absoluto y sin resquicios.

Después de la caída de Perón, la historia del peronismo no ofrece tampoco espectáculos de una lucha interna orgánica. Las órdenes del exiliado y los márgenes con que podían contar los dirigentes justicialistas formaban el espacio donde se movía el peronismo, situación que se prolongó hasta 1973. Fue entonces cuando se advirtió la tremenda falla que cargaba el peronismo con su desconocimiento de lo que era una lucha interna civilizada en el seno de un partido; su "interna" la hizo desde el poder, con todos los recursos de que cada fracción podía valerse. La derecha de un López Rega, la izquierda de un Firmenich, disputaron batallas campales con bombas y metralletas, no en las urnas de las unidades básicas...

Hay una diferencia...

Por estos antecedentes creo que hay una diferencia entre las internas radicales y las peronistas. Estas significan la trabajosa recuperación de un ejercicio democrático que el justicialismo casi no tuvo. No son de extrañar, entonces, los topetazos y escandaletes que jalonan, casi diariamente, el proceso de reconstrucción de sus autoridades y la definición de sus candidaturas. No tienen tradición: tienen que aprenderla. Perón les ahorró durante treinta años este trabajo y ahora tienen que pagar el precio. Tienen que vivir esa rara práctica consistente en definirse, enfrentarse, contarse en las urnas y luego aceptar la derrota o asumir la victoria para seguir estando juntos en el mismo partido... No es un hábito fácil. A los radicales les costó ochenta años; no hay que impacientarse porque al peronismo le signifique tantas gabelas. Pero tienen que hacerlo. La salud de la democracia así lo exige.

En cambio los radicales, sumidos también en sus propias internas, deben reconocer otras exigencias. Ellos constituyen el partido oficial, es decir, la fuerza que vertebra e instrumenta, en los cuerpos representativos del país y en los niveles más difusos de la opinión pública, la política de gobierno, el ideario de Alfonsín. El radicalismo no puede permitirse el lujo de naufragar en un internismo obsesivo e infecundo. Debe potenciar su vieja tradición de luchas internas para vivificar los mecanismos propios de su partido y hacer de las futuras candidaturas unos términos de referencias que sean representativos de la voluntad de sus afiliados. Pero agotarse en el enfrentamiento, en la disputa personal, en las acusaciones amargas, implica una grave responsabilidad ante el gobierno y ante la recuperada democracia. Así como hay tontos que dicen: "Estábamos mejor con el Proceso", cuando observan que aumentó la delincuencia o la pornografía, también hay pillos que pueden decir que se estaba mejor con un gobierno militar cuando el partido oficial brinda un espectáculo lamentable de pujas personales.

La política no es cosa de ángeles. La hacen los hombres, con sus apetencias, sus intereses, sus mezquindades; pero también con su capacidad de grandeza y generosidad. Las luchas internas son indispensables en los partidos. Evitan el inmovilismo, significan exámenes permanentes a sus dirigentes, actualizan su pensamiento.

Fue lo que ocurrió entre 1946 y 1954 en la UCR, cuando un movimiento interno con un ideario muy definido – el Movimiento de Intransigencia y Renovación– fue desplazando a la ya anacrónica conducción unionista y transvasó todo un elenco, cambiando el viejo repertorio de ideas liberales por un catálogo de propuestas cuya vigencia no discutimos pero que sin duda vigorizó al viejo partido.

Ahora, de lo que se trata es de ver si la UCR es digna de Alfonsín. El año pasado y el actual fueron los elegidos por el presidente para tres iniciativas trascendentes: el lanzamiento del Plan Austral, la propuesta del traslado de la Capital Federal y los tratados de integración con el Brasil. No hemos visto, lamentablemente, que en el seno de la UCR estas tres iniciativas, demostrativas de la imaginación y el dinamismo que campea en el más alto nivel oficial, hayan sido recogidas, discutidas, enriquecidas por el partido gubernativo. En cambio, observamos que a medida que avanza el calendario electoral se exacerban las rivalidades internas, se posterga el tratamiento de los grandes temas en aras de las pequeñas componendas, se definen luchas por el poder hasta en los más minúsculos niveles imaginables.

¡Cuidado, radicales! ¡No naufraguen en el internismo! Llévenlo hasta lo deseable y necesario. El radicalismo no necesita, como el peronismo, revalidar ante la opinión pública sus blasones democráticos. No precisa mostrar que internamente es tan democrático como lo es en el campo nacional. Precisa, en cambio, demostrar que está a la altura de su presidente, que es capaz de acompañarlo, sostenerlo y aun corregirlo si se equivoca. Pero esto será muy difícil de lograr si se obnubilan con una ferocidad interna que no tiene justificación. El radicalismo es la fuerza que en 1983 salvó al país para la democracia. Está bien, es plausible que la ejerza en lo interno. Pero para robustecerla en lo externo sería bueno que atenúe sus luchas intestinas hasta el máximo deseable. De otro modo dará un espectáculo de pequeñez, y lo que debería ser un mecanismo democrático partidario se convertirá en un deleznable forcejeo por las posiciones.

El Congreso que debió llamarse "Asamblea Nacional"

Estamos en vísperas de un nuevo plebiscito. Este que se va a realizar no será, como el de 1984, un acto único e instantáneo, expresado a través de una boleta insertada en una urna; se compondrá de varias secuencias realizadas de abajo hacia arriba en diversos momentos. No estará precedido de una campaña previa, como el del Beagle, y en consecuencia no habrá que soportar "cháchacharas" ni otros tormentos similares. Será un plebiscito fundado en una madura reflexión de todo el país.

Me refiero, por supuesto, al Congreso Pedagógico.

Un mal nombre

Creo que lo único objetable del Congreso Pedagógico es su nombre. Si se lo ha bautizado así como un homenaje al de nombre similar realizado en 1882, debería habérselo denominado "Segundo Congreso Pedagógico"; así se hubiera atado la continuidad entre aquella deliberación, que en verdad fue muy adelantada en su tiempo y marcó las pautas de la educación durante varias décadas. Pero si se le quisiera dar la dimensión que realmente va a tener, su nombre debería haber sido "Asamblea Nacional sobre Educación", pues en verdad, eso habrá de ser. En cambio, el escueto y poco atractivo nombre que tiene da la idea de una congregación cerrada de docentes que conversan sobre los temas que les importan. Y esto es algo mucho más importante. Es, reitero, un verdadero plebiscito que permitirá pulsar la opinión del pueblo argentino sobre su sistema educativo. Un plebiscito, además, por su extensión, puesto que todos pueden participar de él. Y porque sus conclusiones, una vez que se elaboren los distintos pareceres volcados en miles y miles de reuniones realizadas a lo largo de todo el país, permitirán al gobierno formular las propuestas necesarias para adecuar nuestro sistema educativo al tono y a las exigencias del tiempo contemporáneo.

En 1882

Cuando se reunió en 1882 el Primer Congreso Pedagógico, con asistencia de algunas personalidades de los países vecinos, hacía apenas dos años que Roca era presidente. Ya se habían incorporado a la actividad productiva las extensiones de tierras arrebatadas a los indios; la Argentina ya contaba con una Capital Federal; el Estado nacional empezaba a estructurarse de manera robusta; las vías ferroviarias se aprestaban a contribuir a la explotación de la pampa húmeda transportando al puerto sus producciones.

Muchas cosas faltaban por hacer, pero ya estaban dadas las condiciones básicas para emprender el rumbo hacia el objetivo que se habían trazado los hombres del 80: insertar al país en los circuitos mundiales de la producción y el consumo mediante una inteligente utilización de sus recursos naturales; en primer lugar, la tierra. Pero en el programa de esos dirigentes existía una carencia importante: ¿qué tipo de población se quería formar? La concepción alberdiana postulaba la atracción de la inmigración europea; esta noción se había incorporado a la Constitución y se estaba instrumentando, cada vez más, con la llegada de los extranjeros. Pero, ¿cómo debían ser los hijos de los recién llegados? ¿Se los mantendría alejados del interés de la cosa pública o se trataría de insertarlos en las preocupaciones comunes? ¿Debía mantenerse una enseñanza religiosa como elemento de cohesión nacional o había que fundamentar el sistema educativo en principios laicos? ¿Debía librarse al criterio de los padres la frecuentación de las escuelas o debía ser una obligación legal? ¿Debía el Estado monopolizar la educación o podía cederse un sector de la misma a la iniciativa privada? ¿Debía ser privativo del Estado nacional el derecho de enseñar o las provincias también podrían hacerlo en todos los niveles?

Estos y otros temas fueron los que afrontó el Congreso Pedagógico de 1882, que no fue convocado por el gobierno sino por un grupo de particulares. No interesa aquí el trámite de esas deliberaciones ni sus resultados. Pero importa poner de resalto que, apenas terminadas las cuestiones institucionales que debían solventarse para dar organización definitiva al país, uno de los primeros temas planteados por las elites gobernantes fue el de la educación. Se discutió al modo de la época; los especialistas y los interesados en estas cuestiones, en reuniones relativamente cerradas, con participación periodística pero sin que se transmitiera a los sectores populares.

En 1986

Un siglo después la sociedad argentina tiene que dilucidar, también, la misma cuestión: ¿qué sistema educativo queremos? ¿Qué tipo de educación puede servir mejor a la democracia, a la modernización del país, al tipo de comunidad que deseamos para afrontar el siglo XXI? ¿Cómo se educa para desterrar el autoritarismo, la burla de la ley, la falta de solidaridad social?

Pero ahora no se trata de reunir a una docena de especialistas o confiar a unos pocos burócratas la tarea de componer el diseño de la educación del futuro. El sistema educativo y sus consecuencias nos atañen a todos. A los alumnos, a los padres, a los maestros, pero también a los sectores que componen la sociedad argentina aunque estén alejados de las escuelas, aunque poco tengan que ver con la educación. Y entonces, a diferencia de 1882, hay que convocar al pueblo entero a una suerte de pacífico y reflexivo plebiscito. Todos podrán participar, no importa que se digan dislates; éstos se irán diluyendo dentro de opiniones más ajustadas. No importa que muchos de los asistentes entiendan poco las cuestiones técnicas; esas ignorancias se suelen suplir con buena voluntad y mejor criterio. Lo importante es que se plantea con amplitud un tema que es básico para nuestro porvenir como nación.

Y tan importante como esto es que se haya elegido una forma democrática y participativa para dilucidarlo. Es una nueva manera que puede inaugurar formas imaginativas y novedosas para encarar otros problemas. Significa que es la propia sociedad la que discute ciertos problemas que tienen que ver con sus pertenencias fundamentales. No se desestima la opinión del especialista, no se incurre en el infantilismo de suponer que todo lo que el pueblo cree es cierto o correcto. Simplemente se acude a las bases mismas de la sociedad para que discutan, debatan y acuerden los temas que le son vitales. Repetimos: un gran plebiscito, pero pensado pausadamente, en reuniones sucesivas, en actos de reflexión que irán sumándose hasta coincidir en un promedio de las creencias colectivas.

Este nuevo método que se adopta para estudiar y resolver un problema tan importante se fundamenta en una afirmación implícita: la de que la sociedad argentina es lo suficientemente madura como para poder asumir el problema y sugerir soluciones congruentes. No era ésta la afirmación subyacente en el Congreso Pedagógico de 1882; entonces se partía de la base de que el pueblo era ignaro y poco maduro, y era necesario decidir, en los altos niveles del pensamiento y del Estado, la forma en que se contribuiría a madurarlo y sacarlo de la ignorancia. Tampoco la afirmación que sustenta tácitamente el Congreso Pedagógico es la que tenían los gobiernos *de facto* de las décadas últimas, en especial el que rigió los destinos del país entre 1976 y 1983; la noción que se manejaba, sin confesarla, era que los argentinos eran incapaces de gobernarse y entonces era indispensable la tutela de algunos pocos – las Fuerzas Armadas, los operadores de la patria financiera, algunos voceros de las minorías, los elencos estables de todo régimen militar – para manejar el país indefinidamente.

Todo esto ha quedado atrás. La convocatoria del Congreso Pedagógico revela una alegre confianza en la sociedad argentina, la convicción de que nuestro pueblo ha madurado aceleradamente entre los infortunios y las frustraciones, y en consecuencia es capaz de plantearse objetivos claros y caminos conducentes a ellos.

Por eso el plebiscito. Y por eso nuestra alegría ante la significación revolucionaria de este suceso.

Al peronismo hay que darle tiempo

Hay que darle tiempo al peronismo.

Se me ocurre pensar esto ante el espectáculo verdaderamente grotesco, de congresos y anticongresos, expulsiones y contraexpulsiones, promesas de elecciones que no se cumplen, pactos que se violan y acuerdos antinaturales. En este momento, es cierto, el Partido Justicialista es una bolsa de gatos. Pero hay que darle tiempo. Sus filas, por divididas que se encuentren, mantienen esencias nacionales que no deben perderse.

La tragedia del gobierno justicialista de 1973 – ejercido por cuatro titulares, Cámpora, Lastiri, Perón y, a su muerte, su esposa – residió, entre otras cosas, en que llegó al poder en plena lucha interna. Una lucha interna, claro está, que no se movía dentro de los carriles convencionales. Se llevó a cabo a través de una desatada violencia que ensangrentó al país, brutalizó sus costumbres políticas, retrocedió a épocas de barbarie nuestra civilización cívica y generó un caos en el que la solución militar pareció, por un momento, la única salida posible. Si por vía de hipótesis llegáramos a imaginar al peronismo, tal cual está ahora, en el ejercicio del poder, no sería desatinado inferir que las cosas del país no serían muy diferentes a las del período 1973/76. Es cierto que no existiría un López Rega, también es evidente que no habría un grupo activista de características demenciales como Montoneros, pero el problema de fondo sería el mismo: un gran partido que no ha acertado a definir su eje de poder interno ni su significación en la vida del país.

Éstas son las amargas consecuencias de más de 35 años de manejo vertical y autoritario del justicialismo. Perón construyó el Partido Único de la Revolución Nacional primero, y luego el Partido Peronista, sobre una concepción militar. Un comando único e indiscutible (él mismo), una suerte de Estado Mayor donde se solventaban las cuestiones menores (el Consejo Superior) y una serie de jefes absolutos de unidades, distribuidos en todos los distritos, como jefes de regimiento (los interventores de la rama femenina y masculina en cada provincia). Esta formidable estructura no tenía vida propia. Después de la liquidación de la disidencia de Cipriano Reyes (1948), el

Partido Peronista se movió solamente en función de los actos rituales del régimen, en las movilizaciones de las fechas sagradas del peronismo. No hubo jamás elecciones internas, no se permitieron voces discrepantes (por ejemplo las de los legisladores peronistas que desaprobaron la ofensiva contra la Iglesia Católica) y hasta la última candidatura del último pueblo del país salía de Buenos Aires, en las esotéricas reuniones del Consejo Superior.

Después de 1955 esta característica se acentuó, si cabe. Las proscripciones que sufrió el peronismo, el exilio de su líder con las consiguientes dificultades para comunicarse con sus fieles, la necesidad de mantener una línea única y evitar las tentaciones de colaboración con los distintos sistemas políticos que siguieron – desde la Revolución Libertadora hasta Onganía – llevaron al peronismo a ver el verticalismo como una condición de supervivencia. El caso de Augusto Vandor es significativo; Perón debió correr al lado del dirigente metalúrgico porque no tenía poder para cancelar su creciente liderazgo, pero en cuanto pudo lo fulminó con cuestionamientos y después de asesinado dijo duras palabras sobre el "Lobo".

Y finalmente, cuando hacia 1970 empieza a crecer la marca de un peronismo revitalizado con aportes juveniles y aparentemente renovado en su discurso por una izquierda oportunista, también el autoritarismo de la conducción debió mantenerse para evitar desfasajes catastróficos. La súbita destitución de Daniel Paladino por Héctor Cámpora, la defenestración de Rodolfo Galimberti y la designación del mismo Cámpora como candidato presidencial fueron hechos repentinos, sorpresivos, propios de un liderazgo absoluto y, casi diríamos, caprichoso.

Y bien: ¿cómo hace un partido para librarse de los reflejos elaborados durante treinta y cinco años, y adquirir las costumbres propias de una fuerza democrática, participativa, respetuosa de las corrientes internas, dispuesta a aceptar el triunfo de la mayoría y a mantener el respeto por la minoría? Éste es el drama del justicialismo de hoy: el aprendizaje de un juego político que no conoce; más todavía, un juego político que durante mucho tiempo rechazó y abominó.

Pero las dificultades actuales del justicialismo para encarrilarse derivan también de otro problema: el de su significación. Durante las dos primeras presidencias de Perón, el estilo de su gobierno fue distribucionista. El líder logró una alta participación de los asalariados en el PBI y tanto su política social como la actividad paraestatal de Evita constituyen lo más emblemático de esos años. Naturalmente, el justicialismo persiste en el cuidado de ese estilo. En consecuencia su discurso es, para decirlo gruesamente, una acusación contra cualquier gobierno en el sentido de que no está trabajando para el pueblo, y una promesa de que, cuando llegue al poder, el justicialismo volverá a convertirse en un gran distribuidor de la riqueza generada por el país.

Mas sucede que el país no genera riqueza como para repartir. Una suma de factores que no podemos enumerar aquí ha aparejado un crecimiento muy modesto; una suerte de estancamiento que, aunque no es tan grave como suele decirse, permite una acumulación de riqueza virtualmente nula. Lo que nos salva es el reducido crecimiento demográfico argentino, que no pone al país cada año frente a centenares de miles de jóvenes que aspiran a ocuparse en nuevos puestos de trabajos inexistentes.

Esta es una lamentable realidad, cuya responsabilidad no puede cargarse al actual gobierno. Ni siquiera, en su totalidad, al régimen militar anterior. Deriva de un contexto mundial que ha castigado con la fuerza de los hechos a países de una producción como la Argentina. De todos modos, sean cuales fueren las causas, lo cierto es que en nuestro país ya no hay riquezas para distribuir. Lo más sabio es administrar la crisis, analizar la situación y buscar imaginativamente las vías para establecer una economía sólida, con algún papel que cumplir en el mundo.

En ese contexto, el actual discurso del justicialismo es irreal. No tiene consistencia. Por loable que sea su vocación distributiva, ella es de cumplimiento imposible. Pretender distribuir, hoy, implica arrancar a pedazos lo poco de la riqueza nacional que ostenta cada sector, para transferirlo a otro que no podrá hacer otra cosa que administrarlo malamente. Hoy es necesario crear riqueza, no distribuirla. Y si el justicialismo sigue enarbolando una bandera de distribución, le podrán ocurrir dos cosas: si sigue en la oposición, su temática se hará retórica y desasida de la realidad. Y si llega al gobierno, intentar cumplir esa temática lo llevará a la catástrofe.

Organización interna y discurso externo: éstos son, pues, los dos nudos que el justicialismo debe desatar.

Hasta ahora, no lo está logrando. Pero también el radicalismo se sintió huérfano y desamparado después de la desaparición de Yrigoyen; también se sintió traicionado por el destino en 1946, cuando perdió su virtud mayoritaria en elecciones libres. Pero tenía una ventaja sobre el justicialismo de hoy: había vivido una larga tradición de luchas internas y por eso pudo remontar su propia crisis. Le costó varios años, pero cuando los viejos elencos alvearistas fueron reemplazados por gente como Lebensohn, Larralde, Balbín, Frondizi, etc., ya estaba preparado para asumir su destino político.

Confiamos en que el justicialismo, superando los pesados hándicaps que lo retardan y complican, logre establecerse como un gran partido nacional confiable, una alternativa posible. La democracia argentina lo necesita. Democracia es contrapunto de fuerzas; dos de ser posible, cada una con su propuesta, su estilo y su tradición; las dos coincidiendo en algunas pocas cosas importantes del país, pero las dos ofreciendo a la ciudadanía perspectivas distintas.

No hay que escandalizarse demasiado, entonces, por el espectáculo peronista. Poco a poco se irán encauzando sus problemas según la fuerza que cada dirigente, cada tendencia, tiene. Poco a poco advertirán cómo se reemplaza el paternalismo verticalista de Perón y cómo se sustituye el fácil discurso distribucionista por un análisis más racional y prolijo de la realidad argentina. Cambiarán algo, sin duda. Pero este cambio será bueno para el justicialismo y bueno para el país.

Las FF.AA. hacen su propio aprendizaje

El tema de las Fuerzas Armadas – más concretamente, el tema de la inserción de las Fuerzas Armadas en la vida democrática – es uno de los más delicados que debió afrontar el gobierno elegido en 1983.

Recordemos algunos antecedentes. El derrocamiento de Perón en 1955 abrió una actitud que era nueva en el país respecto del rol que debían desempeñar las Fuerzas Armadas. Desde 1930, éstas habían permanecido como un elemento con mayor o menor peso en las decisiones de los sucesivos gobiernos, pero nunca habían tenido (ni mucho menos proclamado) una injerencia permanente como factor de poder. Sus intervenciones políticas de 1930 y 1943 se explicaron como fatalidades inevitables que serían canceladas a la brevedad posible y, aunque el mismo Perón fue una expresión del pensamiento nacionalista, neutralista e industrialista de las Fuerzas Armadas de la década del 40, se apresuró a cubrir esta vertiente de su poder con la legitimación posterior de una elección triunfante.

A partir de 1955 todo fue diferente. Las fuerzas de la Revolución Libertadora adoptaron, aunque fuera vagamente, un ideario que se cifraba en el no–retorno del peronismo. y asumieron como propia una misión: impedir toda forma de regreso del régimen depuesto. Esta misión se prolongó casi tres décadas. Las Fuerzas Armadas, muchas veces divididas en facciones, seguidoras de diferentes caudillos militares, de Aramburu a Lanusse, se mantuvieron fieles a aquella conducta, cuya coherencia implicaba vetar, promover, imponer y hasta derrocar presidentes. A Frondizi se lo volteó en 1962 porque se dejó ganar una elección decisiva por los peronistas; a Illia se lo derrocó en 1966 porque era seguro que iba a perder otra elección, no menos decisiva, al año siguiente... En una palabra, las Fuerzas Armadas se sentían comprometidas con una línea que hiciera imposible el regreso de Perón o su régimen; la última expresión pública de esa conducta fueron las célebres palabras de Lanusse en agosto de 1972, cuando desafió al líder en Madrid a volver a su patria y aseguró que "no le daba el cuero" para ello.

Contemporáneamente a esto se fue produciendo un fenómeno

que se explica por el paso del tiempo y la certeza que poco a poco se fue imponiendo en el sentido de que el peronismo de Perón no era el peor de los males que podía caer sobre el país; que ahora lo inaceptable era la violencia encarnada en los grupos guerrilleros que enarbolaban la bandera peronista o lo hacían en nombre de un marxismo de especialísima interpretación. El fenómeno consistió en que las Fuerzas Armadas siguieron reclamando su papel tutelar, su rol de poder superior con facultades para dictar políticas, pero ahora ya no interesaba vedar el regreso del peronismo sino aniquilar a las organizaciones subversivas. Este fue el motivo proclamado del derrocamiento de Isabel Martínez en 1976 y el hilo vertebrador de la política represiva llevada a cabo por el régimen militar desde ese momento.

Cuando el gobierno elegido en 1983 se hizo cargo del poder, debió encarar este problema. Su parte visible y espectacular era la brutal represión y su trágico saldo de desaparecidos; había que dar una satisfacción moral al país, establecer la responsabilidad de quienes habían sido los dirigentes del régimen militar, procesar a quienes habían tenido la máxima conducción de ese negro proceso. Esa respuesta moral se dio en los juicios seguidos a los comandantes en jefe, con las condenas siguientes.

La otra parte del tema era tan importante como ésta pero menos visible. Podría describirse así: ¿cómo hacer para que las Fuerzas Armadas declinen de ese poder tutelar que se adjudicaron desde 1955 y retornen a sus funciones naturales dentro de una democracia?

Este tema no ha sido tratado a fondo, aunque han existido algunas iniciativas, por parte del gobierno, para asediarlo y resolverlo. Lamentablemente la discontinuidad en el manejo del Ministerio de Defensa dificultó una política coherente desde el principio. Sin embargo, algo se ha logrado. Uno de estos logros es el proyecto de ley de seguridad nacional que en estos momentos se está estudiando en la comisión respectiva del Senado de la Nación.

Allí está ocurriendo algo que es muy importante, aunque el periodismo no lo haya subrayado como corresponde: los jefes de las Fuerzas Armadas han concurrido al seno de la comisión para manifestar su opinión sobre el proyecto. Cada uno de ellos ha consultado previamente al cuerpo jurídico de su arma y lleva sus gestiones y objeciones a los senadores que tienen a su cargo el estudio del futuro cuerpo legal. El periodismo, en general, ha manifestado con algún tono sensacionalista las oposiciones que los altos jefes han expresado respecto de algunos artículos del proyecto; lo que no han puesto de manifiesto es la importante circunstancia de que los dirigentes de las instituciones armadas concurren al Senado de la Nación para decir su opinión sobre un proyecto que les atañe, tal como lo hacen habitualmente los productores agropecuarios, los maestros o los dirigentes sindicales respecto de textos legales que están en estudio y cuya sanción tendrá que ver con sus respectivas corporaciones. En una palabra: años atrás, una medida legal que habría de incidir en el papel de las Fuerzas Armadas dentro del cuerpo social argentino se discutía en los casinos de oficiales o se debatía en niveles de conspiración o, al menos, de grupos de presión. Ahora concurren a la sede de las representaciones públicas y a la luz del día, públicamente, expresan su aprobación o sus objeciones para que sirvan como un elemento de juicio más para la decisión final que adoptará el Poder Legislativo.

Es un enorme cambio en la actitud mental de las Fuerzas Armadas. Desde hace casi tres décadas sus integrantes, de cadete a general, internalizaban la noción de que los uniformados constituyen "la reserva moral de la Patria", la minoría pura e incontaminada a la que recurre el país para ser salvado en los momentos de crisis. Así se justificaba el papel tutelar que ejercían, que no sólo significaba derrocar a veces a presidentes constitucionales sino hasta intervenir en aspectos puramente administrativos; recordemos que en tiempos de Frondizi un comandante en jefe del Ejército llegó a hacer planteos por las zonas que se entregaban en explotación a una empresa petrolera y por la apertura del comercio a la República Popular de China...

La presencia de los jefes de las armas en el Senado de la Nación supone, entonces, que las Fuerzas Armadas aceptan y reconocen ser una corporación más dentro del juego de instituciones del cuerpo social. Tienen sus características particulares, sus códigos, su lenguaje, su protocolo, su indumentaria, pero no son más que eso: una corporación cuyos intereses deben tenerse en cuenta con la misma atención que otras, pero no más.

Esto es, de por sí, muy significativo, reiteramos. No es todo, desde luego; no alcanza a ser una solución definitiva al tema vinculado con la inserción de las Fuerzas Armadas en una sociedad democrática. Para marchar en el buen camino se necesitan otras iniciativas que se refieren a la formación profesional del militar, al servicio que cumplen obligatoriamente los ciudadanos bajo las armas, al ideario de que debe imbuirse a los oficiales respecto de su ubicación, a la distribución de las unidades armadas y las hipótesis de conflicto que deben manejarse. Es un tema complejo, lleno de aristas y sobre el cual tenemos escasa experiencia en la Argentina. Pero hay que debatirlo a fondo, y debatirlo junto a las Fuerzas Armadas.

Todos tenemos que aprender a vivir auténticamente la recuperada democracia. Todos tenemos que hacer un nuevo aprendizaje que importa renunciar a actitudes que pudieron asumirse con anterioridad, acostumbrarse a la relatividad de opiniones que antes parecían infalibles, tolerar lo que antes pudo parecernos intolerable. Las Fuerzas Armadas también están haciendo su "neofitazgo". No hay que apurarlas pero tampoco hay que dejar que su propio aprendizaje se interrumpa o se desvíe. Sus integrantes están saliendo de un estado de ánimo muy comprensible: creyeron que habían salvado la Patria de la subversión, y resultó que se los enjuició por la metodología que usaron. Se sintieron ultrajados, vieron en los juicios a los comandantes una expresión de ingratitud nacional. Hay que ayudarlos a que entiendan, de ahora en adelante y para siempre, que su papel no es el tutelaje ni la represión. Tal vez les costará un tiempo hacer carne esta nueva noción, pero sin duda habrán de asumirla. Y eso será bueno para la democracia.

La clase política que el país merece

En el curso de los mil días de democracia que estamos viviendo desde diciembre de 1983, al lado de muchas gratificaciones también hemos tenido que soportar algunas íntimas rabietas. Cosas que se hacen mal, tanto en el gobierno como en la oposición, "desprolijidades" mayúsculas, errores que deben enmendarse y cuya enmienda a veces resulta peor que el yerro primitivo, declaraciones extemporáneas, actitudes poco positivas...

Repito: estas falencias se dan en todos los campos y no hay partido que pueda considerarse exento de ellas. Su misma generalización implica que hay una cierta inexperiencia en la clase política argentina, que se traduce a cada momento en estos tropezones. Sobre esto quisiéramos hablar en esta nota.

Una de las realizaciones más difíciles y trabajosas de un país es la formación de un grupo dirigente. Lo es, porque no existen escuelas ni universidades donde puedan formarse aquellos que van a representar a la comunidad o que van a conducir a sus sectores representativos. Lo es, además, porque la formación de una clase política exige una continuidad en el marco institucional dentro del que van a actuar, y en países como el nuestro eso no se dio muy frecuentemente. Claro que a veces ocurren excepciones: los historiadores no nos hemos podido explicar todavía cómo apareció en 1810 un grupo de criollos tan lúcido y apto para el manejo de la cosa pública como el que integraban Mariano Moreno, Manuel Belgrano, Juan José Paso, Juan José Castelli, Mariano Sarratea, Gervasio de Posadas, Juan Martín de Pueyrredón y otros.

¿De dónde salieron? ¿Cómo fue posible que en la medianía y chatura de la colonia estas personalidades adquirieran toda la perspicacia y sensatez necesarias para llevar a buen puerto la aventura de la emancipación?

El tema me fascina y aunque importe una breve digresión vale la pena dedicarle un párrafo. Pues es cierto que en el interior de lo que hoy es la Argentina, el ejercicio del poder de los cabildos estaba, desde mucho tiempo atrás, en manos de los descendientes de las viejas cepas conquistadoras, cuya preeminencia social y económica los habilitaba para desempeñar los cargos capitulares; esta circunstancia explica la rápida trama política que se urdió en las provincias interiores en torno del reconocimiento de la Primera Junta y los acontecimientos ulteriores. Pero esto sucedió en escasa medida en Buenos Aires; más aún, casi ninguno de los protagonistas del movimiento emancipador tuvo actuación pública anterior a 1810, y sin embargo formaron un grupo que, con prescindencia de juicios históricos, demostró calidad de dirigentes.

La aparición de la clase política patriota es, reitero, una excepción. De allí en adelante, la Argentina tuvo que hacer el duro aprendizaje de formar dirigentes machacando sobre la experiencia, confrontándola con la realidad, midiendo sueños sobre la medida de las posibilidades de su realización. Esto sucedió – vamos a otro ejemplo – alrededor de 1880, cuando la generación del roquismo se planteó con toda claridad sus objetivos y los cumplió en muy razonable medida. Pero esos hombres venían del ejercicio político que arrancaba desde Caseros y se formaron en la familiaridad con los grandes problemas del país; la sutura de la separación entre Buenos Aires y la Confederación, la necesidad de conquistar el desierto, la conveniencia de incorporar inmigraciones a la fuerza productiva argentina y, por sobre todo, la urgencia de construir un Estado nacional. Todos ellos, además, estaban formados dentro de la misma ideología liberal, usaban el mismo lenguaje, venían de orígenes sociales comunes. Pueden criticarse sus fines, pueden enjuiciarse los medios usados; lo que no se puede negar es que los hombres del 80 constituyeron un conjunto dirigente eficaz y homogéneo.

Algo parecido puede decirse de la generación política que actuó en las décadas de 1920 y 1930. Estos venían de la ley Sáenz Peña, eran su consecuencia directa. Treinta años de vida institucional ininterrumpida les permitieron adquirir un admirable profesionalismo de políticos y administradores. No importa que militaran en el radicalismo, el conservadorismo o el socialismo; aunque sus enfrentamientos fueran bravíos, su discurso, en líneas generales, era idéntico: mantenimiento de la democracia, mejoramiento de las funciones del Estado, preservación del sistema dentro del cual la Argentina había prosperado. Los socialistas podían insistir en la sanción de leyes obreristas, los radicales podían enfrentar a la causa con el régimen, los conservadores podían criticar acerbamente a Yrigoyen, pero todos coincidían en lo fundamental. Y esto es lo que marca la posibilidad de formación de una clase política, es decir, un grupo dirigente que comparte identidades de esencia aunque discrepe en muchos temas. Es notable señalar esto: en la década de 1930 actuaban tres personalidades públicas muy diferentes y antagónicas, cada una de las cuales era representativa de fuerzas bien localizadas a la derecha, el centro y la izquierda del espectro político. Me refiero a Agustín P. Justo, a Marcelo T. de Alvear y a Lisandro de la Torre, exponentes ejemplares (y vuelvo a repetir que no hago juicios políticos ni mucho menos morales) de un ámbito donde no se triunfaba si no se exhibía una larga trayectoria de capacidad en el manipuleo de la política o en el ejercicio de la administración pública.

Todo esto parece haber terminado. Hay un hiato entre las dirigencias históricas de los partidos actuales y las jóvenes generaciones que vienen empujando para encontrar su lugar bajo el sol. De todos modos, ni los dirigentes tradicionales ni los nuevos pueden exhibir los títulos que hasta hace treinta o cuarenta años parecían necesitarse para asumir un rol de conducción. No es culpa de los políticos. Son las interrupciones de la continuidad constitucional las que han traído las inexperiencias y fallas que denunciábamos al comienzo de esta nota.

En los veinte años que corren entre 1966 y 1986, sólo seis transcurrieron en un ámbito formal de legitimidad, y de estos seis sólo con muy buena voluntad se puede decir que entre 1973 y 1976 se vivió en la normalidad... Dos décadas son mucho tiempo en la alquimia de la formación de dirigentes. Clausúrese la competencia política, cancélense las elecciones y los foros legislativos de la Nación, las provincias y las municipalidades, congélese la vida de los partidos y las consecuencias no tardarán: cantidad de hombres y mujeres con vocación de dirigentes de la comunidad se retraerán a sus profesiones y quehaceres o volcarán sus aptitudes a intereses sectoriales. Y en veinte años el país queda desierto de grandes términos de referencia. Desaparecen los que existían y mantenían los hilos de la continuidad cívica. Y los que quieran adquirir un papel relativamente protagónico se asfixiarán en los forcejeos internos de partidos semiclandestinos o se aburrirán construyendo teorías que no tienen posibilidad de realización práctica. Y lo que es mucho más grave: no podrán hacer la experiencia del manejo de la cosa pública, lo cual los puede hacer caer en el *sloganismo*, la irrealidad, la inflexibilidad doctrinaria. De modo que, cuando finalmente tienen que asumir responsabilidades públicas, llegan envarados, anquilosados, intoxicados por sus propias palabras y sus construcciones teóricas, que no han tenido oportunidad de comprobarse con la pura y simple realidad.

Esto es lo que viene pasando en nuestro país, en todos los partidos. Una vez más lo repetimos: no es culpa de éstos ni de los políticos, individualmente considerados. Son las rupturas violentas de la evolución progresiva argentina las que han provocado estos cortes, cuyo precio se paga en forma de errores que afectan a todos y, en primer término, a la democracia. No hay que impacientarse por ello. Se van cubriendo claros, la competencia va destacando a los mejores. En los foros colegiados aparecen aquellos que atraerán la atención de sus compatriotas. En la administración superior se destacan los que cumplen mejores gestiones. Y la atmósfera de libre expresión hace posible el cruce de ideas y propuestas, que se asocian a quienes las expresan. Ya se irá reconstituyendo la clase política argentina. Lo importante es que existe el pegamento indispensable para que se dé este fenómeno: la coincidencia en el mantenimiento a toda costa de la legitimidad constitucional, la preservación de la democracia y el reconocimiento de que no hay emprendimiento trascendente si ésta no existe. A partir de este acuerdo todo llegará; también la clase política que el país merece.

Cada uno en su lugar, y Dios con todos...

En nombre del rigor histórico y acaso de la lógica política, se me ha permitido protestar por los afiches y avisos de la Capital Federal publicados la semana pasada (agosto de 1986) por la Juventud Radical de la Capital Federal. Me refiero a esos impresos donde aparecen Perón remedando el clásico saludo de Alfonsín y éste abriendo los brazos en el gesto característico del caudillo justicialista. La tergiversación gráfica encubre un evidente propósito de identificar, mezclar, la personalidad de uno y otro dirigente. Contra esta intención protesto por las razones que daré.

Hacer política implica varias obligaciones. Una de ellas es no confundir. Confundir significa limar las diferencias formales para que determinados contenidos parezcan semejantes; confundir es, también, realizar *raccontos* del pasado que no son serios para extraer consecuencias que, por lo tanto, tampoco habrán de serlo. Éste es el error en que han caído, a mi juicio, los jóvenes radicales al difundir la imagen del caudillo justicialista y del actual presidente como si ambos tuvieran la misma significación histórica y política a través de una permuta de gestos.

Contemporáneamente a esta malhadada publicación, la Juventud Radical colocó ofrendas florales en los sepulcros que guardan los restos de personalidades argentinas que militaron en distintas corrientes, entre ellas Juan B. Justo, Alfredo Palacios, Yrigoyen, Perón y Evita. El propósito de estos actos es claro y plausible. Se trata de un gesto de convivencia y civilización cívica, una hermosa actitud de gente joven que, al no haber vivido la dureza de las luchas del pasado, se siente liberada de sus usuras y puede, con tranquilo corazón, rendir un tributo de gratitud a todos los que hicieron algo por el país. Aplaudo esta iniciativa. La Argentina se hizo con todos, y también con todo; con aciertos y equivocaciones, con grandezas y miserias, con momentos gloriosos y anécdotas mezquinas... La historia es la suma de todas las vertientes y hay que asumirla sin beneficio de inventario.

Pero la simpática actitud de ornar con flores algunas tumbas ilustres no tiene nada que ver con aquella confusión de brazos abiertos para Alfonsín y manos entrelazadas para Perón. El juego gráfico, reitero, implica una confusión inadmisible. No es solamente una travesura publicitaria; conlleva una alarmante falta de consistencia conceptual en quienes lo realizaron.

Pretender identificar a Perón con Alfonsín es sugerir que el peronismo y el radicalismo se parecen, se confunden, pueden llegar a ser una sola cosa o, al menos, pueden prestarse mutuamente elementos intercambiables. Y no es así, más aún: saber que no es así es básico para el entendimiento en la Argentina de hoy y para la prosperidad de su democracia.

En primer lugar, el peronismo siempre afirmó y sigue afirmando todavía su esencia movimientista, es decir que pretende ser una proyección global y totalizadora de la voluntad nacional en busca de determinados objetivos. El radicalismo, en cambio, se reconoce como un partido, o sea una parte de un todo, una parcialidad dentro del ámbito general, lo que implica que no pretende abarcar la totalidad de las expresiones nacionales y reconoce la existencia de otras verdades tan respetables como la suya.

En segundo lugar, el peronismo, en tanto movimiento, tendió entre 1946 y 1955 – y menos explícitamente entre 1973 y 1976 – a hacer una realidad de "la comunidad organizada", una estructuración de la sociedad según ciertas categorías impuestas desde el Estado, donde cada institución y cada corporación debe jugar el rol que se le asigna. El radicalismo ni tuvo ni tiene una concepción semejante; en todo caso, su criterio fundacional al llegar al poder en 1916 fue el de la "reparación", una voluntad encaminada a rectificar injusticias producidas en el seno de una sociedad que no intentó reestructurar globalmente.

Éstas son diferencias fundamentales, pero hay otras que tornan casi grotesco el famoso afiche al que nos referimos. Y tienen que ver con la significación política de cada una de las personalidades retratadas. Mencionemos una sola diferencia: Alfonsín, más allá de cualquier juicio que pueda merecer, es un demócrata, un hombre que viene de una larga lucha en el seno de su partido y de una paciente tarea de reclutamiento en el campo nacional; es presidente porque consiguió persuadir a la mayoría del electorado transmitiendo su mensaje desde abajo, y en el ejercicio del poder ha evidenciado un total respeto por la oposición. Perón fue, en cambio, la expresión del nuevo poder militar en la década de 1940, homologado por un apoyo popular recabado desde el poder, y durante sus dos primeros mandatos no toleró a la oposición, ablandó los resortes del control institucional e impuso una adhesión idolátrica a su persona. No creía en la democracia tal como habitualmente se la entiende; creía en la democracia directa mediante una mágica relación entre el líder y la masa, sin interferencias, sin organismos intermedios y, desde luego, sin oposición. En este campo, su proyecto fue totalmente diferente al proyecto que bien o mal trata hoy de llevar a cabo Alfonsín, con sus implicancias pluralistas y participativas. ¿Qué tiene que ver el Perón que verticalizó al máximo su movimiento, le imprimió una conducción autoritaria, con el Alfonsín que cotidianamente transa, negocia, concede y discrepa o no con gente de su propio partido y de otros sectores de la vida nacional? Se dirá que el Perón que quiere recordar la Juventud Radical es el de 1973/76, con sus llamados a la concordia y su nueva relación con la oposición, pero no es éste el relevante, aunque nos conmueva ese bravo esfuerzo que realizó el anciano caudillo para rectificar lo que había sido su gran equivocación. El Perón que marcó la historia con su poderosa impronta es quien actuó entre 1946 y 1955, no el último, derrotado por la edad y por el círculo que lo rodeaba.

Todo esto no tendría mucha importancia si no fuera que el afiche sugiere una posibilidad que es, a mi criterio, un grave error político: los muchachos de la Juventud Radical pueden sentir las tentaciones de un "tercer movimiento histórico". Por no saber historia, por fundamentar sus posiciones actuales en elementos de juicio recientes y subjetivos, pueden creer que peronismo y radicalismo son la misma cosa en tanto constituyen fuerzas populares dotadas de contenido nacional.

No sólo es un error. La idea no es buena para la democracia argentina. No se trata de diluir significaciones sino de demostrar cuáles son las diferencias, para que la opinión pública pueda optar sin confusión. Evidentemente tiene que existir un acuerdo de base entre todas las fuerzas políticas y todos los sectores sociales para que haya democracia, y ese acuerdo consiste, precisamente, en el compromiso de mantenerla. De ahí en adelante, las propuestas deben ser claras y diferenciadas. Diluir en una vaga idea común lo que es específico de cada partido orgánico es un remedo de democracia y generalmente se hace insostenible, porque de todos modos la realidad de las discrepancias termina por imponerse sobre la ficción de las supuestas coincidencias.

Perón fue, en su momento, el símbolo de un objetivo nacional que el país adoptó mayoritariamente. Significó la justicia social y, además de esto, la renovación de una Argentina que había quedado atrás. Con sus gestos, su lenguaje, su especial estilo, Perón cubrió aquella etapa. A su vez, Alfonsín fue en 1983 la expresión de una necesidad nacional de recuperar la democracia y el autorrespeto y conquistar la ordenación civil y legal de una sociedad profundamente conmovida por el desorden y la violencia. También es el exponente de un nuevo pensamiento modernizador que sólo después de dos años de ejercicio en el poder ha podido explayar. Los aportes de Perón a la construcción del país, con sus aciertos y sus errores, pertenecen a la historia; los de Alfonsín se están elaborando todavía y serán enjuiciados históricamente cuando su ciclo haya concluido. Entretanto, cada uno en su lugar, y Dios con todos... No se mezcle lo que no debe mezclarse. Que cada sueño, cada modelo, cada programa, cada líder, permanezca transparente en su esencia a fin de que nadie se confunda y todos puedan elegir con pleno conocimiento de lo que escogen. Y, por supuesto, que existan otras opciones, no menos claras. Y finalmente que todo esto se realice en el tono que la Juventud Radical quiso darle: con respeto por los adversarios y capacidad para comprender sus motivos, en una lucha linda para esclarecer o invitar, no para someter.

Semana Santa y ahora

Desde el oficialismo, desde algunos diarios y también desde algunos sectores de la opinión pública se ha hecho una comparación entre el amotinamiento de Semana Santa y el del 3 de diciembre de 1990. Es una comparación que inevitablemente recae en la actitud asumida en su momento por el presidente Alfonsín y la que ahora asumió el presidente Menem. Se subraya la firmeza con que este último ordenó reprimir a los sediciosos, eludiendo cualquier posibilidad de negociación, mientras que el líder radical conversó con ellos, deslizó un elogio implícito en favor de algunos oficiales "héroes de las Malvinas" y finalmente habría asumido compromisos que trajeron larga cola.

La diferencia es real pero creo que se la analiza de manera superficial. La elogiable actitud del presidente Menem se ha producido en un contexto totalmente distinto al que rodeaba al presidente Alfonsín, y en consecuencia deben tenerse en cuenta las circunstancias de hecho que rodearon la decisión de los dos presidentes.

Alfonsín no tenía ejército para reprimir. Una enorme proporción de sus jefes y oficiales simpatizaba silenciosamente con los sublevados en Semana Santa. Estaban de por medio las convocatorias judiciales a oficiales complicados en la guerra sucia y este hecho resentía grandemente a todos los militares, casi sin excepción. También estaba muy fresco el recuerdo del juicio a los ex comandantes en jefe, que las Fuerzas Armadas aceptaron a regañadientes, y en general miraron como un agravio y una ingratitud de la sociedad frente a quienes habían aniquilado la guerrilla. Existía un estado de espíritu en los rangos castrenses que, si bien no adhería a la sedición, simpatizaba mucho con sus responsables. Además, el movimiento de Semana Santa no causó muertos ni heridos y por lo tanto no motivaba una represión que seguramente los provocaría.

Sin duda, el presidente Alfonsín hubiera querido reprimir. Político sagaz, no podía ignorar las tremendas consecuencias de llegar a un acuerdo con los amotinados: los radicales tienen buena memoria y el recuerdo fatal del presidente Frondizi, con sus interminables negociaciones frente a cada "planteo", tiene que haberlo asediado en aquellas jornadas. Pero no podía dar una orden que corriera el riesgo de ser desobedecida. ¿Recuerdan la exasperante lentitud de la columna al mando del general Alais? Es seguro que los alaises se hubieran multiplicado si el presidente ordenaba sofocar por la fuerza el amotinamiento, y en este caso la autoridad presidencial se hubiera deteriorado mucho más.

Por otra parte, Alfonsín no contaba con una oposición confiable. Una CGT que le montaba paros generales cada dos o tres meses, un justicialismo con mayoría en el Senado que le bloqueaba la mayor parte de sus iniciativas, un liberalismo sospechoso de mantener permanentes conexiones con diversos sectores de las Fuerzas Armadas no constituían, en conjunto, un telón de fondo muy seguro para apoyarse.

Esto que puntualizo no justifica, a mi juicio, las medidas que adoptó el presidente Alfonsín con posterioridad a Semana Santa pero acaso contribuyan a explicarlas.

El presidente Menem actúa en circunstancias muy diferentes y, paradójicamente, su situación de cara a las Fuerzas Armadas se ha hecho mucho más fácil gracias a la política militar de su predecesor. Aunque durante su campaña electoral el actual presidente haya sostenido que Alfonsín "no tenía política militar", lo cierto es que el anterior primer magistrado limpió de zarzas y ortigas buena parte de su camino. Es claro que esto resulta difícil de advertir frente al enérgico operativo de represión al que todo el país adhirió el 3 de diciembre. Parecía que a Menem le sobraba el coraje que en Alfonsín fue prudencia. Pero lo real es que los tiempos cambiaron, el Ejército cambió y también cambió la sociedad argentina. El mismo hecho de que Rico y Seineldín hayan manifestado (sinceramente o no, poco importa) su desvinculación de la asonada, manifiesta hasta qué punto han ocurrido estas mutaciones.

Una última consideración: si en Semana Santa se dio una enorme expectativa y una tensión popular que se expresó en las grandes concentraciones frente a la Casa Rosada, esta vez no hubo más que unos pocos curiosos. Creo que esto no fue indiferencia: fue hastío. La gente estaba harta de ver de nuevo una película vieja, de escuchar las mismas monsergas sobre la "dignidad del Ejército" y las arengas de "hasta las últimas consecuencias". En Semana Santa existía la sensación de que podían ocurrir muy graves enfrentamientos. Ahora, fuera del injustificable asesinato de los militares leales que intentaron recuperar el cuartel de Patricios y el lamentable choque de un tanque contra un colectivo con su saldo de víctimas inocentes, no hubo de parte de los amotinados una voluntad auténticamente militar de pelear hasta morir; el grotesco espectáculo de los rendidos sentados en patas frente al edificio Libertador fue la rúbrica merecida del demencial operativo. Y explica, también, que la enérgica actitud del presidente Menem haya logrado el final feliz que tuvo. Un final, esperamos, que sirva para siempre.

El dilema de los ferroviarios

Por la antigüedad de sus organizaciones gremiales, por la especificidad de sus tareas y hasta por el orgullo que sienten en el desempeño de su trabajo, los ferroviarios han constituido un gremio combativo. Siempre lo fueron, y algunos de sus dirigentes tuvieron trascendencia nacional por su prestigio y la habilidad con que defendieron los intereses de sus compañeros. Durante la primera presidencia de Yrigoyen hubo una larga huelga, de casi tres meses de duración; en aquella época la red ferrocarrilera era virtualmente el único medio de transporte de cargas y el movimiento afectó gravemente la colocación de la cosecha. El propio Yrigoyen tuvo que convocar a los administradores ingleses de las empresas y conminarlos a que solucionaran el conflicto, amenazándolos con llamar a suboficiales de la Marina para manejar las locomotoras. En esos tiempos, los movimientos de fuerza de los ferroviarios se hacían contra los compañías; el Estado mantenía una actividad teóricamente prescindente, pero casi invariablemente sus titulares presionaban a las empresas y éstas, al final, cedían. La excepción a esta modalidad ocurrió durante la presidencia de Justo, cuando las empresas rebajaron el sueldo a los ferroviarios; en esta oportunidad el gobierno presionó al gremio para que aceptara esta quita en sus salarios alegando que, de no hacerlo, habría despidos y se agregarían nuevos elementos al ejército de desocupados que ya existía en el país.

En la década de 1930 no hubo grandes huelgas ferroviarias y cuando en 1948 se nacionalizaron los ferrocarriles, algunos ingenuos creyeron que este tipo de movimiento se había acabado para siempre; si ahora los ferrocarriles eran nuestros, ¿para qué se iba a hacer huelga? Sin embargo, uno de los más graves enfrentamientos de Perón con los trabajadores ocurrió precisamente con los ferroviarios, entre noviembre de 1950 y enero de 1951, y luego en mayo de ese mismo año. El primer movimiento empezó con paros parciales en el Roca en demanda de mejoras salariales. La torpeza del secretario general de la CGT, José Espejo, hizo imposible un acuerdo, y después de marchas y contramarchas el gremio dejó de trabajar. La mismísima Evita recorrió infructuosamente las estaciones de Constitución y Retiro. El conflicto le costó la renuncia al ministro de Transportes, Juan F. Castro, y el 25 de enero Perón, después de un furioso discurso, colocó a todos los trabajadores del riel bajo "estado militar". Hubo centenares de detenidos, algunos de los cuales permanecieron presos sin proceso durante casi un año.

Meses después, a principios de 1951, los maquinistas sindicados en La Fraternidad se lanzaron a un conato de huelga que fue reprimido muy pronto; en este caso estallaron algunas bombas en diversas estaciones, lo que dio motivo al gobierno para asegurar que sus autores eran "comunistas infiltrados". En realidad se trataba de una protesta de los fraternales por el copamiento de su viejo sindicato por elementos minoritarios que obligaron la incorporación de La Fraternidad a la CGT, medida que hasta entonces se había resistido.

Los movimientos que debió soportar Frondizi fueron mucho más prolongados. En noviembre/diciembre de 1958 estalló la primera huelga ferroviaria por cuestiones salariales; el presidente aplicó el mismo decreto que diez años atrás había aplicado Perón. A mediados de mayo de 1961 comenzó el segundo conflicto que, con intervalos, se prolongó hasta diciembre del mismo año. La extraordinaria duración de este movimiento se debió a que la Unión Ferroviaria y La Fraternidad, apoyadas por varios de los partidos opositores, repudiaban el plan de racionalización lanzado por Frondizi para paliar el enorme déficit que ya entonces generaban los ferrocarriles. Disturbios, bombas y detenciones signaron este período arduo que tuvo su pico más alto a mediados de agosto y sólo empezó a remitir cuando, en diciembre, el gobierno desarrollista aceptó la mediación del cardenal Antonio Caggiano, quien con muchas dificultades logró un avenimiento. El acuerdo era, en realidad, un triunfo de Frondizi (aunque en ese momento estaba ausente del país, en una gira por países del Asia), pues el gremio aceptó implícitamente las facultades del gobierno para clausurar los ramales que considerara improductivos. Pero fue una victoria sin frutos pues tres meses más tarde Frondizi era derrocado y su plan de racionalización, calcado sobre el informe del especialista J. B. Larkin, quedó virtualmente sin efecto.

En las décadas de 1870 y 1880, la instalación de líneas ferroviarias desplazó a las diligencias y carretas que transportaban pasajeros y cargas. Muchos argentinos habrán lamentado la desaparición de servicios tan tradicionales y pintorescos, pero la rapidez, la seguridad y la baratura del ferrocarril hacían imposible que pudieran sobrevivir. Hoy, los servicios ferroviarios deben soportar, además de su propia ineficiencia, la competencia de otros medios. Y el gremio ferroviario debe pensar entonces cómo puede hacer para defender sus intereses sin chocar con los intereses generales del país. Sobre todo, no debe obstinarse en detener el reloj de la historia, porque si lo hace su lucha se convertirá en algo tan anacrónico y vulnerable como la de los arrieros y carreteros que hace cien años escucharon el pito de las locomotoras como el toque de difuntos de sus propios oficios.

Los juicios políticos

Son muy escasas las referencias de la Constitución Nacional sobre el juicio político al presidente de la Nación. Su artículo 45 señala que sólo la Cámara de Diputados ejerce el derecho de acusar ante el Senado al presidente "por mal desempeño o por delito en el ejercicio de sus funciones; o por crímenes comunes". Para declarar que hay lugar para la formación de la causa es necesario que así lo dispongan las dos terceras partes de los diputados presentes. A su vez, el artículo 51 establece que al Senado le corresponde juzgar en juicio público a los acusados por la Cámara de Diputados. Si el acusado es el presidente de la Nación, el Senado, convertido en tribunal, deberá ser presidido por el titular de la Corte Suprema y el fallo de culpabilidad deberá ser declarado por las dos terceras partes de los senadores presentes. El fallo de culpabilidad implicará la destitución del acusado, a quien se puede declarar incapaz de ocupar un empleo de honor, confianza o a sueldo de la Nación; el castigo correrá por cuenta de los tribunales ordinarios.

Evidentemente se trata de disposiciones muy amplias y la clave reside en las tres causales que hacen posible el enjuiciamiento de un primer magistrado de la Nación: mal desempeño, delito en el ejercicio de sus funciones o crímenes comunes.

En cuanto al crimen común, parece fácil de interpretar: un presidente que mata a alguien deberá ser sometido a juicio político antes de ponerlo a disposición de los tribunales ordinarios. También lo será un presidente que comete un delito en ejercicio de sus funciones como sería, por caso, el que ordene fusilar a una persona o extraer dinero de las arcas públicas para su propio beneficio. Pero la cosa se complica al considerar la otra causal, el "mal desempeño". ¿En qué consiste el mal desempeño de un presidente? ¿Cómo se mide?

Varias veces, en el curso de nuestra historia, hubo amenazas de solicitar juicio político a un presidente por desempeñar mal sus funciones. Los casos más notorios fueron algunas iniciativas de diputados conservadores contra Yrigoyen, y décadas después contra María Estela Martínez de Perón. Pero no pasaron de amenazas; fueron recursos políticos esgrimidos en momentos muy especiales. En cambio, en 1940, varios senadores conservadores solicitaron la formación de una comisión que investigara la salud del presidente Ortiz, quien había delegado el mando en su vicepresidente por razones de salud; la investigación tendía a concluir con una declaración afirmando que el presidente estaba imposibilitado de ejercer sus funciones y convertir su licencia en una destitución formal. No prosperó.

Es que es tan grave un juicio político a un presidente, que aun en tiempos de pasiones políticas casi incontroladas la Cámara de Diputados no consideró llegado el caso de iniciar el enjuiciamiento. De Sarmiento dijeron muchas veces que estaba loco; a Roca se lo describió como un sangriento tirano; Juárez Celman debe de haber recibido las peores invectivas que se hayan lanzado contra un presidente pues se afirmó con todas las letras, que era coimero, lo que no era cierto; la imagen de Yrigoyen, en su segundo gobierno, fue elaborada por la oposición para dar la sensación de que estaba reblandecido y senil. Sin embargo, ¿quién puede afirmar que un presidente se desempeña mal en sus funciones? ¿Hasta dónde interviene en este juicio un elemento de subjetividad?

Los ciudadanos que tienen el honor de acceder a la primera magistratura de la Nación se ven obligados, a cada momento, a adoptar decisiones sobre los más diversos temas. Pueden equivocarse, y de hecho muchos se equivocan malamente. Pero no consiste en esto el "mal desempeño" que menciona la Constitución Nacional. Mi opinión personal es que este extremo sólo se daría si un presidente se volviera loco. De allí para abajo, todo tiene un remedio dentro de las normas constitucionales, porque existe un Congreso para sancionar leyes y una justicia para confirmar o no su constitucionalidad. Woodrow Wilson, en los últimos años de su presidencia, padeció una enfermedad cerebral que virtualmente lo separó de los negocios públicos; a nadie se le ocurrió en los Estados Unidos que merecía un juicio político. Sucede que es tan importante la institución presidencial y tan grande el respeto que debe merecer más allá de la personalidad de su titular, que la iniciativa del juicio político no se concibe sino sólo en circunstancias gravísimas.

Casi podría decirse que a los presidentes sólo los juzga la historia. Pero esto no implica que el primer magistrado de la Nación sea omnipotente. Tiene que gobernar de acuerdo con la normativa constitucional y legislativa. Y tiene que justificar permanentemente su alta responsabilidad con una conducta transparente, decorosa y que honre la institución que temporariamente desempeña, para entregarla a su sucesor con toda la integridad de su prestigio.

Los presidentes: del amor al odio

Un presidente es un personaje público. Como tal, se lo ama o se lo aborrece. En nuestro país hubo algunos que siempre fueron mal queridos: tal es el caso del general Agustín P. Justo, al que se lo silbaba indefectiblemente cada vez que aparecía en público; impertérrito, Justo había compuesto una sonrisa para afrontar esas silbatinas, aunque una vez, en el Hipódromo de Palermo, perdió la compostura y devolvió el abucheo de la popular con un concreto corte de mangas... Otros presidentes fueron queridos siempre, como ocurrió con Mitre, al que el pueblo porteño idolatró hasta su muerte. Por supuesto, también tuvimos presidentes rodeados de la indiferencia del público. Pero los casos históricamente interesantes son los de los mandatarios que empezaron siendo amados y terminaron en medio del odio. Parábolas dramáticas que presentan en un principio las galas de la popularidad, el fervor y el aplauso, para concluir en el ludibrio de los mismos que antes los habían aclamado. En una sola oportunidad se vio rolar estos sentimientos en un sentido contrario; Roberto Ortiz llegó a la presidencia en medio del desapego público debido al escandaloso fraude con que fue elegido. En dos años, su esforzada lucha para sanear el sistema electoral le valió el respeto del pueblo; y después, la ceguera que cayó implacablemente sobre sus ojos provocó la compasión y el cariño de las grandes mayorías. Tal vez son Hipólito Yrigoyen y Juan Perón los ejemplos más patentes del cambio en el favor del público: del amor exacerbado al odio extremoso. Yrigoyen fue elegido presidente por segunda vez en 1928, mediante la más grande mayoría que registra nuestra historia política. Dos años más tarde era derrocado por una pequeña columna militar, y su casa era saqueada por las turbas. Nadie salió a defenderlo. Es cierto que su entierro, en 1933, fue como un multitudinario *mea culpa* por ese abandono, pero también es indudable que en septiembre de 1930 muchísima gente se alegró de su caída y muchos otros, si lo lamentaron, no hicieron nada para salvarlo. El caso de Perón es relativamente parecido. Es probable que en 1955, cuando fue derrocado, los argentinos lo amaran y lo odiaran con la misma intensidad y en la misma proporción que lo hacían en 1951, cuando fue reelegido por el 62 % de los votos. Pero en 1945, los argentinos que lo amaban habían salido a la calle para obtener su libertad; diez años más tarde se quedaron en sus casas y siguieron por radio el proceso de su caída.

En política (al menos en la política argentina) el amor que acompaña a los grandes líderes suele diluirse con más rapidez cuanto más ardiente ha sido; a veces, con la misma celeridad, se transforma en odio. Será que somos demasiado exigentes o demasiado veleidosos. O acaso no hemos madurado como para entender que nunca puede ser un solo hombre el destinatario de todas las esperanzas. Tal vez convenga menos amor pero más comprensión para que la carga de los presidentes no sea trajinada sólo por ellos, sino por la comunidad entera...

Los hombres públicos no tienen vida privada

Los hombres públicos no tienen vida privada: éste es un axioma indiscutible que la historia confirma desde hace siglos. Quienes se colocan, hombres y mujeres, en una situación expectable en la política, las artes o las ciencias, deben resignarse a que sus intimidades se ventilen, sus costumbres particulares se debatan y su personalidad se analice por cualquier *quidam*. Es la gabela que deben tributar a sus propios triunfos.

Cuando esto ocurre en el campo político, la cosa es más justificable: la gente común quiere saber quiénes y cómo son los que la gobiernan o aspiran a gobernarla. Esta legítima curiosidad se ha dado siempre, hasta en los tiempos más remotos y en los regímenes políticos más herméticos, pero es aun más lógica y comprensible si se trata de una democracia, pues el público debe optar entre diversos candidatos y entonces no se le puede negar el derecho de averiguar las condiciones que caracterizan a cada uno de ellos. La exacerbación de esta curiosidad ocurre en los Estados Unidos, donde cada aspirante a un cargo electivo es sometido por el periodismo a un expulgue exhaustivo y agotador. "¿Tiene usted algún esqueleto en el ropero?", es la pregunta obligada que formulan los dirigentes partidarios influyentes a los postulantes; tener un esqueleto en el ropero significa cargar con alguna vieja culpa que, de revelarse públicamente, pueda dañar irremediablemente la imagen del candidato en cuestión.

Resulta difícil establecer la frontera entre la recta y comprensible curiosidad respecto de un hombre público, y la curiosidad enfermiza, ansiosa e insaciable que a veces recae sobre algunos personajes notorios. ¿Dónde está el límite? ¿En qué momentos esa curiosidad se convierte en chismografía estéril o insidiosa? No hay una regla fija pero la historia permite algunas reflexiones aleccionadoras. Parecería, por ejemplo, que cuanto más cerrado es un régimen político, más descontrolada es la imaginería que se teje sobre los gobernantes, siempre que éstos den algún motivo para ello; inevitablemente se filtra alguna versión desde la intimidad del poder, y sobre este resquicio suelen urdirse mundos enteros de chismes. Pero también es una ley invariable que el gobernante del que se chismea tiene que ofrecer algún flanco sospechoso. De Gaulle, uno de los hombres más odiados de Francia (y más amado también), jamás pudo ser cuestionado en su vida privada y ni sus más acérrimos enemigos intentaron atacarlo. En cambio, en los mentideros de Washington se sabía que Franklin Roosevelt era lo que en mi provincia se llama un "ojo alegre" y su relación con una de sus secretarias era conocida, aunque se tejió una gran complicidad para que la situación sólo trascendiera al público después de su muerte.

En lo relativo a la vida íntima de políticos y gobernantes, el mundo latino es mucho más permisivo que el anglosajón, y lo que en éste podría cerrar abruptamente una carrera política, en los países latinos no es más que una anécdota. Un presidente de Francia murió mientras se empleaba en amorosas lides en el Palacio del Elíseo; el conocimiento de este episodio hubiera llenado de vergüenza y pesar al público norteamericano mientras que en el pueblo galo no despertó más que una sonrisa, entre compasiva y comprensiva... En realidad, hay que desconfiar de los regímenes políticos donde los hombres públicos no dan lugar a algún chismorreo: o son tremendamente represivos o son tremendamente hipócritas.

Pero los secretos que se hacen públicos, las intimidades que de pronto salen a la luz, no pertenecen sólo al campo político. Los secretos develados están vinculados a la notoriedad en todas sus formas.

La gente notoria despliega una imagen pública que no siempre se corresponde con sus realidades íntimas: figuras queridas y admiradas del mundo del espectáculo o del deporte que un día se despachan como monstruos, delicados escritores cuyos trapitos al sol asquean, triunfadores del campo empresario, financiero o científico llenos de mezquindades y trapacerías... A veces, el choque entre el rostro público y la verdad privada abruptamente conocida nos sacude. Pero pensándolo bien, ¿no es ésta la esencia de la naturaleza humana? ¿No somos buenos y malos al mismo tiempo o alternativamente? Quien piense que la gente notoria es igual a su imagen todo el tiempo, es un inmaduro. Sólo la estupenda ingenuidad de los norteamericanos puede hacerles suponer que las personalidades sobresalientes de su sociedad llevan una vida impoluta desde que nacieron. Nosotros somos más realistas o menos exigentes. Una moderada cuota de defectos nos resulta aceptable dentro de los ingredientes que forman las figuras públicas: nos las acerca a nuestras propias servidumbres humanas, las hace menos intocables, menos lejanas. André Maurois cuenta que, cuando murió Eduardo VII de Inglaterra, los diarios del mundo entero lo describieron en sus necrologías como un personaje olímpico, exento de defectos. Sin embargo, todo el mundo sabía que el hijo de la reina Victoria había sido putañero, borrachín y juerguista, y el pueblo británico lo amó porque el ser juerguista, borrachín y putañero no le había impedido ser un gran rey.

Se puede considerar una moderada cuota de defectos, aquellos que convoquen fácilmente el perdón y el olvido, aquellos que no degraden la función que se desempeña, cuanto más alta más exigente. Porque los defectos también tienen un límite y los hombres públicos, precisamente por serlo, deben someterse a pautas éticas más estrictas que la generalidad. No sólo para brindar un ejemplo, sino para ejercer una autocontención que es indispensable cuando se es el punto de mira de todos. Es decir de todos nosotros, la gente común, que podemos permitirnos cultivar nuestro secreto universo de pecados y defectos porque nacen y mueren en nuestro ámbito personal sin producir escándalos.

Acaso sea ésta la palabra clave del tema: escándalo, que es lo que perturba, consterna, deprime, subvierte el orden de los valores, lo que no puede perdonarse, indultarse, amnistiarse. Quienes han adquirido notoriedad, en cualquier campo que sea, gozan de muchas cosas buenas. Pero también deben tener presentes ciertas obligaciones con la comunidad. Sin quererlo, son modélicos y muchos son los que procuran imitarlos. Aquí estriba su responsabilidad y tal es el tributo que deben pagar por su éxito.

La familia de los presidentes

Durante la mayor parte de la historia argentina constitucional, la familia de los presidentes no fue un tema importante o no existió en absoluto dentro de las preocupaciones públicas. Tanto la esposa del primer magistrado como sus hijos o familia política eran seres virtualmente inexistentes, salvo que algún suceso inesperado los proyectara al interés de la opinión pública. Muchos argentinos se enteraron de que el presidente Agustín P. Justo tenía varios hijos cuando uno de ellos fue detenido en pleno Congreso por gritar "¡Muera el imperialismo!" en el momento en que Franklin Roosevelt iniciaba un discurso ante la Asamblea Legislativa; o, cuando casi al finalizar su mandato, otro de sus vástagos murió en un accidente de aviación. Un hijo del presidente Ramón S. Castillo tuvo también un instante de triste notoriedad cuando protagonizó un incidente en el que perdió la vida un humilde lustrabotas. Muchos años antes, en el comienzo del período de la organización nacional, un hijo de Bartolomé Mitre, adolescente, se suicidó. Y por supuesto todo el país supo que Dominguito, el hijo de Domingo Faustino Sarmiento (por entonces ministro en Washington y probable candidato presidencial) había muerto desangrado frente a las trincheras de Curupaytí.

¡Felices los tiempos en que los argentinos ignoraban el nombre de las primeras damas! ¿Quién sabría en tiempos de Nicolás Avellaneda que la mujer del presidente era Carmen Nóbrega? Sin duda, muy pocos. Julio A. Roca y Miguel Juárez Celman, en cambio, estuvieron casados con dos hermanas Funes, de la sociedad tradicional de Córdoba, con lo que su madre, doña Eloísa Díaz de Funes, fue la única dama que pudo jactarse de ser suegra de dos presidentes... Y también fue muy notoria la esposa de Marcelo T. de Alvear porque antes de desposarse había hecho una brillante carrera como cantante lírica, por lo que el nombre de Regina Pacini era muy conocido en nuestro país.

Pero, reiteramos, la familia de los presidentes no fue noticia, en general, durante la mayor parte de nuestra historia, más aún, algunos de ellos se esforzaron por preservar a los suyos de la notoriedad. Arturo Frondizi, por caso, pidió al humorista Landrú que en las páginas de *Tía Vicenta* no mencionara ni caricaturizara a su hija Elena. En la presidencia de Arturo Illia, salvo una desdichada excepción, su esposa no fue materia de reportajes ni hizo declaraciones públicas relevantes. Por supuesto, hay excepciones, y Eva Perón es la primera de ellas. No sólo Evita se esforzó por ocupar un espacio político básico dentro del sistema justicialista; también sus hermanas, a través de sus casamientos, consiguieron cierto poder y su único hermano, Juan, secretario privado de Perón, fue el destinatario de muchas versiones y terminó siendo el detonante de uno de los episodios más dramáticos de aquellos años: su suicidio.

Hay quien asegura que los gobiernos militares tienen una especial vocación por los *cuñados*. Juan Duarte era cuñado de Perón y Clemente Villada Achával lo fue del general Lonardi; en otros períodos *de facto*, diversos familiares políticos de los presidentes ocuparon cargos importantes. Eran los tiempos en que el único civil que conocían los uniformados era el hermano de su mujer; cuando llegaba el momento de depositar la confianza en alguien que no fuera un camarada, recurrían a él... También en este aspecto se han diferenciado siempre los presidentes constitucionales de aquellos que lo son *de facto*: el general José Félix Uriburu llenó de Uriburus la administración pública y otros jefes del Estado de origen revolucionario hicieron lo propio, aunque con apellidos menos tradicionales. ¡Pensar que acusaron de nepotismo a Roberto M. Ortiz porque nombró a su yerno secretario privado!

Todo personaje con poder es destinatario obligado de un sinfín de pedidos; el más acosado, sin duda, es el presidente de la Nación, constitucional o *de facto*, civil o militar. Dentro del cúmulo de pedidos que recibe, los de su familia carnal o política están cargados de un peso afectivo que a veces resulta difícil resistir. Pero si ser presidente es el máximo honor al que puede aspirar un argentino, integrar su familia es una circunstancia que impone ciertas obligaciones. La primera y fundamental, comportarse de modo tal que su conducta no apareje complicaciones ni desdoro al ilustre pariente. En general, así ha ocurrido a lo largo de nuestra historia; es muy lamentable que no pueda decirse lo mismo en este particular instante de nuestra evolución.

La Argentina del exilio español

Cuando estalló la Guerra Civil Española, la Argentina estaba gobernada por el general Agustín P. Justo; cuando concluyó, el primer magistrado era el doctor Roberto M. Ortiz; cuando terminó la Segunda Guerra Mundial, regía los destinos argentinos un gobierno militar dominado por el entonces coronel Juan Perón.

Salvo este último, los nombres anteriores significan poco o nada para el público español. En la memoria colectiva de los argentinos, en cambio, ellos remiten a una Argentina muy distinta de la actual: una Nación opulenta y promisoria, una sociedad simple y sin mayores conflictos, un Estado relativamente pequeño, un pueblo escasamente conectado con la problemática del mundo contemporáneo.

Hacia 1936, la Argentina había superado los efectos más duros de la crisis que la azotara desde 1929. Su dirigencia había transferido la crisis a los sectores populares, prefiriendo preservar lo que daba en llamarse "las fuentes genuinas de la riqueza nacional", es decir, los canales productivos de carnes y cereales. Había habido miseria y desocupación, pero en medio de la década la economía ya se había estabilizado, las exportaciones aumentaron notablemente, las fuentes de trabajo crecieron y el país retomaba el impulso que lo había animado desde fines del siglo anterior. Esta recuperación se percibía en todos los campos: en el agro, castigado rudamente por la crisis pero ahora en plena expansión; en la incipiente industria, dedicada a sustituir importaciones, y hasta en los terrenos de la educación y la cultura. Era, en ese entonces, una Nación pujante, imaginativa y robusta; el más chico de los países grandes – solía decirse en esos años – o el más grande de los países chicos... En todo caso, un país con un futuro aparentemente abierto, inagotable.

Esta prosperidad se notaba en el paisaje urbano y rural. Buenos Aires, con sus anchas avenidas y sus grandes plazas, ofrecía un agradable aspecto al recién llegado. La edificación no mostraba construcciones elevadas, pero sí barrios de casas de buen nivel o vecindades donde la arquitectura francesa proponía sus teorías de mansardas y suntuosas verjas. Esta perspectiva se multiplicaba en las grandes ciudades del interior o en los pueblos pampeanos y constituía la evidencia de una sociedad con buena calidad de vida, razonablemente consumista y estructurada sin diferencias sociales irritantes.

El Estado era chico y eficaz. La mayoría de los servicios públicos estaban en manos de empresas privadas, muchas de ellas británicas, y la acción gubernativa casi no interfería en las regulaciones propias del mercado después de las medidas intervencionistas adoptadas para paliar la crisis. Era la tradición liberal, apoyada en una fuerte asociación con Gran Bretaña, el gran cliente y el gran inversionista de la Argentina; un ensamble tradicional que había permitido a nuestro país cierta independencia de movimientos frente a la hegemonía de Estados Unidos en el hemisferio americano, lo que no dejaba de alimentar el orgullo nativo.

La política era sencilla en su formulación práctica. Dos grandes partidos se enfrentaban clásicamente: el radical y el conservador. Evidentemente mayoritario, el radicalismo había sido desplazado del poder en 1930 por un golpe militar que terminó entregándolo a una alianza de signo conservador. Ello permitió el acceso a la presidencia del general Justo, político inescrupuloso y hábil que cumplió las formalidades constitucionales a costa de un permanente fraude electoral, pero que, a cambio de estos pecados, hizo una progresista administración. Su sucesor fue el doctor Ortiz – hijo de vascos –, que debería vivir durante su presidencia dramáticas alternativas de salud que terminaron por obligarlo a dimitir de su cargo. Los radicales clamaban contra las mañas que le impedían el retorno al poder, pero entretanto se avenían a compartirlo en niveles inferiores, y así las cosas andaban razonablemente bien. Había un Partido Socialista con vigencia en la ciudad de Buenos Aires y un pequeño Partido Comunista que trataba de capitalizar la inquietud que suscitaba en los medios intelectuales el avance del nazifascismo en Europa. Existían, naturalmente, corrientes de pensamientos que iban desde la simpatía por los regímenes totalitarios hasta el anarquismo puro, pero en el terreno político que realmente contaba, todo se solventaba en el contrapunto, más aparente que real, entre radicales y conservadores.

En este contexto, la sociedad argentina iba definiendo sus rasgos característicos. Con una extensa clase media de origen inmigratorio, la fluidez de su movilidad interna justificaba la fe con que habían trabajado aquellos italianos, esos españoles, estos judíos y árabes que llegaron desde fines del siglo pasado y que ahora veían a sus hijos consagrados como médicos, abogados, dirigentes de empresa o funcionarios del Estado. Pacata y conservadora en sus costumbres, se manejaba con estereotipos invariables y convenciones implícitas que eran alimentadas por un sistema de información y opinión sostenido por los grandes diarios, las revistas para el hogar, las numerosas *broadcastings*, un cinematógrafo predominantemente norteamericano (aunque ya existía una buena producción argentina) y una gran influencia de la Iglesia Católica, sobre todo en las clases altas. Los sectores proletarios, en la imagen compuesta por los bienpensantes, no existían: se agrupaban silenciosamente en algunos barrios de las grandes ciudades o en los conglomerados que rodeaban Buenos Aires, pero no disponían de una voz propia resonante, a pesar de que ya existía desde 1930 la Confederación General del Trabajo, que agrupaba los principales sindicatos, casi todos ellos socialistas o comunistas. Se registraban bolsones de miseria distribuidos en los aledaños de las grandes ciudades y en zonas alejadas como el Chaco, Tucumán o la Patagonia, pero no había una conciencia de que las situaciones de injusticia social fueran otra cosa que desajustes inevitables que se irían corrigiendo con el tiempo y frente a los cuales nada tenía que hacer el Estado.

Coronaba esta arquitectura una producción artística e intelectual cuya primacía en América latina era indiscutible. Novelistas, poetas, plásticos, ensayistas, historiadores, periodistas, dramaturgos y músicos encontraban un interesante mercado que permitía al país jactarse del nivel de su cultura. Es probable que hoy juzguemos muchas de aquellas manifestaciones como insoportablemente misoneístas y convencionales; en su tiempo abrían un espectro pluralista que posibilitaba fecundas polémicas y encontronazos, cuya sustancia iba perfilando la posibilidad de expresiones definidas y renovadoras. Las seis universidades nacionales eran selectivas pero excelentes. Y aunque Carlos Gardel murió en 1935, el tango como expresión nacional por excelencia lo sobrevivía gallardamente.

Ésta era, en líneas generales, la Argentina a la que se asomaron los exiliados españoles que fueron llegando a nuestras playas desde 1936. Un país próspero y sólido, donde cualquier hombre laborioso encontraba ubicación. Una sociedad abierta, a la que llegaban atemperados y con retardo los problemas que erizaban de miedo a Europa. Un escenario económico donde el signo monetario era invariable y las posibilidades de realización personal y profesional se presentaban como infinitas. Un país, en fin, donde la presencia española era tan extensa e importante, que mal podía distinguirse de la propia realidad nacional. Es difícil imaginar la importancia de la influencia de España en aquellos años. La colectividad hispana era la más numerosa de las extranjeras y los hijos de españoles formaban virtualmente la mitad de la población. Pero además, era español el aceite con que se freían los alimentos, eran españoles los jabones que se usaban cotidianamente, eran españoles la sidra, el coñac, las lentejas, las sardinas, el bacalao, las aceitunas, los porotos, los garbanzos, los ingredientes del copetín, las garrapiñadas, los turrones... Había empresas españolas muy importantes, algunas dedicadas a la navegación, otras al comercio, con sucursales que cubrían todo el país; otras que explotaban diversos rubros industriales, como la incipiente actividad editorial. El subterráneo Plaza de Mayo–Palermo, de Buenos Aires, había sido construido en tiempo récord por un consorcio español. El Banco Español o el Banco de Galicia eran instituciones tan robustas y confiables como el Banco de la Nación Argentina. Y había españoles en todos lados, en todos los negocios, en todas las compañías, así como existían gremios donde no había nadie que no fuera español: camareros, porteros, choferes de taxi, *motormen* de tranvías, mucamas, cocineras, almaceneros, oficios donde la hegemonía gallega era abrumadora y hacía de Buenos Aires la ciudad gallega más importante del mundo.

En los territorios de la cultura, la impronta hispana saltaba a la vista en el teatro, la poesía, el periodismo, la canción popular. Nombres como los de Ortega, Marañón, Azorín, Unamuno y Pérez de Ayala, entre otros muchos, eran familiares a los lectores del suplemento dominical de *La Nación*, el más prestigioso del país, y sus libros llenaban los estantes de las librerías. En los teatros más importantes se presentaban temporadas cubiertas totalmente por elencos españoles y el género chico señoreaba permanentemente en no pocas salas; eran los tiempos en que nadie desconocía los trozos más notorios de *La Gran Vía* o *La Verbena de la Paloma*... García Lorca estrenaba en Buenos Aires y contaba con seguidores tan fervorosos como en España. Maestros como Amado Alonso habían enseñado (y lo seguirían haciendo) en nuestras universidades, disipando ese viejo prejuicio antiespañol de nuestras elites que venía desde la Guerra de la Independencia y, ante la rica creación cultural de la Madre Patria, nuestra sociedad aceptaba esta vertiente como una de las más ricas contribuciones a su propia identidad.

En suma, la Argentina de mediados de la década del treinta era mucho más española que ahora en lo étnico, lo cultural y hasta lo cotidiano. Una Argentina donde se hablaba más castizamente y el "tú" y el "vos" se usaban alternativamente en el lenguaje coloquial, donde los dichos y refranes que habían llegado de la península con el abuelo o el padre confraternizaban con el lunfardo; donde el tango y la milonga reconocían sus orígenes en el chotis o el cuplé... Y en esta Argentina, muchísimos de cuyos ciudadanos tenían parientes cercanos en España, las noticias del desgarramiento de 1936 cavaron muy hondamente su sensibilidad; dolieron como una herida en su cuerpo y el sangriento proceso de la Guerra Civil fue seguido apasionada y vehementemente, como un suceso propio.

Fue la primera vez, en muchos años, que un suceso ajeno al país y aun al continente motivó un sacudimiento tan grande en la opinión pública. O más precisamente: fue la primera vez en muchos años que los argentinos entendieron que algo que acontecía fuera de nuestro territorio también les atañía. Encapsulados en su lejanía geográfica, los argentinos habían visto pasar el desfile de la historia como algo remoto: la Primera Guerra Mundial, la revolución soviética, el ascenso del fascismo, la aparición de Hitler... Esto que ahora ocurría en España, dramatizado en una toponimia familiar a muchos residentes, era en cambio algo que nos involucraba, que tenía que ver con todos nosotros, con nuestro destino como Nación. En este sentido, la Guerra Civil Española fue una preparación espiritual para el estallido de 1939. Ya no sería una lejana conflagración cuyos efectos se estudiarían fríamente para saber qué ventajas podíamos obtener: la Segunda Guerra Mundial se vería como un enfrentamiento en que se jugaban valores que también eran nuestros, una partida donde también tallaban nuestras apuestas.

Por eso, el territorio argentino fue una parte de los campos de batalla peninsulares. Aquí también se libraron combates por los republicanos o los nacionales, aunque felizmente incruentos. En la extraterritorialidad de la Avenida de Mayo hubo puñetazos y narices rotas y gritos de "¡No pasarán!" y flechas y yugos, puños cerrados y brazos en alto... La vieja tradición argentina de tomar partido por las cosas de España revivió entonces turbulentamente. También aquí, en el siglo pasado, se había estado a favor de los liberales o los serviles cuando las Cortes de Cádiz; se había sido después isabelino o carlista, se había clamado contra el fusilamiento de Ferrer y echado pestes a Primo de Rivera... De nuevo se vio, en la década del 30 y a lo largo de la tragedia que se desarrollaba en España, que el problema no era solamente algo concerniente a los españoles. No hubo argentinos neutrales. Hoy leemos –a veces con asombro por la ubicación de ciertos nombres– la posición que adoptaron por la República o contra ella las personalidades más conocidas de la política, las letras, las artes y las ciencias argentinas.

Ya se sabe que fueron muchos los españoles que vinieron a la Argentina escapando de los horrores de la Guerra Civil y de sus secuelas. No corresponde mencionar sus enormes contribuciones en estas líneas. Sólo diré que mi país tuvo para con estos exiliados la actitud que debía tener. Si en algún momento los gobernantes de turno pudieron ser reticentes ante la llegada de "rojos" o consintieron que se molestara a algún exiliado como precio a la amistad que cultivaban con Franco, la sociedad argentina les dio no solamente amparo, seguridad y trabajo, sino también fraternal amistad. Pero esto fue lo que debía ser: una infinitesimal parte de la deuda de la Argentina con su matriz original, con su fundadora, la España eterna.

La Avenida de Mayo en la política argentina

Guste o no guste, Buenos Aires ha sido siempre el centro de las decisiones políticas de todo el país. Y en el Buenos Aires posterior a 1880, el meridiano de la política fue la Avenida de Mayo.

Acaso su trazado respondía a la intención de darle ese carácter; seguramente no fue una casualidad que empezara su trazado en la Plaza de Mayo y que, para iniciarla, hubiera tenido que demolerse una parte del viejo edificio del Cabildo, y que su final se abriera sobre la Plaza Lorea, prevista ya la construcción de la Plaza de los dos Congresos, cuyo fondo estaría cerrado por la imponente construcción del Parlamento. Cuando se comenzó a abrir la Avenida de Mayo no existía aún la Casa Rosada en su estructura actual, pero de todos modos aquel solar entre Balcarce, Victoria, Rivadavia y Paseo Colón había sido, desde la época colonial, la tradicional sede del poder en estas tierras. No se concebía que el gobierno tuviera otro asiento. Tampoco, como se ha dicho, existía el palacio del Congreso, pero estaba en las miras de los proyectistas la posibilidad de dar grandeza panorámica a la naciente avenida con el espacio abierto de la Plaza Lorea, ampliado en dos manzanas más.

Así pues, la Avenida de Mayo nació con un signo político implícito: paso obligado entre el lugar donde estaba el Poder Ejecutivo y el lugar donde radicaría el Poder Legislativo; un armonioso vector urbanístico que uniera simbólicamente los dos grandes poderes del Estado.

Ámbito multitudinario

Por lo mismo, en cuanto el esbozo de la Avenida se convirtió en realidad edilicia, adquirió con naturalidad el carácter de su intención fundacional. Por ejemplo, desfiló por allí la gran manifestación radical que el 8 de julio de 1906 recibió a los amnistiados revolucionarios de la patriada del año anterior. Las huestes de Yrigoyen ocuparon todo el largo de la Avenida, desde Perú hasta Entre Ríos, con bandas de música al frente de cada comité parroquial. Después de recorrer la Avenida doblaron por Florida hacia Plaza San Martín: ¡menuda manifestación! Como la anterior, no menos importante, la del 26 de julio de 1903, en recordación de la Revolución del Parque; las mentas de la época aseguran que en esa oportunidad Roca y Joaquín V. González, que vicharon el desfile desde un balcón, coincidieron en que el partido de Yrigoyen era, sin duda, la fuerza del futuro...

Algunos recuerdos políticos de la Avenida son luctuosos; tal, la masacre de obreros en el acto anarquista de Plaza Lorea del 10 de mayo de 1909: nueve muertos y más de cuarenta heridos. El coronel Ramón Falcón, responsable del ataque de la Policía contra los manifestantes, fue muerto en noviembre del mismo año por Simón Radowitzky. Mucho más cercana en el tiempo figura la muerte de un militante nacionalista, Darwin Passaponti, en las tensas jornadas de octubre de 1945, frente al diario *Crítica*.

La mención del diario de Botana refirma la condición política de la Avenida, En las décadas del 20 y el 30, el vespertino no fue solamente un órgano periodístico de extraordinaria popularidad, sino el asiento de una tertulia política permanente. En el despacho de Botana se fraguó la revolución de 1930; la sirena del diario anunció la salida de las tropas en la mañana del 6 de septiembre. Meses después, la clausura de *Crítica* marcaría la forma como se la gastaba la dictadura de Uriburu con sus antiguos cómplices.

Por la Avenida desfiló la multitud que llevaba a enterrar a Yrigoyen (1933) y la que después, con menor cuantía, condujo a Alvear hasta su última morada (1942). Por la Avenida llegó buena parte de la pueblada que exigió la libertad de Perón el 17 de octubre de 1945. Por esa vía recorrió el propio Perón el camino desde el Congreso a la Casa Rosada como presidente constitucional (1946) y, en 1952, acompañado por Evita, en lo que sería la última aparición pública de ésta. En la Avenida se agolpó el público que el 10 de diciembre de 1983 aclamó, en la persona de Raúl Alfonsín, el retorno a la normalidad constitucional.

Para no hacer interminables estas referencias, mencionamos sólo dos circunstancias más: en la Avenida, al 700, estuvo instalada durante la década del 20 la sede del Comité Nacional de la UCR y, en su cercanía, el diario *La Época*, yrigoyenista, incendiado por las turbas el 6 de septiembre de 1930. Al 900 de la Avenida, sobre los altos de la actual Casa América, tuvo durante treinta años sus oficinas Roberto M. Ortiz que, según los tiempos, eran tranquilas administraciones de campos o activos comités. Agreguemos: en el Hotel Castelar se constituyó a mediados de 1931 la junta promotora de la UCR Antipersonalista que apoyaría la candidatura presidencial de Justo, en contraposición con la que en el City Hotel animaba Alvear, al mismo tiempo, para revitalizar el radicalismo tradicional.

Finalmente: en la Avenida se constituyeron los campos porteños de batalla entre franquistas y republicanos cuando la Guerra Civil Española (1936–1939) llenó con sus dramáticos ecos la vida argentina. Había cafés que eran reductos franquistas y cafés que eran trincheras republicanas; cuando unos u otros triunfaban en España, unos y otros se asomaban a los cafés enemigos para chumbar y provocar. Y entonces se producían Jaramas, Terueles y Ebros en las veredas de la Avenida, sin muertos pero con magullados y, por supuesto, con la misma hispánica pasión con que se entremataban al otro lado del mar...

Cafés y hoteles

Este recuerdo nos lleva al tema de los cafés, tan característicos de la Avenida y, también, tan vinculados a la política. El café que estaba al 1000, en los bajos del Hotel España, fue una eterna tertulia radical. Tan antigua, que Ricardo Caballero, en sus recuerdos de la revolución de 1905, evoca a Hipólito Yrigoyen en ese lugar, vestido con un elegante traje "ojo de perdiz" y brazal de luto, hablando con sus correligionarios. En el Hotel Castelar funcionó una mesa que durante muchos años vio variar a los asistentes, pero no su esencia radical, una interminable charla donde se sacaba el cuero infatigablemente al gobierno de turno – Justo, Castillo, Perón – y también a los correligionarios... La presidía don Víctor Alcorta, un santiagueño increíble, verdadera memoria viva de los avatares partidarios. No hay que burlarse de estos prolongados diálogos, aparentemente dedicados a perder el tiempo: en verdad, eran la transmisión de palabras, ritos cívicos, creencias y modalidades que forman la continuidad de un gran partido político.

A veces (pocas veces porque los dueños de cafés y hoteles de la zona trataban, en lo posible, de mantener su neutralidad) aquellos lugares albergaban reuniones políticas formales. Como la que se congregó en mayo de 1937 en el subsuelo del Hotel Castelar para constituir el "Movimiento Orientador". Eran radicales jóvenes que se alzaban contra la conducción de Alvear; el presidente de la reunión fue un abogado flaco, de gruesos anteojos y hablar pausado, llamado Arturo Frondizi.

Hoy los cafés se toman con apuro, de pie ante un mostrador. En aquellas décadas que decimos, en la época de gloria de la Avenida como meridiano político del país, el café era apenas un pretexto para la conversación. Entonces, intercambios de chismes, ideas, sueños y proyectos se tejían durante largas horas, preferentemente de noche, en lugares que no sólo eran acogedores por sus mármoles, bronces y maderas, sino también por sus mozos, capaces de guardar una confidencia o transmitir un mensaje, y por la cortesía con que aguantaban una mesa que después de horas y horas sólo había formalizado una consumición mínima. Esto, desde luego, ocurría en toda la ciudad; pero en los cafés de la Avenida el tono era básicamente político y por eso en ellos se urdió durante muchos años la trama profunda de la política argentina.

Los hoteles y su fauna

Hay otro aspecto de la Avenida que la relacionó con la política: su hotelería. Piénsese que desde principios de siglo hasta la década del 50, los albergues más frecuentados se encontraban a lo largo de la Avenida. Al menos, los más frecuentados por los viajeros del interior. Cierto: el Plaza Hotel era el mejor de la ciudad, pero para visitantes extranjeros. El Alvear, cerca de la Recoleta, estuvo de moda en la década del 30, pero sus *tea parties* y sus fiestas "de sociedad" le daban un tono un poco *snob*, del que huía el visitante común. Y el City Hotel era para americanos o millonarios.

Los hoteles de la Avenida eran los mejor ubicados para los políticos. En aquellos años, cuando el Estado no estaba hipertrofiado como ahora, todos los organismos de la Nación cabían en la Casa Rosada. Entonces, la Avenida cumplía su intención inicial de eje entre el Poder Ejecutivo y el Poder Legislativo; no había más que moverse a lo largo de ella, de Este a Oeste o viceversa, para hacer los trapicheos que llevaban al viajero a la Capital.

Siempre había alojado algún político importante en los hoteles de la Avenida: gobernadores jaqueados por la oposición que venían a pedir auxilio al poder central; dirigentes que querían voltear al gobernador de turno y llegaban para expresar sus agravios; delegaciones que acudían a las reuniones partidarias; legisladores del interior que se resistían a poner casa en Buenos Aires y preferían alojarse en un hotel durante el período de sesiones. Toda la fauna política se encontraba en los hoteles de la Avenida y, por supuesto, a su alrededor, periodistas, pedigüeños, postulantes, mirones. A veces, en alguno de esos hoteles ocurría un hecho sensacional: un abrazo entre adversarios aparentemente irreconciliables, una ruptura resonante, una declaración trascendente. O un fallecimiento inesperado, como el del coronel Angel Blanco, el dirigente radical correntino, que en noviembre de 1917 trabajaba en Buenos Aires su anhelada gobernación frente a un colegio electoral dividido por mitades. Se rumoreó que había sido envenenado en el hotel donde paraba, lo cual era absurdo, pero esa desaparición significó que los conservadores siguieran gobernando Corrientes hasta 1943.

Las revistas y los diarios anteriores a la década del 40 presentan muchos reportajes a dirigentes políticos del interior en sus alojamientos de la Avenida. Ilustrando sus declaraciones, fotografías que conmueven por la sobriedad de las habitaciones, con sus camas de hierro, sus roperos con luna y sus lavatorios en el mismo cuarto. ¡Otros tiempos! A nadie se le hubiera ocurrido entonces pedir esos ambientes con moquette, música funcional y aire acondicionado que hoy parecen indispensables...

Decadencia y posible resurrección

La Avenida de Mayo estuvo asociada a la política durante más de medio siglo. A partir de la llegada al poder del peronismo (1946) empezó a declinar esta asociación. Por un lado el Estado distribuía sus organismos por otros puntos de la ciudad y la Avenida empezó a dejar de ser la arteria estratégica para trámites y postulaciones. Otros hoteles y otros cafés, en distintas zonas de Buenos Aires, congregaron a los grupos políticos para sus charlas. Pero fundamentalmente, lo que ocurrió fue que el Congreso perdía lentamente su anterior poder: ahora, para obtener algo, no era indispensable entrevistar a diputados o senadores. Había que hablar con el presidente, con ministros o subsecretarios. Y también con dirigentes sindicales. Y más adelante con militares...

De algún modo, la decadencia política de la Avenida se corresponde con la decadencia política del país. Su esplendor ocurrió cuando el sistema republicano funcionaba (a veces bien, a veces con vicios y corruptelas), pero siempre dentro de la ecuación Casa Rosada––Congreso Nacional. Cuando el sistema político del país se dispersó a lo largo de partidos únicos, sindicatos, cuerpos de ejército, "patria financiera", grupos parapoliciales, financistas extranjeros, funcionarios internacionales y tecnócratas de diversa laya, entonces la Avenida dejó de tener importancia política. Además, cada gobierno *de facto* obliteró su antigua función de correa transmisora del poder; si el Estado estaba manejado por personajes surgidos de misteriosos centros de intereses, si el Congreso estaba cerrado, ¿qué podía hacerse en la Avenida? A lo más, seguir reuniéndose en los cafés para hablar del país y su destino; y esto, en los cafés de hoy, no en los viejos, cómodos y pausados de antes.

Se me ocurre esto: cuando la Avenida recupere su importancia, estaremos asistiendo a la revalorización del sistema republicano. Si la vieja arteria porteña vuelve a poblarse de manifestantes y de preocupaciones cívicas, si la gente vuelve a acudir a los resortes auténticos del poder, aquellos que surgen de las representaciones electivas, para solventar sus problemas, entonces querrá decir que el país está revalorizando sus fundamentos políticos. En suma, afirmo que si la Avenida de Mayo regresa a ser el meridiano político del país, aunque todo siga andando mal, todo empezará a poder andar mejor.

Cuando el 12 de octubre es de América y España

Cuando Yrigoyen instauró por decreto el Día de la Raza, estaba marcando una diferencia conceptual importante con los gobiernos anteriores a 1916, es decir, los gobiernos del régimen. Los hombres que manejaron el país desde 1880 estaban imbuidos de una concepción liberal que bebía en fuentes ideológicas francesas e inglesas. Era coherente que fuera así, pues el gran logro de los hombres del 80 fue insertar a la Argentina dentro de los circuitos mundiales de la producción, el consumo y la inversión, y esa inserción se proyectaba directamente sobre los países centrales del Viejo Mundo. Por otra parte, esta ideología entroncaba con un sentimiento que venía desde el proceso emancipador: el repudio a España, con la que se había roto amarras en todos los campos.

La actitud de Yrigoyen intentaba reconstruir, aunque fuera de la manera simbólica y formal de un decreto celebratorio, los vínculos con la Madre Patria exaltando la gesta conquistadora y pobladora de América. Lo de "la Raza" era, simplemente, un abuso semántico: aunque nuestro continente fuera y sea hoy mismo una tierra mestiza, mixta, misturada en sus sangres, difícilmente pueda hablarse de una raza americana. De todas maneras, el famoso decreto, cuyos cuidadosos considerandos habrían sido escritos por Diego Luis Molinari, refirmaba una solidaridad hispanoamericana que de algún modo significaba dar la espalda a Europa y a Estados Unidos. Por supuesto, semejante concepción era de imposible implementación en el orden práctico; las inversiones, las exportaciones, la tecnología en general tenían que ver con europeos y norteamericanos; no se trataba de ignorarlos, pero sí de refirmar la sustancia profunda de un continente cuya esencia había sido aportada por España y cuyo destino común preocupaba a don Hipólito, convencido de que, si no se unían sus pueblos, después de la gran guerra serían tratados – así lo dijo –" como mercados africanos".

En el pensamiento del caudillo radical, varias vertientes se nutrían. Una era la filosofía krausista, con la que se había encontrado en la década de 1880, que más allá del galimatías con que los traductores españoles expresaban a sus escritores, significaba sobre todo una ética al servicio de la política. Y otra vertiente debieron de ser, sin duda – aunque no hay pruebas de ello – las obras de Rodó, que conmovieron a los públicos latinoamericanos. De algún modo el Día de la Raza refirmaba estas creencias. Por otra parte, la España a la que Yrigoyen rendía homenaje con su decreto era la nación que, al igual que la Argentina, se mantuvo neutral durante la gran guerra y, bajo el reinado de Alfonso XIII, mantenía formas políticas razonablemente democráticas. Y seguramente hubo otra motivación en el espíritu de Yrigoyen: la enorme colectividad española radicada en nuestro país, cuyo peso electoral era significativo aunque muchos de sus integrantes siguieran siendo súbditos españoles y no votaran. Pero pesaban, influían, había que tenerlos en cuenta.

Hablando en una oportunidad con Perón, me dijo que solamente dos gobernantes argentinos habían seguido fielmente una línea prohispánica: Yrigoyen y él mismo. La de Perón se tradujo, en realidad, en la ayuda económica que permitió al régimen de Franco soportar el aislamiento internacional en la segunda posguerra. La actitud de Yrigoyen, aunque no tuviera manifestaciones tan espectaculares, fue más firme y profunda. Era la adhesión natural de un criollo al aporte hispano en la elaboración de la sociedad argentina, a través de la lengua, la religión, las instituciones, la cultura.

Esto fue lo que puso de resalto el decreto que instituyó el Día de la Raza, una reafirmación del vínculo profundo y entrañable de nuestro país con la España de siempre. Un compromiso en el que los valores comunes que vertebraban el espíritu de los pueblos hispanoamericanos se seguirían manteniendo. En aquellos tiempos fue casi una quijotada. Hoy que el Día de la Raza es apenas una distraída mención del calendario, no está de más recordarlo.

¡Un poquín más de memoria, coño!

Mi abuelo materno, asturiano, que llegó a Buenos Aires en tiempos de Avellaneda, aseguraba que nuestro Himno Nacional era el más hermoso del mundo, y que la bandera celeste y blanca resaltaba por su belleza entre todos los pabellones del planeta. Nunca se naturalizó argentino y se sentía emocionalmente muy vinculado a su tierra natal, pero su amor por las cosas del país era la manera que tenía de pagar todos los dones que aquí encontró: familia, fortuna, prestigio social y un gran respeto por su añorada España. Naturalmente, el de Casimiro Polledo no fue un caso excepcional: centenares de miles de españoles hicieron de la Argentina su patria real y efectiva a lo largo de nuestra vida independiente. Nunca tropezaron con prejuicios o discriminaciones; el trato de *gallegos* era tan afectuoso como el de *tanos* para los de la otra península. Siempre compartieron sus propias causas con nosotros, y los éxitos españoles fueron celebrados por los argentinos tanto como sus dolores fueron lamentados. No siempre fue así. Hubo un lapso, un corto lapso, en que *todo* lo español fue mal mirado. Pero este sentimiento negativo tiene su explicación, porque solamente se evidenció durante la Guerra de la Independencia.

Era lógico. El nuevo país necesitaba afirmar su incipiente identidad y ello implicaba un obligado parricidio. La cultura española, sus costumbres y tradiciones se repudiaban y los jóvenes buscaban modelos en Francia e Inglaterra. Así fue como en la década de 1810 los caballeros rioplatenses dejaron de usar calzón corto, renunciaron a las zalemas y cortesías propias del protocolo peninsular y hasta abdicaron del chocolate; ahora la moda patriota consistía en usar pantalones como los de los marineros norteamericanos, estrechar democráticamente la mano a la inglesa y tomar té... Este repudio a la Madre Patria se expresó también en formas menos inofensivas, porque los españoles radicados en el antiguo Virreinato debieron sufrir durante la guerra de la emancipación tributos extraordinarios y suscribir ruinosos empréstitos públicos. Algunas veces hubo ensañamiento contra los más ricos, como ocurrió con don Martín de Álzaga, cuyo patrimonio se redujo a la nada después de su fusilamiento en

1812. Un inglés, Brackenbridge, registraba en el libro que escribió después de visitar estas tierras que al atardecer solía verse en la alameda de Buenos Aires un grupo fantasmagórico; hablaban en voz baja, con la mirada perdida y un aire desolado. Eran los españoles que hasta 1810 habían sido los señores del Río de la Plata y diez años después añoraban los tiempos en que disponían de fortunas, manejaban el poder y eran respetados por sus hijos, ahora oficiales de los ejércitos patrios...

Este trato se agravaba en el caso de los prisioneros. Cada triunfo de las armas patriotas – sobre todo en la batalla de Tucumán, la toma de Montevideo y más tarde Maipú – aparejaba cierto número de cautivos. A algunos se los llevó a una especie de campo de concentración cerca de Chascomús; en Cuyo se los entregó a los propietarios criollos para que trabajaran en chacras y viñedos supliendo la mano de obra de los esclavos, reclutados para el Ejército de los Andes. Otros fueron confinados en diversas provincias y terminaron por afincarse allí. Pero en Córdoba (así lo cuenta el P. Grenon) las damas *godas* se peinaban de un modo determinado para señalar que seguían siendo leales al Rey, y en Salta los avances y retrocesos de las fuerzas realistas dejaban un saldo de romances entre españoles y criollas que algunas veces fue doloroso. El caso más notorio fue el de Olañeta, el último cabecilla realista en esta parte de América, quien a pesar de ser viejo y feo logró enamorar a una hermosa muchacha de la sociedad norteña con escándalo – y, seguramente envidia – de los elementos patriotas.

Pero tales prevenciones y reparos duraron lo que la guerra. Ya en tiempos de Rivadavia y más acentuadamente con Rosas se advertía una corriente cuantitativamente pequeña pero persistente de inmigrantes españoles, muchos de ellos escapados de las guerras carlistas. En la residencia de Palermo trabajaban centenares de gallegos encargados de cuidar los árboles plantados por el Restaurador, y el abastecimiento de leche de Buenos Aires estaba ya en manos de los vascos. En 1857 el gobierno de Isabel II reconoce formalmente la independencia argentina y desde entonces los aportes peninsulares fueron cada vez más copiosos. En 1871 los españoles eran el 20 % del total de inmigrantes; desde fines de siglo constituyeron la mitad de los que llegaban del otro lado del mar.

¿De dónde venían? La conquista y el poblamiento de estas tierras fueron obra de extremeños, castellanos y andaluces. En el siglo

XVIII muchos vascos y catalanes se instalaron en el Río de la Plata. Pero desde la segunda mitad del siglo XIX la mayoría venía de Galicia; huían de la miseria del minifundio y de los riesgos del servicio militar. Aquí encontraban nuevos horizontes para su asombrosa capacidad de trabajo y su vocación de ahorro. Eran, casi invariablemente, dependientes de tiendas, dueños de *Ramos generales*, almaceneros, empleados domésticos, tranviarios. ¡Ah, las gallegas de mi infancia! Amparo Novoa, Avelina Varela, Presentación Arnedo Giménez, Jesusa Candosa, Remedios Yáñez... Ingenuas y maliciosas, adheridas a sus amos con una lealtad animal, alegres y llenas de morriñas, contadoras de leyendas de miedo...

Llegaban, pues, los españoles, gallegos o de otras regiones. Nadie los discriminaba, nadie los miraba mal. Se agrupaban: cada pueblo importante de la Argentina tiene una sociedad de socorros mutuos española, generalmente adornada con escudos de Castilla o leones de mampostería. Vinieron periodistas y fundaron diarios para la colectividad. Llegaron compañías artísticas y el género chico se consagró cuando en 1886 se estrenó en Buenos Aires *La Gran Vía*. Hacían dinero. Formaban orfeones. Organizaban romerías cada 12 de octubre. Veneraban a sus vírgenes y santos. Había barrios que eran predominantemente españoles; la Avenida de Mayo, de aire inconfundiblemente madrileño, marcaba el comienzo de un vasto territorio porteño donde la hegemonía poblacional hispana era imbatible. Fundaban sus bancos, adonde iban a parar, mes a mes, los ahorritos mensuales de miles y miles de españoles. Se dieron el lujo de hacer una colecta para comprar un acorazado que debió enarbolar la bandera roja y gualda en la guerra de Cuba – pero el conflicto terminó antes de que el buque estuviera listo.

Tenían su orgullo. ¿Cómo no? Y por eso les molestaba esa parte del Himno Nacional donde se presentaba un rendido león a las plantas de "la nueva y gloriosa Nación". El presidente Roca, en marzo de 1900, dictó un decreto estableciendo que en adelante sólo se entonarían la primera y la última cuartetas de la histórica letra de López y Planes. La medida no provocó protestas entre los argentinos. ¿Por qué habrían de protestar, si los españoles eran queridos y apreciados, no como en México donde se odiaba a los *gachupines*? Por eso, pretender hacer una historia de los españoles en la Argentina es imposible, tan mezclados e identificados están con nuestro propio ser. Extraer su propia evolución de la nuestra es imposible, equivaldría a una mutilación. Todo estaba dado aquí para que se sintieran como en su propia tierra o (me atrevo a afirmarlo) mejor que en su propia tierra, esa España pobre, injusta, limitada, clasista, violenta y sin esperanzas de los finales del siglo pasado y principios del actual. Sin embargo hubo dos o tres momentos en que el afecto argentino por España se hizo fervoroso, multitudinario.

Cuando en 1910 vino la infanta Isabel, por ejemplo. Fea, gorda, plebeyota, la infanta encantó a todos y las más bonitas muchachas de la nueva aristocracia vacuna aceptaron constituirse en el servicio de la borbona. Era la primera vez que un miembro de la Casa Real española ponía sus pies en estas tierras – salvo, si no mienten las malas lenguas, un hijo bastardo de Carlos III llamado Francisco de Paula Sanz, funcionario virreinal que murió fusilado en 1810. Ocho años después del centenario, el presidente Yrigoyen instituyó el Día de la Raza mediante un decreto cuyos considerandos, debidos a la gárrula pluma de Diego Luis Molinari, eran un supremo homenaje a la contribución hispana en la formación de nuestra nacionalidad. ¡Y el Plus Ultra! Cuando Ramón Franco llegó en 1926 tras cruzar el Atlántico en su avión, se vivió una explosión de amor por España cuya intensidad arrastró al pueblo entero, sin distinción de origen. Un alumno del Colegio Nacional trepado al balcón de una casa de la avenida Callao voceó su discurso de bienvenida frente al enorme cortejo que llevaba en andas a Franco y sus compañeros: el chico no era hijo de españoles, sino de italianos, y se llamaba Arturo Frondizi.

Más tarde, en la hora de la prueba, durante el desgarramiento civil de 1936/39, el presidente Justo mantuvo firmemente el derecho de nuestro país a proteger a los centenares de españoles refugiados en la embajada argentina en Madrid, y envió por dos veces un buque de guerra para traerlos aquí; a su vez, el presidente Ortiz abrió la importación de vascos, recordando sin duda que era hijo de un vizcaíno y una navarra. Y la sociedad argentina, que se dividió tanto como la española durante la Guerra Civil, acogió a los miles de españoles, intelectuales, periodistas, artistas, trabajadores de todos los oficios que huyeron de los horrores del conflicto y de sus secuelas. A nadie se le ocurrió objetar esta inmigración. Por supuesto, la presencia de los exiliados españoles fue fecunda para la Argentina en todos los campos, pero ningún argentino pensó que ellos ocupaban lugares de trabajo que hubieran podido corresponder a los nativos. Un episodio más: la ayuda que el presidente Perón prestó a España cuando el régimen franquista, condenado por el mundo entero, sufría los rigores del aislamiento y los embarques de trigo argentino eran esperados en la península como el maná bíblico. El propio Perón me dijo una vez: "No defendí a España por Franco. ¡A mí me importa tres rábanos Franco! Defendí la línea hispánica porque yo siempre fui congruente con esa línea...". Esto ocurría en 1947; por entonces eran muchos los españoles que emigraban escapando de la represión franquista, del hambre y la medianía. Nadie les puso dificultades. Hoy los vemos, dueños de restaurantes y hoteles, industriales prósperos, comerciantes exitosos.

Siempre fue así. Lo que la Argentina le debe a España es inconmensurable. Pero también es mucho lo que los españoles deben a la Argentina. Nunca fue una cuestión de inversiones, intercambio comercial o alianzas políticas, aunque también algo de esto existió, y está bien que haya sido o sea así. Pero ahora me entero de que en España se percibe una discriminación contra los argentinos. Son personas no gratas, mal vistas, rechazadas. Es claro: la culpa de esto debe atribuirse a las diabluras y barrabasadas de los propios argentinos radicados en España; por otra parte, la imagen de nuestro país en Europa no es la que trabajosamente empezó a recomponerse a partir de 1983.

Pero no es justo que España olvide la pacífica, cómoda y redituable inserción de que han gozado los españoles en la sociedad argentina durante más de un siglo y medio. Por eso reiteramos amistosamente, entrañablemente, el título de esta nota, con palabras que cualquier español de hoy entenderá: *¡Un poquín más de memoria, coño!*

Mirajes y perspectivas

Advertencias para los que empiezan

Al día siguiente de levantarse la veda política, Alfonsín llenó el local de la FAB. Lo mismo hicieron, días después, dos tendencias peronistas. Las deliberaciones de la cúpula radical fueron seguidas durante un día entero por una nutrida multitud. El acto de las fuerzas centristas en el Teatro Coliseo congregó un público que desbordó la platea. Lo mismo aconteció con los comunistas en el Luna Park. Diariamente se están formando grupos de estudio, núcleos que se reúnen para saber de historia, enterarse de política y adquirir conocimientos que les permitan elegir mejor en las futuras opciones electorales. Una buena parte de estas curiosidades está protagonizada por gente joven: buscan su partido, descubren la inédita felicidad de discutir, preguntar y cuestionar. Esta vocación participacionista es un estimulante indicio para el futuro.

No parece inoportuno, entonces, arrimar algunas advertencias que ayuden a quienes han comprendido la importancia de nutrir, con su presencia y apoyo, a los partidos nuevos o ya existentes. Una especie de breviario para neófitos en estas actividades, ya que cada régimen *de facto* las cancela y es necesario vitalizarlas periódicamente.

La primera advertencia: no hay que buscar el partido ideal sino el partido posible. Ninguna agrupación humana es perfecta. Y las colectividades cívicas se contaminan, más que otras, con todas las plagas que andan sueltas en la sociedad. No se puede pedir partidos imbuidos de certezas en una comunidad minada por la incertidumbre, o enriquecidos por personalidades señeras en un país que ha ido dilapidando los términos de referencia que tenía. Hay que optar por la fuerza más cercana a las ideas y sentimientos de cada cual: después, desde adentro, se tratará de perfeccionarla.

En este terreno es aconsejable deshacerse de estereotipos tales como "la política es sucia" o "los políticos son ambiciosos". Toda actividad que se desarrolla colectivamente guarda de modo inevitable cierta cuota de suciedad, y toda persona que forma parte de un grupo cuyo objetivo consiste en llegar al poder para concretar desde allí su ideario tiene una necesaria dosis de ambición.

Pensar de otro modo sería tan ilógico como criticar a un *pur sang* por querer llegar primero... La ambición política es una virtud que estimula a la acción, vertebra una sana competencia y hasta establece una cierta ética; cuando la CHADE distribuyó sus sobornos en 1936, uno de los concejales declinó recibir la coima diciendo que algún día podía ser presidente de la Nación y no quería llevar esa culpa sobre su conciencia.

Hay que aventar también los viejos prejuicios contra el comité, esas invectivas que tuvieron alguna justificación hasta hace medio siglo. Pero la taba, las empanadas, el "vino peleador", el comercio de favores con los caudillos, toda el aura obscena que rodeó en otros tiempos a la institución del comité ya se ha desvanecido. Ahora el comité es un lugar de tertulia y adoctrinamiento, un territorio donde se realiza cotidianamente el misterio formidable de la transmisión de continuidades; el hombre mayor, el dirigente veterano que transfiere a sus jóvenes correligionarios, compañeros o camaradas, las vivencias de su militancia, los identikit de amigos y adversarios, la memoria de grandes luchas cívicas o de minúsculas mañas políticas, el sabor de las gloriosas épocas del poder o la amargura de la adversidad. Allí se va elaborando la indescriptible identidad de cada partido, esa emoción que no puede escribirse en las plataformas electorales ni incluirse en las boletas. En el comité no sólo se forma al futuro dirigente; allí recibirá, también, lecciones de humildad y democracia, al alternar con una fauna variada cuyas diferencias y diversidades se diluyen en el ideal cívico común. No tengo inconveniente en recordarlo: ¡cuántas veces yo, joven universitario, con la petulancia de la edad y las muchas lecturas, debí inclinarme ante la sabiduría popular de algún conmilitón semianalfabeto!

Hay que cuidarse también de las excesivas ilusiones. El trabajo político puede ser rutinario y desalentador. Las confrontaciones electorales – las internas y las otras – naufragan con frecuencia en amargas decepciones. Suelen repugnar las intrigas y los camanduleos ajenos – los propios no, claro está... Pero estas y otras amarguras no deben prevalecer sobre la auténtica vocación política. Y a quienes deseen hacer una carrera en la actividad cívica bueno es recordarles que no se trata de una profesión lucrativa; que en nuestro país es más bien insalubre y que, de todos modos, reclama muchos años de trabajo antes de brindar satisfacciones reales. El *cursus honorum* es, entre nosotros, largo y, hasta ahora, interrumpido por muchas fracturas. La vigencia de Balbín se debió, fundamentalmente, a su constancia; al día siguiente de la derrota regresaba al trabajo político con la tozudez y frescura de siempre, durante años y años.

Pero después de estas prevenciones digamos también que la vida partidaria ofrece hermosas compensaciones a quienes la ejercitan con vocación. La primera, el sentido de amistad y solidaridad que enriquece a sus protagonistas; los amigos formados en una lucha común generan sentimientos que resisten el paso del tiempo, los recíprocos alacraneos, las eventuales disidencias y hasta las rupturas. Yrigoyen solía hablar de su partido aludiendo genéricamente a "los amigos" y en la jerga radical esta palabra sustituye la casi peyorativa expresión "los puntos". "¿Cuántos amigos tiene Fulano?" equivale a decir "¿cuántos votos tiene?". El énfasis de la amistad creada sobre la lucha política común justifica aquella sentencia de Perón que de otro modo sería terrible: "Para un peronista no hay nada mejor que otro peronista".

Los enfrentamientos entre políticos pueden ser espectaculares; no se advierte, en cambio, que muchos de ellos, sólo por el hecho de formar parte del mismo gremio, mantienen vínculos personales que, entre otras cosas, tienen la virtud de marcar los límites dentro de los cuales se realizará el choque. Sin mencionar a los que provienen de un tronco común, como es el caso de la UCR, el MID, el PI y la LP respecto de la vertiente radical, o las distintas versiones del viejo y glorioso PS. Estos compadrazgos forman, nada más y nada menos, el tejido conjuntivo de nuestra civilización política.

La otra gran compensación es el sentimiento de estar haciendo algo por el país. Es posible que el barullo de la lucha electoral o la rutina de la tarea proselitista apaguen este sentimiento la mayor parte del tiempo dedicado a la vida partidaria. No importa: en algún momento, como si un gran viento los arrebatara, el hombre y la mujer que hacen política sentirán que forman parte de la historia. Este deslumbramiento podrá ocurrir en el destartalado salón de un comité, en el fragor de una asamblea, durante una pegatina de carteles u oficiando de fiscal en un comicio. Pero el instante llegará, y entonces todo lo que antes pudo irritar o aburrir quedará borrado. Y milagrosamente, profundamente, cada uno se sentirá unido a la tarea formidable de hacer un buen país...

Si quisiéramos resumir todo lo expresado diríamos, simplemente, que hay que ir a la política en actitud de dar todo lo que se pueda sin esperar nada de ella. La retribución vendrá sola, a su debido tiempo, para los que persistan y no se entreguen.

Y una última advertencia: no idealizar a los partidos. Ellos no pueden ser mejores que el promedio del país. Pero al menos hay que tratar de que no sean peores... No olvidemos que exigir perfección a los partidos es una sutil manera de bloquear el ejercicio de la democracia, imponiéndole un prerrequisito de cumplimiento imposible. Como dijo Mitre en una oportunidad decisiva: "Hay que tomar al país tal como Dios y los hombres lo han hecho, esperando que los hombres, con la ayuda de Dios, puedan mejorarlo".

O, si se prefiere mirar el asunto desde un punto de vista más práctico y modesto, lo que decía don Inocencio Pérez en Luján cuando llevaba al cuarto oscuro a los paralíticos del Asilo: "Los votos se cuentan de a uno..."

Restablecer la confianza en el Estado

El fundamento último de toda Nación consiste en una interrelación de confianza entre el Estado y la sociedad.

El Estado confía en que la mayoría de los habitantes cumplirá las leyes, pagará los impuestos y se comportará de acuerdo con las normas aceptadas. A su vez, los súbditos confían en que el Estado administrará razonablemente los bienes públicos, garantizará el orden y dará fe de sus compromisos. Puede haber momentos o etapas en que descienda la confianza del público en los titulares circunstanciales del Estado y el sistema republicano dispone de los mecanismos necesarios para que este sentimiento se exprese pacíficamente y eventualmente se sustituya por una nueva cuota de confianza en otros titulares. Pero lo que no puede dejar de existir es una mínima confianza en el Estado mismo. Si esto llega a suceder, ya no hay país. Todo se convierte en un "sálvese quien pueda" brutal y egoísta, disgregador.

Creo que lo que está ocurriendo en la Argentina es, básicamente, una crisis de confianza en el Estado.

Más allá del apego o desapego a sus gobernantes, la gente ya no confía en el Estado. No confía en la eficiencia de los servicios públicos que presta ni en la razonabilidad de las tarifas que cobra; la proliferación de empresas que tienden a reemplazar a Encotel o las técnicas que se usan para disfrutar prestaciones que Entel no puede brindar, son apenas ejemplos mínimos de esta desconfianza. No se confía en la seguridad que el Estado debe mantener en torno de las personas; el frustrado intento de crear cuerpos policiales integrados por vecinos en un municipio del Gran Buenos Aires y los recientes dramáticos sucesos de Tres Arroyos expresan este sentimiento. No se confía en la Justicia, que suele ser lenta y, en el terreno penal, se encuentra atada a una legislación demasiado permisiva, o burlada por indultos y amnistías. No se confía en la estabilidad del signo monetario emitido por el Estado, como lo demuestra esa persistente adhesión al dólar que sobrevive a todas las circunstancias desde hace casi veinte años. Los casos podrían multiplicarse.

El proceso que estamos viviendo, regido por esta *méfiance* colectiva cada vez más generalizada y profunda, retrae a la sociedad entera de sus contactos con el Estado. Una suerte de anarquismo tardío invade los espíritus para invalidar todo aquello que provenga de un origen estatal. Se trata entonces de rehuirlo o neutralizarlo con toda especie de maniobras. "El Estado: he aquí el enemigo..." parece ser la implícita consigna de millones de argentinos.

Este sentimiento es muy grave. El Estado es la síntesis de la comunidad, el núcleo de poder al que se encomienda la persecución del bien común, la representación permanente de los intereses generales de la Nación. Cuestionar su aptitud o no creer en los compromisos que ha asumido es poner en tela de juicio la base fundamental de la vida de la comunidad. Lamentablemente, la conducta misma del Estado en las últimas décadas ofrece motivos que justifican aquel sentimiento.

Pero el Estado argentino es la culminación de un lento y arduo proceso político que comienza antes de la Independencia. El Estado colonial, con su formalismo y su complejidad, sirvió muy bien a los fines de mantener en estas tierras el orden establecido por España. A partir de 1810 sufrió todos los cambios derivados de las guerras exteriores y las contiendas civiles, y uno de los problemas que debieron plantearse los hombres de la organización nacional fue precisamente la necesidad de edificar un Estado respetable que garantizara las libertades civiles prometidas a la nueva sociedad argentina. Sólo después de 1860, y en especial posteriormente a 1880, el país pudo apreciar la acción efectiva de un Estado nacional que ahora ya poseía una sede propia en la ciudad más importante del país, tenía jurisdicción directa sobre amplios territorios de nuestra geografía, asumía la responsabilidad de la educación y la salubridad, construía puertos y ferrocarriles y, sobre todo, instauraba una unidad monetaria segura e invariable.

Después, con el correr de las décadas, el Estado se irá convirtiendo en el –"ogro filantrópico" que dijera Octavio Paz. Se hará cargo de actividades industriales y comerciales, tendrá injerencia cada vez mayor en la vida económica y su poder será virtualmente omnímodo aunque, por eso mismo, también será territorio indefenso para que lo ocupen intereses sectoriales de distinto signo. De todas maneras, y aun aceptando todos los errores que se hayan cometido en su manejo, el Estado sigue siendo la expresión de la voluntad colectiva de ser Nación y el resultado de un largo proceso histórico. Por ello es lamentable que se lo aborrezca, se lo margine o se intente sustituir sus prestaciones fundamentales.

Se me ocurre que una tarea prioritaria de los actuales gobernantes es restaurar la confianza en el Estado. Es difícil, desde luego, porque la gente ha ido elaborando, como autodefensa, un código según el cual todo lo que se diga desde la esfera estatal se interpreta al revés, y todo lo que se haga desde ese origen se tilda de ineficaz, oneroso y sin relación con los intereses colectivos. Lo primero de todo, entonces, debería ser la adopción de una férrea conducta en el sentido de no prometer nada que no se pueda cumplir, y obstinarse en cumplir en grado heroico aquello que se ha prometido.

Semejante conducta exige, por cierto, mucha templanza en los gobernantes, tanto en las palabras como en los hechos. Supone, por ejemplo, cancelar la tentación –a la que son tan proclives los funcionarios nuevos– de formular grandes anuncios o programas bastante utópicos, para limitarse a las cosas concretas que se van logrando. Implica también aliviar al Estado de todas las actividades que no le sean propias y limitarse a generar de manera óptima las que le competen específicamente y no puede ni debe delegar. Por sobre todo, esta conducta requiere que los titulares del Estado cobren conciencia de que no son sus dueños; que son meros administradores temporales de un conjunto de poderes cuya elaboración ha costado mucho y que deben transmitir a los que les sucedan, en lo posible mejorado – mejorado, lo que no quiere decir aumentado.

Todo esto parece tan obvio, tan elemental, que casi da vergüenza plantearlo como propuesta. Pero no parece inoportuno volver a reiterar algunas de las normas cuyo ejercicio en el manejo del Estado le dio a éste la respetabilidad y credibilidad indispensable para el buen gobierno. En último análisis, es un problema de prudencia para no permitir que se agrave la degradación que viene sufriendo, cuyas consecuencias hieren a toda la sociedad argentina.

Catamarca y los bienes de la democracia

Cuando en 1983 se restauró la democracia en la Argentina, la gente volvió a gozar de algunos bienes que habían estado perdidos. En primer lugar, la sensación de participar en las decisiones que hacen a su destino como colectividad; cada vez que votaba, el ciudadano readquiría esta sensación, que se acrecentaba cuando el tema lo involucraba directamente, como fue el caso del plebiscito sobre el Beagle.

Otro bien que se pudo disfrutar como una vivencia cotidiana fue la atmósfera de libertad que volvió a campear en el país. No sólo la libertad de decir y hacer lo que razonablemente se puede, sino aquello que en la vida diaria indica el respeto debido a la dignidad humana. Recuerdo, por ejemplo, la pequeña felicidad recuperada por el sencillo hecho de salir a la calle sin documentos de identidad, amparándose en la certeza de que nadie detendría a nadie por esa omisión. Hubo, desde luego, otros bienes al alcance de todos, como esa explosión cultural que en el marco de un pluralismo pocas veces visto en el país permitió al público acercarse a toda clase de propuestas y experiencias artísticas e intelectuales sin temor a ninguna clase de represión.

Es que la restauración de la democracia había hecho posible el regreso al juego normal de las instituciones, tantas veces descalabrado por interrupciones *de facto*, y este juego significaba que los poderes públicos funcionaban pasablemente bien, que se respetaban las autonomías provinciales y no se echaba mano al forzado recurso de las intervenciones federales, que la Justicia era independiente, que el inevitable internismo del partido gobernante no trascendía al campo de la administración pública, que los debates parlamentarios se realizaban con dignidad y, en algunos casos, rodeados de una gran expectativa pública, como ocurrió en la discusión de la ley de divorcio. No es que todo funcionara bien, pero el ejercicio reiterado y armónico de la democracia hacía suponer que su funcionamiento se iría perfeccionando paulatinamente como esos motores que sólo necesitan un poco de tiempo para ponerse a punto y rendir al máximo sus posibilidades.

El cambio de gobierno operado en 1989 fue la prueba de fuego del sistema puesto en marcha seis años antes.

Que un partido fuertemente opositor reemplazara al que hasta entonces había tenido el poder, y que este recambio tuviera lugar con las rispideces naturales de estas transiciones (dramatizadas en ese momento por el descontrol de la economía), pero pacífica y ordenadamente, fue la evidencia de que la democracia está firmemente arraigada en la Argentina. Más: que la democracia es la forma política natural de nuestra sociedad, el sistema que mejor traduce la esencia abierta, igualitaria y tolerante de la comunidad argentina.

No obstante, funciona

Es cierto que en el curso de la actual gestión presidencial se han registrado actos autoritarios y declaraciones desafortunadas en el nivel oficial, actitudes impropias de quienes invisten los máximos poderes del Estado y decisiones lamentables como indultar a quienes fueron condenados después de procesos impecables rodeados de todas las garantías. Es cierto también que las feroces luchas internas del partido oficial perturban la marcha del gobierno y hasta influyen en estructuras orgánicas del Estado, como ha ocurrido en la Municipalidad de Buenos Aires, donde se han cometido desaguisados funcionales en aras del reparto de feudos a las diferentes líneas del distrito metropolitano. Y es cierto, finalmente, que las salpicaduras de una corrupción desbordante han obligado hasta a reorganizaciones ministeriales. Pero no obstante todo esto, la democracia sigue funcionando de un modo bastante aceptable.

Sin embargo, hay señales que nos inquietan. Hace casi una década que estamos disfrutando la democracia y sus bienes, pero hay provincias donde sus beneficios son muy relativos. En los últimos meses debieron renunciar dos gobernadores, otro fue relevado y otro más intervenido federalmente; esto no sería demasiado grave si no fuera que tales mudanzas fueron precedidas por expresiones a veces violentas, reveladoras de un malestar generalizado, que se manifestaron a través de canales tumultuosos, marginando los que brindan las instituciones. En tales manifestaciones latía implícitamente una desestima de la democracia y la peligrosa idea de que ni el poder administrador local ni los cuerpos legislativos o la Justicia podían solucionar las exigencias de la gente común. Y esto es la antesala de la justificación de cualquier desmán o salto electoral a alternativas extravagantes o autoritarias.

Distinto es lo que está ocurriendo en Catamarca, y creo que esto merece destacarse. Allí se cometió un horrible crimen cuya investigación fue desde el primer momento entorpecida por personeros del gobierno local. Semejantes manejos hicieron presumir que la intención era proteger a los asesinos en virtud de su vinculación de parentesco, amistad o afinidad política con la dinastía que gobierna la provincia. La directora del colegio donde estudiaba la joven asesinada, sus padres y los padres de sus compañeras iniciaron entonces una admirable moción colectiva. Su manera de reclamar que se haga justicia consiste en desfilar por las calles de la ciudad en silencio una vez por semana.

Yo estuve en una de esas marchas. Eriza la piel el espectáculo de esos millares de personas de toda edad y condición social, que marchan por la tradicional calle República (hoy Vicente Leonides Saadi), entra en la histórica plaza, la contornea y se sitúa frente a la Catedral, pintada de un color tan rojo como la sangre todavía impune de María Soledad Morales. Una chicharra canta en la añosa arboleda bajo el fervor del verano; se oye el lejano llanto de un niñito. Es todo lo que se escucha sobre el *sha–sha* monótono y firme de los zapatos, las zapatillas, las alpargatas de los manifestantes silenciosos...

Opción pacífica

Hay que saber lo que es una provincia como Catamarca para valorar esta manifestación, que sólo pide el castigo de asesinos que están individualizados con nombre y apellido por la opinión general, por la voz del pueblo, pero que todavía no han sido localizados por los cinco jueces y los dos jefes de Policía que se sucedieron desde septiembre de 1990. Catamarca es, institucionalmente hablando, una aberración, un montaje de corrupción manejado desde el gobierno local, cuyo poder es incontrastable mediante el manipuleo del puesto público y el control de todos los resortes de la vida colectiva: administración pública, Legislatura, Justicia, Policía, banco, jubilaciones, subsidios, etc. Todo este tinglado se ha puesto al desnudo por la acción del movimiento civil que aparece semana tras semana; testigos a los que se intenta sobornar o son apaleados por matones, amenazas, despidos arbitrarios, ocultamiento deliberado de la verdad, procesos a familiares de los defensores de los querellantes. Cerrados, en apariencia, todos los caminos de las instituciones, los catamarqueños no han elegido la pueblada o el barullo, no piensan como solución en militares retirados ni en cantautores ni en corredores deportivos. Han optado por un medio pacífico, digno, sostenido por la tremenda fuerza de sus silenciosas protestas. Y esto ha bastado para que toda la estructura del poder local tambalee.

Solía decir el maestro Bielsa que cuando todo anda mal, si la Justicia anda bien todo puede andar bien; y aunque todo ande mal, si la Justicia anda bien todo puede andar bien... En Catamarca todo anda mal, empezando por la Justicia. Pero el pueblo de esta provincia no descree de la democracia, y como no puede gozar de sus bienes más preciados, en este caso la Justicia, intenta recuperarlos con esos espectáculos estremecedores y la fuerza moral que implican. Ya no están en juego unos jueces miedosos o comprometidos, unos policías en los que nadie confía; está en juego un sistema político que desnuda, cada día un poco más, sus fallas, sus corruptelas, sus torpezas. Catamarca es una abe-rración. Catamarca es un ejemplo.

A cien años del Jardín Florida

Pocas veces se registra en nuestra historia un acto político tan exitoso como el que tuvo lugar en el Jardín Florida el 1º de septiembre de 1889. Las consecuencias de esta reunión son tan perdurables que una de las fuerzas cuyo punto de arranque marca aquella jornada acaba de protagonizar el último período presidencial. Pero en lo inmediato, del Jardín Florida nació el impulso cívico que se manifestaría meses más tarde en la Revolución del Parque, cuya consecuencia directa fue la renuncia del presidente Juárez Celman y su reemplazo por Pellegrini con el apoyo del general Roca, transición precursora de un nuevo cielo político, el del Acuerdo, que funcionó pasablemente bien durante el siguiente cuarto de siglo.

Los reclamos

Es cosa de asombrarse si se piensa que todo empezó con un *meeting* improvisado por un grupo de jóvenes sin experiencia política ni mayor relevancia posterior, pues de los 26 firmantes de la invitación al acto, salvo Alvear, presidente de la Nación treinta y tres años más tarde, y Le Bretón y Gallardo, que fueron sus ministros, los restantes cumplieron trayectorias más o menos destacadas, pero no funciones públicas significativas.

¿Qué pedían esos muchachos de hace un siglo? En primer lugar repudiaban la obsecuencia de otros jóvenes, los "incondicionales", que diez días antes se habían reunido en un teatro para hacer público su apoyo al presidente. Éste fue el hecho que provocó la reacción expresada en el Jardín Florida. Además, los manifestantes del 1º de septiembre exigían libertad de sufragio "sin intimidación y sin fraude", moral administrativa, autonomía de las provincias y régimen municipal efectivo. Para lograr estos objetivos resolvieron crear un movimiento con el nombre de Unión Cívica de la Juventud.

Eran reclamos plausibles, pero en modo alguno revolucionarios. El sistema municipal se estaba afirmando lentamente en todo el país a partir de las experiencias de la Capital Federal, Buenos Aires y

Santa Fe. Las autonomías provinciales habían permanecido sujetas desde siempre a las necesidades políticas del poder central o a las alternativas de los alborotos locales, y nadie podía creer seriamente que los Estados federales las recuperaran en plenitud por un acto de voluntad. La moral administrativa, bandera siempre agitada aunque no siempre justificadamente, era una aspiración tan bien intencionada como menor. En cuanto a las elecciones, desde que se abrió en el país el sistema de partidos habían estado teñidas de irregularidades y violencias de toda laya; no se conocía otra forma de votar ni existían documentos que acreditaran la identidad del sufragante, padrones regulares, mecanismos para garantizar el secreto del voto o la verdad del escrutinio. Por cierto, el mejoramiento de las prácticas electorales era un tema permanente de debate, pero existía la generalizada conciencia de que ello no sería fácil ni rápido.

Las exigencias de los jóvenes independientes, pues, eran modestas y podrían haber sido suscriptas por cualquier argentino de la época. Pero en las condiciones que se vivían por entonces el *meeting* revestía un indudable significado opositor. Opositor a Juárez Celman.

El Juarizmo

Una perspectiva histórica más amplia que la apasionada visión prevaleciente en aquellos años permite ser con Juárez Celman menos severos que sus contemporáneos.

El presidente cordobés no fue, en líneas generales, responsable del desastre económico que ya se insinuaba en la segunda mitad de 1889, puesto que su gobierno participaba del peligroso optimismo de su tiempo y adolecía de la misma ineptitud en el manejo de las finanzas públicas que algunos de sus predecesores. Un excesivo endeudamiento externo, producto de la acumulación de empréstitos y del pesado gravamen representado por la garantía en oro con que el Estado cubría las ganancias mínimas de la mayoría de las empresas ferroviarias británicas, succionaba el metal que redituaban las incipientes exportaciones argentinas y hacía cada vez menos confiables los billetes corrientes; pero este fenómeno ya se advertía desde la presidencia anterior, aunque no con las características catastróficas que se vieron después.

Una especulación demencial campeaba en los círculos más diversos, pero tampoco esta circunstancia era nueva. En todo caso, lo novedoso de la política económica de Juárez Celman fue la tendencia privatizadora que acometió desde que empezó a manifestarse la crisis. Se enajenaron líneas ferroviarias de propiedad nacional – el FC del Oeste, que era "el chiche de los porteños"–, las obras de salubridad de la Capital Federal y hasta se inició el proceso de rematar en Europa 24.000 leguas cuadradas fiscales, un tercio más que el territorio ganado a los indios en la Conquista del Desierto.

Esta política privatizadora que ha vuelto desde hace un tiempo a reafirmarse en el país conllevaba entonces una pesada atmósfera de peculados, comisiones y diferencias que más allá de dimes y diretes afectaba la autoridad del gobierno. Pero, además, aquella tendencia privatizadora torcía la concepción del Estado que Roca había impuesto desde 1880. Rezongaba el general en carta a Agustín de Vedia: "A estar a las teorías de que los gobiernos no saben administrar, llegaríamos a la supresión total de todo gobierno por inútil y deberíamos poner bandera de remate a la Aduana, el Correo, el Telégrafo, a los Puertos, a las Oficinas de Rentas, al Ejército y a todo lo que constituye el ejercicio y los deberes del poder".

No era el único motivo de queja de Roca respecto de su concuñado. Primero fue un golpe de mano que dio en Mendoza el general Rufino Ortega contra el gobernador Tiburcio Benegas. Poco más tarde Marcos Juárez, hermano del presidente, hizo una sucia faena a Ambrosio Olmos, gobernador de Córdoba, a quien fraguó un arbitrario juicio político y prácticamente expulsó de la provincia. Tanto Benegas como Olmos eran excelentes gobernantes e íntimos amigos de Roca, y en estas defenestraciones todos vieron la mano del presidente. Lógicamente, Roca se sintió hostilizado en la persona de sus amigos. En enero de 1889 le escribía a don Goyo Torres: "De Juárez no tengo que esperar sino que continúe sus maldades y bajezas conmigo", y después de recordar cómo le había facilitado su acceso a la primera magistratura terminaba diciendo crudamente: "Así que todo lo que se me haga, lo tengo merecido por bruto".

Roca había sido elegido senador nacional en 1888 y ocupaba la presidencia del cuerpo. El vicepresidente Pellegrini, aunque guardaba una actitud circunspecta, no era escuchado por Juárez Celman, quien le desconfiaba. Y éste fue su gran error, pues su política económica no fue acertada, pero cualquiera en su tiempo hubiera actuado lo mismo que él. La equivocación propia y personal cometida por

Juárez Celman radicó en el campo político y consistió en malquistarse con dos personalidades que, además de tener peso propio y pertenecer al oficialismo, ocupaban el primero y segundo lugar en la sucesión presidencial.

Frente a esta suicida actitud parecen tener importancia menor otros errores que en su momento se le señalaron, como el exclusivismo de su círculo, la condición de "jefe único" de que hacía gala o su intención de imponer como sucesor al joven Ramón Cárcano, que a lo largo de su prolongada vida demostró excepcionales condiciones de estadista, pero que en 1889 parecía a los porteños demasiado crudo, excesivamente inventado por su padrino y, para colmo, ¡cordobés!

Pues aquí corresponde una puntualización: el movimiento de los jóvenes independientes fue exclusivamente porteño. Los apellidos de quienes formulan la invitación para el acto del Jardín Florida eran tradicionales de Buenos Aires en su mayoría, más algunos correspondientes a estudiantes provincianos arrastrados por el entusiasmo de sus compañeros. La invitación fue publicada en los diarios de la víspera, y no podía esperarse que tuviera eco en el interior. Pero, sin duda, la moción traducía una actitud antijuarizta que crecía en la opinión pública de la Capital Federal y meses más tarde se difundiría en las provincias.

En síntesis, en el invierno de 1889 el malestar provocado por la depreciación de los billetes corrientes, la escasez de oro, la inflación y la especulación se potenció por una virtual fractura del oficialismo, donde el presidente estaba distanciado del vicepresidente y de su principal apoyo político, titular del cargo que seguía en el orden sucesorio constitucional. Y precisamente en aquel momento, como reacción a una actitud demasiado obsequiosa en honor del presidente, un grupo de muchachos porteños improvisa en un par de días un acto de repudio. Parece un episodio nimio, pero en materia política los errores y los aciertos tienen un tiempo justo, y éste del Jardín Florida no pudo darse más exacta y puntualmente.

El acto

El Jardín Florida era un amplio ámbito situado en la esquina de Florida y Paraguay que solía usarse como confitería, teatro, circo y hasta exposición rural. El acto se realizó un domingo al mediodía, después de una ligera lluvia. Unas 3.000 personas colmaron el espacio cerrado y su acceso; gente de clase media y alta, muchos de ellos universitarios, casi todos de galera y levita.

Cuando hoy leemos los discursos pronunciados allí, poco encontramos de rescatable. Todos se desarrollaron en un tono apocalíptico, con abundantes referencias a la historia patria y rudos ataques al gobierno, sin cuestionamientos de fondo ni mucho menos propuestas alternativas. Por aclamación decidióse constituir la Unión Cívica de la Juventud, cuya comisión directiva se integraría con los firmantes de la invitación, más una treintena de ciudadanos de los cuales sólo Guillermo Udaondo y Juan B. Justo tendrían en el futuro una actuación política importante.

Don Bernardo envió una esquela agradeciendo la invitación y deseando éxito. Y Mitre, un mensaje de adhesión, que leyó Emilio Gouchón, cerrado con una exhortación significativa: "La fórmula de gobernantes y gobernados debe ser entrar todos en el orden constitucional". Lo sugestivo de la frase es que hace presumir que intuía la carga revolucionaria de la asamblea, a la que estaba aconsejando no abandonar las vías legales, una postura en la que Mitre se mantuvo en los meses siguientes.

De los dirigentes que usaron de la palabra en el Jardín Florida – Francisco Barroetaveña, Manuel A. Montes de Oca, Damián M. Torino, Aristóbulo del Valle, Pedro Goyena, Vicente Fidel López, Delfín Gallo, Torcuato de Alvear – hubo varios que podían haber sido consagrados en el liderazgo de la nueva fuerza. En realidad, el *meeting* era la reiteración de los Partidos Unidos, la alianza que tres años atrás había intentado oponerse a la candidatura presidencial de Juárez Celman; en ese entonces se unieron partidarios de Mitre, un sector del viejo autonomismo alsinista y los católicos, lastimados por las leyes laicistas de Roca. Ahora, en el Jardín Florida se congregaban las mismas huestes, pero con un agregado detonante: los jóvenes sin partido que veían en el juarizmo la negación de las tradiciones republicanas y buscaban un camino de renovación de la vida cívica y la restauración de cierta ética en la actividad política. Fueron éstos los que aclamaron al orador que parecía simbolizar mejor estos anhelos: Alem.

Alem

Es curioso pero comprensible que haya sido así. En ese atormentado tribuno que no rendía pleitesía a las convenciones sociales corrientes ni se dejaba seducir por las galas de la nueva prosperidad veían la contrafigura de Juárez Celman y su círculo. No había tenido hasta entonces una trayectoria de primera línea. Era un dirigente parroquial formado en el alsinismo, que había fracasado en todas sus empresas políticas.

La actuación más descollante de Alem, la oposición a la capitalización de la ciudad porteña, lo descolocó ante su partido y lo marginó durante casi diez años de las representaciones públicas. Ahora este *outsider*, este francotirador, aparecía desde el olvido, y su oratoria desgarrada, su figura de luto y soledad, la sensación de incorruptibilidad que transmitía, sedujeron a la muchachada. Era precisamente el hombre que necesitaba la nueva oposición para ponerse en marcha.

Y así fue. En pocos meses, la Unión Cívica (el aditamento juvenil se olvidó pronto) organizó comités en los barrios y desplegó una actividad cada vez más bulliciosa y popular. Es raro que una composición política tan heterogénea, alimentada por vertientes tan diferentes, esa especie de "frente democrático" unido sólo por la oposición a Juárez Celman, haya logrado una movilización efectiva. Pero es que el tono del movimiento no lo daban Mitre, don Bernardo, Del Valle o el grupo católico, sino Alem, con su percepción casi mística de la política, su horror a todo lo que oliera a arreglo o transacción, su vocación para entregarse a las multitudes en una embriaguez de arengas y ademanes. Era un callejón sin salida el que estaba haciendo recorrer a sus correligionarios, o mejor dicho un callejón con una sola salida lógica: la revolución. Este obligado desenlace lo percibieron muy claramente Roca y Pellegrini. También, desde su propia posición, Mitre, pero no Juárez Celman.

Hacia abril de 1890 la situación había empeorado. El oro subía infatigablemente. Se produjeron quiebras resonantes, notábanse desocupación y miseria, los capitalistas europeos mostraban un frío retraimiento frente a los títulos argentinos. Roca y el presidente habían cortado sus relaciones políticas y personales. El gobierno no producía medida alguna y se obstinaba en un optimismo ciego, como si la realidad sólo fuera un invento de la oposición. Fue entonces cuando se produjo la segunda gran ofensiva de la Unión Cívica.

A esta altura de los hechos lo acontecido en la jornada del 1º de septiembre de 1889 era recordado por los cívicos como un acontecimiento fundacional, el origen de la tumultuosa renovación que estaban viviendo, y también es posible que algunos de sus promotores y protagonistas hayan pensado que el proceso que empezó a marchar en aquel *meeting* ya legendario se había salido de madre, era incontrolable. Lo fue a tal punto que terminó permitiendo la apertura de un cielo de renovada fuerza y solidez.

Pero ésta es otra historia, y ya no se inscribe en nuestra evolución política, sino en la áspera crónica de los alzamientos revolucionarios que aparecen dramáticamente a lo largo de la saga argentina.

Meditación del Parque

El centenario de la Revolución del Parque invita a repensar algunos aspectos relacionados con ese suceso.

Desde ya prevengo que no es fácil hacerlo cuando se está en el caso (como lo estoy) de mantener una vieja simpatía con el radicalismo, aunque no una afiliación ni mucho menos una militancia. Pero mi antiguo compromiso emocional con personajes protagónicos de esta fuerza cívica y los estereotipos que habitualmente se manejan en torno de aquel episodio dificultan la tarea de un historiador que prefiere indagar la verdad de los hechos del pasado antes que complacerse en las leyendas apologéticas reiteradas durante un siglo por quienes son, por propio derecho, los legatarios del movimiento cívico–militar de 1890.

El primer aspecto que merece una reflexión tiene que ver con un tema debatido durante siglos por filósofos, teólogos y cientistas políticos: la legitimidad de un alzamiento contra la autoridad.

¿Cuándo se justifica moralmente levantarse contra ella? La respuesta de los que han abordado este problema coincide en que sólo es legítimo derrocar a la autoridad cuando ésta ha devenido insoportablemente tiránica. ¿Puede decirse que el gobierno de Juárez Celman era insoportablemente tiránico?

A pesar de que el sistema electoral vigente era vicioso y fraudulento, tal como venía siéndolo desde décadas atrás, la libertad de expresión era amplia y existía una auténtica división de poderes. Es cierto que la intervención federal a Tucumán fue totalmente injustificada y también el *coup d'etat* que sustituyó en Córdoba al gobernador Olmos por un hermano del presidente fue una sucia maniobra, pero este tipo de picardías fueron frecuentes antes y después de Juárez Celman y no justifican, por sí solas, una actitud revolucionaria.

Los hombres del Parque alegaban la supuesta corrupción administrativa del oficialismo, la supresión del sistema federal y los vicios electorales; fuera de esto último convengamos en que los dos primeros cargos se han esgrimido rutinariamente por todas las oposiciones a lo largo de más de un siglo de vida política argentina.

Por otra parte, hay que destacar que la iniciativa que culminó en el Parque amenazaba interrumpir la secuencia de períodos gubernativos que fluía normalmente desde 1862. Además involucraba a sectores del Ejército, poniendo en peligro el paciente trabajo de despolitizar a los militares y subordinarlos al poder civil. Desde cualquier punto de vista sería injusto categorizar al gobierno de Juárez Celman como una tiranía insoportable.

Lo del Parque fue una expresión de ese malhumor político que a veces se apodera del espíritu de los argentinos, y los dirigentes de la Unión Cívica, a excepción de Mitre, prefirieron canalizar ese malestar hacia el alzamiento armado en vez de buscar formas pacíficas de presión sobre los poderes públicos para el logro de las rectificaciones necesarias. Fue, en suma, una moción peligrosa, cuyo triunfo hubiera agregado confusión y desorden al difícil panorama del momento.

Sin embargo, el radicalismo, cuya personalidad histórica está honrosamente asociada a la defensa del orden constitucional, la preservación de las libertades públicas, la tolerancia y el pluralismo, ha elaborado uno de sus mitos fundacionales en torno de la exaltación de la Revolución del Parque. Es una contradicción con su lógica interna, que debería revisarse y que, desde luego, no implica desconocer el heroísmo y la sinceridad de los argentinos que en esas jornadas acudieron a los cantones.

Otro tema que merece pensarse de nuevo es el de la representatividad del Parque.

Suele describirse el movimiento como la reacción de todo un pueblo frente a sus malos gobernantes, pero la verdad es que sólo tuvo por escenario la ciudad de Buenos Aires, sin que se produjeran en el resto del país movimientos afines; y también es verdad que en los motivos profundos del malestar que condujo a la revolución se percibe, a poco que se ahonde, un sentimiento cerradamente porteñista contra un presidente provinciano cuyo connotado sucesor sería otro provinciano. Por caso: el júbilo que estalló al difundirse la renuncia de Juárez Celman se tradujo en gritos contra "el burrito cordobés". ¿No es aconsejable examinar la hipótesis de que 1890 fue, en buena medida, una reedición de 1880, cuando los porteños denostaban a los diputados del interior llamándolos "puchero d'oveja"?...¿No habrá sido lo del Parque un eco del tejedorismo?

Más aún: los revolucionarios fueron, en su mayoría, porteños de clase media o alta; otros sectores de la sociedad se mantuvieron ajenos al episodio.

Calificar al movimiento del Parque de clasista sería exagerado, pero no parece caprichoso sostener que sus protagonistas fueron ciudadanos procedentes de núcleos bien ubicados socialmente y que la enorme mayoría del pueblo de Buenos Aires, aunque pudo simpatizar con la revolución, no se sintió movida a una participación activa. Ángel Gallardo cuenta en sus *Memorias* una anécdota reveladora: la treta de Marcelo de Alvear para salvar a un grupo de "muchachos bien" de las furias de la soldadesca derrotada – acaso la única gente humilde que estuvo detrás de los muros del Parque de Artillería.

Todos los testigos y crónicas de aquellas jornadas transmiten un sentimiento general de consternación y miedo; de ninguna manera existió el fervoroso entusiasmo que acompaña los grandes fenómenos populares. Lo hubo días después, cuando Juárez Celman renunció, pero no durante la lucha.

Existe también un aspecto que, aunque puramente instrumental, merece meditarse: la heterogeneidad de la dirección revolucionaria.

Allí estaban viejos autonomistas, antiguos republicanos, mitristas de siempre, católicos, masones, independientes y muchos jóvenes sin color político, arrastrados por la prédica de Alem. Uno se pregunta si de este variopinto conjunto hubiera podido salir algo orgánico llegado el momento de hacerse cargo de responsabilidades gubernativas.

Relativamente eficaz para hacer la oposición y aun la revolución, la diversidad de filiaciones de la conducción cívica la condenaba fatalmente a la esterilidad y la anarquía. Aun antes del Parque, cuando debió definirse la composición del futuro gobierno provisional, fueron hondas las discrepancias de los conspiradores. Sin un programa claro y con semejante variedad ideológica, imaginar un gobierno nacido del triunfo revolucionario autoriza a las peores conjeturas.

Pero la función del historiador no consiste en condenar o absolver, sino en comprender los procesos y los personajes del pasado asociándolos a su propia circunstancia, pues el mejor conocimiento de la historia ayuda al entendimiento del presente, y esta sabiduría, si ello es posible, contribuye a equivocarnos menos en las decisiones que influyen sobre el destino común.

Desde tal presupuesto debemos decir que fueron los errores del gobierno de Juárez Celman los que permitieron que las cosas llegaran a una encrucijada cuya única salida pareció, en ese momento, el movimiento armado. No solamente aludimos a los errores en el manejo de la economía, que no fueron muy distintos a los de su predecesor y en todo caso son atribuibles a la sociedad entera, al excesivo optimismo y la imprevisión de los argentinos de entonces; ni tampoco destacamos como demasiado graves aquellos yerros políticos que, ya se ha dicho, no fueron peores que los habituales de aquella época de costumbres electorales primitivas y terribles intolerancias.

Las equivocaciones fatales de Juárez Celman residieron en no acertar con la creación de una válvula de escape para la creciente tensión opositora y, sobre todo, consentir mecanismos de obsecuencia y uniformidad que resultaron repugnantes a la tradición republicana. Fueron estos desaciertos los que permitieron que se fuera formando una atmósfera que pesó sobre el espíritu de dirigentes civiles imbuidos de sinceras convicciones legalistas (Del Valle, por ejemplo) al punto de arrastrarlos al desatino de un alzamiento peligroso y sin futuro. Ésta es una enseñanza que habrá que tener siempre presente.

Lo que a mi juicio salva al Parque de pasar a la historia como una algarada más es su resultado inmediato y su consecuencia lejana. Quiero decir, el relevo de un presidente desconceptuado sin romper la continuidad constitucional. Y su consecuencia lejana, o sea la formación del primer partido político argentino dotado de una estructura orgánica e impersonal, una identidad definida y una original estrategia que le permitió llegar al poder, un cuarto de siglo más tarde, como motor de una renovación basada en el mejoramiento de las prácticas políticas y en la democratización de la sociedad argentina.

Estos legados blanquean al Parque de su ilegitimidad original y lo aligeran del riesgo que supuso para la continuidad constitucional, el peligro de inmiscuir a los hombres de armas en el terreno político, la indigencia de su programa y la ineficacia de su conducción para aliviar eventualmente la crisis que agobiaba al país.

Pero semejante blanqueo no puede incluir nuestra admiración. Los argentinos hemos pagado precios muy dolorosos a cambio de viarazas que nos embriagaron de tiempo en tiempo, cuyo valor entendido suponía la ruptura del orden constitucional o la cancelación – supuestamente temporaria – de la democracia o la sustitución de la convivencia cívica por la hegemonía de un partido o una ideología. Lo del Parque debe inscribirse en la lista de estos entusiasmos inconsistentes.

Por eso me parece prudente revisar el culto que se ha hecho de este movimiento si queremos ser coherentes con nuestro compromiso ciudadano con los bienes sobre los que se funda el sistema político que, pese a todas sus fallas, sigue siendo el prerrequisito insustituible de nuestra vida como Nación.

Significación del radicalismo en la vida argentina

Que un partido político cumpla cien años de vida ininterrumpida es algo poco habitual en cualquier país; que además conserve su vitalidad y capacidad de renovación ya es un hecho asombroso.

Cualquiera que sea la actitud que se pueda tener en relación con la UCR, aquella antigüedad y esta actitud de cambio deben inspirar respeto.

Cuando se trata de analizar la significación de un personaje, un movimiento, un proceso o cualquier otro elemento de carácter histórico, la pregunta que corresponde plantear es: ¿cuál fue su contribución? Pues la respuesta a este interrogante es lo que hace posible una valorización. La fuerza política que hace un siglo aparecía en la vida pública argentina efectuó muchos aportes positivos a la vida de la Nación, y son éstos los que intentaremos reseñar.

Los contenidos

A una agrupación humana con antigüedad de un siglo no se le puede pedir que haya sido idéntica a sí misma durante semejante lapso. El radicalismo tiene una naturaleza política que varió lentamente a lo largo de su evolución, aunque también mantuvo una admirable fidelidad a ciertas esencias fundamentales. Esto ocurrió con sus contenidos conceptuales.

En tiempos de Alem, la UCR se limitaba a reclamar moralidad administrativa, limpieza electoral y vigencia del federalismo. Más que un programa era la reivindicación de algunos prerrequisitos de buen gobierno; su misma parvedad indicaba que no existía en la nueva fuerza política un rechazo al tipo de país que contemporáneamente se iba delineando. Lo mismo ocurrió bajo la conducción de Yrigoyen: los reclamos que justificaron la revolución de 1905 fueron puramente políticos, y apenas un par de menciones – en el documento posterior al levantamiento – al estado de la clase obrera y al rol de los capitales extranjeros aluden a la problemática general del país. Es que Yrigoyen debió intuir que era extremadamente difícil definir un programa aceptable para elementos tan heterogéneos como los que componían la UCR. Por eso rompió con Pedro C. Molina, el dirigente más importante del interior, que insistía en lograr un pronunciamiento partidario sobre proteccionismo y librecambismo, y en la Convención de 1916 hizo rechazar una propuesta de plataforma muy completa presentada por algunos delegados.

El programa del radicalismo es el cumplimiento de la Constitución, insistía el caudillo en vísperas de su consagración electoral, aunque no podía ignorar que el apego a la normativa constitucional no es un programa sino una condición para que cualquier partido se considere inscripto en el sistema político vigente.

Pero en el curso de su sexenio, Yrigoyen, como cualquier gobernante, debió adoptar decisiones, elegir alternativas y definir actitudes en relación con los temas que se iban presentando. En su conjunto, esas decisiones, opciones y actitudes delinearon una posición que la UCR incorporó, dándose a sí misma un tono popular, ligeramente estatista, neutralista y afín a otros movimientos americanos más o menos similares. Alvear, a cargo de la jefatura partidaria desde 1932, rebajó ese talante limando las aristas más revolucionarias e imprimiendo a la UCR un contenido más liberal, más de centroderecha. Pero tropezó con muchas resistencias en los núcleos internos, que reivindicaban los valores legados por Yrigoyen y, en 1948, cuando triunfa internamente el Movimiento de Intransigencia y Renovación, el partido adopta un programa calcado de la Declaración de Avellaneda, que sumaba postulados muy caros a la tradición radical con aportes tomados en préstamo al pensamiento predominante durante la posguerra en los países de Europa occidental. Era un programa tan estatista, nacionalista y autarquizante como el que contemporáneamente voceaba Perón; la diferencia radicaba en el fundamental tema de la libertad y, más tarde, en el giro que el presidente justicialista realizó desde 1950 hacia posiciones más convencionales. Entretanto, por vía de oposición al régimen peronista, la UCR seguía insistiendo en su propio y ya inaplicable programa.

Su anacronismo e inviabilidad fueron proclamados con brutal franqueza por Frondizi, pero persistieron en la emotividad partidaria durante muchos años; en algún caso tuvieron una expresión operativa concreta, cuando Illia anuló los contratos petroleros con que el presidente desarrollista había posibilitado el autoabastecimiento; de este modo abrió un camino azaroso y contradictorio que el presidente Alfonsín tuvo que cerrar en Houston. Por estas fechas, el radicalismo adoptaba un estilo socialdemócrata, en consonancia con las fuerzas europeas que miraban con simpatía el gobierno democrático surgido desde las sombras del Proceso.

Hoy, el radicalismo no ha solventado todavía una serie de temas sobre los cuales mantiene dudas y vacilaciones: el papel del Estado, la naturaleza y el destino de los servicios públicos, la ubicación de la Argentina en el mundo actual, etc. Parecería que falta en la UCR un debate profundo sobre la problemática nacional. Pero cualquiera que sea el rol que juegue el radicalismo en el futuro, debe disponer de un pensamiento claro, menos irrealista que en otros momentos de su trayectoria, pues en el poder o en la oposición su opinión es un elemento de juicio que influye significativamente en la modelación de las creencias colectivas de los argentinos.

De "antisistema" a pilar de la democracia

También hubo variaciones en la forma en que el radicalismo se vio a sí mismo. En sus comienzos, al conjuro de la encendida oratoria de Alem, la fuerza cívica se comprometió con la acción revolucionaria y una y otra vez transitó esta áspera vía, que se prolongó hasta 1905, cuando quedó claro que el Ejército no lo acompañaba. Entonces, Yrigoyen, sin abandonar la retórica revolucionaria, llevó su estrategia a través de la intransigencia y la abstención, dos carriles que confirmaron el carácter de "partido antisistema" que ya marcaba al radicalismo y justificaba, según los personeros del poder, el ostracismo al que había sido condenado por el "Régimen".

La intransigencia significaba que el radicalismo no se consideraba un partido, sino una especie de cruzada cívica que, precisamente por serlo, debía desdeñar cualquier entendimiento con otros partidos. Esta definición movimientista implicaba que la UCR era la proyección de una corriente histórica que recogía lo mejor del pasado argentino totalizando la voluntad nacional, la vocación de ser Nación; una concepción que duró mucho tiempo, pues fue recogida hasta por los núcleos renovadores después de 1946. El otro carril era la abstención electoral, que llevaba a rechazar las reglas de juego planteadas por el sistema gobernante. Así, la intransigencia y la abstención, sumadas a la prédica de una revolución casi milenarista, colocaron al radicalismo de la primera década de este siglo en una posición contestataria, insumisa, que rechazaba la legalidad del orden conservador, no aceptaba pactar con otras fuerzas y se colocaba deliberadamente al margen del juego político. ¡Raro espectáculo el de esta colectividad organizada en todo el país con sus cuerpos estatutarios, sus comités, sus diarios, sus actos proselitistas, su patrimonio de héroes, recuerdos y emociones, que sin embargo no participaba en la lucha del poder! Un partido que renunciaba a todo lo que es propio de un partido... Yrigoyen debió ejercer un liderazgo sin concesiones para mantener una actitud tan árida, tan escasa en gratificaciones, durante más de una década.

El tiempo le dio la razón. A partir de la vigencia de la ley Sáenz Peña se evidenció el apoyo de las mayorías a esta fuerza que había sabido mantener férreamente su individualidad entre el confuso paisaje partidario del "Régimen". Entonces, reincorporada al juego político, la fuerza "antisistema" pasó a ser el partido más leal, el pilar más firme de la legalidad. Lo fue durante el gobierno de Yrigoyen, pese a que su concepto de "Reparación" abría una peligrosa posibilidad de arbitrariedades, lo afirmó bajo Alvear y luego, en la década de 1930, fue el animador principal de una azarosa lucha contra el fraude. (Dicho sea de paso, no se ha escrito todavía la historia de esta página de civismo, la de un partido mayoritario, aunque opositor, que desde su indigencia enfrenta la prepotencia del oficialismo concordancista y lucha contra los amaños electorales y la violencia montada y justificada desde el gobierno.) Del mismo modo, a partir de 1946 la UCR denunció en el Congreso y fuera de él los crecientes desbordes del autoritarismo peronista. Pues más allá de sus éxitos o fracasos, el radicalismo fue y sigue siendo una fuerza cuya vivencia democrática es indiscutible, cuyas administraciones respetaron la libertad de expresión y la independencia de los poderes y cuyo compromiso más antiguo y sincero es con la libertad y el pluralismo como valores básicos de la convivencia.

Vía de integración

Pero el radicalismo tuvo otras significaciones que exceden el campo político. Fue una vía a través de la cual los argentinos nuevos se integraron cómodamente a la comunidad nacional. Es de recordar lo que dijo un dirigente de la Capital Federal a Alvear, cuando éste le pidió que adhiriera a una maniobra política riesgosa: "Usted, don Marcelo, tiene toda la historia argentina en su apellido. Pero yo soy el tanito X... y sólo tengo a mi partido para llegar a ser respetable...".

La composición humana del radicalismo excedió, desde su principio, cualquier idea de clase, lo que hizo decir a Ricardo Rojas que, cuando se incorporó al partido, fue recibido por los hijos de los inmigrantes y los nietos de los próceres. Fue el mismo Rojas, opositor a Yrigoyen durante su gobierno, quien señalaba en el radicalismo una corriente de inspiración hondamente nacional que contrapesaba el cosmopolitismo generado por el "Régimen", y una conciencia ética que equilibraba el materialismo que caracterizó a la Argentina en las primeras décadas de este siglo. Esta significación es congruente con la prédica de Alem en favor de "los desposeídos", es decir, las masas criollas desplazadas de sus tradiciones y formas de vida por el torrente del progreso. Fueron estos argentinos del interior los que dieron a la incipiente UCR una dimensión nacional a partir de 1891.

Nadie puede dudar de que el radicalismo fue el gran promotor del perfeccionamiento de nuestra democracia. Pero tampoco puede dudarse de que constituyó la expresión más ajustada del igualitarismo y la fluidez que son típicas de la sociedad argentina. En realidad, tradujo la moderación y el horror por los extremismos que caracterizan a esas benditas clases medias que durante décadas singularizaron a nuestro país en el contexto continental. Esta moderación, que también supone cierta vaguedad ideológica, es la fuerza y a la vez la debilidad del radicalismo, un partido que nunca expulsó a nadie por pensar distinto de lo que pensaban sus dirigentes y que durante sus administraciones (menos de 25 años de los 100 que cuenta su historia) prefirió a veces dejar que los conflictos se resolvieran solos.

Los usos radicales

Esta vena democrática explica la intensa y a veces feroz vida interna que es otra de las notas que distinguen al radicalismo. Lo que desde afuera parece extremoso e irrelevante, para el radical es una gimnasia política que no puede abandonar y un terreno donde el dirigente debe revalidar todo el tiempo su gravitación. Por eso el comité, ese foro parroquial donde conviven los más destacados con los más humildes, es una valla contra cualquier verticalismo y un lugar donde puede aprenderse la sabiduría popular. Y también un teatro cuya inevitable picaresca pone a prueba cualquier jefatura. Agreguemos: el comité es, asimismo, un ámbito apto para ejercer la fraternidad de una colectividad política cuyos integrantes dicen profesar una religión común, en tanto no se apelan de "compañeros" o "camaradas", sino de "correligionarios".

El comité es un aporte más de la UCR a los usos políticos argentinos, como lo fueron en su momento las convenciones, organismos representativos de la voluntad de los afiliados que todas las fuerzas cívicas han incorporado a sus propios hábitos. Como lo son también las campañas electorales, que no consisten solamente en esfuerzos ambulatorios para captar votos, sino en oportunidades iniciáticas para reiterar ciertos ritos que tienen que ver con la continuidad partidaria. Así lo entendió Alvear cuando en la campaña presidencial de 1937 obsequió unos dulces en Jujuy a un joven "pico de oro" llamado Ricardo Balbín, explicándole que medio siglo antes Alem había hecho lo propio con él, en ese mismo lugar...

Esta conciencia de la continuidad le ha permitido a la UCR generar sus propios recursos de salvación después de los grandes desastres. Los fracasos revolucionarios de la década de 1890 y 1905 hicieron crecer la estatura de Yrigoyen. La caída de 1930 exaltó a una personalidad que no parecía hecha para el combate, como Alvear, y a dirigentes como Sabattini o Pueyrredón. La derrota de 1946 proyectó a Balbín, Frondizi, Lebensohn y al legendario "Bloque de los 44". El derrocamiento de Illia abrió un ancho espacio a Balbín. De los oscuros tiempos del Proceso surgió Alfonsín. Ahora mismo, tras la sobresaltada retirada de 1989, nuevos nombres aparecen en la constelación radical, invitando a no perder su fe en la vieja fuerza.

Una fuerza que, desde luego, cometió errores e incurrió en pecados, que a veces se obstinó en posiciones imposibles, quedó atrapada en sus propias indefiniciones o nubló su visión con la sombra de rencores personales. Pero ya se sabe: en los cumpleaños resulta impropio catalogar los defectos del homenajeado y más bien se lo celebra y festeja... En mi caso no me cuesta hacerlo porque no puedo olvidar mi paso por el radicalismo, esos años juveniles cuyo fervor pude encauzar en la calidez de su generoso caudal. Pero además, no me cuesta apuntar sus contribuciones a la vida política argentina porque, en el poder o en la oposición, pacífico o encrespado, exitoso o languideciente, unido o agrietado, el radicalismo está tan asociado a la evolución del país, que difícilmente podría imaginarse éste sin su presencia.

La Unión Cívica Radical honra a la civilidad argentina por el solo hecho de su perduración y es un modelo para las fuerzas populares de América latina. Ha brindado muchas contribuciones que mejoraron nuestra civilización política y los valores profundos de nuestra sociedad. Hoy sigue vivificando los bienes que ayudó a afirmar y son parte del patrimonio de todos. Que su primer "cumplesiglo" la encuentre corrigiendo y rectificando lo que tiene que rectificar y corregir, mientras los que no integramos sus filas nos limitarnos a saludarla y augurarle una prolongada y fecunda existencia.

Los escritores frente a la realidad nacional

He aquí a tres escritores argentinos del siglo pasado: Echeverría, Mármol y Hernández, es decir, un ensayista, un novelista y un poeta. (Me adelanto a la posible objeción: es cierto que Echeverría también escribió poesía, pero los ripios y jadeos de *La cautiva* son menos recordables que las ideas del *Dogma socialista*; Mármol fue poeta ocasionalmente, pero su impronta en las letras argentinas está dada por *Amalia*; en cuanto a Hernández, sus escritos periodísticos son apenas curiosidades al lado del *Martín Fierro*.)

Estos tres escritores crearon su obra a lo largo del medio siglo que corre entre 1830 y 1880, aproximadamente; cincuenta años marcados por enfrentamientos internos, guerras exteriores, experiencias políticas diversas y, sobre todo, un acucioso deseo de entender la realidad de la época, para dominarla y mejorarla. El ensayista Echeverría intentó fijar una síntesis entre las corrientes que se enfrentaban en el país y trató de señalar nuevos objetivos a su generación; el novelista Mármol hizo de su prosa un instrumento de lucha antirrosista sin abdicar de su propósito de componer una ficción; el poeta Hernández no renunció a sus antecedentes federales ni a su solidaridad con el pueblo criollo.

Fueron muy diferentes en su personalidad, su ubicación ideológica y en los valores que representaron. Pero un mismo dato unifica su diversidad: los tres estuvieron comprometidos con su realidad. No se encerraron en torres de marfil, no mezquinaron las propuestas que tácita o expresamente formularon a sus contemporáneos.

El precio de la notoriedad

En todo el mundo civilizado y también, por supuesto, en nuestro país, los escritores están rodeados de notoriedad. Son figuras públicas en razón directa de la repercusión de su obra. En la Argentina, figuras como Lugones o Rojas tuvieron un relieve que excedía largamente los límites de los círculos literarios para proyectarse al gran público. Sus declaraciones, sus actitudes, hasta su vida privada estaban expuestas a la expectación general; gente que pudo no haber leído jamás una sola línea de su producción los reconocía y respetaba. O los aborrecía. Pero no eran personajes anónimos.

Esta notoriedad no se debía solamente a su obra escrita. Pues sea cual fuere el género que recorra, cualquier escritor de cierta importancia adquiere misteriosamente gravitación sobre la opinión pública, queda ungido con una suerte de oficio público. Así ha sido en el pasado y ocurre hoy en nuestro país.

En otros – Estados Unidos o algunos de Europa occidental, por ejemplo –, los escritores pueden dedicarse a su obra sin expresar la más mínima inquietud sobre la realidad que los circunda y nadie les reprochará esta indiferencia. Ni siquiera en los casos más extremos: los dramaturgos y novelistas franceses que publicaron durante la ocupación alemana no fueron repudiados por haberlo hecho. En la Argentina, en cambio, la opinión pública exige a los grandes escritores una permanente definición sobre cada hecho importante y no acepta su silencio o su distracción. En la tradición de Echeverría, Mármol y Hernández, el ensayista debe emigrar después de elaborar su doctrina política; el novelista tendrá choques con quienes se sintieron agraviados por sus descripciones; el poeta andará matrereando por los campos entrerrianos tras las banderas de López Jordán y sufrirá exilio por su militancia. A nadie le hubiera parecido aceptable que Echeverría, Mármol o Hernández se limitaran a escribir. Se les exigía más: que sellaran lo escrito con actitudes vitales, una emigración, un duelo, unas andanzas bélicas.

Y esa tradición continuó. Nadie criticó a Lugones por postular una organización corporativa en la Argentina, o por augurar "la hora de la espada": la crítica se dirigía a sus ideas, pero no a su derecho a opinar. Nadie reprochó a Rojas su afiliación al radicalismo: el reproche podía apuntar a esta salida quijotesca del hasta entonces pacífico profesor de literatura, pero no al ideal que lo llevó a incorporarse a un partido proscripto y perseguido.

Tradición militante

¿Qué misteriosa extrapolación hace suponer al público argentino que un diestro ensayista, un ameno novelista, un galano poeta, está capacitado para opinar con aptitud sobre la realidad de su tiempo?

No hay ninguna razón. Sin embargo, más que cualquier otra profesión, la de escritor conlleva cierta obligación de pronunciarse sobre la temática contemporánea y, en primer lugar, la que hace al propio país. Ningún escritor tiene la obligación de ser perito en la vasta gama de problemas que afronta nuestra comunidad y a veces algunos pueden decir (y ciertamente dicen) algunos dislates asombrosos. No obstante lo cual el público sigue exigiendo permanentemente las opiniones de los escritores sobre problemas que tienen que ver con el buen gobierno, la política, la economía o la estrategia.

Es la tradición militante del siglo XIX que sigue proyectándose sobre el espíritu colectivo. Nada de limitarse a escribir: el escritor debe escribir pero también emigrar, batirse, pelear, en suma. Se espera del escritor que se juegue permanentemente. Que tome posición.

Es una tradición demasiado exigente, pero a ella nos ha ido llevando una evidencia que se hizo carne en la conciencia colectiva casi desde nuestro origen: que el destino nacional es algo demasiado serio y delicado para confiarlo en exclusividad a los supuestos especialistas en el arte de gobernar. Que los escritores, por ser custodios de ciertas pertenencias espirituales de la comunidad – el lenguaje, los conceptos abstractos, los juegos de la imaginación, la generalización de experiencias humanas, los senderos de la belleza –, están capacitados para hacer sus propios aportes a las grandes decisiones que afectan a todos.

Es un imperativo que los propios escritores aceptan. Caso típico es el de Borges, el escritor argentino más alejado, más desinteresado de su contexto, que con los años ha ido descubriendo su "destino sudamericano", como el Laprida de su poema, y tomado posiciones consecuentemente.

No parece un desatino. En los países ya terminados, edificados hasta la última teja, aquello que hace al bien público está en manos de los gobernantes. Pero en la Argentina, que está en permanente y a veces caótico estado de construcción, haciendo y deshaciendo, proyectando y rectificando, que desconfía de sus tecnócratas y pocas veces se siente representada por sus gobernantes, los escritores están revestidos de la autoridad que les brinda su baquía en los territorios del espíritu. Por eso sus compatriotas los miran como términos de referencia indispensables, como indicadores de lo que hay que pensar sobre los temas comunes.

Y sea cual fuere el grado de acierto de esta creencia, los escritores no pueden decepcionarla.

La historia y su lenguaje

En un pasado relativamente reciente no se concebía que un relato histórico no fuera desarrollado con buena prosa y en ritmo atractivo. Voltaire, que en cierto modo inauguró la historiografía moderna, cuidó tanto la redacción de *El siglo de Luis XIV* como de sus ensayos. Gibbon desplegó el argumento de la decadencia y caída del Imperio Romano como un inmenso drama dotado de personajes protagónicos, figurantes menores y situaciones de conflictos con el fluir de una tragedia griega y en un lenguaje levantado que nunca aburre. Los historiadores más notables del siglo pasado siguieron estos ejemplos que, por otra parte, eran los de los clásicos. Pero sucede que en los tiempos contemporáneos la historia ha adquirido progresivamente un tono más científico. La historia es una disciplina difícil de definir, pero sin duda tiene algo de ciencia y algo de poesía, como ha señalado Octavio Paz. Y desde hace varias décadas ese costado científico parece prevalecer, imponiendo determinadas metodologías, vocabularios y formas expositivas.

A mediados del siglo último, Ranke sostenía que la historia debía ser, simplemente, el relato de lo que realmente aconteció. Ocurre, empero, que aquello que realmente pasó, es decir la trama de la historia, se compone de muchos ingredientes, y el historiador es el único que dispone de la inquietante facultad de seleccionar los que le parecen convenientes para su relato, desechando los que considera irrelevantes. Algunos creen que la esencia de lo histórico reside básicamente en las variables económicas y sociales, y entonces sus exposiciones se llenan de cifras, estadísticas y porcentajes. Es posible que esto sea indispensable para la precisión y el rigor de lo que se expone, pero somos muchos los que nos dolemos por esta invasión de las ciencias sociales y exactas sobre la historia, y nos parece que estamos frente a una moda intelectual llena de sequedad y aridez, que hace de la historia una creación aberrante, puesto que ella es, en síntesis, una aproximación razonada a la vida de los seres humanos, y la vida y su descripción nunca pueden ser aburridas.

La moda que decimos proviene de las pautas de trabajo de los *scholars* norteamericanos y de un seguimiento servil y mal entendido de las tendencias francesas nacidas en torno de la revista *Annales*, que desde fines de la década del 20 marcó rumbos en las investigaciones de nuestra disciplina. Era una reacción muy comprensible contra una historiografía demasiado literaria, que había sacrificado su rigor en aras de una exposición atractiva, pero una cosa es no olvidar que la reconstrucción histórica debe fundarse en datos confiables, en documentos, testimonios y fuentes básicas, y otra es convertirla en una indigerible suma de materiales primarios que ocultan bajo su peso el espectáculo de la saga humana.

La gente suele preguntarse para qué sirve la historia. Aunque no tenga por qué perseguir un fin utilitario, la historia sirve como disciplina – diríamos – para saber dónde estamos parados. Hay interrogantes que los hombres y las mujeres se formulan individualmente en alguna etapa de la vida: ¿de dónde vengo?, ¿adónde voy?, ¿que haré con mis defectos y mis cualidades?, ¿por qué soy como soy y no como es el otro?, ¿a qué actividades me llama mi vocación? También las comunidades se plantean colectivamente estos interrogantes, a veces en tono reflexivo y analítico, otras veces con angustia e irritación. Y bien: la historia sirve para responderlos. No contesta a todos, no siempre lo hace bien, sus respuestas pueden ser incompletas. Pero la historia contribuye a satisfacer esas inquisiciones que las sociedades se formulan, en torno de su origen, su esencia, su destino. Y si esto es así, entonces no puede difundir su mensaje dentro de lenguajes esotéricos o cerradamente técnicos o innecesariamente áridos. Debe ser comprensible, apta para ser aprendida por la gente común. Collingwood decía que todas las ciencias deben mantener una actividad de divulgación, pero en ninguna se justifica tanto esa necesidad como en el caso de la historia.

Es que la historia, como transmisión del conocimiento del pasado, contribuye silenciosamente a la elaboración del alma colectiva. Cuando se la manipula, esta contribución es perversa, como ocurrió en la Alemania hitleriana, donde la historia tenía una enorme importancia en los planes de estudios, pero se la colocaba al servicio de la ideología nazi. Pero cuando no es así (y en general esto es lo que ocurre) su aporte a la madurez de las comunidades es grande y positivo.

"Ejemplo y aviso de lo presente, advertencia de lo por venir..." Las palabras de Cervantes son demasiado optimistas. Si la historia fuera realmente la advertencia de lo que va a ocurrir, los historiadores seríamos dueños de las profecías y augurios más certeros. Pero no hay dudas, en cambio, de que el mejor conocimiento del pasado ayuda a que la reiteración de los errores colectivos se aminore, y a que ciertas experiencias aleccionadoras queden fijadas en el espíritu público. Ha costado varias décadas a los argentinos entender, por ejemplo, que las rupturas de los regímenes constitucionales son siempre funestas o que los sistemas autoritarios siempre terminan equivocándose. Así, la historia ayuda a la democracia, porque hace más difíciles los desvíos y más viables las opciones por adoptar.

En el siglo pasado, dos grandes argentinos escribieron historia con metodología diferente, pero con una intención común. Vicente Fidel López creía en la tradición casi más que en los documentos, y sus reconstrucciones estaban llenas de colorido y atracción aunque fueran bastante cuestionables. Bartolomé Mitre, en cambio, era más riguroso y por eso su prosa adolece por momentos de cierta sequedad, pero se adelantó a los métodos de la moderna historiografía presentando todos los elementos que a su juicio tenían relación con lo que contaba. Diferentes como eran en sus esquemas expositivos, ambos estaban imbuidos de un propósito idéntico: difundir el conocimiento del pasado de un país todavía joven, que debía buscar su propia identidad a través de – entre otras cosas – la familiaridad con sus raíces, la glorificación de sus héroes y la convicción de que un destino promisorio le venía marcado desde sus principios como pueblo. Por eso, tanto López como Mitre trataron de popularizar sus respectivas versiones del pretérito argentino, hacerlas accesibles, ponerlas en manos de todos a través, por caso, de los folletines de los diarios. Ellos sabían que construir un país no consistía sólo en organizarlo jurídicamente, definir sus fronteras, ocupar sus espacios vacíos, explotar sus recursos, etcétera, sino que debía proveerse a la sociedad de una clara conciencia de su pasado. Y es por este motivo que los libros de esos dos ilustres historiadores admiten hoy nuevas lecturas; los escribieron en un lenguaje llano y trataron de que transmitieran a la gente común la fascinación de los procesos fundadores de nuestra nacionalidad.

Naturalmente, hoy las cosas han cambiado. La Argentina ya no es un país joven; aunque sus años de vida independiente sean escasos, las mudanzas políticas, la pérdida de su inocente optimismo, sus vicisitudes de toda laya la maduraron aceleradamente. Ya no hay necesidad de mostrarle un pasado siempre glorioso ni presentarle figuras siempre ejemplares. La misión de nuestros historiadores de hoy no es coadyuvante a la edificación de un país nuevo. Ahora se trata, sencillamente, de saber cómo se fue haciendo este país, en lo bueno y en lo malo, para comprender por qué somos como somos. Y difundirlo con honradez, de modo que nuestros contemporáneos se enteren de todos los ingredientes que han confluido en la formación de la sociedad a la que pertenecemos, y así podamos entendernos mejor.

En esta concepción, la divulgación de la historia es un oficio que merece respeto. Los medios masivos de comunicación permiten disponer ahora de recursos muy variados para sacar a la historia de los anaqueles inaccesibles de las bibliotecas y transmitirla a todas partes y de todas maneras: el cine, la radio, la TV, las revistas periódicas, los fascículos, los mil modos de presentar un relato histórico veraz y a la vez atractivo, entretenido. Y desde luego el libro, cuyo contenido en este campo puede adoptar una pasmosa diversidad, desde la biografía hasta las "historias de vida", desde la reconstrucción regional hasta los análisis puntuales de épocas.

La divulgación de la historia en niveles de grandes públicos no es una tarea fácil. Implica conocer a fondo el tema y extraer de él todo lo que pueda reclamar la imaginación, la emotividad y el interés de los destinatarios. Pero para el éxito de este tipo de emprendimientos es indispensable un lenguaje. Los historiadores no tienen obligación de escribir bien, mas sería preferible que la lucidez en los planteos, el correcto manejo de los datos se realcen con un lenguaje adecuado. No, por supuesto, el demasiado solemne de los grandes historiadores de los siglos XVIII y XIX, pero tampoco ¡por Dios! la despegada, fría y deshumanizada exposición que ha estado de moda en las últimas décadas. En este sentido lo que se pide es, en primer lugar, una forma expositiva pertinente al medio que se use, pues no es lo mismo hacer historia en una pantalla de TV que en las páginas de un libro. Pero, sobre todo, se trata de elaborar formas que acerquen los hechos y las criaturas del pasado vivificándolas, dándoles vida y carnadura humana. Formas que expliquen los procesos sin esclavizarse a los dictados de la economía o la sociología. Que describan las situaciones involucrándose en ellas, no con esa distancia mental que las torna remotas y, en consecuencia, incomprensibles o indiferentes a nuestra sensibilidad. Un lenguaje que haga de la historia, como quería Croce, algo actual, revulsivo, que promueva la reflexión y enriquezca las experiencias colectivas.

Una forma, en suma, que demuestre que el pasado no es un depósito de cosas muertas al que se accede por una compasiva curiosidad, sino una realidad que está en nosotros, nos pesa, influye en nuestras mociones como sociedad y a la que se deben proponer las preguntas correctas – así decía inolvidablemente José Luis Romero – para obtener sus mejores frutos.

Modernización, antes y ahora

Aunque la palabra "moderno" es, paradójicamente, bastante vieja, su derivado "modernización" tiene pocos años de vida en la Argentina. Es que modernizarse equivale a actualizarse, ponerse al día, colocarse al ritmo de los tiempos, y esta necesidad suele sentirse escasamente en las comunidades que están satisfechas de sus propios logros.

Durante demasiado tiempo pesaron sobre nuestra mentalidad colectiva *slogans* y latiguillos que traducían una autosatisfacción basada en formas de vida difícilmente modificables. Expresiones como "Dios es argentino" o "Un par de cosechas lo arregla todo" traducían un inmovilismo hondamente arraigado en el estilo nacional. Pero esos lemas se han ido diluyendo, desvanecidos por los ataques de una realidad cada vez más dura y exigente. Es una suerte que haya sido así, porque expresaban una suicida renuncia a todo esfuerzo, a todo cambio; eran el símbolo verbal de una mentalidad que confiaba en la suerte y en las benévolas veleidades de la meteorología, o exaltaban nuestras ventajas diferenciales a categorías inmutables de validez universal.

Sin embargo, hubo varios momentos de nuestra historia en los cuales los habitantes de estas tierras demostraron su aptitud para asumir que no todo vendría por la bondad de la Providencia; que era indispensable encarar una gran empresa de puesta al día, si no se querían quedar rezagados en el ritmo de los tiempos. Estas modernizaciones – pues lo fueron, sin duda – se hicieron en su tiempo y con los medios de la época respectiva; seguramente la palabra "modernización" no se usó en todos los casos para explicar lo que se deseaba. Pero, en último análisis, se trataba de lo mismo: utilizar inteligentemente los recursos disponibles para actualizar y mejorar una actividad determinada y, a través de ella, al país entero.

Uno de estos impulsos ocurrió a principios del siglo pasado, antes de la Revolución de Mayo. Tal vez movido por los ecos de la Ilustración, un grupo de hombres como Belgrano, Vieytes, Cabello y Mesa, Labardén, Rocamora, Segurola y otros, advirtió la necesidad de conectar este remoto dominio español con las corrientes del pensamiento y la acción que predominaban en Europa. Desde la introducción de la vacuna antivariólica hasta la revalorización de la agricultura, desde la lucha por la apertura del comercio y los planes económicos formulados por la Secretaría del Consulado hasta los órganos periodísticos aparecidos con el nuevo criterio de servir a la comunidad, todo indica un espíritu nuevo de modernidad que da contenido a una obra que poco después se dará cita con el movimiento político iniciado en 1810. Es esto lo que, por ejemplo, proveerá de contenido a la legislación promovida por la Asamblea del Año XIII, inspirada muchas veces en la obra de las Cortes de Cádiz que, en suma, también participaban de idéntico espíritu contra la España retrógrada de los fernandinos.

En nuestra naciente patria, los avatares de la Guerra de la Independencia y las guerras civiles fueron diluyendo ese espíritu y postergando la concreción de esos propósitos. La "condición sudamericana" de nuestro país, según la expresión de Borges, apareció dramáticamente a lo largo de nuestros enfrentamientos, y entonces la idea de modernización permaneció como un fin último en la intención política de algunas personalidades esclarecidas, no todas ellas acompañadas en sus empresas por la suerte. La imagen de Rivadavia reiterando su fe en "el porvenir venturoso del país" mientras el presente se le derrumbaba, grafica dramáticamente lo que había quedado de ella.

Otro momento, cuando la idea de modernización se traslada a hechos concretos, ocurre después de Caseros. Paralelamente a los esfuerzos para dar una Constitución y solucionar el viejo conflicto entre Buenos Aires y el interior, se nota una levantada intención de conectar nuevamente al país, sobre todo a la provincia porteña, con el ritmo que vive el mundo occidental. En algunos casos, esta intención se concreta en realizaciones progresistas que hacen a la seguridad y el confort de los habitantes, como el transporte y las comunicaciones: se instala gas de alumbrado, se tienden los primeros "caminos de hierro". En la ciudad porteña se mejoran las instalaciones portuarias y en la Confederación se establecen las primeras líneas regulares de diligencias y se proyectan los grandes trazados ferroviarios. Pero lo que se advierte con más claridad es un interesante movimiento que tiende al conocimiento racional del territorio argentino, es decir, a la evaluación de sus recursos. Los atlas de Martín de Moussy y los libros de Alfred du Gratty, Paolo Mantegazza y otros, los informes de Lafuente – enviados por el presidente Mitre para hacer un relevamiento de la estructura estatal nacional en el interior –, delatan una estrategia muy coherente: primero, conocer los elementos con que se cuenta, como antecedente indispensable para el trazado de cualquier plan de modernización.

Es después de 1880 cuando el propósito de modernización se expresa con más claridad. ¿A través de qué? De la explotación racional del gran recurso del que disponen en ese momento los argentinos como palanca para dar el gran salto adelante, es decir, para vincularse definitivamente con los circuitos mundiales de la producción y el consumo. Este recurso es la tierra. Preferentemente la tierra gorda y negra de la pampa húmeda, cuya producción de cereales y oleaginosos y cuya capacidad para criar ganado son virtualmente infinitas. Los argentinos habían descubierto, por fin, el valor de un elemento que durante siglos habían desdeñado, repartido al voleo, mantenido como extensiones sin dueño o en el poder estéril de los indios.

En ese momento modernizar es explotar racionalmente la tierra, aplicándole la tecnología que hiciera posible su rendimiento óptimo. Entonces, el alambrado, que permite el apotreramiento y un mejor manejo del ganado; entonces, molinos, y bebederos, que hacen posible la instalación de rodeos en el lugar que se desee, liberándose de la esclavitud de llevarlos solamente donde hubiera aguadas naturales; entonces, máquinas a caballo o al vapor para realizar sembrados en gran escala y cosechas rápidas. Al mismo tiempo, el tipo de vacuno criollo, flaco y guampudo, es reemplazado por una mestización que posibilite ejemplares crasos, precoces, más adaptados a las nuevas pasturas artificiales. Sarmiento, ya en su vejez, elogió a los criadores de ovejas argentinos diciendo que eran los mejores discípulos de Darwin, puesto que habían practicado la evolución de las especies para su propio lucro...

Eso fue la modernización posible en 1880. Dejamos de lado todas las actividades que marginalmente reflejaron la misma vocación: líneas ferroviarias, industrias de transformación de los productos primarios, y desde luego inmigración y educación popular, los dos grandes compromisos de la oligarquía gobernante con el país, que serían, curiosamente, los que empujarían a su desplazamiento. No hay en nuestra historia un impulso de modernización llevado a cabo con más inteligencia y sentido de la oportunidad que aquel que convirtió a la Argentina aislada, pobre y despoblada de 1880, en el país que sus habitantes mostraron con orgullo en 1910, en las fiestas del Centenario.

Hoy, en los finales del siglo XX y justamente a un siglo de la inauguración de ese empeño, el país vuelve a pensar en su modernización. No lo hace ahora para conectarse con el mundo sino para salvar lo que ha logrado, para defender lo que tiene, pues sabe perfectamente que si no lo intenta entrará en una pendiente de estancamiento cuyo final es trágico. Tampoco lo hace, como ocurrió en el siglo pasado, marcando una sola palanca de modernización. Y esta vez es el Estado el que convoca a ese movimiento, no la intuición acertada de una sociedad.

El problema consiste, como es obvio, en saber cuáles son las líneas que debe recorrer nuestro país para modernizarse, pues ocurre a veces que esta palabra puede asociarse a modificaciones en formas de producción y de vida que no son sino otra figura del subdesarrollo, la dependencia y la languidez general. No me interesaría, por ejemplo, una modernización que apareje obligadamente el deterioro ambiental, el consumismo arrasador, la robotización de la sociedad o la pérdida de algunas de las características que hacen grata nuestra identidad como pueblo. Me interesa, sí, un proceso de modernización que deje atrás maneras indignas de existencia, aquellas que siguen persistiendo en los bolsones de subdesarrollo que todavía permanecen; que ponga a nuestros hombres y mujeres en posición de técnicas más imaginativas y creativas; una modernización que apareje una educación correspondiente y una salud garantizada por viviendas, asistencia e higiene mejor ejecutadas que ahora. ¿Es posible obtener estos bienes sin pagar las gabelas que habitualmente pagan por ellos las sociedades contemporáneas?

No puedo meterme a contestar estos interrogantes. Soy un historiador y no debo ser intruso en jurisdicciones ajenas. Hubo, bajo otros cielos, procesos modernizantes cuyo costo humano fue aterrador: la industrialización de Gran Bretaña, obtenida sobre la vida de centenares de miles de mujeres y niños; o la tecnificación total de la URSS, ensangrentada con la liquidación de millones de kulaks. Desde luego esto no es, felizmente, nuestro estilo. Acaso la mejor vía a elegir para recorrer el rumbo de una modernización hecha realidad con el menor costo social posible, deba tener justamente esta orientación general: no apartarse, en esencia, del estilo argentino, pero corrigiéndolo en todo lo que es susceptible de ser corregido.

La historia argentina: fracturas y continuidades

Repasando las páginas de nuestra historia, por momentos se cree estar ante un cuadro de Rembrandt, a tal punto presenta luces y sombras, períodos presididos por un signo determinado al que siguen otros de signo totalmente opuesto. ¿Inestabilidad? ¿Inmadurez? Puede ser. Pero también hay que computar en estos antagonismos una condición muy argentina consistente en la búsqueda permanente, la insatisfacción frente a todo lo que existe, la vocación de cambio y la tendencia a no creer mucho en ninguna cosa.

Esto sucede desde nuestra inauguración como país independiente. Echemos una ojeada a las mutaciones institucionales ocurridas desde 1810: en ese año el poder real se transfiere a una junta de origen municipal porteño que se atribuye la voluntad del Virreinato para sustituir la autoridad existente hasta entonces en España. Esa junta cambia su constitución siete meses más tarde, para aumentar el número de sus miembros con representantes de los pueblos del interior. Pero el ensayo no dura mucho; en septiembre de 1811 el organismo inicial es obliterado y se lo reemplaza por un triunvirato que conocerá dos integraciones sucesivas. A principios de 1814 se desplaza el gobierno triunviral para erigir una conducción unipersonal, el Directorio, que dura con distintos titulares hasta 1820. Después habrá un período carente de autoridad nacional, el breve interregno rivadaviano, una suerte de confederación implícita, tres años de guerra civil y, finalmente, la era rosista.

Cada uno de los ensayos institucionales – con sus obligadas cartas, reglamentos y constituciones – define intentos de experiencias más o menos abortivas, cuya ideología sustentadora es diferente y aun antagónica. Esto, señalemos, para regir la misma sociedad o – puede admitirse – una sociedad que va cambiando muy lentamente...

Uno de los libros menos felices de Sarmiento presenta un título que compensa la pobreza de su contenido: *Conflictos y armonías*. Se refiere a las razas de América, pero podemos tomar prestado el nombre para definir la evolución histórica argentina, marcada, precisamente, por permanentes conflictos y también, afortunadamente, por algunas armonías. Es decir, contrastes profundos en uno u otro sentido.

Conflicto viejo y permanentemente renovado es el del puerto y el interior; el que enfrenta el genio federalista del pueblo argentino con la fatalidad centralista a que condena la geografía con esa puerta única, Buenos Aires, cuyo dueño es, de algún modo, el dueño del país. Conflicto es el que se define en las luchas populares que en su momento encabezaron los caudillos ecuestres y luego los caudillos cívicos contra las minorías ilustradas. Conflicto de siempre es el de las líneas partidarias que empiezan a esbozarse hacia 1880 y que, con distintos nombres y divisas, protagonizan enfrentamientos ardientes durante casi un siglo.

Pero también armonías... La armonía fundamental: aquella que hizo posible la fórmula constitucional de 1853. O la que viabilizó la pacífica integración de los inmigrantes a la sociedad tradicional. O la que permitió concretar la transferencia del poder a las fuerzas populares mediante la ley Sáenz Peña. O esta otra armonía más reciente, tejida en torno de la idea de justicia social que ya no está identificada con ningún partido, porque forma parte de los valores generales que rigen la vida del país.

Conflictos y armonías, contrastes, luces y sombras. Pero también es cierto que el historiador, cuando llega a cierta etapa, deja de enamorarse del estudio de las rupturas y se interesa más por el análisis de las continuidades. Sobre todo de aquellas sorprendentes continuidades que suelen aparecer silenciosamente y como burlándose debajo de las fracturas más espectaculares. Es entonces cuando uno empieza a preguntarse, por ejemplo, si la propuesta de Perón en 1945 no contenía elementos que ya aparecían en el gobierno del conservador Castillo, en el plan económico de Pinedo de 1940, en la política sostenida por el Banco Central con ejemplar coherencia desde 1935. O cuando uno advierte que, pese a las actitudes y las frases, el gobierno de Yrigoyen continuó con las grandes líneas del régimen conservador – el aborrecido "Régimen"–, sobre todo en lo relativo a una estrecha asociación con Gran Bretaña.

Una de las claves menos utilizadas para entender el desarrollo de la Argentina contemporánea radica en el estudio de esas asombrosas continuidades, secretas, clandestinas. Es entonces cuando los contrastes aparecen matizados; cuando las soluciones de continuidad muestran puentes tendidos que vinculan bordes que antes parecían totalmente separados. A lo mejor hay una fatalidad compuesta por la trama de la geografía, el clima, la ubicación del país en el mundo, las afinidades y simpatías que forman la idiosincrasia nacional, esa urdimbre compleja y misteriosa que determina inexorablemente la aceptación de cursos de acción que los grandes protagonistas, llámense Roca, Yrigoyen, Perón o Alfonsín, han tenido que seguir porque ni depende de su voluntad modificarlos ni resulta sensato hacerlo. Son imposiciones que vienen desde las napas más profundas de la historia y a partir de obstinadas realidades físicas. Y no se trata de ignorarlas o soslayarlas, más bien es cosa de interpretarlas para que sirvan al signo que cada tiempo plantea.

Pues si lo pensamos bien, los contrastes que presenta nuestra historia, ese juego de luces y sombras rembrandtianas, resaltan por lo que tienen de coloridas y folklóricas, pero, ¿son tan significativas como a primera vista parecen? ¿Hubo un cambio total entre la política de un Rosas, por caso, y un Mitre, cuando ambos trataron de unificar a las provincias tras la hegemonía de Buenos Aires? ¿Marca una gran diferencia el hecho de que los ejércitos de la Federación levantaran banderines colorados y las expediciones del liberalismo usaran la bandera argentina, cuando se sabe que en uno y otro caso el objetivo perseguido era uniformar un nuevo orden de cosas cuyo meridiano debía pasar por la ciudad porteña?

Hay cosas que no pueden decirse sin escándalo y la historia es mucho más atractiva cuando marca diferencias, establece comparaciones, mide y pesa para mostrar sumas y restas. Pero un ojo que mire con más atención y menos prejuicios tendería a desdeñar los aparentes contrastes y a perseguir, en cambio, ciertas líneas que no parecen haber variado mucho desde la organización del país.

Podemos señalar algunas a modo de botón de muestra, sin profundizar el tema ni mucho menos agotarlo. Pues una de estas líneas parece deslizarse en torno de la estrecha relación del Río de la Plata con Europa. Viene desde antes de la Independencia, pues empezó a definirse en el primer tercio del siglo XVIII, cuando el comercio español descubrió que sus envíos a los grandes mercados del Perú y Alto Perú eran más rápidos, seguros y económicos si se hacían por la ruta atlántica y no por la singladura tradicional que llevaba desde la península a Panamá, de aquí al Pacífico, para recién pasar a Lima, Cuzco y Potosí. Desde el momento en que se evidencia la superioridad de la ruta atlántica, que no tiene grandes obstáculos naturales, la vinculación de estas tierras con el Viejo Mundo se hace cada vez más constante e intensa. En los sueños de Sarmiento, la Argentina debía ser el paso obligado del tráfico entre Europa y el Extremo Oriente y la India; y aunque no llegó a ser así, de todas maneras la asociación entre Gran Bretaña y nuestro país habrá de caracterizar el despegue de 1880 y será la vinculación con los mercados europeos el requisito para la inserción argentina en los circuitos mundiales de la producción y el consumo. He aquí una continuidad que ningún gobernante quiso o pudo superar hasta la segunda posguerra.

Otra línea fija en nuestra historia es el endeudamiento permanente. Catorce años después de la Revolución de 1810, nuestro país adquiere su primer empréstito, oneroso y seguramente inútil. Esa primera obligación financiera con el exterior abrió una política que virtualmente todos los gobiernos siguieron. La necesidad de capitales para poner en marcha los recursos potenciales del país, sumada a la inexistencia de aquéllos en manos argentinas, llevó a políticas de endeudamiento que en lo público y lo privado sellan cien años de historia, no importa quiénes fueran circunstancialmente responsables de la conducción política de la Nación. Ni siquiera Perón, que en el primer año de su gobierno se jactó de repatriar la deuda externa, se salvó de tener que pedir fondos en el extranjero cuando su sistema económico empezó a hacer agua. Así, "la gran deudora del Sud" – como la calificara Sarmiento – se ha caracterizado por administrar permanentemente sus compromisos con diversas fuentes de financiamiento, sin que la existencia de esas deudas haya sido motivo de crítica, aunque sí obviamente, la manera en que el producto de tales compromisos fue empleado.

Otra constante: el creciente proceso de centralización de la vida argentina. El federalismo y, más modernamente, la descentralización, son banderas que todos los gobiernos y todos los partidos suelen enarbolar. Sin embargo, la historia del país corre paralelamente al fortalecimiento del Estado nacional y a la adquisición de nuevas responsabilidades por su parte. La decisión descentralizadora más importante de la historia argentina corresponde al presidente Alfonsín, empeñado en la trascendente decisión de erigir una nueva Capital Federal fuera del radio de la pampa húmeda; sin embargo, la oposición de la mayoría de los partidos, bajo la cubierta de una aceptación condicionada a su oportunidad, y la indiferencia de la opinión pública frente a esta decisión, demuestran la fuerza de una línea histórica de progresiva centralización que ha venido transitando bajo los signos políticos más diferentes.

Pero también existen algunas constantes más positivas y estimulantes. Una de ellas es la que determina una aproximación gradual hacia la democracia o, dicho de otra manera, la que muestra el instintivo acercamiento de la sociedad argentina hacia formas de vida cada vez más democráticas y participativas. En el campo electoral puede advertirse que se ha ido extendiendo el ejercicio del sufragio a sectores cada vez más vastos de la población; en el plano de los hábitos políticos, también es dable comprobar un mejoramiento gradual de las formas de convivencia. Y en las últimas décadas es evidente que la sociedad argentina ha afirmado su fe en la democracia como sistema de gobierno y como manera de vida, en la medida en que los experimentos autoritarios, violentos o tecnocráticos fracasaron, no sólo por sus propias deficiencias sino por el rechazo que sufrieron por parte de la enorme mayoría de los argentinos.

Lo que se quiere decir en estas páginas, pues, es que, debajo de los aparentes contrastes de nuestra evolución, subyacen fuerzas que siguen presionando en determinado sentido para que ciertas tendencias se mantengan. No estamos haciendo juicios de valor; constatamos, simplemente, que los contrastes pueden parecer netos y definidos, pero en realidad constituyen la parte visible de una realidad que presenta sólidas continuidades, cuya permanencia suele prevalecer sobre el voluntarismo de los gobernantes y sobre los cambios políticos que acaecen. Esta constatación debería inducir a un mayor realismo en el análisis de nuestros problemas, ya que si existen tales realidades es necesario examinar cuán sólidas son, a qué factores responden y cómo hay que encararlas para modificar lo que es modificable, si ello es necesario.

La historia no es, como pretendía Cicerón, una maestra de la vida. Pero puede contribuir a que se entiendan mejor algunos de los desafíos que plantea la construcción de un país mejor. Y para esta comprensión, es indispensable no caer en la trampa de apariencias como aquellas que parecen imprimir a nuestra historia un contrapunto de tonalidades antagónicas como única característica. Bajo tales apariencias hay materiales menos engañosos que también merecen estudiarse.

Índice

Amigo lector: 3

Crónicas e imágenes
Pasajeros de Indias 11
La primera guerra argentina 24
Operativo Expulsión 50
Riojanos volvedores 65
Los indianos 80
Mayo de 1810 86
La misión Gutiérrez de la Fuente 95
La miseria: desde la colonia hasta la caída de Rosas 129
Los hábitos políticos después de Caseros 137
Roca y Pellegrini: 154
una alianza perdurable 154
Gramajo, el amigo fiel 174

Análisis y reflexiones
Los mensajes inaugurales: 197
de Urquiza a Alfonsín 197
La provincia y la política argentina 203
Partidos y tendencias nacionales en la década del 20 208
Sobre acuerdos, pactos y alianzas 232
Alvear, el radical negado 237
Fue una catástrofe 243
El "Bloque de los 44" y el 246
pensamiento de posguerra 246
Cuando los presidentes confiesan que se equivocaron 253
El "internismo", ¿favorece o 259
perjudica a la democracia? 259
El Congreso que debió llamarse "Asamblea Nacional" 263
Al peronismo hay que darle tiempo 267
Las FF.AA. hacen su propio aprendizaje 271
La clase política que el país merece 275

Cada uno en su lugar, ...*279*
y Dios con todos... ....*279*
Semana Santa y ahora *283*
El dilema de los ferroviarios *286*
Los juicios políticos *289*
Los presidentes: del amor al odio...*292*
Los hombres públicos no tienen *294*
vida privada *294*
La familia de los presidentes *297*
La Argentina del exilio español..*299*
La Avenida de Mayo en la política argentina *305*
Cuando el 12 de octubre es de América y España *311*
¡Un poquín más de memoria, coño! *313*

Mirajes y perspectivas

Advertencias para los que empiezan *321*
Restablecer la confianza en el Estado *325*
Catamarca y los bienes *328*
de la democracia...*328*
A cien años del Jardín Florida...*332*
Meditación del Parque..*339*
Significación del radicalismo *344*
en la vida argentina *344*
Los escritores frente a la realidad nacional...............................*351*
La historia y su lenguaje *354*
Modernización, antes y ahora *359*
La historia argentina: *364*
fracturas y continuidades *364*

stockcero.com
Viamonte 1592 C1055ABD
Buenos Aires Argentina
54 11 4372 9322

stockcero@stockcero.com

www.ingramcontent.com/pod-product-compliance
Lightning Source LLC
Chambersburg PA
CBHW021846300426
44115CB00005B/32